Neues Testament (Dogmatik)

hänssler

THEOLOGIE
FÜR DIE GEMEINDE

THOMAS SCHIRRMACHER

Der Römerbrief

Für Selbststudium
und Gruppengespräch

Band 1

Theologischer Fernunterricht (TFU)
herausgegeben von Dr. Thomas Schirrmacher
und Drs. Hans-Georg Wünch

Der vorliegende Kurs ist von der *Staatlichen Zentralstelle für Fernunterricht, Peter-Welter-Platz 2, 50676 Köln* unter der **Zulassungsnummer 734693** für den *entgeltlichen und berufsbildenden Fernunterricht* zugelassen. Nähere Angaben finden sich im Anhang des 1. Bandes. Der Kurs kann belegt werden bei:

Theologischer Fernunterricht
Neues Leben-Seminar
Raiffeisenstr. 2, D-57635 Wölmersen

hänssler-THEOLOGIE FÜR DIE GEMEINDE
Neues Testament (Dogmatik)
Bestell-Nr. 391.929
© Copyright 1994 by Hänssler-Verlag, Neuhausen-Stuttgart
Umschlagfotos: Griechische Papyrus-Handschrift aus dem Römerbrief, Kap. 10,12 ff.. 3. Jh. – Mit freundlicher Erlaubnis der Chester Beatty Library, Dublin. – Bavaria-Bildagentur, Gauting (1), Daniel Dolmetsch, Neuhausen (2).
Umschlaggestaltung: Daniel Dolmetsch
Printed in Germany

Dem langjährigen Vorsitzenden der
Bekenntnisbewegung 'Kein anderes Evangelium'
und meinem väterlichen Freund

Pfarrer Rudolf Bäumer (1912-1993)

als Dank für das von ihm Empfangene
und für das Vorbild
im mutigen Eintreten für das Evangelium
in Kirche und Staat
gewidmet

Geleitwort

Der Brief des Apostels Paulus an die junge Christengemeinde in Rom - zweifellos der wichtigste Brief der Menschheitsgeschichte - gab unter dem begleitenden Zeugnis des Heiligen Geistes immer wieder entscheidende Anstöße zu vertiefter Glaubenserkenntnis, zu entschlossener Nachfolge Jesu, zum getrosten Glaubensgehorsam und zum mutigen missionarischen Zeugnis. Der von Dr. Thomas Schirrmacher mit imponierender Sorgfalt zusammengestellte Kurs kann der heutigen Gemeinde die zu reformatorischer Erneuerung notwendige Theologie vermitteln. Er verbindet in glücklicher Weise wissenschaftliche Sorgfalt und Allgemeinverständlichkeit. Er verschweigt nicht das eigene Glaubenszeugnis des Autors, mutet aber dem Leser intensive und fleißige Arbeit am Text zu. Wer den Römerbrief bisher nur wenig kennt, wird Schritt für Schritt an die grundlegenden Erkenntnisse reformatorischer Theologie herangeführt. Wer ihn aber bereits gut kennt, wird überrascht sein, wie viele neue Fragestellungen sich auch für ihn ergeben und daß die Kraft des Evangeliums unerschöpflich ist.

Rudolf Bäumer (1912-1993)

Inhalt von Band 1

Vorwort und Dank

Das vorliegende zweibändige Werk ist eine Auslegung des Römerbriefes für das intensive Studium in Hauskreisen, Gemeinden, im Selbststudium und im Fernunterricht (Kursbelegung über Theologischer Fernunterricht des Neues Leben-Seminar, Raiffeisenstr. 2, D-57635 Wölmersen). **Die Auslegung unterscheidet sich von einem normalen Kommentar, indem vom Römerbrief ausgehend viele wichtige dogmatische und ethische Grundsatzfragen diskutiert werden.**

Der Autor zählt sich zu jenen Evangelikalen, die in ihrer wissenschaftlichen Arbeit von der Irrtumslosigkeit und Unfehlbarkeit der Heiligen Schrift ausgehen. Daß er jedoch bei aller Einbeziehung der gegenwärtigen evangelikalen Diskussion wesentliche Einsichten den Kirchenvätern Aurelius Augustinus und Athanasius und den Reformatoren Martin Luther und Johannes Calvin samt ihren Schülern verdankt, wird jedem Leser schnell deutlich werden. Das wird manchen Vertreter aus dem freikirchlichen Bereich erstaunen, so wie mancher Vertreter aus dem landeskirchlichen Bereich mit der Ablehnung der historisch-kritischen Methode Mühe haben wird. Die Demut vor der Schrift gebietet jedoch, diese nicht anzutasten, die Demut davor, daß die Kirchengeschichte nicht mit uns beginnt und Gott seit Jahrtausenden mit Menschen handelt, gebietet, von den großen Gottesmännern der Geschichte zu lernen.

Auch wenn im vorliegenden Band bisweilen Überzeugungen sehr deutlich vertreten werden - was unumgänglich ist, wenn der Schüler wirklich etwas lernen soll - ist der Autor dennoch bereit und interessiert, von anderen zu lernen, denn unfehlbar ist kein Ausleger, sondern nur Gottes Wort selbst. Ebenso hat er ein offenes Ohr, wenn sich Vertreter anderer Auffassungen, die im Band dargestellt werden - was ebenso wiederum um des Lernens willen geschehen muß - sich nicht korrekt oder fair dargestellt sehen.

Der Band wäre ohnedies nicht ohne die Hilfe anderer zustande gekommen. Ich möchte vor allem meiner Frau Christine und meiner Gemeinde, der Freien Evangelischen Gemeinde Bonn mit ihrem Seniorpastor (und meinem verständnisvollem Vorgesetzten) Rudolf Diezel danken, in der dieser Kurs über ein Jahr von 300 Teilnehmern erprobt wurde. Das fortwährende Gespräch zu Hause und in der Gemeinde vor Ort war eine ständige Erinnerung daran, daß das im Römerbrief und in diesem Band Gesagte nicht nur gelernt, sondern zur Ehre des HERRN gelebt werden will.

Bonn, im Frühjahr 1993   Thomas Schirrmacher

PRAKTISCHE EINFÜHRUNG IN DEN VORLIEGENDEN KURS

☞ Hinweis für Schüler und Gruppen

Zu dem folgenden Kurs sind 7 Kassetten des Autors erschienen, die einzelne Abschnitte des Kurses in gesprochener Form wiedergeben. Sie werden an den entsprechenden Stellen des Kurses noch einmal genannt. Ihr Erwerb und ihr Anhören ist jedoch keine Pflicht, sondern dient lediglich der Erleichterung des Einstieges[1]:

* Schöpfung contra Evolution: Römer 1 und die Auseinandersetzung mit unserer Zeit
* Wie geben wir das Evangelium weiter: Römer 2 und die Auseinandersetzung mit unserer Zeit
* Warum schrieb Paulus den Römerbrief? Gute Lehre führt zur Weltmission
*Gehorsam ist besser als Schlachtopfer: Opfer und Beschneidung verstehen lernen
* Der angebliche Widerspruch zwischen Jakobus und Paulus
* Hindernisse in der Evangelisation
* Weichet nicht zur Rechten, noch zur Linken: Gegensätze im 1. Korintherbrief.

✍ Arbeitsaufwand für den gesamten Kurs

Der gesamte Kurs ist auf eine Studienzeit von **10 Stunden pro Woche** (also 2 Stunden pro Werktag) in einer Laufzeit von **24 Wochen** (etwas weniger als 6 Monate) eingerichtet. Diese Regelstudienzeit liegt auch dem Unterrichtsvertrag zugrunde, der zu Beginn des Fernunterrichts zwischen TFU und dem Studenten abgeschlossen wird. Die einzelnen Lektionen benötigen eine unterschiedliche Regelstudienzeit, die zu Beginn jeder Lektion angegeben wird. Die Regelstudienzeit unterteilt sich in zwei Teile:

1. das Bearbeiten des Studientextes und
2. das Bearbeiten der Fragen zur Selbstkontrolle und der Einsendeaufgaben.

Dementsprechend unterteilt sich die Studienzeit in:

118	Stunden Studium der Lektionen
104	Stunden Selbstprüfung und Erarbeiten der Einsendeaufgaben
10	Stunden Abschlußklausur
8	Stunden freiwilliges Zusatzstudium (Lektion 22.)
240	**Stunden Gesamtstudienzeit.**

---

[1]Sämtliche: Theologischer Fernunterricht. Verlag für Kultur und Wissenschaft: Bonn, 1990. Zu bestellen direkt beim Theologischen Fernunterricht oder über jede Buchhandlung mit Hänssler-Bestellnummer (in der Reihenfolge 997.040; 997.039; 997.025; 997.020; 997.026; 997.023; 997.019). je 12.- DM.

Es bleibt allerdings dem Schüler überlassen, in welcher Geschwindigkeit er den Kurs bearbeiten will. Vergleiche dazu unbedingt die allgemeinen Hinweise in der Einführung oben unter der Überschrift "Persönlicher Fernunterricht einzelner Kurse zur Fortbildung".

✍ Allgemeine Arbeitsanleitungen für den gesamten Kurs

In dem vorliegenden Kurs wird der Schüler mit der Auslegung des Textes des Römerbriefes vertraut gemacht. Außerdem lernt er die entscheidenden Lehrfragen kennen, die vom Römerbrief ausgehend diskutiert werden können und in der Kirchengeschichte diskutiert wurden.

Wichtig: Um Mißverständnissen vorzubeugen und um falschen Erwartungen des Schülers hinsichtlich des Kurses zu begegnen, muß festgestellt werden: **Der vorliegende Kurs bietet keine Einführung in die sog. historisch-kritische Exegese des Römerbriefes, wie sie in weiten Teilen der Großkirchen und teilweise auch der Freikirchen selbstverständlich geworden ist.** Der Kurs verarbeitet zwar häufiger Ergebnisse der Arbeit historisch-kritischer Forscher oder setzt sich mit ihnen auseinander, hält jedoch an dem Anspruch des Römerbriefes, unfehlbar Gottes Wort zu sein, fest und hat seinen Schwerpunkt sowohl in der evangelikalen als auch in der kirchengeschichtlichen (z. B. Einbeziehung von Augustinus, Luther, Calvin) Auslegung. Er widmet sich Themen, die in der evangelikalen, der lutherischen und der reformierten Theologie eine Rolle spielen.

Der Schüler benötigt neben dem in den zwei Bänden abgedruckten Text kein weiteres Studienmaterial. Selbst der Bibeltext des Römerbriefes und alle wichtigen Belegstellen außerhalb des Römerbriefes sind in einer Übersetzung des Autors vollständig abgedruckt. Zum Nachschlagen der nur angegebenen, nicht zitierten Bibeltexte außerhalb des Römerbriefes muß jedoch eine Bibel zur Hand sein.

Es ist natürlich hilfreich, andere Bibelübersetzungen des Römerbriefes als die hier abgedruckte des Autors oder weitere Hilfsmittel wie etwa eine Bibelkonkordanz[2] zur Hand zu haben. Der Kurs enthält außerdem viele Hinweise auf wichtige Literatur der Gegenwart und auch der Kirchengeschichte. Deren Studium und Anschaffung wird zwar zum Weiterstudium empfohlen, ist jedoch nicht Bestandteil des Unterrichtes.

Für die Einsendeaufgaben wird weißes DIN A4-Papier verwendet, das möglichst mit Schreibmaschine (o. ä.), zumindest aber mit schwarzem Stift (also kopierbar) gut leserlich beschrieben ist. Auf dem ersten Blatt sollten sich jeweils Name und Adresse des Schülers, das Datum, der Name des Kurses und die Nummer der Lektion befinden (z. B. "Otto Jemand, 3.3.1993, Römerbrief, Lektion 20"). Die Korrektur wird in der Regel innerhalb von zwei Wochen zugesandt.

---

[2]In einer Konkordanz werden alle oder die wichtigsten Worte der Bibel alphabetisch aufgelistet und mit Hinweisen auf die Bibeltexte in denen sie vorkommen, versehen. Konkordanzen gibt es zum griechischen und hebräischen Text der Bibel sowie zu zahlreichen deutschen Übersetzungen.

Vor und nach jeder Lektion finden sich gleichbleibend angeordnete Hinweise zum Studium der Lektion:

Zu Beginn jeder Lektion werden Arbeitsaufwand, Gliederung und Aufbau und Lernziele der Lektion beschrieben. Anschließend folgt der Text des Römerbriefes in einer Übersetzung des Autors, die zu Studienzwecken nach Sinneinheiten gegliedert ist. Von hier aus werden Sie durch Arbeitsanleitungen durch den Text geführt, sofern sich das Vorgehen nicht aus der allgemeinen Arbeitsanleitung ergibt.

Nach der Lektion folgen Fragen zur Selbstkontrolle und Einsendeaufgaben. Daneben finden sich Fragen für das Gruppengespräch und weitere Hinweise, die nicht für den eigentlichen Fernunterricht, sondern für die allgemeine Verwendung der Bände gedacht sind.

Gelegentlich finden sich im Text besondere Arbeitsanleitungen. Es wurde jedoch darauf verzichtet, vor jeder Lektion darauf hinzuweisen, daß die entsprechende Lektion gründlich gelesen und durchgearbeitet werden sollte.

Der Schüler sollte jeweils einen durch eine Überschrift gekennzeichneten Absatz für sich bearbeiten. Zum Durcharbeiten gehört:
- das genaue Lesen des Studientextes,
- das Markieren für wichtig gehaltener Textstellen mittels eines Textmarkers oder anderer Hilfsmittel,
- das Notieren von Verständnisschwierigkeiten, die - sofern sie sich nicht durch wiederholtes Lesen oder die weitere Lektion erübrigen - dem Korrektor mitgeteilt werden können und sollten,
- der ständige Vergleich mit dem zu Beginn der Lektion abgedruckten Text des Römerbriefes, wobei ebenfalls wichtige Textteile im abgedruckten Bibeltext oder in der eigenen Bibel mit Textmarker oder anderen Hilfsmitteln markiert werden sollten,
- der ständige Vergleich mit den Tabellen und Übersichten der ersten Lektion (alttestamentliche Zitate im Römerbrief und die Gliederungen), die gegebenenfalls auch von Besitzern des Bandes für Studienzwecke kopiert werden können. Diese Übersichten finden sich außerdem zusammen mit dem gesamten Text des Römerbriefes in einem eigenen Heft, daß die Arbeit an diesem Kurs erleichtert[3].

Während der Schüler auf die Korrektur seiner Einsendeaufgaben wartet, erarbeitet er - sofern er sich an die Regelstudienzeit halten will - bereits die nächste Lektion.

☞ Zur graphischen Gestaltung

Der eigentliche Studientext und die Anleitungen für den Unterricht sind in unterschiedlichen Schriftarten gedruckt. Der fortlaufende, eigentliche Studientext ist in sich gegliedert und numeriert, während alle Über-

---

[3]Thomas Schirrmacher. Der Text des Römerbriefes für das Selbststudium gegliedert - mit Tabellen und Übersichten. Arbeitsheft zum TFU-Kurs 'Römerbrief'. Verlag für Kultur und Wissenschaft: Bonn, 1994 (Auslieferung durch Hänssler-Verlag)

schriften für Studienanleitungen, Fragen und sonstige Hinweise außerhalb der Gliederung stehen und mit einem Stern gekennzeichnet sind.
Alle im Text zitierten Bibeltexte sind kursiv gedruckt, auch wenn es sich nur um einzelne Begriffe aus dem kommentierten Text handelt.
In den in Kästen gesetzten Bibeltexten zu Beginn der Lektionen, die gesammelt als Begleitheft erschienen sind[4], kennzeichnet die kursive Schrift Zitate aus dem Alten Testament im Römerbrief.
Die etwas eingerückten Absätze in kleinerer Schriftart enthalten Informationen, die nicht zum eigentlichen Lehrstoff gehören, aber zur Vertiefung oder als Exkurse von Nutzen sind. Auf sie beziehen sich keine der Fragen für das Gruppengespräch oder der Einsendeaufgaben.
Auch die Anmerkungen gehören nicht zum eigentlichen Studienmaterial, sondern enthalten Belege, Hinweise auf weitere Literatur oder Exkurse zu den im Studientext genannten Themen, die freiwillig studiert werden können. Allerdings sind bisweilen die Übersetzungen von Fremdwörtern in den Anmerkungen für den Schüler wichtig, sofern diese nicht geläufig sind.
Die Angabe "V." = "Vers" bezieht sich immer auf den Vers des Kapitels des Römerbriefes, das gerade besprochen wird, nie auf einen anderen Teil des Römerbriefes oder ein anderes biblisches Buch.
Zur Zitierweise der häufiger verwendeten Kommentare ist die Einleitung zum Literaturverzeichnis am Ende des ersten Bandes dieses Kurses zu beachten. Die unter 1. und 3. im Literaturverzeichnis genannten Kommentare werden nur mit Nachnamen und Seitenzahl - gelegentlich mit dem Zusatz eines Stichwortes zum Titel - zitiert (z. B. "Cranfield 178" oder "Schlatter, Gerechtigkeit 155").
Die Umschrift der hebräischen und griechischen Begriffe ist keine lingustische, sondern eine einfache, der Aussprache folgende Umschrift, die nur der Identifizierung der Vokabeln dient.
Der alttestamentliche Gottesname "Jahwe" wird durchgängig mit "der HERR" wiedergegeben.
Hervorhebungen in Zitaten wurden im Regelfall fortgelassen.
In Zitaten und Bibeltexten bezeichnen Texte in eckigen Klammern - [] - Zusätze des Verfassers.

---

[4]Siehe die letzte Anmerkung

1. LEKTION: EINFÜHRUNG IN DEN RÖMER-BRIEF

✍ Arbeitsaufwand der Lektion

Regelstudienzeit insgesamt 14 Stunden (2 Stunden an 7 Werktagen), davon 8 Stunden für das Erarbeiten des Studientextes und 6 Stunden für die Selbstkontrolle und die Einsendeaufgaben

❖ Gliederung und Aufbau der Lektion

Nach einer kurzen Einführung in die Bedeutung des Römerbriefes werden Autor, Abfassung und insbesondere die Empfänger des Römerbriefes behandelt.

Aus dem praktischen Anliegen des Römerbriefes heraus wird betont, daß der Römerbrief als Dokument der Missionspraxis des Paulus zu verstehen ist.

Anschließend werden mehrere Themenschwerpunkte (Auslegung des Alten Testamentes; Röm 1,17; Verhältnis zum Gesetz) des Römerbriefes angesprochen und sich daraus jeweils ergebende Gliederungsvorschläge gemacht.

➤➤ Lernziele der Lektion

Nach Durcharbeiten der folgenden Lektion sind Sie in der Lage,

1. darzulegen, wann der Römerbrief geschrieben wurde und wer Autor und Empfänger ist,
2. darzulegen, warum der Römerbrief ein Dokument der Missionspraxis des Paulus ist,
3. vorläufig zu skizzieren, welche Rolle das Alte Testament für den Römerbrief spielt,
4. eine Kurzgliederung des Römerbriefes wiederzugeben.

(Außerdem lernen Sie verschiedene Gliederungen des Römerbriefes kennen, die Sie jedoch nicht erlernen müssen. Sie sollten sich jedoch stattdessen die Gliederungen und Übersichten dieser ersten Lektion während des gesamten Kurses immer wieder vergegenwärtigen. Die Gliederung werden in dem bereits erwähnten Begleitheft zusammengestellt[5].)

---

[5]Siehe die vorletzte Anmerkung

✍ Arbeitsanleitung vor Beginn der Lektion

Notieren Sie sich vor Beginn der Lektion auf einem (höchstens 2) DIN A4-Blatt in Stichworten Ihre Eindrücke über Ihre bisherige Begegnung mit dem Römerbrief und Ihre Erwartungen:
- wo haben Sie bisher den Römerbrief kennengelernt (Predigten?, selbst gelesen?, Kommentare gelesen? ...)?
- in welcher Funktion ist Ihnen der Römerbrief dabei am stärksten entgegengetreten (als 'Munition' in theologischen Diskussionen?, als theologischer Abriß des Evangeliums?, als Privatbrief von Paulus? ...)?
- mit welchen Erwartungen studieren Sie den Römerbrief anhand dieses Kurses?

✍ Arbeitsanleitung für alle Lektionen

Achtung: Die folgende Arbeitsanweisung müßte eigentlich vor jeder Lektion wiederholt werden. Um jedoch die ständige Wiederholung zu vermeiden, werden nur darüber hinausgehende Arbeitsanweisungen eigens angegeben. Bitte halten Sie sich dennoch bei jeder Lektion an diese generelle Arbeitsanweisung. (Vgl. auch die Ausführungen unter der Überschrift "Praktische Einführung in den vorliegenden Kurs" zu Beginn des Kurses.)

Lesen Sie den vor jeder Lektion (mit Ausnahme der Lektionen 2 und 22) abgedruckten Bibeltext zweimal in Ruhe durch. Auch nach der Beendigung der Lektion sollten Sie den Text noch einmal lesen.

Wenn Abschnitte in der Lektion mit dem Hinweis auf konkrete Verse des Römerbrieftextes beginnen (z. B. die folgende Überschrift: "V.1: ..."), lesen Sie die entsprechenden Verse nochmals vor dem Studium des Abschnittes.

Alle Abschnitte, die sich nicht konkret auf einzelne Verse beziehen und zu denen deswegen kein Text gelesen werden muß, beginnen statt der Versangabe in der Regel mit dem Stichwort "Thema: ..." in der Überschrift.

Studieren Sie gründlich den Studientext der gesamten Lektion. Zum Durcharbeiten gehört:
- das genaue Lesen des Studientextes,
- das Markieren für wichtig gehaltener Textstellen mittels eines Textmarkers oder anderer Hilfsmittel,
- das Notieren von Verständnisschwierigkeiten, die - sofern sie sich nicht durch wiederholtes Lesen oder die weitere Lektion erübrigen - dem Korrektor mitgeteilt werden können und sollten,
- das Nachschlagen aller angegebenen Belegstellen aus der Bibel, sofern diese nicht abgedruckt oder Ihnen geläufig sind,
- der ständige Vergleich mit dem zu Beginn der Lektion abgedruckten Text des Römerbriefes, wobei ebenfalls wichtige Textteile im abgedruckten Bibeltext oder in der eigenen Bibel mit Textmarker o. ä. markiert werden sollten,
- der ständige Vergleich mit den Tabellen und Übersichten der ersten Lektion (alttestamentliche Zitate im Römerbrief und die Gliederungen),

die gegebenenfalls auch von Besitzern des Bandes für Studienzwecke kopiert werden können, sich aber auch im erwähnten Begleitheft finden[6]. Bearbeiten Sie jeweils einen durch eine Überschrift gekennzeichneten Absatz für sich.

✍ Arbeitsanleitung für diese Lektion

Lesen Sie den Text Röm 1,1-17, der vor der zweiten Lektion abgedruckt ist, ebenso wie den Text Röm 15,14-16,27 vor den Lektionen 28 und 29. Sie können den Text auch im Begleitheft oder in einer Bibel nachlesen. Dabei geht es nur um einen ersten Eindruck, da alle Texte noch ausführlich besprochen werden.

1. DIE BEDEUTUNG DES RÖMERBRIEFES

"Der englische Dichter Coleridge erklärt den Römerbrief für die 'tiefsinnigste aller vorhandenen Schriften'. Chrysostomos ließ sich denselben jede Woche zweimal vorlesen. Luther sagt in seiner berühmten Vorrede: 'Dieser Brief ist das Hauptbuch des Neuen Testaments, das reinste Evangelium. Er verdient von jedem Christen nicht nur Wort für Wort auswendig gelernt zu werden, sondern auch Gegenstand seines täglichen Nachdenkens, das tägliche Brot seiner Seele zu sein ... Je mehr man sich mit ihm beschäftigt, desto kostbarer wird er, desto herrlicher erscheint er.' Melanchthon hat ihn, um sich ihn völlig eigen zu machen, zweimal ganz abgeschrieben ..."[7]

Der Römerbrief ist mit ca. 7100 Worten der längste Brief des Neuen Testamentes[8] und zugleich der einzige, der das alt- und neutestamentliche Evangelium in systematischer Weise darstellt. Das allein sichert ihm schon seine überragende Stellung für die Darstellung des christlichen Glaubens. Kein Wunder, daß seine Auslegung in der Kirchengeschichte oft eine beherrschende Rolle gespielt hat[9]. Erich Schnepel schreibt sogar: "Der Römerbrief hat einen tie-

---

[6]Siehe die vorvorletzte Anmerkung

[7]Godet 1/1 (zur Zitierweise der häufig verwendeten Kommentare vgl. die Einführung in das Literaturverzeichnis am Ende des Buches)

[8]Zum Vergleich die Zahl der Wörter der restlichen Paulusbriefe in absteigender Reihenfolge: 1Kor: 6800 Wörter; 2Kor: 4600; Gal: 2300; Eph: 2400; Kol: 1750; Phil: 1700; 1Thess: 1550; 2Thess: 850. Die Briefe an Einzelpersonen sind noch kürzer. Angaben nach Cornelis VanderWaal. Search the Scriptures, Bd. 8: John - Romans. Paideia Press: St. Catharines (CAN), 1978. S. 81

[9]Eine gute Übersicht - auch über die von deutschsprachigen Theologen oft übersehene reiche ältere Literatur in englischer Sprache - bietet der British Museum Catalogue of Printed Books: to 1955. Bd. 18. British Museum: London, 1965. Sp. 1900-1922

fen Einfluß auf den Gang der Menschheitsgeschichte gehabt"[10]. Die epochemachenden Einsichten zum Römerbrief von Martin Luther[11] oder die stark vom Römerbrief ausgehende, den christlichen Glauben systematisch darstellende 'Institutio' von Johannes Calvin[12] stehen dafür ebenso als Beispiele wie die eigenwillige Römerbriefauslegung von Karl Barth[13]. Wer die Grundlagen des christlichen Glaubens systematisch kennenlernen will, wird im Römerbrief einen ausgezeichneten Ausgangspunkt und Lehrmeister finden.

1787 forderte Johann Philipp Gabler, daß die 'Biblische Theologie' von der 'Dogmatischen Theologie' getrennt werden müsse[14].

---

[10]Erich Schnepel. Jesus Christus, die Lösung der Probleme unseres Lebens: Römerbrief, Kapitel 5. Verlag Junge Gemeinde: Stuttgart, 1961. S. 7

[11]S. Luther, Vorlesung; Luther, Epistel und den Kommentar dazu im Literaturverzeichnis

[12]Johannes Calvin. Unterricht in der christlichen Religion: Institutio Christianae Religionis. Neukirchener Verlag: Neukirchen, 1988[5]

[13]Dies gilt nicht für die erste Auflage von 1919 (Karl Barth. Der Römerbrief 1919. Karl Barth Gesamtausgabe: Theologischer Verlag: Zürich, 1985), sondern erst für die völlig umgearbeitete 2. Auflage (Karl Barth. Der Römerbrief. Evangelischer Verlag: Zollikon [CH], 1947; zum Unterschied zwischen den beiden Auflagen vgl. das Vorwort ebd. S. 6-18). Zur *Kritik an Karl Barths Römerbriefauslegung* vgl. Cranfield 1/41-42; Murray 1/384-390; John Murray. Collected Writings. Bd. 4. The Banner of Truth Trust: Edinburgh, 1982: 316-321. *Die beste Würdigung und Kritik der Theologie Barths* findet sich meines Erachtens in Georg Huntemann. "Ideologische Unterwanderung der Theologie? Das Beispiel Karl Barth". Fundamentum 1/1987: 18-36 (auch abgedruckt in Georg Huntemann. Ideologische Unterwanderung in Gemeinde, Theologie und Bekenntnis. VLM: Bad Liebenzell, 1985), in Cornelius van Til. Christianity and Barthianism. Presbyterian and Reformed: Phillipsburg (NJ), 1962 und in Klaus Bockmühl. Atheismus in der Christenheit. Brunnen Verlag: Giessen, 1969.

[14]Johann Philipp Gabler. De iusto discrimine theologiae biblicae et dogmaticae regundisque recte utriusque finibus. Inauguralrede an der Universität Altdorf. Altdorf, 1787; vgl. zu Gabler: Otto Merk. "Anfänge neutestamentlicher Wissenschaft im 18. Jahrhundert". S. 37-59 in: Georg Schwaiger (Hg.). Historische Kritik in der Theologie. Studien zur Theologie- und Geistesgeschichte des Neunzehnten Jahrhunderts 32. Vandenhoeck & Ruprecht, 1980, hier S. 57. Allerdings ist diese Trennung im lutherischen Bereich vorbereitet worden. Nach Robert Scharlemann. "Theology in Church and University: The Post-Reformation Development". Church History 33 (1964) 23ff unterschied bereits Melanchthon zwischen der akademischen Theologie, die historisch arbeitet und der kerygmatischen Theologie, die der heutigen Kirche predigt, eine Unterscheidung, die die lutherische Orthodoxie, z. B. Johann Gerhard (1582-1637), weiter ausbaute (vgl. ebd.). Für die reformierte Theologie blieb dagegen nach dem Vorbild Johannes Calvins wissenschaftliche Exegese und Predigt stärker und wesentlich länger eine Einheit (so auch E. K. Karl Müller. Symbolik. A. Deichert: Erlangen, 1896. S. 340-343+389+454-463).

Seitdem entwickeln sich die Exegese (genaue Auslegung) biblischer Texte und die Darstellung 'christlicher' Glaubensinhalte immer mehr auseinander. Die moderne, kritische Theologie wäre ohne diese Trennung nicht denkbar. Im vorliegenden Kurs zum Römerbrief soll der Schüler jedoch gleichzeitig in die 'Biblische Theologie', hier ein genaues Erfassen des Textes und des Anliegens des Römerbriefes, und in die 'Dogmatische Theologie', hier die systematische Diskussion und Darstellung zentraler Glaubenswahrheiten, die der Römerbrief anspricht, eingeführt werden. Deswegen findet sich in vielen Lektionen nach der Auslegung des Textes eine grundsätzlichere Darstellung des entsprechenden Themas.

2. DIE ABFASSUNG DES RÖMERBRIEFES[15]

A. Der Verfasser: Paulus

Der Verfasser des Römerbriefes ist unbestritten der Apostel Paulus. An zahlreichen Stellen spricht er über sich persönlich (Röm 1,1-16; 2,16; 7,7-25; 8,18; 9,1-4; 10,1-12; 11,1-2; 11,11-14; 11,25; 12,1+3; 15,8; 15,14-33; 16,1-24). Die paulinische Verfasserschaft des Römerbriefes wird im Gegensatz zu den meisten anderen Paulusbriefen heute auch von Vertretern der historisch-kritischen Methoden nicht angezweifelt.

C. E. B. Cranfield schreibt: "Die Verneinung der paulinischen Autorschaft durch solche Kritiker wie E. Evanson, B. Bauer, A. D. Loman und R. Steck wird heute zu Recht unter die Kuriositäten der neutestamentlichen Forschung verwiesen. Heute diskutiert kein verantwortlicher Kritiker seine paulinische Verfasserschaft"[16]. Selbst die Annahme Rudolf Bultmanns und anderer, daß es Glossen (spätere Zusätze) anderer Autoren im Brief gebe, wird heute kaum mehr vertreten[17]. Allerdings gibt es eine Reihe kritischer Autoren, die Röm 16 für eine spätere Hinzufügung halten, auch wenn deren Argumente von anderen historisch-kritisch arbeitenden Theologen eindeutig widerlegt werden[18]. (Röm 16,22 stammt sicher von dem Schreiber des Briefes, "*Tertius*".)

---

[15]Dieser Abschnitt basiert teilweise auf meinen Ausführungen "Zur Abfassung des Römerbriefes". Querschnitte 1 (1988) 1: 21-24

[16]Cranfield 1/1-2 (mit Literaturhinweisen)

[17]Cranfield 2/5-6

[18]Vgl. die Darstellung des Problems und die Argumente für die Einheit des Briefes bei Cranfield 1/5-11; aus bibeltreuer Sicht: Murray 2/262-268

B. Ort und Zeit der Abfassung: 57 n. Chr. in Korinth (zur Zeit von Apg 20,3)

Paulus hat gerade die große Kollekte für die Gemeinde in Jerusalem abgeschlossen (Röm 15,26-28). Er möchte nun von dem Ort der Abfassung des Römerbriefes über Jerusalem und Rom nach Spanien reisen (Röm 15,27-31). Er hat bisher in Mazedonien und Achaja gewirkt (Röm 15,26), wohnt im Haus des Gajus (Röm 16,23), dem Korinther (1Kor 1,14) und empfiehlt Phöbe aus Kenchrea, dem Hafen von Korinth (Röm 16,1). Sie überbrachte möglicherweise den Römerbrief, da sie in Röm 16 zu Beginn der Grußliste der Gemeinde in Rom als erste genannt und zur herzlichen Aufnahme empfohlen wird. All dies legt die Vermutung nahe, daß Paulus den Römerbrief in Korinth oder Kenchrea seinem Schreiber Tertius (Röm 16,22) diktierte und ihn Phöbe mitgab.

Erst in Apg 19,21 nimmt Paulus sich vor, Mazedonien und Achaja zu durchziehen und anschließend über Jerusalem nach Rom zu reisen. In Apg 20,2 hat er Achaja und Mazedonien - wohl im Rahmen der Kollektenreise - bereist, was mit Röm 15,26 übereinstimmt. *Paulus hat den Brief wahrscheinlich in den in Apg 20,3 erwähnten drei Monaten in Griechenland vor der Reise nach Jerusalem abgefaßt. Der Brief wäre demnach am Ende der Kollektensammlung und kurz vor der Jerusalemreise des Paulus, also etwa im Jahr 57 n. Chr. abgefaßt worden.*

Adolf Schlatter hat durch zahlreiche Parallelen zwischen dem Römerbrief und den beiden Korintherbriefen untermauert, daß der Römerbrief am Ende und auf dem Hintergrund der Auseinandersetzung zwischen Paulus und der Gemeinde in Korinth geschrieben worden ist[19].

C. Die Empfänger: Geschichte der Gemeinde in Rom

Paulus kennt die Gemeinde in Rom nicht persönlich, sicher aber aus Berichten, etwa von Aquila und Priscilla, die zu seinen engsten Mitarbeitern gehörten (Röm 16,3; Apg 18,2; 1Kor 16,19; 2Tim 4,19). Wer die Gemeinde in Rom gegründet hat, ist unbekannt. Schon an Pfingsten waren Juden aus Rom in Jerusalem anwesend (Apg 2,10), von denen vielleicht einige zu den 3000 gehörten, die sich an Pfingsten bekehrten (Apg 2,41). Vielleicht brachten auch Kaufleute wie Aquila und Priscilla das Evangelium nach Rom. Aufgrund der Angaben der Kirchenväter dürfte aber auch Petrus nach seiner Flucht aus Jerusalem (Apg 12,17) 42-45 n. Chr. in Rom gewirkt haben, weswegen er die Gemeinde nicht notwendigerweise

---

[19]Schlatter, Gerechtigkeit 9-16

gegründet haben muß, auch wenn er sie später sicher entscheidend mitgeprägt hat. Petrus kehrte wahrscheinlich im Jahr 58 n. Chr. nach Rom zurück und wurde 67 n. Chr., also etwa zur gleichen Zeit wie Paulus, von Nero hingerichtet[20]. Von daher ist auch verständlich, warum Paulus in Röm 15,15-26 Italien nicht zu den Gebieten zählt, in denen er arbeiten könnte, ohne damit in das Gebiet eines anderen Apostels einzudringen[21].

Im Jahr 49 n. Chr. ließ Kaiser Claudius alle Juden aus Rom ausweisen (Apg 18,12). Aus diesem Grund verliessen auch Aquila und Priscilla Rom und trafen Paulus in Korinth (Apg 18,12). Mit ziemlicher Sicherheit waren sie zu diesem Zeitpunkt schon Christen (vgl. Apg 18,1-2+18+26). Eine Aussage des römischen Schriftstellers Sueton läßt darauf schliessen, daß sich unter den vertriebenen Juden auch Judenchristen befanden oder die Judenchristen überhaupt der Anlaß für die Ausweisung waren[22]: "Die Juden, die auf Anstiftung eines gewissen Chrestus ständig Unruhen veranstalteten, wies er (= Kaiser Claudius) aus Rom aus" (Vita Claudia 25). Der Befehl wurde später wieder aufgehoben oder nicht mehr beachtet, so daß auch Priscilla und Aquila nach Rom zurückkehren konnten.

Wenn Paulus die Gemeinde in Rom auch nicht aus eigener Anschauung kennt, betet er doch unablässig für sie (Röm 1,9-10) und sehnt sich danach, sie kennenzulernen (Röm 1,10+13; 15,22-23). Er läßt viele Mitarbeiter und Bekannte grüßen, die inzwischen in Rom wohnen (Röm 16,3-15). Dabei grüßt er auch die Hausgemeinde von Aquila und Priscilla (Röm 16,4; eventuell auch weitere Hausgemeinden in 16,10-11).

Es fällt auf, daß Paulus die Christen in Rom nirgends als "*die Gemeinde in Rom*" anspricht. Man kann natürlich davon ausgehen, daß er das ohne Grund tat und nur einfach andere Bezeichnungen verwen-

---

[20]Zum Verhältnis von Petrus zu Rom siehe den ausgezeichneten Beitrag von Stanislas Dockx. "Chronologie zum Leben des heiligen Petrus". S. 85-108 in: Carsten Peter Thiede, Das Petrusbild in der neueren Forschung. R. Brockhaus: Wuppertal 1987; zu Nero vgl. Kenneth L. Gentry. Before Jerusalem Fell: Dating the Book of Revelation. Institute for Christian Economics: Tyler (TX), 1989 und Kenneth L. Gentry. The Beast of Revelation. Institute for Christian Economics: Tyler (TX), 1989 (Gentry vertritt, daß die Offb vor 70 n. Chr. geschrieben wurde und Nero der Antichrist war).

[21]Vgl. dazu die Ausführungen zu Röm 15 in Lektion 28. Andere wie Joseph R. Balyeat. Babylon: The Great City of Revelation. Onward Press: Sevierville (USA), 1991. S. 87-92 gehen allerdings davon aus, daß Röm 15 gerade dafür spricht, daß Petrus bis dahin noch nie in Rom gewesen war, weil Paulus nur dort arbeiten wollte, wo kein anderer Apostel den Grund gelegt hatte und trotzdem nach Rom kommen will.

[22]So Cranfield 1/16-17, der hier zugleich eine eindrucksvolle Bestätigung von Apg 18,2 und der Tatsache, daß Apg 18,2 vor Apg 18,12ff (Paulus vor Gallio) stattfand, sieht.

dete. Andere haben auf die erwähnten Hausgemeinden hingewiesen
und daraus entweder den Schluß gezogen, daß die Gemeinde in Rom
im Untergrund lebte und deswegen nicht als Gesamtgemeinde zu-
sammenkam oder aber umgekehrt so groß war, daß sie aus mehreren
Gemeinden bestand (was jedoch auch in der "*Gemeinde in Jerusalem*"
[Apg 8,1; ähnlich Apg 11,22; 15,4; 18,22] der Fall war).

Die vieldiskutierte Frage, ob die Gemeinde in Rom vorwiegend
aus Judenchristen oder Heidenchristen bestand[23], ist müßig, auch
wenn für letzteres gewichtigere Gründe sprechen. Paulus spricht im
Brief schwerpunktmäßig einmal die Judenchristen, ein anderesmal
die Heidenchristen, ja bisweilen sogar Heiden und dann wieder Juden generell an. Otto Michel schreibt treffend:

> "Die römische Gemeinde bestand aus einer heidenchristlichen
> Mehrheit und einer kleinen judenchristlichen Gruppe (vgl. Röm 14,1-
> 15,13), die allerdings von außen ständig Zuzug erhielt (Röm 14,1;
> 16,3ff). ... Paulus wechselt in der Anrede unseres Briefes häufig: er
> spricht bald den Juden, bald den Heiden, ganz enstprechend bald den
> Judenchristen, bald den Heidenchristen als dialogischen Gespräch-
> partner an."[24]

Gegen die große Zahl von Heidenchristen in der römischen Gemeinde spricht auch nicht die herausragende Rolle, die das Alte Testament im Römerbrief spielt. C. E. B. Cranfield schreibt dazu:

> "... weder die ständige Verwendung des AT, die sich im ganzen
> Brief durchgängig findet, noch der Gebrauch der Worte '*ich rede zu
> solchen, die Gesetz kennen*' in 7,1, beweisen, daß Paulus an eine vor-
> wiegend judenchristliche Kirche schrieb, denn das AT war genauso die
> Bibel der Heiden- wie der Judenchristen und es ist von Bedeutung, daß
> Paulus die Vertrautheit mit dem und Verehrung des AT auch in seinen
> Briefen an die Galater und die Korinther voraussetzt."[25]

Paulus geriet bald nach Abfassung des Römerbriefes in Jerusalem
in Gefangenschaft und wurde, da er sich als römischer Staatsbürger
auf den Kaiser berufen hatte, nach Rom überführt (Apg 21-28). Dort
mußte er vor dem Kaiser erscheinen und predigte zunächst von seiner Wohnung aus ungehindert (Apg 28,30-31), wurde dann jedoch
ganz gefangengesetzt und schließlich vermutlich etwa 67 n. Chr.[26],
also etwa 10 Jahre nach der Abfassung des Römerbriefes, hingerichtet.

---

[23]Vgl. die Darstellung der Theorien bei Hendriksen 20-23

[24]Michel 35-36; ähnlich Murray 1/XX; Hendriksen 23

[25]Cranfield 1/18-19; ähnlich Michel 36; Murray 1/XX

[26]Ich folge der Chronologie von Stanislas Dockx. "Chronologie zum Leben
des heiligen Petrus". a. a. O. der die Gründe dafür zusammenträgt, daß Petrus und Paulus im Jahr 67 n. Chr. starben.

Rom war der Höhepunkt des Wirkens von Petrus und Paulus. In Rom entstanden vermutlich das Markusevangelium (Markus war Dolmetscher des Petrus), das Lukasevangelium mit der Apostelgeschichte (vgl. deren Schluß Apg 28,30-31) und andere paulinische Briefe. Die Tatsache, daß die Gemeinde in Rom, deren Glaube in die ganze Welt ausstrahlte (Röm 1,8; 16,19), eine zentrale Rolle für das sich ausbreitende Christentum hatte, kann man auch angesichts ihres späteren Mißbrauches durch die Päpste nicht leugnen. (Das gilt natürlich erst recht für die Zeit nach der Zerstörung Jerusalems 70 n. Chr., als Jerusalem als Mittelpunkt der Kirche entfiel.)

Werner Eschner[27] will die Römerbriefauslegung revolutionieren. Er glaubt, daß der Römerbrief nicht an Christen, weder an Juden- noch an Heidenchristen, gerichtet ist, sondern an die Juden der Synagoge in Rom[28]. Nun ist es sicher nicht einfach damit getan, den Entwurf abzulehnen, weil er ungewohnt ist oder unglaublich klingt. Doch auch ein eingehendes Studium der These kann die bisherige Auffassung nicht ins Wanken bringen. Entscheidende Argumente stimmen zwar in sich, können und müssen aber insgesamt anders erklärt werden. Vor allem aber erweist es sich als verhängnisvoll, daß der Kommentar mit dem Kapitel Röm 11 aufhört, weil angeblich die Kapitel Röm 12-16 nichts zur Sache beisteuern, denn gerade in Röm 12-16 wird doch deutlich, daß eine bestehende Gemeinde angesprochen wird, besonders in Röm 12 und 14,1-15,13. Außerdem kommt Eschner nicht um die Ausnahme herum, wenigstens für Röm 11 davon auszugehen, daß nun Heiden angesprochen werden, obwohl es für ihn natürlich nur Proselyten[29] sein können.

Zwei Dinge können wir von Eschner lernen, ohne die gesamte These zu übernehmen: 1. Ungläubige und Juden haben den Brief gelesen, und ihre Einwände werden von Paulus berücksichtigt, ja, es scheint im Römerbrief manchmal - aber eben nur manchmal - als habe Paulus gleich beim Schreiben daran gedacht, daß auch Ungläubige unter den Lesern sein könnten. Nicht umsonst wirkt der Römerbrief oft so evangelistisch. 2. Die Zentralbegriffe des Römerbriefes sind nicht vom griechischen oder römischen Denken bestimmt, sondern vom Alten Testament her zu sehen. Diese wichtige Aussage belegt Eschner an Hand der Begriffe 'Glaube' und 'Gerechtigkeit'. Dies tritt in Römerbriefkommentaren oft zu stark in

---

[27]Werner Eschner. Der Römerbrief: An die Juden der Synagoge in Rom? Ein exegetischer Versuch und die Bestimmung des Bedeutungsinhaltes von dikaioun im Neuen Testament. 2 Bände und eine Kurzdarstellung. Selbstverlag: Hannover 1981. 668+31 S.; ebenso in Kurzfassung: Werner Eschner. "Der Römerbrief - An die Juden der Synagogen in Rom?". Friede über Israel: Zeitschrift für Kirche und Judentum 66 (1983) 4: 146-160

[28]Zur gleichen Zeit wie Eschner hat J. Christiaan Beker vertreten, daß der Römerbrief an die Juden in Rom geschrieben worden sei; vgl. die Darstellung und Widerlegung bei Morris 16.

[29]Proselyten sind zum Judentum übergetretene Heiden.

den Hintergrund, kann allerdings Eschners Thesen nicht rechtfertigen, da Paulus immer - auch Heidenchristen gegenüber - vom Alten Testament her dachte. Damit entfällt auch die Schlußfolgerung, daß Juden, die nicht an den Messias glauben, trotzdem schon Brüder der Christen sind und für Paulus zur Gemeinde Jesu gehören. Außerdem vergißt Eschner, daß alle Aussagen des Römerbriefes über die Juden auch dann gelten würden, wenn der Brief direkt an diese gerichtet gewesen wäre, also auch die Aussage, daß es für die Juden ohne Christus kein Heil gibt (z. B. Röm 3). .

3. DER RÖMERBRIEF ALS DOKUMENT DER MISSIONSPRAXIS DES PAULUS

☞ Hinweis für Schüler und Gruppen

Zu dem folgenden Abschnitt ist eine Vortragskassette des Autors erschienen[30], die das missionarische Anliegen des Römerbriefes veranschaulicht. Wir empfehlen, diese Kassette an dieser Stelle zu hören. Ihr Erwerb und ihr Anhören ist jedoch keine Pflicht, sondern dient lediglich der Erleichterung des Einstieges.

"Worum geht es im Römerbrief? Es geht um Gottes Plan für die Welt und darum, wie Paulus' Heidenmission in diesen Plan hineingehört."[31]

Diese enge Beziehung des Römerbriefes zur Missionspraxis des Paulus ist von den Auslegern zu selten berücksichtigt worden. Emil Weber ist in seinem wichtigen Beitrag 'Die Beziehung von Röm. 1-3 zur Missionspraxis des Paulus'[32] leider nicht über Röm 3 hinausgekommen, andere Autoren haben das Thema nur skizziert[33]. Nils Alstrup schreibt dazu:

---

[30]Thomas Schirrmacher. Warum schrieb Paulus den Römerbrief? Gute Lehre führt zur Weltmission. Theologischer Fernunterricht. Verlag für Kultur und Wissenschaft: Bonn, 1990 (Hänssler-Bestellnummer 997.025)

[31]Krister Stendahl. Der Jude Paulus und wir Heiden: Anfragen an das abendländische Christentum. Chr. Kaiser: München, 1978. S. 42; Stendahl, ebd. S. 43-49, hält deswegen Röm 9-11 für das Zentrum des Briefes, siehe dazu die Einleitung zu Röm 9 in Lektion 18.

[32]Emil Weber. Die Beziehungen von Röm. 1-3 zur Missionspraxis des Paulus. Beiträge zur Förderung christlicher Theologie 9 (1905) Heft 4, Gütersloh: C. Bertelsmann, 1905

[33]Z. B. Walter B. Russell III. "An Alternative Suggestion for the Purpose of Romans". Bibliotheca Sacra 145 (1988) 174-184; Paul S. Minear. The Obedience of Faith: The Purpose of Paul in the Epistle to the Romans. Studies in Biblical Theology 2/19. SCM Press: London, 1971, darin bes. die beiden Anhänge zur Mission S. 91-110; Nils Alstrup. "The Missionary Theology in the Epistle to the Romans". S. 70-94 in: Nils Alstrup. Studies in Paul: Theology for the Early Christian Mission. Augsburg Publ.: Minneapolis (USA), 1977; Krister Stendahl. Der Jude Paulus und wir Heiden. a.

"Paulus wurde als der erste christliche Theologe und als der größte christliche Missionar aller Zeiten bezeichnet. Die Forscher haben jedoch oft nicht erfaßt, wie eng diese beiden Aspekte miteinander verwandt sein."[34]

Gleichzeitig spielen allerdings Texte aus dem Römerbrief für die Missionsgeschichte eine überragende Rolle[35]. So war Röm 10,14ff mehrere Jahrhunderte lang einer der beliebtesten Texte für Missionspredigten[36]. Bei den calvinistischen Puritanern Großbritanniens und der USA des 15.-18. Jahrhunderts, auf die der größte Teil der modernen, protestantischen Weltmission zurückgeht[37], fand das Anliegen dieser Missionspredigten auch Eingang in die Exegese des Römerbriefes. Sonst blieb die Exegese des Römerbriefes jedoch von dem intensiven Werben für die Weltmission meist unberührt.

Paulus will im Römerbrief allen Menschen ausnahmslos das Evangelium verkündigen, unabhängig von Sprache, Kultur und Rasse ("*Griechen und Nichtgriechen*", Röm 1,14) und von Bildung und sozialer Schicht ("*Gebildeten und Ungebildeten*", Röm 1,14) und deswegen nach Rom kommen (Röm 1,15). Von diesem praktischen Missionsanliegen geht Paulus direkt zum 'eigentlichen' Thema über. In den berühmten Versen Röm 1,16-17 beginnt Paulus seine Belehrungen mit "*Denn ...*". Er begründet also 'nur' lehrmäßig, was er nach Röm 1,8-15 praktisch tun will.

Dasselbe finden wir am Ende des eigentlichen Lehrteils. In Röm 15,14 leitet Paulus von den alttestamentlichen Zitaten über die Völker der Welt wieder nahtlos und unmittelbar zu seinen praktischen Missionsplänen über und wiederholt vieles, was er in der Einleitung schon gesagt hat.

Dies wird noch deutlicher, wenn man neben die Einleitung Röm 1,1-15 den ganzen Schlußabschnitt Röm 15,14-16,27 stellt. Dieser **Rahmen** des Römerbriefes erläutert den aktuellen Anlaß des Briefes

a. O.; L. Grant McClung. "An Urban Cross-cultural Role Model: Paul's Self-image in Romans". Global Church Growth (Corunna/USA) 26 (1989) 1: 5-8

[34]Nils Alstrup. "The Missionary Theology in the Epistle to the Romans". a. a. O. S. 70

[35]Belege in A. F. Walls. "The First Chapter of the Epistle to the Romans and the Modern Missionary Movement". S. 346-357 in: W. Ward Gasque, Ralph P. Martin (Hg.). Apostolic History and the Gospel: Biblical and Historical Essays Presented to F. F. Bruce on his 60th Birthday. Wm. B. Eerdmans: Grand Rapids (MI), 1970

[36]Ebd. S. 346-347

[37]Vgl. Iain Murray. The Puritan Hope: Revival and the Interpretation of Prophecy. Banner of Truth Trust: Edinburgh, 1971 und Thomas Schirrmacher (Hg.). "Die Zeit für die Bekehrung der Welt ist reif": Rufus Anderson und die Selbständigkeit der Kirche als Ziel der Mission. edition afem - mission scripts 3. Verlag für Kultur und Wissenschaft: Bonn, 1993. S. 31+35

und nennt dabei zugleich das Thema des Briefes in den ersten und letzten Versen (Röm 1,1-6; 16,25-27): Der *"Gehorsam des Glaubens"* muß unter allen Völkern verkündigt und eingepflanzt werden, wie es das Alte Testament vorhergesagt hat (vgl. z. B. zu Röm 15,21: Jes 52,15 und den Kontext Jes 52,5-15, aus dem Paulus im Röm häufiger zitiert). Die Parallelen zwischen Röm 1,1-15 und 15,14-16,27 zeigen, daß Paulus während des ganzen Briefes das praktische Missionsanliegen seines Briefes nicht aus den Augen verliert:

Zum Rahmen des Römerbriefes:		
Parallelen zwischen Röm 1,1-15 und 15,14-16,27		
1,1-6	Das Evangelium wurde im Alten Testament vorhergesagt	16,25-27
1,5	Der Gehorsam des Glaubens muß unter allen Nationen verkündigt werden	16,26+15,18
1,7	Gnade sei mit euch!	16,20
1,8	Der Glaube der römischen Christen ist in aller Welt bekannt	16,19
1,8-13	Reisepläne: über Jerusalem nach Rom	15,22-29
1,11-12	Paulus will sich von den Christen in Rom geistlich stärken lassen	15,24+14
1,13	Paulus war bisher trotz seines Wunsches verhindert nach Rom zu kommen	15,22
1,13-15	Das Evangelium muß allen Völkern verkündigt werden	15,14-29 (+ 16,26)

✍ Arbeitsanleitung

Vergleichen Sie genau die beiden angegebenen Texte des Römerbriefes anhand der Tabelle. Schreiben Sie auf einem DIN A4-Blatt den vollen Text der jeweils parallelen Verse aus. Verwenden Sie diese Gegenüberstellung in den beiden Lektionen über die beiden Texte (Lektion 2 und 29).

Man hat den Römerbrief zu oft ohne diese Klammer als reinen Lehrbrief auslegen wollen:

> "Die meisten Autoren ignorieren eigentlich die einführenden und abschließenden Absichtserklärungen und konzentrieren sich auf die theologische Auslegung des Innenteils des Briefes."[38]

Doch der Brief ist aus der konkreten Missionsarbeit heraus geschrieben worden und begründet in umfassender Weise die Berechti-

---

[38]Walter B. Russell III. "An Alternative Suggestion for the Purpose of Romans". a. a. O. S. 175

gung und Notwendigkeit der Mission. Daraus können wir folgenden Schluß ziehen:

Wer nur pragmatisch 'Mission' betreibt und deswegen auf 'Lehre' verzichten will, betreibt letztlich eine Mission in eigenem Auftrag und kümmert sich nicht um das, *was* Gott zur Mission gesagt und geschrieben hat.

Wer eine 'Dogmatik' lehrt, die die 'Mission' nicht zum Mittelpunkt hat und die nicht zur praktischen Missionsarbeit hinführt, vertritt eine Lehre im eigenen Auftrag und mißachtet, *warum* Gott etwas gesagt und geschrieben hat.

Biblische Mission wird immer mit gesunder, gründlicher Lehre beginnen, und gesunde, gründliche Lehre wird immer zur Mission führen.

Man könnte dieselbe Gegenüberstellung auch auf 'Lehre' und 'Leben' übertragen, die im Römerbrief ebenso untrennbar zusammengehören[39]. Wer sich fromm auf das eine gegen das andere beruft, zerstört letztendlich beides.

4. THEMEN UND GLIEDERUNGEN DES RÖMERBRIEFES

A. Schwerpunktthemen des Römerbriefes[40]

Eine Reihe von Themen und Schwerpunkten durchziehen den Römerbrief so stark, daß es unmöglich ist, das beherrschende Thema schlechthin auszumachen und daraus die alleingültige Gliederung abzuleiten. Das Anliegen der Mission im Römerbrief haben wir bereits kennengelernt. Zwei weitere solcher Schwerpunkte sollen zunächst genannt werden.

Gott im Römerbrief

Leon Morris hat darauf hingewiesen, daß das häufigste Wort im Römerbrief (nach Partikeln wie dem Artikel, 'und', 'in' und 'selbst') das Wort "*Gott*" ist (153 mal). Dazu kommt 65 mal "*Christus*" und 43 mal "*Herr*". Jedes 46. Wort im Röm lautet "*Gott*", in der Apg, in

---

[39]Vgl. dazu Abschnitt A. in Lektion 23 zu Röm 12,1-8.

[40]Vgl. zur thematischen Absicht des Römerbriefes besonders L. Ann Jervis. The Purpose of Romans. Journal for the Study of the New Testament Supplement Series 55. Sheffield Academic Press: Sheffield (GB), 1991 und Karl Wieseler. Zur Geschichte der neutestamentlichen Schriften und des Christentums. J. C. Hinrichs'sche Buchhandlung: Leipzig, 1880. S. 54-107.

der das Wort "*Gott*" am nächsthäufigsten erscheint, nur noch jedes 110. Wort[41].

"Es ist offensichtlich, daß Paulus im Römerbrief so oft von Gott spricht, daß kein anderes Thema auch nur in die Nähe reicht."[42]

B. Das paulinische Evangelium steht im Einklang mit dem Alten Testament

Sodann spielt die Einordnung des neutestamentlichen Evangeliums in die Heilsgeschichte und damit das Verhältnis der neutestamentlichen Gemeinde zum Alten Testament, zum Gesetz und zu Israel eine wesentliche Rolle, wie die ungezählten Zitate und Anspielungen aus dem Alten Testament im Römerbrief zeigen[43]. **In der Übersicht auf der nächsten Seite finden sich die Zitate[44] (in gerader Schrift) und die wichtigsten Anspielungen[45] (in kursiver Schrift).**

✍ Arbeitsanleitung
Schlagen Sie wenigstens aus jedem Kapitel des Römerbriefes ein Zitat und eine Anspielung im Römerbrief und im Alten Testament nach.
Schreiben Sie auf einem DIN A4-Blatt in zwei Spalten den vollen alttestamentlichen und den neutestamentlichen Text von je einem Beispiel aus Röm 1-4; 5-8; 9-11; 12-16 parallel auf.

---

[41]Leon Morris. "The Theme of Romans". S. 249-263 in: W. Ward Gasque, Ralph P. Martin (Hg.). Apostolic History and the Gospel: Biblical and Historical Essays Presented to F. F. Bruce on his 60th Birthday. Wm. B. Eerdmans: Grand Rapids (MI), 1970, hier S. 250-252+263

[42]Ebd. S. 250

[43]Die besten Kurzdarstellungen dazu finden sich meines Erachtens in Hermann Friedrich Kohlbrügge. Das Alte Testament nach seinem wahren Sinne gewürdigt aus den Schriften der Evangelisten und Apostel. Wozu das Alte Testament Bd. 1. W. Hassel: Elberfeld, 1855. S. 107-113 und in Cranfield 2/862-870. Umfangreiche Literatur zu den alttestamentlichen Zitaten im Römerbrief findet sich in Cranfield 2/863, Anm. 1.

[44]Zusammengestellt in Anlehnung an Otto Michel. Paulus und seine Bibel. Beiträge zur Förderung christlicher Theologie. 2. Reihe. Bd. 18. C. Bertelsmann: Gütersloh, 1929 und Gleason L. Archer, Gregory Chirichigno. Old Testament Quotations in the New Testament. Moody Press: Chicago, 1983 (hebräischer und griechischer des Alten Testamentes und griechischer Text des Neuen Testamentes nebeneinander); Crawford Howell Toy. Quotations in the New Testament. Charles Sribner's Sons: New York, 1884 (englischer Text mit Kommentar zum hebräischen und griechischen Wortlaut).

[45]In Anlehnung an Wilhelm Dittmar. Vetus Testamentum in Novo: Die alttestamentlichen Parallelen des Neuen Testamentes im Wortlaut der Urtexte und der Septuaginta. Bd. 2. Vandenhoeck & Ruprecht: Göttingen, 1903

Die Übersicht über die alttestamentlichen Zitate sollten Sie während des ganzen Studiums dieses Kurses zur Hand haben (Lesezeichen einlegen, Kopie anfertigen oder das Begleitheft erwerben, in dem sich auch diese Übersicht findet[46]). In dem vor jeder Lektion abgedruckten Text sind die alttestamentlichen Zitate jeweils vermerkt und kursiv gedruckt.

C. Zu den Gliederungen

Der Römerbrief kann auf verschiedene Weise gegliedert werden. Die verschiedenen Gliederungen schließen sich nicht gegenseitig aus, sondern bringen jeweils einen anderen thematischen Schwerpunkt des Römerbriefes zur Geltung.

Allen folgenden Gliederungen liegt jedoch ebenso wie dem gesamten Kurs die Überzeugung zugrunde, daß der Römerbrief ein Gesamtentwurf ist, also von vorne bis hinten als thematische Gesamtheit konzipiert wurde, in dem kein Teil einfach fehlen könnte.

Die Gliederung des Römerbriefes ist also mehr als eine Übersicht, womit sich Paulus in ihm beschäftigt. Wir werden uns im Laufe der Auslegung (vor allem zu Beginn von Kap. 5, Kap. 9 und Kap. 12) immer wieder mit Auffassungen auseinandersetzen, daß der eigentliche Lehrteil des Römerbriefes nur einen Teil des Briefes umfasse. Demgegenüber stimmen wir C. E. B. Cranfield zu, der schreibt:

"Nachdem wir jahrelang immer wieder versucht haben, den Gedankengang des Paulus im Römerbrief - mit einigen Anpassungen - nachzuvollziehen, können wir nur unseren überwältigenden und ständig zunehmenden Eindruck von der Einheit des Briefes und insbesondere von 1,16b-15,13 bekennen. Jedesmal, wenn wir ihn erneut lesen, sind wir von der Einheit des Aufbaus der großen in der Mitte stehenden Masse des Römerbriefes, von seiner Ordnung im Detail und von seiner vernünftigen Überzeugungskraft beeindruckt. ... Wir sind mehr und mehr davon überzeugt, daß 1,16b-15,13 ein theologisches Ganzes ist, von dem nichts wesentliches entfernt werden kann, ohne ein gewisses Maß an Unordnung oder Zerstörung zu erreichen."[47]

Im folgenden sollen zunächst zwei wichtige Gliederungen begründet werden, wobei die Begründungen jeweils zugleich wesentliche Themen des Römerbriefes beschreiben. Es folgen dann die Gliederungen und Übersichten, die diesem Kurs zugrundeliegen.

---

[46]Thomas Schirrmacher. Der Text des Römerbriefes für das Selbststudium gegliedert - mit Tabellen und Übersichten. Arbeitsheft zum TFU-Kurs 'Römerbrief'. Verlag für Kultur und Wissenschaft: Bonn, 1994 (Auslieferung durch Hänssler-Verlag)

[47]Cranfield 1/819

Zitate aus dem Alten Testament im Römerbrief (nicht kursiv)
Anspielungen und Übernahme von Redewendungen aus dem Alten Testament im Römerbrief in kursiv

1,17	Hab 2,4	*5,1*	*Jes 53,5; 57,19;*
1,23+25	*5Mose 4,15-18;*		*Mi 5,4; 4Mose 6,26*
	Jer 2,11; Ps 106,20	*5,19*	*Jes 53,4+11+12;*
1,25	*1Mose 9,26;*		*1Sam 15,25; 25,28*
	1Sam 25,32	*6,12+14*	*Ps 119,133*
2,5	Zef 1,18; 2,3;		*1Mose 4,7*
	Ps 110,5	*6,21*	*Hes 16,61+63*
2,6	Spr 24,12; *Ps 62,13;*	7,2-3	5Mose 24,1-4;
	Jer 50,29	*7,8+1*	*1Mose 2,16-17; 3,1;*
2,15	*Jer 31,33; Spr 7,3*		*Spr 9,17*
2,21-22	2Mose 20,12-17;	7,7	2Mose 20,12-17;
	5Mose 5,16-18		5Mose 5,16-21
2,24	Jes 52,5	7,10	3Mose 18,5;
3,4	Ps 116,11		*Hes 20,11+13+21*
3,4	Ps 51,6	*7,11*	*1Mose 3,1-7+13*
3,10	Pred 7,20; Ps 4,3;	*8,20*	*Pred 1,2+14; 2 ganz*
	Ps 53,2-4	8,27	*Jer 11,20; 17,10;*
3,11-12	Ps 14,2-3		*20,12;*
3,13	Ps 5,10		*Ps 7,10; 26,2*
3,13	*Ps 140,4*	8,33	Jes 50,8-9
3,14	Ps 10,7	*8,34*	*Ps 110,1+5*
3,15-17	Jes 59,7-8; *Spr 1,16*	8,36	Ps 44,23
3,18	Ps 36,2	*9,5*	*1Mose 9,26;*
3,20	*Ps 143,2*		*1Sam 25,32*
3,29-30	5Mose 6,4;	9,7	1Mose 21,12
	Jes 37,16+20	9,9	1Mose 18,10; 18,14
4,3	1Mose 15,6;	*9,11*	*1Mose 25,21-22*
	Ps 106,31	9,12	1Mose 25,23
4,5	*2Mose 23,7*	9,13	Mal 1,2-3
4,7-8	Ps 32,1-2	9,15	2Mose 33,19
4,9	*1Mose 15,6*	9,17	2Mose 9,16
4,11	*1Mose 17,10-11+5*	9,18	2Mose 33,19
4,13+16	*1Mose 12,7; 13,15+*	9,20-22	Jer 18,3-6; *Jes 45,9;*
	17; 24,7; 26,4 u. ö.		*29,16; 64,7*
4,17	1Mose 17,5	*9,22*	*Jer 50,24; Jes 13,5;*
4,18	1Mose 15,5		*54,16*
4,19	*1Mose 17,17;*	9,25	Hos 2,25; *1,6-9; 2,3*
	18,11-12	9,26-27	Hos 2,1
4,22	1Mose 15,6	9,27-28	Jes 10,22-23
4,25	*Jes 53,4+11+12;*	9,29	Jes 1,9
	1Sam 15,25; 25,28	*9,30-31*	*Jes 51,1*

9,32-33	Jes 28,16; Jes 8,14	11,35	Hiob 41,3
10,5	3Mose 18,5	*12,9*	*Amos 5,15;*
10,6-8	5Mose 30,12-14		*Ps 97,10*
10,11	Jes 28,16; Jes 8,14	*12,14*	*Ps 109,28*
10,13	Joel 3,5	12,16	Spr 12,15; 24,12
10,15	Jes 52,7	*12,16*	*Spr 3,7; Jes 5,21*
10,16	Jes 53,1	12,17	Spr 3,4
10,18	Ps 19,5	12,19	5Mose 32,35
10,19	5Mose 32,21	12,20	Spr 25,21-22
10,20	Jes 65,1	13,9	2Mose 20,13
10,21	Jes 65,2		=5Mose 5,17
11,2	Ps 94,14	13,9	2Mose 20,14
11,3	1Kön 19,14+*10*		=5Mose 5,18
11,4	1Kön 19,18	13,9	2Mose 20,17
11,8	Jes 29,10;		=5Mose 5,21
	5Mose 29,3	13,9	3Mose 19,18
11,9-10	Ps 69,23-24	14,11	Jes 45,23
11,11+14	*5Mose 32,21*	*14,13*	*Jes 8,14*
11,16	*4Mose 15,20;*	*14,20-21*	*Jes 8,14*
	Hes 44,30;	15,3	Ps 69,10
	3Mose 23,10 u. ö.	15,9	Ps 18,50;
11,16-17	*Jer 11,16;*		2Sam 22,50
	Ps 52,10;	15,10	5Mose 32,43
	Sach 4,3+11+12+14	15,11	Ps 117,1
11,25	*Spr 3,7; Jes 5,21*	15,12	Jes 11,10
11,26-27	Jes 59,20-21;	15,21	Jes 52,15
	Jes 27,9	*16,26*	*1Mose 21,33*
11,34	Jes 40,13		

a. Gliederung anhand des Ausdruckes 'Das sei ferne!' und der Bedeutung des Gesetzes

Wilhelm Lütgert hat in einer ausgezeichneten Untersuchung[48] darauf aufmerksam gemacht, daß der Römerbrief viele Mißverständnisse abwehrt, die Heidenchristen über das Alte Testament und Israel haben mochten. Otto Michel faßt Lütgerts Anliegen kurz zusammen:

"Nach W. Lütgert ... ist es unrichtig, den Römerbrief lediglich im antijudaistischen[49] Sinn zu verstehen. Viele Ausführungen (z. B. Röm

---

[48]Wilhelm Lütgert. Der Römerbrief als historisches Phänomen. Beiträge zur Förderung christlicher Theologie 7 (1913) Heft 2. Bertelsmann: Gütersloh, 1913

[49,]'Antijudaistisch' von griech. "anti" = gegen und 'Judaisten', Ausdruck für Judenchristen, die die Heidenchristen auf das alttestamentliche Zeremonialgesetz verpflichten wollten. Daß der Römerbrief keinen Antijudaismus

3,31; 8,4; 13,8-10) lehren eine positive Wertung des Gesetzes und erscheinen im antijudaistischen Sinn völlig unerklärlich. Wahrscheinlicher sei es, daß Paulus sich gegen einen heidenchristlichen *Antinomismus*[50] wenden muß. Ja der Apostel stehe selbst im Verdacht, an dem Aufkommen dieses Antinomismus beteiligt zu sein (Röm 3,1-8). Daß Röm 6 gegen libertinistische[51] Tendenzen gerichtet sei, werde allgemein zugegeben. Auch Röm 9-11 gewinne ein viel lebendigeres Bild, wenn man diesen Abschnitt geschichtlich versteht und ein antisemitisches Christentum annimmt, das sich in hochmütiger Verachtung Israels gefällt."[52]

Lütgert selbst faßt das Ergebnis seiner Untersuchung folgendermaßen zusammen:

"Der Römerbrief soll die überwiegend heidenchristliche Gemeinde in Rom vor einem antinomistischen Christentum schützen, welches sich mit einer Verachtung Israels und der judenchristlichen Unfreiheit verbindet und zugleich revolutionäre Tendenzen in der Gemeinde nährt. Dieses Christentum greift in den heidenchristlichen Gemeinden um sich, beruft sich zunächst auf Paulus, beginnt aber bereits in Gegensatz zu ihm zu treten. Paulus hat daher Grund, sein eigenes Evangelium gegen dieses abzugrenzen, die römische Gemeinde vor demselben zu warnen und sich so eine Aufnahme zu sichern, wie sie für seine Wirksamkeit in der römischen Gemeinde notwendig ist. Hieraus erklärt es sich, daß er seine positive Stellung zum Gesetz so nachdrücklich im Römerbrief ausspricht und daß er seiner Gnadenlehre die Form der Rechtfertigungslehre gibt, denn damit ist sein positives Verhältnis zum Gesetz in seine Gnadenlehre mit aufgenommen. ... Paulus ist genötigt, sich des Gesetzes und des Judenchristentums gegen die Heidenchristen anzunehmen."[53]

Der beste Beweis für Lütgerts Ansatz, daß sich Paulus im Römerbrief vor allem gegen die Verachtung des Gesetzes (Antinomis-

---

enthält, beweist Röm 14-15, wo Paulus jüdische Zeremonien duldet, da die Judenchristen sie nicht zum Heilsweg erklärten, wie die Ausführungen in Lektion 27 zeigen werden.

[50] *'Antinomismus','antinomistisch'* von griech. 'anti' = gegen; 'nomos' = Gesetz; also eine gegen die Gültigkeit des Gesetzes gerichtete Lehre. Der Ausdruck stammt aus der Reformationszeit. Vgl. *'Autonomie'* von 'autos' = selbst; 'nomos' = Gesetz, also 'sich selbst ein Gesetz sein'. In den USA bürgert sich als Gegenstück zu Antinomismus und Autonomie der Begriff 'theonomy', also *'Theonomie'* (von griech. 'theos' = Gott und 'nomos' = Gesetz), für die Ansicht ein, daß das alttestamentliche Moralgesetz Gottes auch heute uneingeschränkt in Kraft ist.

[51] Von lat. 'libertas', 'Freiheit'. Gemeint ist ein freizügiges Christsein, das ohne Gebote und Verbote Gottes auskommt.

[52] Michel 40 (Druckfehler berichtigt)

[53] Wilhelm Lütgert. Der Römerbrief als historisches Problem. a. a. O. S. 111-112

mus[54]) und die Verachtung Israels (Antisemitismus[55]) wendet, ist sicher der Gliederungsvorschlag von Ray R. Sutton für Röm 3-11[56], wie er der Übersicht unten zugrundeliegt. Sutton geht davon aus, daß Paulus im Römerbrief dem alttestamentlichen Bundesschema folgt[57] und dieses **spiegelbildlich** zweimal durchläuft, wie sich aus der Verteilung des zehnfachen *"Das sei ferne!"* (griech. 'me genoito', wörtlicher: *"nicht möge es geschehen"*) nach 10 kritischen Rückfragen an Paulus ableiten lasse. Damit wird einerseits Israel vor das Gericht gerufen, denn das neutestamentliche Evangelium steht mit dem alttestamentlichen Gesetz im Einklang. Gleichzeitig wird aber auch den Heidenchristen verwehrt, Israel, das Alte Testament und das Gesetz einfach abzutun.

Das alttestamentliche Bundesschema, das auffallende Ähnlichkeiten mit nahöstlichen Lehensverträgen hat, beginnt mit der Anrufung und Darstellung Gottes (Transzendenz), nennt das Abhängigkeitsverhältnis (Hierarchie), die Bundesbedingungen (Ethik), beschreibt den Bundesschluß (Eid) und erläutert, inwiefern der Bund für folgende Generationen oder Nachfolger gilt (Erbfolge)[58].

Unterstützt wird Suttons These, daß der Römerbrief auf dem Bundesschema aufbaut, dadurch, daß ein Bund nur durch Schwur geschlossen werden konnte und der Ausdruck *"Das sei ferne!"* in Röm 3,4+6+31; 6,2+15; 7,7+13; 9,14; 11,1+11 (sonst in Lk 20,16; 1Kor 6,15; Gal 2,17; 3,21; 6,14) eine Wiedergabe für die alttestamentliche Schwurformel *"Fern sei es von"* *"mir"*, *"dir"*, *"uns"* usw. ist[59].

In **1Sam 14,45** findet sich die Formel *"Das sei ferne!"* (oder *"nicht möge es geschehen"*) zusammen mit der Schwurformel *"So wahr der HERR lebt"*[60]. In Jos 22,29 (Bundeszeugen in Jos 22,27) und 24,16 (Bundesschluß in Jos 22,25) gehört die Formel zu einem Bundesschluß. In 1Sam 2,30 gebraucht sie Gott selbst für seinen Schwur.

---

[54]Bes. ebd. S. 69-79

[55]Bes. ebd. S. 79-90

[56]Ray R. Sutton. "Does Israel have a Future?". Covenant Renewal (Tyler/TX) 2 (1988) 12 (Dez): 1-4

[57]Ray R. Sutton. That you may prosper: Dominion by Covenant. Institute for Christian Economics: Tyler (TX), 1987; 1992[2]. S. 246-252 schlägt weitere, ineinander verschachtelte Bundesschemata im Römerbrief vor.

[58]Vgl. das zuletzt genannte Buch und die ausführliche Begründung in Lektion 10 und 13 in Thomas Schirrmacher. Ethik. 2 Bde. Hänssler: Neuhausen, 1994 (im Erscheinen begriffen)

[59]Vgl. zu den Schwurformeln die Lektion 29 "Das Schwören" in ebd.

[60]Vgl. zu den Schwurformeln die Lektion 29 "Das Schwören" in ebd. In 1Sam 14,25 *"löst"* der Schwur des Volkes den Schwur Sauls in 1Sam 14,24 ab.

Der Römerbrief als spiegelbildicher Bundesprozess
Gliederung anhand des Ausdruckes "*Das sei ferne!*"

A. Transzendenz (Röm 3,1-4)

"*Was denn? Wenn einige untreu waren, wird dann ihre Untreue die Treue Gottes aufheben? Das sei ferne! Vielmehr ist es so: Gott ist wahrhaftig, jeder Mensch aber ein Lügner, wie geschrieben steht ...*" (3,3-4).

B. Hierarchie (Röm 3,5-30)

"*Wenn aber unsere Ungerechtigkeit Gottes Gerechtigkeit beweist, was wollen wir sagen? Ist Gott etwa ungerecht, wenn er Zorn hat? - Ich rede nach menschlicher Weise. - Das sei ferne! Wie könnte Gott sonst die Welt richten?*" (3,5-6).

C. Ethik (Röm 3,31-5,21)

"*Heben wir dann also das Gesetz durch den Glauben auf? Das sei ferne! Sondern wir bestätigen das Gesetz!*" (3,31).

D. Schwur (Röm 6,1-14)

"*Was sollen wir nun sagen? Sollen wir in der Sünde verharren, damit die Gnade überströmt? Das sei ferne! Wie sollen wir, die wir der Sünde gestorben sind, noch in ihr leben? Das sei ferne! Oder wißt ihr nicht, daß alle von uns, die auf Christus Jesus getauft wurden, auf seinen Tod getauft wurden?*" (6,1-3).

E. Erbfolge (Röm 6,15-7,6)

"*Was nun: Sollen wir also sündigen, weil wir nicht unter dem Gesetz, sondern unter der Gnade sind? Das sei ferne! Wißt ihr nicht, daß, wenn ihr euch jemanden als Sklaven zum Gehorsam zur Verfügung stellt, ihr die Sklaven dessen seid, dem ihr gehorcht, entweder der Sünde zum Tod oder des Gehorsams zur Gerechtigkeit?*" (6,15-16).

Beginn des zweiten, spiegelbildlichen Teiles

E'. Erbfolge (Röm 7,7-12)

"*Was sollen wir nun sagen? Ist das Gesetz also Sünde? Das sei ferne! Im Gegenteil, ich hätte die Sünde nicht erkannt außer durch das Gesetz, denn ich hätte auch von der Begierde nichts gewußt, wenn das Gesetz nicht gesagt hätte: 'Du sollst nicht begehren'!*" (7,7).

D'. Schwur/Sanktionen (Röm 7,12-9,13)

"*So ist das Gesetz also heilig und das Gebot heilig und gerecht und gut. Ist mir nun das Gute zum Tod geworden? Das sei ferne! Sondern die Sünde, damit sie als Sünde erwiesen würde, indem sie mir den Tod durch das Gute bewirkte, damit die Sünde überaus sündig würde durch das Gebot. Denn wir wissen, daß das Gesetz geistlich ist"* (7,12-14).

C'. Ethik (Röm 9,14-10,21)
"Was sollen wir nun sagen? Ist etwa Ungerechtigkeit bei Gott? Das sei ferne! Denn er sagt zu Mose: 'Ich werde begnadigen, wen ich begnadige, und werde mich über den erbarmen, über den ich mich erbarme'" (9,14).

B.' Hierarchie (Röm 11,1-10)
"Ich sage nun: Hat Gott etwa sein Volk verstoßen? Das sei ferne! Denn auch ich bin ein Israelit, ein Nachkomme Abrahams, vom Stamm Benjamin. Gott hat sein Volk nicht verstoßen, das er vorher erkannt hat" (11,1-2).

A.' Erbfolge/Transzendenz (Röm 11,11-36)
"Sind sie etwa gestrauchelt, damit sie fallen sollten? Das sei ferne! Sondern durch ihren Fall ist den Nationen das Heil geworden, um sie zur Eifersucht zu reizen" (11,11).

Daß die hier gebrauchte paulinische Formel 'me genoito' der alttestamentlichen Formel *"Das sei ferne!"* (hebr. 'halila') entspricht[61], zeigt auch die griechische Übersetzung des Alten Testamentes (Septuaginta), die *"Das sei ferne!"* in 1Mose 44,7+17; Jos 22,29; 24,26 und 1Kön 21,3 (Septuaginta 20,3) mit 'me genoito' übersetzt (sonst mit 'medamos', *"keineswegs"* usw.), außerdem die Schwurformel *"Amen"* in Ps 72,19 mit 'genoito, genoito' (Septuaginta Ps 71,19). Der hebräische Ausdruck ist von *"entweihen"* abgeleitet und bedeutet soviel wie *"möge Entweihung sein für mich vor Gott, wenn ..."*[62].

✍ Arbeitsanleitung
Schlagen Sie die angegebenen Verse in der Übersicht auf, in denen der Ausdruck 'Das sei ferne' erscheint und lesen Sie den Zusammenhang. Es geht dabei um einen ersten Eindruck, welche Fragen seiner Gegner Paulus aufgreift, da die Verse selbst im Laufe des Kurses alle besprochen werden.

---

[61]So Michel 138, Anm. 6; Murray 1/94, Anm. 1 und Friedrich Blass u. a. Grammatik des neutestamentlichen Griechisch. Vandenhoeck & Ruprecht: Göttingen, 1979[15]. S. 311, Anm. 2 (vgl. Paul Billerbeck. Die Briefe des Neuen Testamentes und die Offenbarung Johannis erläutert aus Talmud und Midrasch. Kommentar zum Neuen Testament aus Talmud und Midrasch 3. hg. von Hermann L. Strack, Paul Billerbeck. C. H. Beck: München, 1926. S. 133); einschränkend: Cranfield 1/181

[62]Georg Giesen. Die Wurzel sb' "schwören": Eine semasiologische Studie zum Eid im Alten Testament. Bonner Biblische Beiträge 56. Peter Hanstein: Königstein, 1981. S. 43

b. Gliederung anhand von Röm 1,17 und Hab 2,4

Paulus stellt in Röm 1,17 sein Verständnis von Hab 2,4 ("*Der aus Glauben Gerechte - wird leben*") dem pharisäischen Verständnis ('Der {durch das Halten des Gesetzes} Gerechte - wird aus Glauben leben') gegenüber, wie dies unten zu Röm 1,17 belegt werden wird. Daß **Hab 2,4 Tenor**, ja **Überschrift** des Römerbriefes ist - und zwar in der Reihenfolge, wie sie die Auslegung von Paulus nahelegt - , zeigt ein Blick auf die Gliederung des Briefes.

Die Kap. 1-4 behandeln die Frage, wie man aus Glauben gerecht wird und zwar zuerst negativ (1,18-3,20) und dann positiv (3,21-4,25). In den Kap. 1-4 kommt über 25 mal "*glauben*" vor, aber nur 2 mal "*leben*". In 5,1 heißt es dann "*Da wir nun gerechtgesprochen worden sind aus Glauben ...*" **Die Kap. 5-8 behandeln nun das "*Leben*" des aus Glauben Gerechten. Deswegen erscheint "*glauben*" fast nicht mehr, dagegen "*leben*" über 25 mal.**[63]

Die Kap. 9-11 sind eine Fortführung der Kap. 1-4 und stellen die Frage, wie die Geschichte Israels in diese Glaubensgerechtigkeit einzuordnen ist. Die Kap. 12-15 sind eine Fortführung der Kap. 5-8 und ziehen aus ihnen die praktischen Konsequenzen für das "*Leben*" des aus Glauben Gerechten. Dies beweist einmal mehr, daß Lehre und Leben im Römerbrief und damit für jeden Christen untrennbar zusammengehören!

"Es ist von Wichtigkeit, daß in das Thema 1,17 ein *Schriftzitat* aufgenommen wird (Hab 2,4 = 1,17b) und durch die paulinische These exegetisiert wird. Dies Schriftzitat hat ein derartiges Gewicht, daß es den Aufbau der beiden ersten Hauptteile bestimmt (c. 1-4; c. 5-8). Der erste Hauptteil entfaltet negativ (c. 1,18-3,20) und positiv (c. 3,21-4,25) das Verständnis der eschatologischen Gerechtigkeit ..., der zweite dagegen die Bedeutung des eschatologischen Lebens ... Hier ist gleichzeitig auf eine *Stileigentümlichkeit* aufmerksam zu machen: der erste Hauptteil spricht durchweg indikativisch[64] im Lehrstil (bis auf die Ausnahme 3,8), der zweite Hauptteil wechselt zwischen indikativen Lehrabschnitten (wie 5,12-21) und Wir-Abschnitten (5,1ff.; 6,1ff.) bzw. späteren Ihr-Anreden (6,16ff.; 7,1ff.). Diese Stildifferenz bestätigt den Einschnitt zwischen *c. 4 als Abschluß, c. 5 als Anfang eines Hauptteiles.*"[65]

Aus Röm 1,17 und Hab 2,4 und der genannten Wortstatistik ergibt sich folgende Gliederung des Römerbriefes:

---

[63]Darauf hat besonders Nygren 66-72 hingewiesen.

[64]'Indikativ' ist die Aussageform (z. B. 'du bist gut') im Gegensatz zum 'Imperativ', der Befehlsform (z. B. 'sei gut').

[65]Michel 43. "c." steht im Zitat für 'Kapitel'.

Gliederung in Kürze zum Einprägen
(anhand von Hab 2,4 und Röm 1,17):

(Rahmen:	Kap. 1:	Der missionarische Anlaß)
I.	Kap. 1-4:	*"Der aus Glauben Gerechte"*
II.	Kap. 5-8:	*"wird leben"*
III.	Kap. 9-11:	*"Der aus Glauben Gerechte"*
		und Israel
IV.	Kap. 12-15:	*"wird leben"* in der Praxis
(Rahmen:	Kap. 15-16:	Der missionarische Anlaß)

c. Verwendete Gesamtgliederung des Römerbriefes

Aus der Kurzgliederung anhand von Röm 1,17 und Hab 2,4 leitet sich die dem Kurs zugrundeliegende Gesamtgliederung ab[66]. In dieser Gliederung sind die Stichworte der obigen Kurzgliederung zusätzlich mit eigener Schriftart eingefügt worden.

✍ Arbeitsanleitung

Lernen Sie die Kurzgliederung in Abschnitt b. oben oder die Kurzgliederung im Abschnitt d. unten auswendig, so daß Sie später jederzeit ein Kapitel des Römerbriefes einer der beiden Gliederungen zuordnen können. (In den beiden Kurzgliederungen wurden die Versangaben bewußt fortgelassen. Die genaue Abgrenzung der Einheiten ergibt sich aus der folgenden großen Gliederung.)

Die Gesamtgliederung sollten Sie ebenso wie die Übersicht der alttestamentlichen Zitate während des ganzen Kurses griffbereit haben (Lesezeichen einlegen, Fotokopie anfertigen oder das Begleitheft erwerben, in dem sich auch die Gliederungen und Übersichten dieser Lektion finden[67]), um sich jederzeit orientieren zu können.

---

[66]Vgl. eine ähnliche Gliederung bei Nygren 36-37

[67]Thomas Schirrmacher. Der Text des Römerbriefes für das Selbststudium gegliedert - mit Tabellen und Übersichten. Arbeitsheft zum TFU-Kurs 'Römerbrief'. Verlag für Kultur und Wissenschaft: Bonn, 1994 (Auslieferung durch Hänssler-Verlag)

Ausführliche Gliederung des Römerbriefes

I. Briefeinleitung: Der missionarische Anlaß (1,1-15)

II. Die Gerechtigkeit aus Glauben (1,16-15,13)

'Der aus Glauben Gerechte'
  A. Das Thema 1,16-17)
  B. Gottes Zorn wird offenbar (1,18-3,20)
    a. Die Heiden sind schuldig (1,18-32)
    b. Juden und Griechen sind schuldig (2,1-16)
    c. Die Juden sind schuldig (2,17-29)
    d. Die Juden sind trotz des Gesetzes schuldig (3,1-8)
    e. Alle Menschen sind schuldig (3,9-20)
  C. Gottes Gerechtigkeit wird offenbar (3,21-4,25)
    a. Glaubens- statt Gesetzesgerechtigkeit (3,21-31)
    b. Abrahams Glaubensgerechtigkeit (4,1-25)
    [c. Gottes Liebe und Frieden in Trübsal (5,1-11)]
    [d. Adam und Christus (5,12-21)]

'wird leben'
  D. Die Freiheit des Lebens des Gerechten (5,1-8,39)
    a. FREI VON ADAM UND DER ERBSÜNDE (5,1-21)
    b. FREI VON DER KONKRETEN SÜNDE (6,1-23)
    c. FREI VOM GESETZ (7,1-25)
    d. FREI VOM FLEISCH (8,1-17)
    e. FREI VON DER HOFFNUNGSLOSIGKEIT (8,18-39)

'Der aus Glauben Gerechte' und 'Israel'
  E. Gottes Gerechtigkeit und Israel (9,1-11,36)
    a. Gottes Gnadenwahl - Prädestination (9,1-33)
    b. Israel ist zum Teil verstockt (10,1-11,10)
    c. Die Heiden werden eingepfropft (11,11-21)
    d. Hoffnung für Israel (11,22-36)

'wird leben' in der Praxis
  F. Ermahnungen für das Leben des Gerechten
                                    (12,1-15,13)
    a. Leben als immerwährender Gottesdienst (12,1-2)
    b. Leben in der Gemeinde: die Gnadengaben (12,3-8)
    c. Leben in der Liebe (12,9-21)
    d. Leben im Staat (13,1-7)
    e. Leben in Liebe und Hoffnung: die Gebote (13,8-14)
    f. Leben in der Gemeinde: die Schwachen (14,1-15,13)
III. Briefschluß: Das missionarische Anliegen (15,14-16,27)

d. Kurzgliederung anhand des Stichwortes 'Rettung'

Gliederung in Kürze zum Einprägen		
(Rahmen:	Kap. 1:	Der missionarische Anlaß)
I.	Kap. 1-3:	Das WARUM der RETTUNG
II.	Kap. 4-5:	Das WIE der RETTUNG
III.	Kap. 6-8:	Das WOZU der RETTUNG
IV.	Kap. 9-11:	Israels RETTUNG
V.	Kap. 12-15:	LEBEN aus der RETTUNG
(Rahmen:	Kap. 15-16:	Der missionarische Anlass)

e. Sechs rote Fäden im Römerbrief

Zusammenfassend gilt es also auf die im nächsten Kasten genannten Themenschwerpunkte beim Studium des Römerbriefes zu achten.

Sechs rote Fäden im Römerbrief
* Gottes Wesen und Handeln in Gnade und Zorn, Liebe und Heiligkeit * Gottes Gerechtigkeit, die aus Gnaden allen Menschen, nicht nur den Juden, geschenkt wird * Die Übereinstimmung des neutestamentlichen Evangeliums mit dem Alten Testament * Das Verhältnis der neutestamentlichen Gemeinde zu den gläubigen und ungläubigen Juden * Die Bedeutung des alttestamentlichen Gesetzes für die Gerechtigkeit Gottes und das Leben des Gerechtgesprochenen * Die Weltmission, die dies alles allen Menschen ausnahmslos verkündigen will und soll

➡ Empfehlungen zum eigenen Weiterstudium

Vertiefen Sie das Studium der alttestamentlichen Zitate und Anspielungen im Römerbrief anhand der obigen Übersicht und des Gesamttextes des Römerbriefes vor den Lektionen oder im Arbeitsheft[68], in dem die alttestamentliche Zitate durch kursive Schrift gekennzeichnet sind.

Studieren Sie das oben angegebene Werk von Wilhem Lütgert.[69]

---

[68]Siehe die letzte Anmerkung

[69]Wilhelm Lütgert. Der Römerbrief als historisches Phänomen. Beiträge zur Förderung christlicher Theologie 7 (1913) Heft 2. Bertelsmann: Gütersloh, 1913

✍ Fragen zur Selbstkontrolle

Schreiben Sie diejenige der beiden Kurzgliederungen auf, die Sie auswendiggelernt haben. (Antwort: die Kurzgliederungen finden sich in dieser Lektion in den Abschnitten 4. C. c. und 4. C. d.)

Wo und in welcher Situation befand sich Paulus zur Zeit der Abfassung des Römerbriefes? (Antwort: lesen Sie Abschnitt 2. B. in dieser Lektion)

Woraus ist zu entnehmen, daß es sich bei dem Römerbrief um ein Dokument der Missionspraxis des Paulus handelt? (Antwort: lesen Sie Abschnitt 3. in dieser Lektion)

Inwiefern kann man Röm 1,17 (mit Hab 2,4) als Überschrift des Römerbriefes bezeichnen und daraus eine Gliederung ableiten? (Antwort: lesen Sie Abschnitt 4. C. b. in dieser Lektion)

✉ Einsendeaufgaben

Die Einsendeaufgaben finden sich am Ende der Lektion 2. Sie können zwar bereits an dieser Stelle bearbeitet werden, sollten aber erst zusammen mit den Einsendeaufgaben von Lektion 2 eingesandt werden.

⊛ Hinweise für den Gruppenleiter

Für Bibelgesprächs- und Hauskreise empfiehlt es sich, direkt mit der zweiten Lektion zu beginnen und die erste Lektion entweder als Leseaufgabe zu geben, oder einem Referat zugrundezulegen, das Sie zur Einführung halten. Sie können diese Lektion aber auch nach der zweiten Lektion zu Röm 1,1-17 besprechen und dazu den Text Röm 1,1-17 noch einmal zugrunde zulegen. Aus diesem Grund fehlen an dieser Stelle auch Fragen für das Gruppengespräch.

2. LEKTION: RÖMER 1,1-17

✍ Arbeitsaufwand der Lektion

Regelstudienzeit insgesamt 8 Stunden (2 Stunden an 4 Werktagen), davon 4 Stunden für das Erarbeiten des Studientextes und 4 Stunden für die Selbstkontrolle und die Einsendeaufgaben

❖ Gliederung und Aufbau der Lektion

Zunächst wird der Gruß des Paulus in V.1-4 auf seinen lehrmäßigen Inhalt hin befragt.

Anschließend wird das praktische Anliegen des Paulus im Verhältnis zur Gemeinde in Rom nach V.5-15 dargestellt.

Schließlich werden die zentralen Verse V.16-17 und das darin enthaltene Zitat aus Hab 2,4 besprochen und ihre Bedeutung für Thematik und Gliederung des Römerbriefes erläutert.

➥ Lernziele der Lektion

Nach Durcharbeiten der folgenden Lektion sind Sie in der Lage,

1. zu beschreiben, welches das praktische Anliegen des Paulus, das zur Abfassung des Römerbriefes führte, war;
2. zu erklären, welche herausragende Rolle die V.16-17 für den Römerbrief spielen;
3. zu erläutern, wieso Paulus in V.17 ein alttestamentliches Zitat (Hab 2,4) verwendet und wie er es versteht.

❝ Bibeltext zur Lektion (Römer 1,1-17)

1 Paulus,
   Knecht Christi Jesu,
   berufener Apostel,
   ausgesondert für
      das Evangelium Gottes,
2   das er vorher verheißen hat
      durch seine Propheten
      in der heiligen Schrift
3 von seinem Sohn,
   der aus der Nachkommenschaft Davids geboren ist
   nach dem Fleisch,
4   als Sohn Gottes in Kraft eingesetzt
   nach dem Geist der Heiligkeit

durch die Auferstehung der Toten:
Jesus Christus, unseren Herrn,
5   durch den wir Gnade
                und Apostelamt
                        empfangen haben
                                für seinen Namen
                                den Glaubensgehorsam [aufzurichten]
                                        unter allen Nationen,
6   unter denen auch **ihr** seid,
                                                Berufene Jesu Christi;
7   an alle, die in Rom sind,
                                                Geliebte Gottes,
                                                berufene Heilige:
                                                        Gnade sei mit euch und
                                                        Friede
                                                        von Gott, unserem Vater,
                                                        und dem Herrn
                                                                Jesus Christus!

8   Zuerst danke ich meinem Gott
                durch Jesus Christus
                für euch alle,
                        weil euer Glaube
                                in der ganzen Welt verkündet wird.
9   **Denn** mein Zeuge ist Gott,
                        dem ich diene
                        in meinem Geist
                        an dem Evangelium seines Sohnes,
                wie ich euch
                        ohne Unterlaß erwähne
10   allezeit in meinen Gebeten,
        flehend,
                        ob ich vielleicht endlich einmal
                                einen guten Weg geführt werde
                                durch den Willen Gottes,
                                zu euch zu kommen.
11   **Denn** ich sehne mich sehr danach,
                                euch zu sehen,
                                        damit ich euch etwas
                                        geistliche Gnadengabe mitteile,
                                                um euch zu befestigen,
12   das heißt aber,
                                                um bei euch
                                                        mitermahnt[70] zu werden,
                                                        ein jeder durch den Glauben,

---

[70]Oder: mitgetröstet

> den wir miteinander haben,
> sowohl euren als auch meinen.
>
> 13 Ich will aber nicht,
>   daß euch unbekannt ist, Geschwister,
>   **daß** ich mir oft vorgenommen habe,
>   zu euch zu kommen
>   und bis jetzt verhindert worden bin,
>   **damit** ich
>   auch unter euch einige Frucht haben möge,
>   wie auch unter den übrigen **Nationen:**
> 14   sowohl Griechen als auch Nichtgriechen,
>   sowohl Gebildeten als auch Ungebildeten
>   bin ich ein Schuldner.
> 15   Dementsprechend bin ich,
>   soviel an mir liegt,
>   willig,
>   auch euch, die ihr in Rom seid,
>   **das Evangelium** zu verkündigen.
>
> 16 **Denn** ich schäme mich des Evangeliums nicht,
>   **denn** es ist Gottes Kraft
>   zur Rettung
>   jedem Glaubenden,
>   sowohl dem Juden zuerst
>   als auch dem Griechen.
> 17 **Denn Gottes Gerechtigkeit** wird darin geoffenbart
>   aus Glauben zu Glauben,
>   wie geschrieben steht *[Hab 2,4]*:
>   *"Der Gerechte aber wird aus Glauben leben"*.

A. V.1: Paulus, Gottes Pharisäer

Paulus stellt sich in dreifacher Weise vor, nämlich als *"Knecht"* (oder *"Diener"*), als *"berufener Apostel"* und als *"Ausgesonderter"*. 'Diener', 'Berufener' und 'Ausgesonderter' sind dabei Würdetitel, die bereits aus dem Alten Testament bekannt sind[71].

Gleich im ersten Vers kommt Paulus im Zusammenhang damit auf das *"Evangelium"* zu sprechen. Während Paulus sonst neben die Berufung zu seiner besonderen Aufgabe die *"Auserwählung"* zum Dienst stellt (z. B. in Apg 9,15), sagt er hier, daß er *"ausgesondert"* worden ist. In **Gal 1,15** ist die Berufung zum Apostel für Paulus eine

---

[71]So besonders Murray 1/2-4

Folge davon, daß er "*von meiner Mutter Leib an ausgesondert*" worden ist.

"*Ausgesondert*" ist das griechische Wort für 'Pharisäer'[72]. War Paulus einst ein Pharisäer eines selbstgestrickten[73] Judentums, ist er nun ein Pharisäer des Evangeliums des Alten und Neuen Testamentes. Der wesentliche Unterschied besteht darin, daß sich die Pharisäer selbst absonderten, während Paulus durch Gott von anderen Menschen abgesondert wurde, wie dies im Alten Testament etwa auch bei Jeremia (Jer 1,5) oder bei den Leviten (4Mose 3,41; 16,9) der Fall war[74]. Im Alten Testament wird dabei "*absondern*" meist mit "*heiligen*" übersetzt, denn die Grundbedeutung von 'heilig' ist einfach, vom Bösen 'abgesondert' und Gott zugeordnet zu sein.

Wir werden nicht jedem Vers des Römerbriefes so viel Raum widmen können, aber es zeigt sich, daß Paulus schon in dem ersten Gruß schwergewichtig und kompakt theologische Grundfragen anschneidet. Das Verhältnis zum Judentum scheint ebenso auf, wie die göttliche Prädestination, die im Römerbrief noch häufiger zum Thema werden wird.

B. V.2-4: Christliche Grundlehren im Briefgruß

Die theologische Dichte, die sich hinter fast jedem Wort aufzeigen ließe, setzt sich in den nächsten Versen fort. Zur Erläuterung des "*Evangeliums*" spricht Paulus in den ersten Versen gleich **drei Grundlehren** an[75], die er im ganzen Brief weiterverfolgt oder voraussetzt und die die frühe Kirche in teilweise jahrhundertelangen Auseinandersetzungen gegen die verschiedensten Irrlehren verteidigt hat. Erst anschließend (V.5) fährt er mit Vorstellung und Gruß fort.

1. Die Einheit von Altem und Neuem Testament: Das Evangelium findet sich bereits im Alten Testament (V.2) und ist nicht erst im Neuen Testament zum 'unevangelischen' Alten Testament hinzugetreten. Das neutestamentliche Christentum ist keine neue Religion! Es war Gottes ewiger Plan, den "*Glaubensgehorsam unter allen Nationen*" (V.5) aufzurichten, wie er es ja auch bei der Er-

---

[72]Siehe Krimmer 16-18

[73]Daß und inwiefern das von Paulus und Jesus kritisierte Judentum zur Zeit des Neuen Testamentes nicht dem Judentum entsprach, wie es das Alte Testament wollte, wird in den folgenden Lektionen deutlich.

[74]Vgl. Michel 67-69; de Boor 27

[75]Vgl. dazu Michel 72-73 und Benjamin B. Warfield. Biblical Doctrines. The Banner of Truth Trust: Edinburgh 1988 (Nachdruck von 1929), darin: "The Christ that Paul Preached", S. 235-253, zu unserem Text S. 241-244; "The Biblical Doctrine of the Trinity", S. 133-173; "God our Father and the Lord Jesus Christ", S. 213-232.

wählung Abrahams, also vor Beginn der Geschichte Israels, schon angekündigt hatte: "*In dir sollen gesegnet werden alle Nationen der Erde*" (**1Mose 18,18; 12,3**). Der Römerbrief ist deswegen voller Zitate, Anspielungen und Beweise aus dem Alten Testament. Jesus, Petrus, Paulus, Stephanus und andere konnten den Juden das Evangelium ganz allein aus dem Alten Testament erklären! Das Zweite Helvetische Bekenntnis, das reformierte Bekenntnis der Schweiz, faßt das treffend so zusammen:

> "Die Lehre des Evangeliums ist nicht neu, sondern die älteste Lehre."[76]

2. Das Evangelium und die Dreieinigkeit: Das Evangelium ist untrennbar mit der Dreieinigkeit verbunden: "*... das Evangelium Gottes ... über seinen Sohn ... nach dem Geist der Heiligkeit ...*" (V.1-4). Gäbe es keine Dreieinigkeit (vgl. 2Kor 13,14; 1Kor 12,4-6; vgl. Offb 1,4-5; Mt 28,29), gäbe es auch keine Sendung Jesu durch den Vater und keine Beglaubigung durch den Geist im Leben des Paulus und der Gläubigen.

3. Jesus, wahrer Mensch und wahrer Gott: Das Evangelium ist untrennbar damit verbunden, daß Jesus wahrer Mensch und wahrer Gott ist und dies im Triumph der Auferstehung Jesu zum Ausdruck kommt: Jesus ist einerseits "*aus der Nachkommenschaft Davids nach dem Fleisch*" (V.3), andererseits "*Sohn Gottes ... nach dem Geist der Heiligkeit*" (V.4) und übt sein Amt "*aufgrund der Totenauferstehung*" aus (V.4).[77]

John Murray hat darauf hingewiesen, daß Paulus hier allerdings nicht vorrangig die zwei Naturen Jesu Christi zu dessen Lebzeiten auf Erden vor Augen hat, sondern den historischen Fortschritt vom irdischen Jesus vor der Auferstehung - der natürlich auch bereits 'Sohn Gottes' war (vgl. Röm 8,3+32; Gal 4,4) - zum "*Sohn Gottes in Kraft*" (V.4) seit der Himmelfahrt[78].

C. V.5-15: Paulus und die Christen in Rom

An die Vorstellung seiner eigenen Person schließt Paulus die Würdetitel der Christen in Rom an: "*Berufene Jesu Christi*", "*Geliebte Gottes, berufene Heilige*" (V.6-7). All das wird Paulus noch ausführlich besprechen und dennoch gilt es jetzt schon für die ganze Gemeinde. Deswegen kann Paulus sie mit dem Segen "*Gnade sei mit euch und Friede von Gott ...*" (V.7) grüßen.

---

[76]Aus § 13, zitiert nach Paul Jakobs (Hg.). Reformierte Bekenntnisschriften und Kirchenordnungen in deutscher Übersetzung. Buchhandlung des Erziehungsvereins: Neukirchen, 1949. S. 202

[77]Siehe Krimmer 20-22

[78]Murray 1/5-12; ähnlich Hendriksen 42-43; vgl. zur Grammatik Morris 45

Einige Ausleger sehen in *"Friede"* den hebräischen Gruß ('schalom'), in *"Gnade"* einen griechischen Gruß ('charis'), die Paulus hier beide zusammenfaßt. Es liegt jedoch näher, daß Paulus hier vom Alten Testament und dem hohenpriesterlichen Segen in **4Mose 6,24-26** ausgeht: *"Der Herr segne und behüte dich! Der HERR lasse sein Angesicht leuchten über dir und sei dir **gnädig**. Der HERR erhebe sein Angesicht auf dich und schenke dir **Frieden**".*

Paulus dankt dafür, daß der *"Glaube"* der römischen Christen *"in der ganzen Welt"* verkündigt wird (V.8), was sowohl dem guten geistlichen Zustand der Gemeinde, als auch der Hauptstadtfunktion Roms zu verdanken war. (Ähnlich wie in Kol 1,6 und Apg 17,6 wird *"alle"* beziehungsweise *"ganz"* hier wie noch oft im Römerbrief ohne Ausschließlichkeitscharakter beziehungsweise in bewußter Übertreibung verwendet, wie dies in fast allen Sprachen der Welt möglich ist[79].)

Obwohl Paulus die Gemeinde nicht selbst gegründet und sie noch nie besuchte hatte, ist sie ihm ein Herzensanliegen. Deswegen schwört er, daß er sich *"unablässig"* (V.9) an die Gemeinde im Gebet erinnert. Schlatter hat darauf hingewiesen[80], daß das Wort für *"unablässig"* (griech. 'adialeiptos') die griechische Übersetzung für ein hebräisches Wort ist, das die *"regelmäßigen"*, *"unaufhörlichen"* Opfer des Alten Testamentes, die regelmäßig jeden Morgen und Abend dargebracht wurden (vgl. 2Mose 29,38-39; Dan 9,21; Esra 9,5; Kornelius in Apg 10,3+30), bezeichnet[81]. Im Alten Testament gab es dementsprechend bereits ein Morgen-, Mittags- und Abendgebet (z. B. Ps 58,17-18; Dan 6,11+14; Ps 4 ist ein Morgen-, Ps 5 ein Abendgebet)[82]. *"Unablässig"* beten bedeutet deswegen wohl nicht andauernd zu beten ohne jemals etwas anderes zutun, sondern regelmäßig zu beten.

Manche Christen, die davon ausgehen, daß Schwören von Gott ganz verboten sei, wird erstaunen, daß Paulus in V.9 (*Schwurformel: "Gott ist mein Zeuge"*[83]) schwört, zumal Paulus hier ja nicht vor Ge-

---

[79]So etwa Robertson 325; vgl. Abschnitt D. in Lektion 10.

[80]Schlatter, Gerechtigkeit 27

[81]Vgl. auch die jüdischen Parallelen bei Paul Billerbeck. Die Briefe des Neuen Testamentes und die Offenbarung Johannis erläutert aus Talmud und Midrasch. Kommentar zum Neuen Testament aus Talmud und Midrasch 3. hg. von Hermann L. Strack, Paul Billerbeck. C. H. Beck: München, 1926. S. 27

[82]Gerhard Bindemann. Das Gebet um tägliche Vergebung der Sünden in der Heilsverkündigung Jesu und in den Briefen des Apostels Paulus. Beiträge zur Förderung christlicher Theologie 6 (1902) 1. C. Bertelsmann: Gütersloh, 1902

[83]Dies ist eine alttestamentlich geprägte, keine rabbinische Schwurformel, vgl. ebd.

richt schwört, sondern anderen Christen gegenüber. Doch Paulus schwört häufiger in seinen Briefen (2Kor 1,23; 1Thess 2,5+10+12; 5,27: "*Ich beschwöre euch bei dem Herrn, daß der Brief allen vorgelesen wird*"), ebenso wie Jesus es getan hat (Mt 26,63; sehr häufige Eidesformel: "*Amen, Amen*" = "*Wahrlich, wahrlich*").[84] Geht man jedoch davon aus, daß schon das Alte Testament das Schwören ausschließlich bei Gott gestattete und Jesus dies in der Bergpredigt bestätigt[85] ("*du sollst nicht schwören bei*" dem und jenem, ergänze: sondern nur bei Gott), dann ergibt das Schwören einen tiefen Sinn. August Dächsel faßt dies so zusammen: "... das Gesetz und sein Erfüller (Matth. 5,33 ff.) verbieten nur den Meineid und das gedankenlose, unnütze Schwören"[86].

Wer das Schwören generell in Frage stellt, muß auch alle Bundesschlüsse im Alten und Neuen Testament in Frage stellen, also zum Beispiel den Ehebund, der ebenso durch Eid geschlossen wird, wie den Bunde mit Gott, der in der Taufe besiegelt wird. Selbst Gott hat uns unser Heil 'geschworen', und sein Heilswille ist deswegen nicht rückgängig zu machen.

Adolf Schlatter hält den Eid in Röm 1,9 deswegen für nötig, weil Paulus seine Gebete "nach der Regel Jesu ohne Zeugen"[87] verrichtete und er deswegen nur Gott und keinen anderen Menschen zum Zeugen anrufen konnte.

Zu V.10 schreibt Werner de Boor über Paulus:

"Nur '*durch den Willen Gottes*' kann er zu ihnen kommen. Es ist auch in diesen Dingen ernst damit, daß Gott das 'Subjekt' des Evangeliums, der in der Ausbreitung des Evangeliums Handelnde ist. ... Nur wenn Gottes Wille unseren Vorsätzen zustimmt, wird das Gelingen geschenkt."
"Auch ein Paulus hat nicht so unter ständiger 'Führung' gelebt, wie christliche Idealisten sich das vorstellen. Sonst hätte er diese Zeilen gar

---

[84]Vgl. zu 'Amen' Abschnitt E. von Lektion 29. Weitere Beispiele bei Jürgen Kuberski. "Darf ein Christ schwören?" Bibel und Gemeinde 91 (1991) 2: 143-151

[85]Ausführlicher in ebd. und Thomas Schirrmacher. "Die Bergpredigt: Bestätigung oder Ablösung des Alten Testamentes?" Bibel und Gemeinde 91 (1991) 2: 128-143, bes. S. 135-137, und in Lektion 29 "Das Schwören" in Thomas Schirrmacher. Ethik. 2 Bde. Hänssler: Neuhausen, 1994 (im Erscheinen begriffen). Um dem scheinbaren Widerspruch zur Bergpredigt zu entgehen, hält Krimmer 32-33 Röm 1,9 nicht für einen Schwur, sondern für eine feierliche Versicherung wie eine "alttestamentliche Vergewisserung" (Krimmer 32). Worin aber liegt der Unterschied? Und wie erklärt er jene der genannten Beispiele bei Paulus, in denen das Wort "*schwören*" direkt vorkommt? Den Eidescharakter von Röm 1,9 bestätigen etwa Schlatter, Gerechtigkeit 25-26; Calvin 25 und Murray1/20.

[86]Dächsel 6

[87]Schlatter, Gerechtigkeit 25

nicht schreiben können und zu schreiben brauchen, sondern hätte es
durch 'Führung' immer schon gewußt, daß er noch keinen Plan für
einen Besuch in Rom machen durfte. Paulus war auch hier viel
'natürlicher' als wir mit unseren immer neuen Gesetzlichkeiten. Er
machte Reisepläne, wie sie ihm nach seiner Einsicht und nach seiner
Herzenssehnsucht notwendig erschienen, und erfuhr in ihrem Scheitern
das Nein Gottes, dem er sich dann beugte."[88]

Der generelle Auftrag für Paulus, den Glaubensgehorsam unter
allen Völkern bekanntzumachen (V.6) und die Tatsache, daß viele
Römer bereits "*Berufene Jesu Christi*" und "*Geliebte Gottes*" (V.7)
sind, führt nun zu konkreten Missionsplänen des Paulus.

In Rom hat Paulus **zwei Anliegen**, eines in bezug auf die **Gläubigen** und eines in bezug auf die **Ungläubigen**:

1. Der Dienst aneinander: Paulus möchte Gemeinschaft mit den
Gläubigen haben, damit sie und er sich gegenseitig "*etwas geistliche
Gnadengabe*" (V.11) mitteilen. Das Wort "*mitgetröstet*" (V.12) bedeutet gleichzeitig "*mitermahnt*" und wird an anderen Stellen auch
meist so übersetzt. Manche Übersetzer konnten sich jedoch wohl
nicht vorstellen, daß Paulus nicht nur den Römern etwas zu sagen
hatte, sondern auch erwartete, daß die römischen Christen ihn trö-
sten *und* ermahnen würden und könnten! Paulus war jedoch davon
"*überzeugt*", daß die Christen in Rom "*voll Güte, erfüllt mit aller
Erkenntnis, fähig, auch einander zu ermahnen*" (Röm 15,14) waren,
und warum sollte er sich da als Objekt der Ermahnung ausnehmen?
Paulus tritt uns trotz aller apostolischen Autorität immer als einer
entgegen, der wußte, wie sehr er auf die Hilfe und Gebete anderer
Christen angewiesen war (z. B. Eph 6,18-20; Kol 4,3; 2Thess 3,1;
Apg 4,29; 28,31).

2. Mission unter allen: Paulus will allen Menschen ausnahmslos
das Evangelium verkündigen, unabhängig von Sprache, Kultur und
Rasse ("*Griechen und Nichtgriechen*"[89], V.14) und von Bildung und
sozialer Schicht ("*Gebildeten und Ungebildeten*", V.14).

"Auch mit diesem Satz hat sich Paulus weit vom Rabbinat entfernt.
Er kann die Botschaft Jesu in jeder Sprache sagen; das war die Absage
an die 'heilige Sprache'; und er sagt sie jedem, mag er willig oder un-
willig sein, ihn zu verstehen; das war der Verzicht auf den Hörsaal, in
dem er die Lernbegierigen um sich gesammelt hätte."[90]

**Von diesem praktischen Missionsanliegen geht Paulus direkt
zum 'eigentlichen' Thema des Römerbriefes über.** In den be-

---

[88]De Boor 39 mit der dazugehörigen Anm. 25

[89]Dies war ein damals geläufiger Ausdruck für die gesamte Menschheit, Paul
Billerbeck. Die Briefe des Neuen Testamentes ... a. a. O. S. 27-29

[90]Schlatter, Gerechtigkeit 30

rühmten Versen 16-17, die den lehrmäßigen Teil des Briefes einleiten, beginnt Paulus seine Belehrungen mit *"Denn ..."*. Er begründet also 'nur' lehrmäßig, was er nach Röm 1,8-15 praktisch tun will. Dasselbe finden wir am Ende des eigentlichen Lehrteils. In Röm 15,14 leitet Paulus von den alttestamentlichen Zitaten über die Völker der Welt wieder nahtlos zu seinen praktischen Missionsplänen über und wiederholt vieles, was er in der Einleitung schon gesagt hat[91].

"Während Paulus mit dieser Erklärung noch an dem Gedanken der Einleitung festhält und berechtigte Vermutungen über die Ursache des langen Aufschubs seiner Reise nach Rom zurückweist, ist er bereits auf sein Hauptthema vom Evangelium als erlösender Kraft Gottes gekommen. 'Fast unhörbar gleitet er von der persönlichen Ansprache in den Lehrvortrag hinüber'."[92]

D. V.16: Ich schäme mich des Evangeliums nicht

Die berühmten Anfangsworte von Röm 1,16-17: *"Denn ich schäme mich des Evangeliums nicht ..."*, die für Paulus hier eine eindeutige Aussage sind, gebraucht er andernorts in ähnlicher Weise als Aufforderung (an Timotheus: *"So schäme dich nun nicht des Zeugnisses unseres Herrn ..."*, 2Tim 1,8). Hier geht es ihm um die lehrmäßige Grundlage, nicht um die persönlichen Empfindungen. Auch Paulus mußte nämlich andere Christen darum bitten, für seine Freimütigkeit zu beten (Eph 6,18-20). Die Formulierung *"nicht schämen"* geht dabei wohl auf Jesus zurück (Mk 8,38)[93].

Paulus war ungezählten Angriffen aus den verschiedensten Richtungen ausgesetzt. Doch er hat keinen Grund, sich dafür zu *"schämen"*, daß er jeden Menschen unabhängig von Sprache und Bildung (V.14-15) erreichen will. Denn im Evangelium geht es nicht um hochtrabende Philosophien, um Tips für ein schöneres Leben, um moralische Ratschläge oder um beschauliche Gedanken, sondern um eine konkrete **Rechts-, Macht- und Kraftfrage.** *"Denn das Reich Gottes besteht nicht in Worten, sondern in Kraft!"* (**1Kor 4,20**); *"Denn unser Evangelium erging an euch nicht im Wort allein, sondern auch in Kraft und im Heiligen Geist und in großer Gewißheit"* (**1Thess 1,5**).

Alles andere als das Verkündigen dieser im wahrsten Sinne des Wortes todernsten Machtfrage wäre eine Verniedlichung und Verharmlosung der Probleme des Menschen! So kann nur *"Gottes*

---

[91]Vgl. die Gegenüberstellung von Anfang und Schluß des Römerbriefes in Lektion 1

[92]Nygren 53-54, am Ende des Zitats mit einem Zitat von "Jülicher"

[93]So Stuhlmacher 29

Kraft" (oder "*Gottes Macht*"; griech. 'dynamis', davon 'Dynamit')
"*Heil*" (oder "*Rettung*") schaffen.

Nach **2Tim 3,5** gibt es Menschen, die "*eine Form* [oder: *einen Schein*] *der Gottseligkeit haben, aber die Kraft verleugnen sie*". Sie mögen äußerlich viel Gewinn vom christlichen Glauben haben und von außen nicht von wiedergeborenen Christen zu unterscheiden sein, aber das Entscheidende fehlt ihnen.

Wovon wird der Mensch gerettet und wozu geschieht das Heil - mit Beispielen aus dem Römerbrief und anderen Paulusbriefen[94]	
Unheil **= Errettung von ...**	**Heil** **= Errettung zu ...**
1. der Schuld der Sünde (Eph 1,7; Kol 1,14; Röm 1,32)	1. der Gerechtigkeit (Röm 3,21-26; 5,1)
2. der Verunreinigung durch die Sünde (Röm 6,6+17; 7,21-25)	2. der Heiligkeit (Röm 6,1-4; 12,1-2)
3. der Sklaverei der Sünde (Röm 7,24-25; Gal 5,1)	3. der Freiheit (Röm 6,7; Gal 5,1; 2Kor 3,17)
4. der Strafe der Sünde: 4.1. der Trennung von Gott (Eph 2,12; Röm 5,1) 4.2. dem Zorn Gottes (Röm 1,18; 2,8; Eph 2,3) 4.3. dem ewigen Tod (Röm 6,16; Eph 2,5-6)	4. dem Segen: 4.1. der Gemeinschaft mit Gott (Eph 2,13) 4.2. dem Frieden mit Gott (Röm 5,1) und der Liebe Gottes (Röm 5,5) 4.3. dem ewigen Leben (Röm 6,22-23; Eph 2,1+5; Kol 3,1-4)

✍ Arbeitsanleitung

Schlagen Sie die angegebenen Stellen nach und schreiben Sie jeweils die konkrete Formulierung für das Heil (also zum Beispiel 'Frieden mit Gott') und das Unheil in eine zweispaltige Tabelle mit derselben Numerierung. Wenn Ihnen weitere Texte dazu bekannt sind, können Sie die entsprechenden Formulierungen hinzufügen.

---

[94]In Anlehnung an Hendriksen 60. Eine gute graphische Gegenüberstellung weiterer abgedruckter Bibeltexte in diesem Sinne findet sich bei Jürgen Kuberski. "Was bedeutet 'Bekehrung'?". Bibel und Gemeinde 88 (1988) 4: 363-383, hier S. 368-371.

Schon in Röm 1,4 hat Paulus die "*Kraft*" mit der Auferstehung Jesu verbunden, und zu dieser Kraftquelle kehrt er immer wieder zurück.

Die Kraft Gottes zur Rettung findet sich nur im Evangelium, nirgends sonst. Folglich gilt sie auch nur "*dem Glaubenden*" (V.16), denn 'glauben' (andere Übersetzung: 'sich verlassen auf', 'vertrauen') ist der einzige Weg zum Heil, den das Evangelium offenläßt. Sein Heil hat Gott heilsgeschichtlich im Alten Testament ebenso wie in der neutestamentlichen Urgemeinde zuerst gläubigen Juden geschenkt, wie Jesus mehrfach bestätigt hat, der als Jude selbst das Heil der Welt ist (Joh 4,22; 10,16; Lk 24,47; Apg 1,8). Aber es galt auch schon im Alten Testament den Heiden[95] (vgl. z. B. Jonas Predigt in Ninive) und wird nun erst recht den Nichtjuden (im damaligen Sprachgebrauch "*Griechen*") geschenkt.

E. V.17: Der aus Glauben Gerechte wird leben

Warum findet sich (nur) im Evangelium Gottes Kraft? Paulus antwortet zum zweiten Mal (von ungezählten weiteren Malen) mit "*Denn* ...". Im Evangelium wird das Entscheidende offenbart: "*Gottes Gerechtigkeit*" (V.17). Paulus spricht im Römerbrief 40 mal von Gottes Gerechtigkeit.

Die Bedeutungsbreite des Ausdruckes 'Gerechtigkeit Gottes'

* Gottes Wesen (Gott ist Gerechtigkeit)
* sein Vorbild für uns (Gott zeigt Gerechtigkeit)
* seine Forderung an uns (Gott will Gerechtigkeit)
* sein Handeln im Gericht (Gott setzt Gerechtigkeit durch)[96]
* sein Handeln für uns (Gott schafft Gerechtigkeit)
* sein Geschenk an uns in der Rechtfertigung (Gott verleiht Gerechtigkeit)
* sein Geschenk an uns in der Heiligung (Gott verwirklicht Gerechtigkeit)
* unser gerechtes Handeln (Gott tut Gerechtigkeit in und durch uns)

Der schon im Alten Testament sehr häufige Ausdruck "*Gerechtigkeit Gottes*" hat eine umfassende Bedeutung[97]. Er meint

---

[95]Vgl. dazu ausführlicher Lektion 28

[96]"'Zorn Gottes' und 'Gerechtigkeit Gottes' schließen einander nicht aus. Sie sind auch nicht zeitlich einander nachzuordnen, etwa der Zorn zum AT und die Gerechtigkeit zum NT" (Krimmer 55).

[97]Vgl. die ausgezeichnete Untersuchung der einzelnen Begriffe der Wurzel 'dikaio-' in Hermann Cremer, Julius Kögel. Biblisch-Theologisches Wör-

nicht eine abstrakte Tugend oder eine von Personen losgelöste juristische Richtigkeit[98], sondern ist immer an Personen und an Gottes Wesen und Gebote gebunden. Er meint in der ganzen Bibel gleichermaßen:

> Viele Versuche einer anderen Wiedergabe des Ausdruckes "Gerechtigkeit Gottes" in V.17, etwa Martin Luthers Übersetzung *"Gerechtigkeit, die vor Gott gilt"*[99], betonen wichtige Aspekte[100], umfassen jedoch nicht die ganze Bedeutungsbreite der Gerechtigkeit Gottes, wie sie auch im Römerbrief verwendet wird. Peter Stuhlmacher schreibt deswegen zu Recht:

> "In der Paulusexegese wird seit langer Zeit darüber debattiert, ob man die Gottesgerechtigkeit bei Paulus von Phil 3,9 her vor allem als Gabe Gottes, als Glaubensgerechtigkeit oder 'Gerechtigkeit, die vor Gott gilt' (Luther) verstehen soll, oder ob der Akzent mit Schlatter u. a. auf Gottes eigenes Rechts- und Heilshandeln (in und durch Christus) zu legen ist (vgl. Röm 3,5.25f.; 10,3). Nach unseren Überlegungen zur Wortgeschichte und -bedeutung sollte man hier keine falschen Alternativen aufstellen. Der Ausdruck umfaßt beides, und es ist von Textstelle zu Textstelle zu prüfen, wie Paulus den Akzent setzt."[101]

Ähnlich schreiben Hermann Cremer und Julius Kögel, daß Gerechtigkeit Gottes weder einfach eine Eigenschaft Gottes, noch einfach die Einsetzung des Menschen zum Gerechten meint,

> "sondern es ist in Vereinigung der beiden Möglichkeiten der Gerechtigkeit, die Gottes Wesen bestimmt und von Gott her dem Menschen zuteil wird"[102].

Adolf Schlatter selbst ist allerdings mit den Reformatoren nicht zu versöhnen, sieht er in Luthers Übersetzung und Verständnis doch ge-

---

terbuch des neutestamentlichen Griechisch. F. A. Perthes: Stuttgart, 1923[11] (Nachdruck von 1915[10]). S. 295-342

[98]Sehr schön ausgeführt bei de Boor 47-49

[99]Diese Übersetzung könnte man so mißverstehen, als wenn es um eine Gerechtigkeit ginge, die der Mensch vor Gott bringen könnte. Luther wollte jedoch so wiedergeben, daß es nicht um Gottes Gerechtigkeit als Wesenseigenschaft Gottes geht, sondern um die Gerechtigkeit, die Gott dem Menschen gibt.

[100]Gegen Schlatter, Gerechtigkeit 35-45, der Luthers Sicht völlig verneint, jedoch das Verdienst hat, die einseitige Herrschaft von Luthers Sicht und Übersetzung beendet zu haben.

[101]Stuhlmacher 32. Auch Krimmer 47 erkennt hier beide Bedeutungen; vgl. die Darstellung der Argumente im einzelnen bei Cranfield 1/96-99, wobei Cranfield die Frage offenläßt, aber eher dazu neigt, daß es um die Gerechtigkeit geht, die Gott gibt.

[102]Hermann Cremer, Julius Kögel. Biblisch-Theologisches Wörterbuch des neutestamentlichen Griechisch. a. a. O. S. 313 (Abkürzungen ausgeschrieben)

rade die Ursache für ihre falsche Auslegung des Römerbriefes überhaupt[103]. Allerdings hat Otto Michel zu Recht darauf hingewiesen,
daß Schlatter hier unter dem Namen Luthers die nach Luthers Tod
durch Philipp Melanchthon vorherrschende lutherische Interpretation
angreift[104], während Luther selbst zwar davon ausgeht, daß es
tatsächlich um eine Gerechtigkeit handelt, die vor Gott bestehen kann,
dabei jedoch immer zugleich sagt, daß diese Gerechtigkeit von Gott
geschenkt, ja Gottes eigene Gerechtigkeit ist. Für Luther konnte die
Gerechtigkeit des Christen vor Gott nur gelten, weil sie Gottes eigene
Gerechtigkeit war. Dementsprechend haben sich auch moderne Ausleger, die nicht aus der lutherischen Tradition stammen, begründet für
Luthers Sicht eingesetzt[105].

Schon an vielen Stellen des Alten Testamentes meint "*Gerechtigkeit Gottes*" nicht nur den Zorn Gottes, wie es Luther etwa
vor der reformatorischen Wende verstand, sondern auch das Heil,
das Gott schenkt[106]. In **Ps 116,5** ist Gott zugleich "*gnädig*",
"*barmherzig*" und "*gerecht*". Und in **Jes 23,6** lautet der Titel des zu-
künftigen Heilbringers und Messias: "*Unsere Gerechtigkeit ist
Gott*". Die Bedeutung von Gerechtigkeit im Sinne von Heil findet
sich oft im Parallelismus[107] der Psalmen, wie folgende Beispiele
zeigen: "*Der HERR hat sein Heil kundgetan, vor den Augen der Nationen geoffenbart seine Gerechtigkeit*" (**Ps 98,2**); "*Bei dir, HERR,
habe ich mich geborgen, laß mich nie zuschanden werden. Errette
mich in deiner Gerechtigkeit!*" (**Ps 31,2**).

Auch der Ausdruck "*leben*" (hebr. 'hajje') bedeutet im Alten Testament oft das Heil und die Rettung[108].

**Gottes Gerechtigkeit muß offenbart werden. Niemand kann
sie sich ohne Offenbarung zurechtlegen, sie erahnen, geschweige
denn erarbeiten.** Nur weil Gott seine Gerechtigkeit in Jesus Christus offenbart, kann sie im Glauben erlangt werden.

---

[103]Schlatter, Gerechtigkeit 36-39+42-44

[104]Michel 94

[105]Z. B. Cranfield 1/95-102

[106]Vgl. de Boor 48. Eine ausgezeichnete Darstellung der "*Gerechtigkeit*"
Gottes im Alten Testament findet sich bei Edo Osterloh. Gottes Gerechtigkeit und menschliches Recht im Alten Testament. Theologische Existenz heute 71. Chr. Kaiser: München, 1940. S. 7-27. Osterloh betont, daß
Gerechtigkeit oft Gottes Handeln in der Geschichte zugunsten seines Volkes meint, weswegen das Wort auch in der Mehrzahl ("*Gerechtigkeiten*", z.
B. Ri 5,11; 1Sam 12,7; Jes 45,24; Mi 6,5; Ps 103,6; Dan 9,16) erscheinen
kann (ebd. S. 10).

[107]Eine Aussage wird mit anderen Worten wiederholt. Dabei handelt es sich
um die häufigste dichterische Stilart im Alten Testament.

[108]Belege bei Davidson/Martin 262

"*Aus Glauben zu Glauben*" (V.17), auch zu übersetzen mit "*aus Vertrauen zu Vertrauen*", macht deutlich, daß die Gerechtigkeit Gottes in unserem Leben mit Glauben beginnt, aber trotz allen Wachstums nie mehr als Glauben zum Ziel hat. Christen sehnen sich als Gläubige nicht nach etwas Höherem als dem Glauben, nicht nach einem Mehr an Gerechtigkeit Gottes, als ihnen nur der Glaube offenbaren kann.[109] Wer mehr will, als das Vertrauen auf Gott, kann und muß einem anderen oder sich selbst vertrauen. Damit vermehrt er jedoch das Vertrauen (den Glauben) auf Gott nicht, sondern zerstört es. Genau das geschah auch beim Sündenfall (1Mose 3)[110].

Im Einklang mit seiner Briefeinleitung, daß Gott das "*Evangelium ... durch seine Propheten in heiligen Schriften vorher verheißen hat*" (V.1-2), belegt Paulus seine Aussagen in V.16-17, die gewissermaßen die Überschrift des Lehrteils bilden, sogleich mit einem Zitat aus dem Alten Testament. **Habakuk 2,4** war bei den jüdischen Schriftgelehrten damals sehr beliebt[111]! Sie verstanden den Vers so, daß der "*Gerechte*", also der, der nach den Geboten Gottes gerecht gelebt hat, *dann* "*aus Glauben leben*" kann. Paulus widerspricht dieser Auslegung, indem er "*aus Glauben*" zu "*der Gerechte*" zieht, so daß es bedeutet "*der aus Glauben Gerechte - wird leben*"[112]. Es heißt also
- entweder: '1. der Gerechte, 2. wird aus Glauben leben'
- oder: '1. der aus Glauben Gerechte, 2. wird leben' (so Paulus).

Grammatisch sind beide 'Auslegungen' möglich. Auch wenn Paulus anders als wir es hier vertreten das "*aus Glauben*" doch nicht zu "*der Gerechte*" zieht[113], wie manche Ausleger meinen, versteht er den Vers doch immer noch anders als die Pharisäer und jüdischen Schriftgelehrten, nämlich so, daß der Satz nicht die Frage beantwortet, wie ein bereits (durch Werke) Gerechter leben kann, sondern die Frage, wie man überhaupt ein Gerechter werden kann.

Für Paulus ist die Voraussetzung für die Gerechtigkeit und das Leben (und damit auch das Leben nach den Geboten Gottes, vgl. Röm 8,3-4; 12,1-3; 13,8-10) der Glaube. Für die meisten Juden war dagegen der Glaube das Ergebnis der Gerechtigkeit.

---

[109]Vgl. dieselbe Häufung (Schlatter, Gerechtigkeit 39) von "*von*" (oder "*aus*"), "*in*" (oder "*durch*") und "*zu*" (oder "*auf ... hin*") "(griech.: 'ex', 'en'; 'eis') in Röm 11,36.

[110]Vgl. ausführlicher Abschnitt F. in Lektion 3

[111]So besonders Nygren 66; Michel 90 und Morris 70-71, Anm. 176

[112]So vehement Nygren 60-70 und übersichtlich Cranfield 1/101-102

[113]So gegen Nygren etwa Michel 90-91 und Schlatter 43-44

Paulus sieht also wie Jesus in der Bergpredigt[114] das Evangelium im Einklang mit einem richtig verstandenen Alten Testament, aber im Widerspruch zu einem falsch verstandenen Alten Testament. Das Problem der Juden war nicht ihre Berufung auf das Alte Testament, in dem sie Jesus und das Evangelium überall hätten finden können (so Jesus in **Joh 5,39**), sondern ihr 'gesetzlicher' Mißbrauch des Alten Testamentes (vgl. 1Tim 1,7: "*sie wollen Gesetzeslehrer sein und verstehen doch nichts ...*"). Deswegen widerlegt Paulus die Juden im Römerbrief immer wieder mit dem Alten Testament und warnt die Heidenchristen ebenso vor einer Mißachtung des Alten Testamentes.

Es muß allerdings schon hier dem Mißverständnis gewehrt werden, als wenn der Glaube ein Werk sei, das dem Menschen die Gerechtigkeit sichere:

"Das Schriftzitat Gen[115] 15,6 = Röm 4,3; Gal 3,6 kann kein *Nebeneinander* in dem Sinn bezeichnen, daß der Glaube die Voraussetzung oder Bedingung für die Gerechtigkeit Gottes ist, sondern es meint das sachliche *Ineinander* und *Miteinander* von Glaube und Gerechtigkeit. Der Glaube ist selbst ein Zeichen und Zeugnis der Gerechtigkeit, die Gott schenkt."[116]

Daß Hab 2,4 in der paulinischen Auslegung Tenor, ja Überschrift des Römerbriefes ist, zeigt ein Blick auf die Gliederung des Briefes:

Die Kap.1-4 behandeln die Frage, wie man aus Glauben gerecht wird und zwar zuerst negativ (1,18-3,20) und dann positiv (3,21-4,25). In den Kap. 1-4 kommt über 25 mal "*glauben*" vor, aber nur 2 mal "*leben*". In 5,1 heißt es dann "*Da wir nun gerechtgesprochen worden sind aus Glauben ...*". Die Kap. 5-8 behandeln nun das Leben des aus Glauben Gerechten. Deswegen erscheint "*glauben*" fast nicht mehr, dagegen "*leben*" über 25 mal.[117]

"*Glaube*" ist einer der Zentralbegriffe des Alten Testamentes[118], wobei der Begriff zwei Seiten umfaßt, nämlich einerseits das **Vertrauen** und die **völlige Abhängigkeit** dessen, der glaubt, andererseits die **Sicherheit**, Festigkeit und Gewißheit desjenigen, an den

---

[114]Vgl. Thomas Schirrmacher. "Die Bergpredigt: Bestätigung oder Ablösung des Alten Testamentes?" Bibel und Gemeinde 91 (1991) 2: 128-143 und die Lektion 28 "Die Bergpredigt" in Thomas Schirrmacher. Ethik. 2 Bde. Hänssler: Neuhausen, 1994 (im Erscheinen begriffen)

[115]Genesis = 1Mose

[116]Michel 93

[117]Darauf hat besonders Nygren 66-72 hingewiesen.

[118]Vgl. besonders Ludwig Bach. Der Glaube nach der Anschauung des Alten Testamentes. Beiträge zur Förderung christlicher Theologie 4 (1900) Heft 6. S. 1-96. C. Bertelsmann: Gütersloh, 1900, bes. S. 1

man glaubt[119]. Die **Zuverlässigkeit** Gottes macht es möglich, **sich auf ihn zu verlassen.**

Berühmte Verse über den Glauben im Alten Testament, die im Neuen Testament oft zitiert werden

1Mose 15,6: Von Abraham: *"Und er glaubte dem HERRN; und er rechnete es ihm als Gerechtigkeit an"* (zitiert in **Röm 4,3+9[+18]; Gal 3,6; Jak 2,23**).
Hab 2,4: *"Der Gerechte aber wird durch seinen Glauben leben"* (zitiert in **Röm 1,17; Gal 3,11; Hebr 10,38**).
Jes 28,16: *"Darum, so spricht der Herr, HERR: Siehe, ich lege in Zion einen Grundstein, einen bewährten Stein, einen kostbaren Eckstein, felsenfest gegründet. Wer glaubt, wird nicht unsicher laufen"* (zitiert in **Röm 9,33; 10,11; 1Petr 2,6[+4]**; vgl. Mt 21,42; Lk 20,17; Hebr 2,20; 2Tim 2,19).

Immer wieder fordert das Alte Testament deswegen zum Glauben auf. So heißt es in **2Chr 20,20**: *"Glaubt an den HERRN, euren Gott, dann werdet ihr bestehen! Glaubt seinen Propheten, dann wird es euch gelingen!"* oder in **Spr 16,20**: *"Wer auf das Wort achtet, findet das Gute und glückselig ist derjenige, der dem HERRN glaubt* [oder: *dem HERRN vertraut]"*. Oft wird vermerkt, daß das Volk Israel *"glaubt"* (z. B. 2Mose 19,9) oder *"nicht glaubte"* (5Mose 9,23; Ps 78,22) oder *"nicht seinem Wort glaubten"* (**Ps 106,24**). Menschen werden ausdrücklich wegen ihres Glaubens gelobt und als Vorbild hingestellt (z. B. Kaleb in **Jos 14,9**).

✍ Arbeitsanleitung
An dieser Stelle sollte noch einmal der Abschnitt 'Gliederung anhand von Röm 1,17 und Hab 2,4' in der ersten Lektion studiert werden.

Es ist zu berücksichtigen, daß der Begriff 'Glaube' sich bereits aus dem Alten Testament ergibt, auch wenn dort stärker die entsprechenden Tätigkeitsbegriffe ('glauben', 'stützen auf' usw.) verwendet werden[120].

---

[119]Vgl. ebd., bes. S. 49-51+88-89

[120]Die gründlichste Untersuchung zum Begriff 'Glaube' im Neuen Testament, die dies belegt, ist nach wie vor Adolf Schlatter. Der Glaube im Neuen Testament. Calwer Verlag: Stuttgart, 1982[6]. In englischer Sprache ist zu empfehlen: Benjamin B. Warfield. S. 827-838 "Faith". in: James Hastings (Hg.). A Dictionary of the Bible. Bd. V. Charles Scribner's Sons: New York, 1905; nachgedruckt in: Benjamin Warfield. Biblical Doctrines. The Banner of Truth Trust: Edinburgh, 1988 (Nachdruck von 1929). S. 467-508 (mit weiterer, auch deutschsprachiger Literatur). Abzulehnen ist das Ergebnis der ebenfalls sehr ausführlichen Darstellung von Rudolf Bultmann. *"pisteuo"*. S. 174-182+197-230 in: Gerhard Kittel (Hg.). Theologisches

"Nirgends wird die Aufforderung zum Glauben als eine Neuheit des Neuen Bundes angesehen oder eine Trennlinie zwischen dem Glauben der zwei Testamente gezogen, überall tritt das Bewußtsein der Kontinuität in den Vordergrund."[121]

Die alttestamentliche Bedeutung von "*glauben*", die die neutestamentliche Bedeutung mitbestimmt, ist von größerer Eindeutigkeit und Überzeugungskraft als unser leider weitgehend abgeschliffenes Wort 'glauben'. Es bedeutet dort nämlich soviel wie **'sicher sein'**, **'überzeugt sein'**, **'fest sein'**, **'gefestigt sein'**, **'sich (völlig) verlassen auf'**, **'(totales) Vertrauen haben in'**.

Auf diesem Hintergrund ist es kein Wunder, daß sich die einzige Definition[122] von "*glauben*" im Neuen Testament gerade in dem Kapitel findet, das die alttestamentlichen Glaubensvorbilder vor Augen führt (**Hebr 11**) und die alttestamentliche Bedeutung des Begriffes zur Norm erhebt: "*Der Glaube ist aber die Verwirklichung dessen, was man hofft, ein Überzeugtsein von Dingen, die man nicht sieht. Denn durch ihn haben die Alten Zeugnis erlangt. Durch Glauben wissen wir (oder: verstehen wir), daß die Welten durch Gottes Wort geschaffen wurden, so daß das Sichtbare nicht aus Sichtbarem*[123] *geworden ist*" (**Hebr 11,1-2**).

✍ Arbeitsanleitung

Lesen Sie nach Abschluß dieser Lektion noch einmal die Abschnitte 3., 4. A., 4. B. und bis 4. C. b. in Lektion 1 über das Anliegen des Paulus bei der Abfassung, über die alttestamentlichen Zitate im Römerbrief und über die Bedeutung von Röm 1,17/Hab 2,4 für die Gliederung.

➡ Empfehlungen zum eigenen Weiterstudium

Es lohnt sich, die V.1-12 mit dem Beginn und Schluß anderer Paulusbriefe und ihrem theologischen Gehalt zu vergleichen. Wo liegen Gemeinsamkeiten, wo Unterschiede?

Mittels einer Konkordanz kann man sich auch ohne Hebräischkenntnisse einen Überblick verschaffen, wo im Alten Testament die Begriff 'Glaube', 'glauben', 'Vertrauen' usw. verwendet werden.

Um Näheres über die biblischen Begründungen für die altkirchlichen Lehren zu erfahren, daß Gott dreieinig und Jesus wahrer Mensch und wahrer

---

Wörterbuch zum Neuen Testament. Bd. 6. W. Kohlhammer: Stuttgart, 1990 (Nachdruck).

[121]Benjamin B. Warfield. "Faith". a. a. O. S. 484

[122]Vgl. ebd. S. 501

[123]Gemeint sind Dinge, die mit den Sinnen wahrgenommen beziehungsweise begriffen werden können.

Gott ist, empfehlen sich die entsprechenden Abschnitte in der Kurzdogmatik von Louis Berkhof[124].

Zur obigen graphischen Gegenüberstellung von 'Heil' und 'Unheil' empfiehlt
sich das Studium einer ähnlichen Gegenüberstellung in einem Artikel von
Jürgen Kuberski[125] zum Weiterstudium.

✍ Fragen zur Selbstkontrolle

Inwiefern hilft 2Tim 3,5, um Röm 1,16 besser zu verstehen? (Antwort: lesen
Sie den Abschnitt D., 3. bis 5. Absatz [von "Nach 2Tim 3,5 ..." bis zum
Ende] in dieser Lektion)

Welche zwei Anliegen verbindet Paulus mit seinem Besuch in Rom
(Antwort: lesen Sie Abschnitt C., Absätze mit Nr. 1. und 2. in dieser Lektion)

Welche drei Grundlehren des christlichen Glaubens spricht Paulus gleich zu
Beginn seines Briefes in V.2-4 an (die beiden Verse dürfen dazu nach-
gelesen werden)? (Antwort: lesen Sie den Abschnitt B. in dieser Lektion)

Wie ist nach dieser Lektion folgende Aussage zu beurteilen: "Der Begriff
'Glaube' ist der wichtigste Begriff, den Jesus und Paulus neu in die Welt
der monotheistischen Religionen eingeführt haben"? (Antwort: lesen Sie
die zweite Hälfte von Abschnitt E. in dieser Lektion von dem abgedruckten Zitat aus Ps 98,2 bis zum Ende)

✉ Einsendeaufgaben

Zur Lektion 1:

❶ Zum persönlichen Einstieg:
   a. Was erwarten Sie vom Studium des Römerbriefes anhand dieses Kurses (Umfang: höchstens eine halbe Din-A-Seite)?
   b. Was hat Sie in der Einführung am meisten über den Römerbrief er-
   staunt oder was war Ihnen ganz neu? (Umfang: höchstens eine halbe
   Din-A-Seite)

❷ Stellen Sie dar, in welcher historischen Situation der Römerbrief geschrieben wurde (Autor, Empfänger, Ort und Zeit) und schildern Sie, welches Anliegen mit diesem Brief verbunden ist. Vermeiden Sie dabei
möglichst Formulierungen aus dem Studientext der Lektion (Umfang: 2-4
DIN A4-Seiten)

Zur Lektion 2:

❶ Welches Verhältnis hatte Paulus zur Gemeinde in Rom und was erwartete er von einem Besuch dort? (Umfang: 1-2 DIN A4-Seiten)

❷ Welche drei (!) Möglichkeiten, das Zitat aus Hab 2,4 in Röm 1,17 zu verstehen, wurden im Text vorgestellt? Welche erscheint Ihnen in Habakuk
2 selbst (bitte nachlesen) die wahrscheinlichste zu sein? (Umfang: 1-2
DIN A4-Seiten)

---

[124]Louis Berkhof. Grundriß der biblischen Lehre. Verlag der Francke-Buchhandlung: Marburg, 1990

[125]Jürgen Kuberski. "Was bedeutet 'Bekehrung'?". Bibel und Gemeinde 88
(1988) 4: 363-383, hier S. 368-371

Hinweise für den Gruppenleiter

Es empfiehlt sich, sofern genügend Zeit vorhanden ist, V.1-15 und V.16-17 jeweils in einem eigenen Gespräch zu behandeln.

Es sollte darauf hingewiesen werden, daß der Römerbrief die V.16-17 begründet und im Detail ausführt und deswegen nicht schon alle anstehenden Fragen in den ersten Gesprächsrunden behandelt werden müssen.

Zu den angeschnittenen Themen wie der Dreieinigkeit usw. sollte sich der Gruppenleiter über das vorliegende Material hinaus auf Fragen vorbereiten, etwa anhand der entsprechenden Abschnitte in der Kurzdogmatik von Louis Berkhof[126].

❋ Fragen für das Gruppengespräch zur Auswahl

❶ <V.1-4+17> Wenn Paulus oder Stephanus in die jüdischen Synagogen gingen, begründeten sie das Wirken Jesu und das Evangelium ganz allein aus dem Alten Testament.

* Wieso würde uns das persönlich heute schwer fallen?
* Ist das ein Verlust oder haben wir es einfacher, wenn wir uns nur an das Neue Testament halten?

❷ <V.5 und 16,26> Ziel der Arbeit des Paulus war der "Glaubensgehorsam unter allen Nationen" (oder: "Gehorsam des Glaubens ...").

* Ist "Glaubensgehorsam" nicht ein Widerspruch in sich?
* Ist "Glaubensgehorsam" eine passende Beschreibung für unser (mein) persönliches Christsein?

❸ <V.14-17> Paulus schrieb den Römerbrief aus dem praktischen Anlaß einer bevorstehenden Missionsreise.

* War solch eine ausführliche Begründung wirklich notwendig, um sein 'Recht' zur Evangelisation zu begründen?
* Hält uns nicht eine ausführliche Beschäftigung mit Lehrfragen (etwa anhand des Römerbriefes) vom Evangelisieren ab?

---

[126] Louis Berkhof. Grundriß der biblischen Lehre. Verlag der Francke-Buchhandlung: Marburg, 1990

3. LEKTION: RÖMER 1,18-32

✍ Arbeitsaufwand der Lektion

Regelstudienzeit insgesamt 16 Stunden (2 Stunden an 8 Werktagen), davon 10 Stunden für das Erarbeiten des Studientextes und 6 Stunden für die Selbstkontrolle und die Einsendeaufgaben

❖ Gliederung und Aufbau der Lektion

Nach einer Einordnung des Abschnittes wird zunächst der gegenwärtige Zorn Gottes in V.18 und in der ganzen Bibel besprochen.

Daran schließt sich die Frage in V.19-20, wie sich Gott offenbart und das Thema in V.20-25, welches die eigentliche Ursünde des Menschen ist, an.

Daraus leiten sich einige grundsätzliche Überlegungen zur Stellung des Denkens in der Bibel und zur Frage der Gottesbeweise in der Apologetik ab.

Bevor ein Blick auf den alttestamentlichen Hintergrund von V.21-25 geworfen wird, wird zunächst der Sündenfall zur Thematik des Abschnittes befragt.

Aus dem Text ergibt sich dann die Frage, was denn aus biblischer Sicht eine 'Religion' ist, bevor zu V.24-32 die ethischen Folgen der Religion angesprochen werden.

Schließlich werden noch die beiden sich aus dem Text ergebenden Fragen nach den Menschen, die das christliche Evangelium nie gehört haben, und nach dem Verhältnis von Schöpfung und Evolutionstheorie behandelt.

➻ Lernziele der Lektion

Nach Durcharbeiten der folgenden Lektion sind Sie in der Lage,

1. zu erklären, inwiefern der Zorn Gottes schon jetzt herrscht;
2. aufzulisten, wie und wo sich Gott offenbart;
3. zu erklären, wie Paulus die Entstehung der Religionen sieht und was aus biblischer Sicht eine Religion ist;
4. zu erklären, weshalb Sie keinen letztlich überzeugenden Gottesbeweis erbringen können und dies anhand des Berichtes vom Sündenfall zu erläutern;
5. zu begründen, warum Menschen, die nie etwas von Jesus gehört haben, für Paulus dennoch verlorengehen;

6. aufzulisten, welche biblischen Texte und Aussagen der Philosophie der Evolutionstheorien widersprechen.

🎧 Bibeltext zur Lektion (Römer 1,18-32)

18 **Denn Gottes Zorn** wird geoffenbart vom Himmel her
      über alle Gottlosigkeit und
         Ungerechtigkeit
         der Menschen,
            die die Wahrheit
               durch Ungerechtigkeit unterdrücken,
19   **weil** das von Gott Erkennbare
                    unter ihnen offenbar ist,
               denn   Gott hat es ihnen offenbart.
20 **Denn**   sein Unsichtbares [Wesen],
        ebenso seine ewige Kraft
        und seine Göttlichkeit,
     wird seit der Erschaffung der Welt
        in dem Gemachten
           denkend wahrgenommen und geschaut,
        damit sie ohne Entschuldigung sind,
21   **weil** sie Gott zwar kannten,
          ihn aber
          weder als Gott verherrlichten
          noch ihm gedankt haben,
             sondern in ihren Gedanken
             in Torheit verfielen
             und ihr unverständiges Herz
               verfinstert wurde.
22   Indem sie behaupteten,
   Weise zu sein,
   sind sie zu **Narren** geworden
23   und haben   die Herrlichkeit
              des unvergänglichen Gottes
      vertauscht   mit dem Gleichnis eines Bildes
              vom verweslichen Menschen
              und von Vögeln
              und von vierfüßigen
              und kriechenden Tieren.
24 **Darum** hat Gott   sie **dahingegeben**
             in den Begierden ihrer Herzen
             in Unreinheit,
             ihre Leiber untereinander zu entehren,
25   sie,
         die die Wahrheit Gottes
         mit der Lüge
         vertauschten
      und   dem Geschöpf

              Verehrung und Dienst darbrachten
      statt dem Schöpfer,
           der gepriesen ist in Ewigkeit. Amen.
26 **Darum** hat Gott sie **dahingegeben**
    in schändliche Leidenschaften.
         Denn auch ihre **Frauen** haben
           den natürlichen Verkehr
           mit dem widernatürlichen **vertauscht**,
27   und ebenso haben auch die **Männer**
           den natürlichen Verkehr
             mit der Frau verlassen,
           sind in ihrer Begierde
             zueinander entbrannt,
             indem Männer mit Männer
             Schande trieben,
             und empfingen an sich selbst
                den Lohn ihrer Verirrung,
                den sie dafür
                  empfangen mußten.
28 Und **da** sie es nicht für gut befanden,
      Gott in der Erkenntnis festzuhalten,
      hat Gott sie **dahingegeben**
           in ein verworrenes Denken,
           das Unrechte zu tun:
29   erfüllt mit aller
             Ungerechtigkeit, Bosheit, Habsucht,
             Schlechtigkeit,
           voll von
             Neid, Mord, Streit, List, Niedertracht;
30   Ohrenbläser, Verleumder, Gotteshasser,
             Gewalttäter, Hochmütige, Prahler,
             Erfinder böser Dinge, den Eltern
             Ungehorsame,
31   ohne Verstand, ohne Treue, ohne Liebe und
             ohne Barmherzigkeit Seiende.
32   **Obwohl** sie Gottes Rechtsforderung erkennen,
        daß, die, die solches tun,
          des Todes würdig sind,
             üben sie es nicht allein aus,
             sondern haben auch Wohlgefallen
                an denen, die es tun.

A. V.18-32: Zur Einordnung und Bedeutung des Abschnittes

Dieser Abschnitt behandelt die Schuld der Heiden (= Nichtjuden) und damit die Entstehung der Religionen. Der ganze Abschnitt steht

parallel zu dem, was Paulus den Heiden in der Missionspraxis verkündigte (z. B.: vor den Römern: **Apg 14,8-18**; vor den Griechen:
Apg 17,16-34), was die enge Verbindung von Lehre und Mission
erneut bestätigt. Otto Michel schreibt deswegen:

> "Wir haben in Röm 1,18-32 ein Beispiel der **Missionspredigt** des
> Paulus vor uns, wie er sie häufig genug vor Heiden gehalten hat."[127]

Paulus muß begründen, weshalb die Menschen Gottes Gerechtigkeit benötigen. Dazu behandelt er zunächst die Schuld der
Heiden (Röm 1,18-32), dann die Schuld der Juden (Röm 2,1-3,20) -
und mit der Schuld der Juden immer wieder auch die Schuld der
Heiden, auf die das Gesagte dann erst recht zutrifft, - und kommt
damit zu dem Ergebnis, daß allen Menschen die Gerechtigkeit Gottes fehlt und sie nur durch den Glauben an Jesus Christus Gerechtigkeit erlangen können (Röm 3,21-31).

In der Verkündigung der Apostel ging der Verkündigung des
Heils in Jesus immer die Verkündigung des Schöpfers und des Ge-
richts voraus, wie besonders die evangelistischen Ansprachen der
Apostelgeschichte zeigen (**Apg 2,14-38**: Pfingstpredigt des Petrus;
Apg 3,12-26; 7,1-53; 13,14-41; 14,8-18; 17,16-34). So spricht auch
Paulus im Römerbrief zunächst ausführlich über die Schuld der
Menschen vor ihrem Schöpfer und über Gottes Zorn. Erst in Röm
3,21 kehrt er zur Offenbarung der Gerechtigkeit Gottes zurück, die
er in Röm 1,16-17 kurz angerissen hat. Nur wer weiß, warum und
wovon er Errettung nötig hat, wird die Errettung wertschätzen und
annehmen können.

B. V.18: Gottes Zorn ist schon da

Wenn "*Gottes Zorn geoffenbart*" wird (V.18), ebenso wie "*Gottes
Gerechtigkeit geoffenbart*" wird (V.17), dann ist der Zorn Gottes
nicht nur "*der zukünftige Zorn*" (**1Thess 1,10**), also nicht nur etwas
Zukünftiges, sondern ein Zorn, der hier und jetzt gilt und offenbar
ist. Das Jüngste Gericht, das Paulus in **Röm 2,3-16** erwähnt, steht
dem nicht entgegen. Der Zorn Gottes
* ist hier und jetzt bereits wirksam und erfahrbar,
* ergeht jetzt schon über alle Menschen.
Alle Menschen leben nämlich bereits unter dem Zorn Gottes. Das
Gericht Gottes beginnt nicht erst nach dem Tod des Menschen, sondern steht schon von Geburt an über ihm. Gott wird "*das schon auf-
geschriebene Gericht an ihnen* [= den Völkern] *vollziehen*" (**Ps
149,9**). Jesus sagt deutlich: "*Wer nicht glaubt, der ist schon gerichtet*" (**Joh 3,18**; ähnlich Joh 3,19+36; 9,39; 1Thess 2,16; 1Petr 4,17).

---

[127]Michel 96

Der Begriff "*Zorn*" im Alten und Neuen Testament

I. Gottes Zorn

1. Gottes Zorn:

"Wenn man den Vergleich zieht, wird man feststellen, daß in der Bibel weit mehr vom Zorn Gottes die Rede ist, als von Seiner Liebe und Freundlichkeit."[128]

Von den fast 1000 Bibelstellen über "*Zorn*" (auch zürnen, ergrimmen usw.) sprechen über 500 Stellen vom Zorn Gottes. Das Neue Testament berichtet über den Gottes Zorn ebenso häufig wie das Alte Testament.

Hiob 9,13: Er ist Gott, seinen Zorn kann niemand stillen.

Jes 30,27: Gott "*kommt ... mit brennendem Zorn und wuchtigem Auftreten; seine Lippen sind voller Grimm und seine Zunge ist ein verzehrendes Feuer...*"

2. Gottes Zorn und Gottes Barmherzigkeit sind untrennbar:[129]

Röm 3,5-8; 9,19-24; Ps 103, 8-9: Gott ist aus Liebe zornig, und er ist aus Heiligkeit barmherzig.

Röm 9,22: Gott "*trägt*" die "*Gefäße des Zorns*" "*mit Langmut*".

Offb 6,16: Der "*Zorn des Lammes*" (also der Zorn Jesu, der als Lamm starb.)

Ps 30,6: Dem kurzen Zorn Gottes folgt dessen lebenslange Güte.

3. Gott ist langsam zum Zorn, aber im Zorn beständig:

Der Mensch dagegen ist schnell zum Zorn, aber unbeständig (zum Beispiel in der Kindererziehung).

Ps 103,8-9: Gott ist langsam zum Zorn.

Ps 30,6: Gottes Zorn währt nur kurze Zeit, seine Güte dagegen lebenslänglich.

Jak 1,19: Wir sollen langsam zum Zorn, aber schnell zum Hören auf das Wort Gottes[130] sein.

---

[128]Arthur W. Pink zitiert nach James I. Packer. Gott erkennen. Telos - Evangelikale Theologie. Verlag der Liebenzeller Mission: Bad Liebenzell, 1977. S. 136. (Das Buch von Packer ist eines der besten Bücher über Gott und das Wesen Gottes. Es gibt neuere Auflagen.)

[129]Dies betont besonders der Kirchenvater Laktanz (ca. 250-317 n. Chr.) in seiner Schrift 'Vom Zorn Gottes'; vgl. den Auszug in Alfons Heilmann (Hg.). Texte der Kirchenväter. 5 Bde. Bd. 1. Kösel: München, 1963. S. 55-56.

[130]Das Hören dürfte sich vom Textzusammenhang her auf das Wort Gottes, nicht auf das Zuhören allgemein zu beziehen sein; so auch Homer A. Kent. Faith that Works: Studies in the Epistle of James. Baker Book House: Grand Rapids (MI), 1986 S. 62-63.

4. Gottes Zorn richtet sich gegen:
- gegen einzelne Sünden: Ps 78,38; Eph 5,6
- gegen einzelne Sünder: Eph 2,3; Joh 3,36; Apg 5,1-11; Ps 90, 7-9
- gegen sein Volk (des Alten und Neuen Testamentes): 5Mose 32,21-22; Jes 9,7-10,4; Jer 21,5; Am 2-9; Hebr 3,11+4,3; 1Thess 2,16; 1Petr 4,17
- gegen ganze Völker: Jer 25,15; Jos; Jer; Hes; Dan[131]
- gegen die Könige der Welt: Ps 110,5; 2,5
- gegen die ganze Welt: Röm 1,18
- gegen Satan und die Dämonen: Offb 16,1-21; 20,1-10

5. Gottes Zorn findet sich:
- in der Geschichte dieser Welt: Offb 15,1+7; 16,1 (Plagen); Röm 1 (im Ausgeliefertsein an die Sünde); Röm 13,4+5 (als Begründung des Staates)
- im letzten Gericht: Am 5,18-20; Röm 2,5+8; Mt 3,7; Offb 6,17

6. Bilder für Gottes Zorn:
Feuer; Wasser (vgl. Sintflut und Taufe); Wein und Weinbecher; Gewitter und Sturm u. a.

7. Die Rettung vor Gottes Zorn:
Gott entlud seinen Zorn über seinen Sohn auf Golgatha. Seitdem gibt es Rettung vor Gottes Zorn nur durch Buße und Umkehr: Röm 5,9; 1Thess 1,10; 5,9; Ps 78,38.
Wir sollen andere durch unsere Fürbitte vor Gottes Zorn bewahren: 2Mose 32,30; 4Mose 25,11; 3Mose 16.

II. Der Zorn des Menschen

1. Es gibt gerechten Zorn:
Jer 6,11: Gottes Zorn erfaßt Propheten.
1Sam 11,6: Gottes Geist bewirkt Zorn.
Röm 13,4-5: Die Obrigkeit führt Gottes Zorn aus[132]. (Dies gilt entsprechend auch für andere von Gott eingesetzte Autoritäten, wie die Eltern; vgl. aber die Einschränkung in Eph 6,4 ["*Ihr Väter, reizt eure Kinder nicht zum Zorn ...*"] und in Röm 12,18-21.)
Mt 5,22: "*... jeder, der seinem Bruder **grundlos** zürnt, wird dem Gericht verfallen sein ...*"[133] (Es gibt also begründeten und

---

[131]Vgl. dazu im einzelnen Lektion 40.A.2. und Lektion 44.4. zum Bann und Lektion 7.B. zur Bestrafung ganzer Völker in Thomas Schirrmacher. Ethik. 2 Bde. Hänssler: Neuhausen, 1994 (im Erscheinen begriffen)

[132]Vgl. ausführlicher Abschnitt A. und B. in Lektion 25

[133]Der traditionelle sogenannte 'textus receptus' (vgl. zu seiner Verteidigung Theodore P. Letis [Hg.]. The Majority Text: Essays and Reviews in the Continuing Debate. Institute for Biblical Textual Studies: Grand Rapids

grundlosen Zorn.)

Vorbilder für heiligen Zorn:
Jesus: Mt 4,10; 16,23; Mk 1,25; Lk 4,41
Mose: 2Mose 32,19-22; 16,20; 2Mose 10,6; 4Mose 31,14
David: 2Sam 13,21
Nehemia: Neh 5,6
Paulus: Apg 17,16
Ein Mann Gottes: 2Kön 13,19
Elihu: Hiob 32

2. Aber Zorn ist immer kurz vor der Sünde:
Eph 4,26: *"Zürnet ihr, so sündigt nicht! Lasst die Sonne über eurem Zorn nicht untergehen!"*

3. Zorn ist Sünde:
Satan ist zornig: Offb 12,17+12.
Warnungen vor dem Zorn: Spr 6,34; 14,17; 15,1+18; 16,14; 19,19; 16,32; 14,29; 22,24; 27,4; 29,8+11+22
Auch der Zorn über das Glück der Gottlosen ist Anklage gegen Gott: Ps 37,1+7+9; Spr 3,31ff; Pred 7,9.
Jak 1,20: *"Des Menschen Zorn tut nichts, was vor Gott recht ist."*
Männer sollen nicht im Zorn beten: 1Tim 2,8.
Zorn in Lasterkatalogen: Eph 4,31; Kol 3,8; 2Kor 12,20; Gal 5,20; 1Kor 13,5; Eph 4,26; 6,4

Beispiele für sündigen Zorn:
Bruder des Verlorenen Sohnes: Lk 15,28
Herodes: Apg 12,20; Mt 2
Pharao: Hebr 11,27
Kain: 1Mose 4,5
Esau: 1Mose 27,44f
Jona: Jona 4,1+4+9

(Kommentar zur Übersicht:) Wir verdrängen leicht Gottes Zorn aus unserer Verkündigung. **Aber im Kreuzestod Jesu Christi erleben wir nicht nur den Höhepunkt der Liebe Gottes, sondern auch den Höhepunkt des Zornes Gottes.** Ebenso wird am Ende der Welt nicht nur Gottes unendliche Liebe allen offenbar, sondern auch sein ewiger Zorn.

Der menschliche Zorn ist normalerweise Sünde (Jak 1,20) oder führt zu ihr hin (Eph 4,26). Dennoch läßt die Bibel einen gewissen Raum, in dem der Mensch am göttlichen Zorn Anteil haben kann oder

[MI], 1987), der hier *"grundlos"* (Griech. 'eike') einfügt, wird außerdem von vielen älteren Handschriften gestützt. Vgl. auch die Diskussion in Lektion 28.9. zur Bergpredigt.

sogar, wie der Staat in Röm 13,4-5, den Zorn Gottes ausführt. Dieser 'heilige Zorn' ist jedoch kein Freibrief für Lieblosigkeiten, sondern ist nur da zulässig, wo die Übertretung des Bundes Gottes der Anlaß ist. Zorn kann sich, auch wenn er berechtigt ist, in falscher Weise festfressen (vgl. Eph 4,26).

Zorn und Eifersucht verhalten sich im Alten und Neuen Testament parallel. Beide sind göttliche Eigenschaften, die dann zu spüren sind, wenn Menschen den Bund mit Gott verlassen. Beide sind in gewissem Grad und in bestimmten Situationen von Menschen nachzuvollziehen und berechtigt, doch in vielen Fällen Sünde.

Zu Eifersucht/Eifer:
Gottes Eifersucht/Eifer: 2Mose 20,5; 34,14; Sach 8,2; Nah 1,2;
göttlicher Eifer bei Menschen: Ps 69,10; 2Kor 11,2; alle Fälle von Eifersucht des Ehepartners;
Eifersucht/Eifer als Sünde: Spr 14,30; Pred 4,4; Röm 13,13; 1Kor 3,3; Gal 5,20.

Im Römerbrief geht es darum, wie man dem Zorn Gottes entrinnen kann. Paulus kommt deswegen immer wieder auf den Zorn Gottes zu sprechen (Röm 2,5+8; 3,5; 4,15; 5,9; 9,22; 12,19), dem er *"Herrlichkeit ... Ehre und Frieden"* (Röm 2,10) gegenüberstellt. Das Entscheidende ist es, *"Frieden mit Gott"* zu haben (Röm 5,1).

Der Zorn Gottes ist nicht etwas Theoretisches, Undefinierbares, Fernes oder rein Zukünftiges, sondern ergeht seit dem Sündenfall *"über alle Gottlosigkeit und Ungerechtigkeit der Menschen"* (Röm 1,18). Paulus umfaßt hier mit zwei Begriffen die beiden grundsätzlichen Formen des Sündigens.
Die *"Gottlosigkeit"* richtet sich gegen Gott und wird im 1. Teil der Zehn Gebote beschrieben,
die *"Ungerechtigkeit"* richtet sich gegen Menschen und wird im 2. Teil[134] der Zehn Gebote beschrieben.

"Wenn Paulus die Wirkung des Zornes Gottes beschreibt, nennt er erstaunlicher Weise nichts von dem, was wir unwillkürlich in erster Linie als Zeichen dieses Zornes ansehen würden: Krankheit, Unglück, Katastrophen, Tod."[135]

Stattdessen spricht er über den juristischen Zustand des Menschen und über die Übertretung des Gesetzes. Gottes Zorn äußert sich nicht vorrangig in sichtbaren Gerichtstaten, sondern vor allem in der Verurteilung selbst und in dem Ausgeliefertsein an sich selbst und die Sünde, wie wir noch sehen werden.

---

[134]Man spricht auch von der zweiten 'Tafel' der Zehn Gebote.
[135]De Boor 63

C. V.19-20: Den Schöpfer erkennen

☛ Hinweis für Schüler und Gruppen

Zu dem folgenden Abschnitt ist eine Vortragskassette des Autors erschienen[136]. Wir empfehlen, diese Kassette an dieser Stelle zu hören.
Ihr Erwerb und ihr Anhören ist jedoch keine Pflicht, sondern dient lediglich der Erleichterung des Einstieges.

Durch ihre *"Ungerechtigkeit unterdrücken"* die Menschen *"die
Wahrheit"* (V.18). Welche *"Wahrheit"* meint Paulus mit dieser unge-
heuerlichen Behauptung, daß jeder Mensch die Wahrheit unterdrückt? Er meint *"das von Gott Erkennbare"* (V.19). Daran hängen
sofort zwei Fragen:
1. Wie kommt es, daß man etwas von Gott erkennen kann?
2. Was kann man von Gott erkennen, da er doch unsichtbar ist?

1. Wie kommt es, daß man etwas von Gott erkennen kann? In
der Diskussion um die sogenannte 'natürliche Theologie' sind im wesentlichen drei Standpunkte vertreten worden.

Die einen meinen, daß Gott 'an sich' in der Natur zu erkennen sei
und daß die menschliche Vernunft von sich aus fähig sei, Gott hinter
der Natur zu erkennen. Die Erkenntnis unterteilt sich dann in **Natur
und Gnade**[137], in einen Bereich der natürlichen Erkenntnis und
einen Bereich der Erkenntnis durch Gottes gnädige Offenbarung.
Peter Barth gibt folgende Definition für diese sogenannte 'Natürliche
Theologie', wie sie Befürworter und Gegner verwenden: Der Begriff

> "beschreibt die Gesamtheit religiöser und theologischer Erkenntnis,
> deren wir Menschen von uns aus, sei es kraft unsres unmittelbaren, re-
> ligiösen Bewußtseins, sei es kraft unres vernünftigen Denkens, oder
> kraft der Postulate unsres sittlich-vernünftigen Wollens, fähig sein
> sollen."[138]

Die anderen gehen davon aus, daß der Mensch ohne Offenbarung
von Gott her nichts über Gott wissen kann und Gott sich nur in der
Schrift (und ihrer Vorgeschichte) offenbart habe, nicht aber auf
'natürlichem' Wege.

---

[136]Thomas Schirrmacher. Schöpfung contra Religion: Römer 1 und die Auseinandersetzung mit unserer Zeit. Theologischer Fernunterricht. Verlag für
Kultur und Wissenschaft: Bonn, 1990 (Hänssler-Bestellnummer 997.040)

[137]Vgl. dazu die ausgezeichneten Analysen von Francis A. Schaeffer. Preis-
gabe der Vernunft. Edition L'Abri. Haus der Bibel: Genf & R. Brockhaus:
Wuppertal, 1985[5]; Francis A. Schaeffer. Und er schweigt nicht. Haus der
Bibel: Genf & R. Brockhaus: Wuppertal, 1991[Tb]; Francis A. Schaeffer.
Gott ist keine Illusion. Haus der Bibel: Genf & R. Brockhaus: Wuppertal,
1991[2.Tb]

[138]Peter Barth. Das Problem der natürlichen Theologie bei Calvin. Theologische Existenz heute 18. Chr. Kaiser: München, 1935. S. 3

Röm 1,18-32 lehrt meines Erachtens weder das eine noch das andere, sondern den dritten Standpunkt: Von Gott kann man nur deswegen etwas in der Schöpfung erkennen, auch ohne die Bibel kennengelernt zu haben, weil sich Gott dort "*offenbart*". Der Mensch ist also nicht auf 'natürlichem' Wege in der Lage, den Schöpfer zu erkennen, sondern nur, weil Gott durch Offenbarung dafür gesorgt hat, daß der Mensch ihn dort erkennen kann. Gleichzeitig spricht Paulus aber auch von einer Offenbarung Gottes in der Schöpfung. Also gibt es Offenbarung neben der Bibel in diesem Sinn, aber sie ist kein Beweis dafür, daß Gott auch ohne Offenbarung erkannt werden kann, sondern gerade dafür, daß der Mensch ohne Offenbarung noch nicht einmal die einfachsten Tatsachen über Gott erkennen kann. **Es darf nämlich nicht übersehen werden, daß Paulus davon ausgeht, daß der Mensch Gott trotz der Offenbarung, die Gott in der Schöpfung gegeben hat, aufgrund der Sünde gerade nicht erkennt. Die Offenbarung Gottes in der Schöpfung begründet also nicht eine 'natürliche' Erkennbarkeit Gottes, sondern das Gericht über die Menschen.**[139] Der Reformator Johannes Calvin (1509-1564) schreibt zu unserem Text:

> "die Kundgebung Gottes, durch die er seine Herrlichkeit in den Kreaturen offenbar macht, ist, was ihre Helligkeit anbetrifft, überzeugend genug; im Blick auf unsere Blindheit genügt sie nicht"[140].

2. Was kann man von Gott erkennen, da er doch unsichtbar ist?

Bezüglich der Frage, was man von Gott erkennen kann, wußte Paulus natürlich auch, daß Gott unsichtbar ist (Röm 1,20). Gott ist nicht als solches zu erkennen, sondern zu erkennen sind einige seiner Eigenschaften: "*sein Unsichtbares* [Wesen]", "*seine ewige Kraft*" und "*seine Göttlichkeit*" (V.20). Der Mensch kann also erkennen, was Gott nicht ist (kein sichtbares Wesen, keine zeitliche Kraft, kein Wesen ohne Macht und kein Mensch) und damit auch, was er folglich sein muß. Diese Eigenschaften Gottes kann der Mensch "*seit der Erschaffung der Welt in dem Geschaffenen verstehen und schauen*". "*Verstehen*" kommt von griech. 'nous', 'Denken', 'Verstand', weswegen man auch den ganzen Ausdruck mit "*denkend wahrnehmen*" übersetzen kann. Gerade das Wahrnehmen

---

[139]Dies betont besonders Georg Huntemann. Der verlorene Maßstab: Gottes Gebot im Chaos dieser Zeit. VLM: Bad Liebenzell, 1983. S. 64-68 (trotz aller Kritik an diesem im Anschluß an Karl Barth. Der Römerbrief. Evangelischer Verlag: Zürich, 1947. S. 18-30).

[140]Zitiert nach Peter Barth. Das Problem der natürlichen Theologie bei Calvin. a. a. O. S. 20. Barth will gegen Emil Brunner nachweisen, daß Calvin keine natürliche Theologie kennt und bietet dazu zahlreiche längere Textabschnitte von Calvin selbst.

und Anschauen der Schöpfung, das so oft als Argument gegen Gott herhalten muß ('Ich glaube nur, was ich sehe'), ist für Paulus Grundlage dafür, daß jeder Mensch wissen könnte, daß hinter dem Sichtbaren eine "*unsichtbare*", "*ewige*", "*mächtige*" und "*göttliche*" Person stehen muß.

Paulus steht mit der Auffassung, daß die Allmacht Gottes in der Schöpfung offenbart wird, im Einklang mit dem Alten Testament. So heißt es in den Psalmen: "*Die Himmel verkünden seine Gerechtigkeit, daß Gott Richter ist*" (**Ps 50,6**); "*Die Himmel verkündigen seine Gerechtigkeit, und seine Herrlichkeit sehen alle Völker*" (**Ps 97,6**); "*Die Himmel erzählen die Herrlichkeit Gottes, und das Himmelsgewölbe verkündet seiner Hände Werk. Ein Tag sprudelt dem anderen Kunde zu, und eine Nacht meldet der anderen Kenntnis - ohne Rede und ohne Worte, mit unhörbarer Stimme. Ihr Schall geht aus über die ganze Erde und bis an das Ende der Welt ihre Sprache*" (**Ps 19,1-5**). Es darf allerdings nicht übersehen werden, daß dies Aussagen von Menschen sind, die die Schöpfung bereits im Licht der Offenbarung im Wort Gottes betrachten.

D. V.20-23+25: Die Ursünde des Menschen

Die Ursünde des Menschen, wegen der er "*ohne Entschuldigung*" (V.20) ist, ganz gleich ob er die Bibel kennt oder nicht und ob er von Jesus gehört hat oder nicht, ist nun, daß er dem Schöpfer die Verehrung (= Anbetung[141]) und den Dank verweigert.

> "Also nicht das ist im letzten Sinn unsere Sünde, daß wir lügen oder stehlen oder ehebrechen, sondern dies, daß wir dem heiligen lebendigen Gott die Ehre nehmen, die ihm gebührt, und den Dank vorenthalten, den er verdient."
> "Das hat Luther in unübertrefflicher Weise in dem kleinen Katechismus klargemacht, indem er die Erklärung der Gebote der zweiten Tafel durchweg mit den Worten beginnt: 'Wir sollen Gott fürchten und lie-

---

[141]Die katholische Theologie unterscheidet zwischen 'Anbetung', die allein Gott zukommt, und 'Verehrung', die auch Maria oder den Heiligen zukommen kann. Das Alte und Neue Testament kennen eine solche Unterscheidung weder für das Gebet noch für den Gottesdienst überhaupt und benutzen die entsprechenden Begriffe oft austauschbar. Auch die Unterscheidung zwischen zwei Arten des (Gottes-)Dienstes (griech 'latreia' und 'douleia') ist nicht möglich, da beide Begriffe in Gal 4,8 beziehungsweise Mt 6,24; 1Thess 1,9 und an anderen Stellen für den Götzendienst beziehungsweise den echten Gottesdienst verwendet werden (so auch Robert L. Dabney. Systematic Theology. The Banner of Truth Trust: Edinburgh, 1985 [Nachdruck von 1875²]. S. 360). Deswegen werden die Begriffe für den Gottesdienst im folgenden abwechselnd und austauschbar verwendet.

ben, daß wir ...' Jedes Gebot gründet im 1. Gebot und wird mit dem 1. erfüllt oder gebrochen."[142]

Der Mensch kann jedoch Gott nicht die Verehrung verweigern, indem er sich auf neutrales Gebiet zurückzieht, sondern nur, indem er an die Stelle des Schöpfers etwas anderes stellt, das er verehrt. Da es außer dem Schöpfer jedoch nur Schöpfung gibt, kann der Mensch immer nur einen Teil der Schöpfung an die Stelle Gottes setzen. Schon Adam und Eva konnten Gott nicht für unglaubwürdig halten, indem sie einfach neutral alles, auch den Teufel, hinterfragten, sondern nur, indem sie der Schlange mehr glaubten als Gott![143] Rousas J. Rushdoony stellt die Bedeutung von V.20 gut heraus und bezieht sich dabei ebenfalls auf den Sündenfall:

> "Paulus macht deutlich, daß Unglaube kein Mangel an Erkenntnis über Gott, sondern die aus Ungerechtigkeit entspringende Weigerung ist, sich Gottes Herrschaft und Autorität zu unterwerfen (Röm 1,17-20). Der Mensch verwirft Gottes Autorität und Herrschaft zugunsten seiner eigenen (1 Mose 3,5); dies ist Unglaube im biblischen Sinn."[144]

"Mangel an Erkenntnis" (**Jes 5,13**) ist im Alten wie im Neuen Testament deswegen immer eigene Schuld. In **Röm 10,2** richtet Israel statt der *"Erkenntnis"* sein eigenes Gesetz auf, in **Hos 4,6** ist der Erkenntnismangel eine Folge davon, daß das Gesetz vergessen und mißachtet wird.

Hier liegt eine Wasserscheide zwischen dem von der antiken Philosophie herkommenden Humanismus und dem biblischen Christentum, die unüberbrückbar ist, denn

> "Der Antike ist die Sünde ... ihrem Ursprung nach ... Betörung, also Verirrung des Verstandes ... Der Schrift u. Kirche dagegen ist die Sünde ethischer Natur, also wesentlich Sache ... des Willens und des Verhältnisses zu Gott"[145].

Für die Antike war das Erkennen deswegen an sich schon das Gute, nicht erst das Tun und Anwenden des Erkannten. Die christli-

---

[142]De Boor 57 mit der dazugehörigen Anm. 38. Luthers Sicht kommt noch deutlicher in seiner Schrift 'Von den guten Werken' zum Ausdruck, die über weite Strecken ein Kommentar zu den Zehn Geboten ist: Martin Luther. Ausgewählte Schriften. Bd. 1. Insel-Verlag: Frankfurt 1983². S. 38-149, hier S. 41-60; Martin Luther. Glaube und Kirchenreform. Martin Luther Taschenausgabe Bd. 2. Evangelische Verlagsanstalt: Berlin, 1984. S. 36-131, hier S. 41-58.

[143]Dies wird in Abschnitt F. in dieser Lektion ausführlicher dargestellt.

[144]Rousas John Rushdoony. The Necessity for Systematic Theology. Studies in Systematic Theology 2. Ross House Books: Vallecito (CA), 1979. S. 38

[145]Chr. Ernst Luthardt. Kompendium der theologischen Ethik. Dörffling & Franke: Leipzig, 1921. S. 89 (dort Belege aus der Antike)

che Gnosis[146] der ersten Jahrhunderte teilte diese Ansicht[147] und ihre Sichtweise beeinflußt christliche Kreise bis heute.

Gott faßt dagegen Israels Haltung ihm gegenüber so zusammen: *"Ich will nicht dienen"* (**Jer 2,20**). Und Jesus formuliert es in einem Gleichnis so: *"Wir wollen nicht, daß dieser über uns herrsche"* (**Lk 19,14**). Das Problem des Menschen ist also nicht, daß er die Herrschaft Gottes nicht erkennen könnte, obwohl er selbst diese Erkenntnis zerstört hat, sondern daß er sich dieser Herrschaft nicht unterstellen **will**, selbst wenn sie ihm noch so einleuchten würde.

Für Paulus wird nirgends so viel Unsinniges gedacht, als dort, wo es um 'Alternativen' zu Gott geht. Da *"die Furcht des HERRN"* der *"Anfang der Weisheit ist"* (**Spr 1,7**)[148], also der Glaube an Gott die beste Garantie für vernünftige Gedanken ist, muß jede Abweichung davon Unsinniges hervorbringen: *"Der Tor spricht in seinem Herzen: Es ist kein Gott! Sie haben Verderben angerichtet und abscheuliches Unrecht ausgeübt"* (**Ps 53,2**). Wo Gott fehlt, fehlt auch seine schützende Ethik, wie etwa **2Chr 15,3** zeigt: *"Und Israel war viele Tage* 1) *ohne den wahren Gott und* 2) *ohne lehrende Priester und* 3) *ohne Gesetz."* "Der Mensch ist nicht unwissend, sondern rebellisch"[149]. In der Bibel ist 'Dummheit' nicht Abwesenheit von Wissen, sondern Dummheit liegt dann vor, wenn sich der Mensch wie in Röm 1,18-32 beschrieben von seinem Schöpfer und seinen Ordnungen abwendet.

Der Gedanke, daß man den Menschen durch Bildung verbessern könne und die Übel der Menschheit durch intellektuelle Aufklärung beseitigen könne, ist eines der Grundprobleme der griechischen Philosophie, des Humanismus und der Aufklärung. Das staatliche Erziehungssystem und das humanistische Bildungsideal verdanken der Idee der Hebung der Sitten durch Bildung ihre Existenz. Dahinter steht der Gedanke, daß der Mensch nur deswegen falsch handelt, weil er unwissend ist oder falsch denkt, nicht aber, weil sein Wille böse ist und er unfähig ist, das Gute aus eigener Kraft zu tun. Man will die ethische und verantwortliche Seite aller Gedanken, Worte und Taten

---

[146]Griech. 'gnosis' = 'Erkenntnis'; Name einer religiösen Bewegung innerhalb und außerhalb des Christentums

[147]Vgl. Carl Immanuel Nitzsch. "Die Gesammterscheinung des Antinomismus oder die Geschichte der philosophierenden Sünde im Grundriß". S. 315-404 in: Carl Immanuel Nitzsch. Gesammelte Abhandlungen. Bd. 2. F. A. Perthes: Gotha, 1871, hier S. 381-382

[148]Vgl. die Zusammenstellung ähnlicher Verse in Lektion 1.A.2.

[149]So faßt James D. Bratt. "Dutch Schools". S. 13-32 in: David F. Wells (Hg.). Dutch Reformed Theology. Reformed Theology in America. Baker Book House: Grand Rapids (MI), 1989, hier S. 23 die Sicht von Cornelius Van Til zusammen.

auf eine Wissensfrage reduzieren, die den Menschen bestenfalls dann verantwortlich macht, wenn er Bescheid wußte.

Ist eine solche Kritik am Denken des Menschen, wie Paulus sie hier übt, nicht verstandesfeindlich und wissenschaftsfeindlich? Nein, denn Paulus geht ja davon aus, daß der Mensch an der Schöpfung *"denkend"* den Schöpfer hätte wahrnehmen können (**Röm 1,20**). Deswegen beginnt der praktische Teil des Römerbriefes auch wieder mit der *"Erneuerung des Denkens"* (**Röm 12,1-2**). Es darf also nicht übersehen werden, daß wenn sich der Mensch erst einmal Gott anvertraut hat (Röm 12,1-2), jede echte *"Veränderung"* mit *"der Erneuerung des Denkens"* (**Röm 12,2**) beginnt. So negativ die Bibel das Denken ohne Gott beurteilt, für so positiv hält sie es, wo das Denken Gott unterstellt und damit die Wahrheit zu seinem Ausgangspunkt gemacht wird. Wenn der erste, grundlegende Gedanke des Denkens - die Mathematiker würden sagen: das Axiom - falsch ist, muß das ganze Denken falsch sein.

Diese zugleich negative und positive Sicht des Verstandes wird etwa deutlich, wenn man die Behandlung des Verstandes in der sogenannten 'Institutio' von Johannes Calvin aus der Reformationszeit anschaut. Calvin kommt in Zusammenhang mit der Erbsünde und seiner Ablehnung des freien Willens des Menschen auf den Verstand zu sprechen. Obwohl es nun nahe läge, unmittelbar auf die Verdorbenheit des Verstandes einzugehen, wie dies Calvin dann auch später unter den Überschriften 'Die Ohnmacht des Verstandes den Dingen des Reiches Gottes gegenüber'[150] und 'Die Grenzen des Verstandes'[151] tut, geht Calvin zunächst gründlich auf die positive Seite des Verstandes ein, wie einige Kapitelüberschriften zeigen: 'Ausgangspunkt: Die Sünde hat Verstand und Willen verdorben, aber nicht abschaffen können', 'Die Kraft des Verstandes zur Betrachtung des Irdischen und zur Gestaltung der menschlichen Gemeinschaft', 'Verstand zu Kunst und Wissenschaft', 'Die Wissenschaft als Gabe Gottes', 'Auch menschliches Können in Kunst und Wissenschaft geht auf Gottes Geist zurück'[152].

Der bedeutende calvinistische Philosoph und Theologe Gordon H. Clark macht in diesem Zusammenhang die Zurückdrängung des Verstandes durch den 'Pietismus'[153] für das Entstehen der modernen Bibelkritik mitverantwortlich:

[150]2. Buch, 2. Kapitel, Abschnitte 18-25 in: Johannes Calvin. Unterricht in der christlichen Religion: Institutio Christianae Religionis. Neukirchener Verlag: Neukirchen, 1988[5]. S. 155-161

[151]2. Buch, 2. Kapitel, Abschnitt 18 in: ebd. S.155-156

[152]2. Buch, 2. Kapitel, Abschnitte 12-17 in: ebd. S. 151-155

[153]Im Amerikanischen meist im weiteren Sinne für Bewegungen gebraucht, die die innere Frömmigkeit betonen.

"Der intellektuelle Inhalt des Christentums wurde von Philosophen wie Kant gebrandmarkt; die Pietisten, auch wenn sie nicht direkt christliche Dogmen abgelehnt haben, verwiesen diesen Inhalt auf den zweiten Platz. Seit Kant und einige andere den Wert eines nicht-intelektuellen 'Glaubens' anerkannt haben, verband sich der pietistische Einfluß mit der säkularen Philosophie in Friedrich Schleiermacher, um das hervorzubringen, was wir heute Modernismus nennen."[154]

E. Thema: Gottesbeweise und voraussetzungsbewußte Apologetik

In diesem Zusammenhang drängt sich die Frage auf, ob man Gott beweisen kann. Nachdem es lange Zeit so aussah, als wenn wenigstens im protestantischen Bereich die Gottesbeweise völlig abgedankt hätten, erleben sie derzeit mancherorts einen neuen Frühling[155]. Niemand mag mehr im Brustton der Überzeugung ältere Gottesbeweise nachsprechen, geschweige denn neue finden. Und dennoch scheint eine völlige Ablehnung der Gottesbeweise weder der vernünftigen Apologetik noch dem biblischen Zeugnis gerecht zu werden.

Von rein philosophischer Seite geht Richard Swinburne die Gottesbeweise an. In seinem philosophischen Klassiker 'Die Existenz Gottes'[156], der zugleich eine Einführung in die moderne Logik darstellt, kommt Swinburne zu dem Schluß, daß kein Gottesbeweis alleine ausreicht, alle zusammen aber die Existenz des christlichen Gottes wahrscheinlicher machen, als seine Nichtexistenz.

Hans-Georg Fritzsche hat dagegen in seinem Lehrbuch der Dogmatik[157] versucht, die einzelnen Gottesbeweise als grundlegende Lehren über Gott aufzugreifen. Damit sind sie zwar nicht für den Nichtchristen logisch zwingend, erhalten aber für den Christen ganz neue und grundlegende Bedeutung.

Im folgenden soll zunächst kurz auf zwei biblische Sachverhalte hingewiesen und dann als drittes die sogenannte 'voraussetzungsbewußte Apologetik' (engl. 'presuppositionalism', 'presuppositional apologetics') dargestellt werden.

---

[154]Gordon H. Clark. Today's Evangelism. The Trinity Foundation: Jefferson (USA), 1990. S. 27

[155]Zur Geschichte der sog. 'natürlichen Offenbarung' in der protestantischen und katholischen Theologie vgl. Bruce A. Demarest. General Revelation: Historical and Contemporary Issues. Zondervan: Grand Rapids (MI), 1982

[156]Richard Swinburne. Die Existenz Gottes. Reclam: Stuttgart, 1987

[157]Hans-Georg Fritzsche. Lehrbuch der Dogmatik. Teil II: Lehre von Gott und Schöpfung. Evangelische Verlagsanstalt: (Ost-)Berlin, 1984[2], S. 14-47; vgl. ähnlich auch Klaus Bockmühl. Theologie und Lebensführung: Gesammelte Aufsätze II. TVG. Brunnen: Giessen, 1982. S. 30-33

1. Einen wirklich überzeugenden Gottesbeweis kann es nicht geben, weil der Mensch in der Gegenwart Gottes vergeht. Gott ließe sich nämlich nie nur theoretisch beweisen, sondern immer nur als der Gott, der er ist, also auch als der zornige, verzehrende Gott.

"Alle Beweise für das Dasein Gottes haben zu Voraussetzung, dass wir von dem Dasein Gottes irgendwie schon überführt sind. Das Axiom, dass ein Gott sei, geht allen Beweisen voraus."[158]

Was wäre ein wirklicher Gottesbeweis? Daß man Gott sehen kann? Sicher nicht, denn Jesus war zu sehen. Kann uns Gott aber in anderer Gestalt als als Mensch oder Engel begegnen?[159] Wären Wunder ein Beweis? Nein, denn wer sagt, wie sie zustande kamen? Die Auferstehung Jesu wurde von vielen geleugnet, wegerklärt, ignoriert. Jesus sagt dazu: *"Wenn sie nicht auf Mose und die Propheten hören, werden sie auch nicht überzeugt werden, wenn jemand aus den Toten aufersteht"* (**Lk 16,31**).

Ein wirklicher Gottesbeweis wäre es, Gott direkt gegenüberzutreten. Dieser Gottesbeweis wird nach biblischer Lehre allen Menschen im Jüngsten Gericht ermöglicht, wenn sie vor Gottes Thron gerichtet werden. Würde Gott diesen Beweis schon vorher erbringen, würden alle Menschen, die keine Vergebung der Sünden haben, sofort vergehen (vgl. **Jes 6,4-7**). **Es ist Gottes Gnade, daß er den wahren Gottesbeweis nicht vorzeitig erbringt, sondern uns Zeit läßt, umzukehren und durch Jesus Christus vor seinem vernichtenden Feuer Schutz zu finden.**

Ist Gott wirklich der Schöpfer und Erhalter meines Lebens? Der Beweis wäre erbracht, wenn Gott nur eine Minute aufhören würde, mein Leben und meine Person zu erhalten. Was würde mir jedoch ein Gottesbeweis nützen, wenn er darin bestünde, daß ich nicht mehr lebe?

2. Das menschliche Denken besteht immer in einem Zirkelschluß. Der Mensch hat immer letzte und absolut gesetzte Denkvoraussetzungen, die er zwar anhand der Folgen, die sie haben, miteinander vergleichen oder ersetzen, nie jedoch völlig abschaffen kann. Dies gilt auch für Christen. Da Christen mit Gott, dem Schöpfer, von der Realität ausgehen, ist der Zirkelschluß zulässig.

Wer kann beweisen, daß die Bibel Gottes Wort ist? Natürlich nur ihr Autor, nämlich Gott, insbesondere der Heilige Geist, der sie in-

---

[158]Eduard Böhl. Dogmatik: Darstellung der christlichen Glaubenslehre auf reformirt-kirchlicher Grundlage. Scheffer: Amsterdam, 1887. S. 16-17

[159]Vgl. dazu die Ausführungen zum Ebenbild Gottes in Lektion 3.B.2. in Thomas Schirrmacher. Ethik. 2 Bde. Hänssler: Neuhausen, 1994 (im Erscheinen begriffen)

spiriert hat. Da Gott sich aber in der Bibel offenbart, kann mir nur die Bibel beweisen, daß sie Gottes Wort ist oder der Heilige Geist mir dies direkt bezeugt! Wenn es eine Instanz außer und über Gott gäbe, die beweisen und widerlegen könnte, daß die Bibel Gottes Wort wäre, wäre Gott nicht mehr der Höchste, damit nicht mehr Gott und damit die Bibel auch nicht mehr Gottes Wort!

Ähnliche Zirkelschlüsse finden sich in der Darstellung des christlichen Glaubens oft. Christen müssen sich dessen bewußt sein und deutlich machen können, daß es gar nicht anders sein kann, wenn Gott wirklich Gott ist.

Entscheidend ist bei solchen Zirkelschlüssen jedoch, ob der Ausgangspunkt Wahrheit und Wirklichkeit ist. Wenn es Gott wirklich gibt, sind die christlichen Zirkelschlüsse logisch, berechtigt und unvermeidlich. Wenn es Gott dagegen nicht gibt, sind Christen sowieso *"die elendesten aller Menschen"* (**1Kor 15,19**), weil dann unser *"Glaube null und nichtig"* (**1Kor 15,17**)[160] ist.

Glaube und Wissen sind deswegen in der Bibel keine Gegensätze, sondern sind nur dann beide wirklich vollständig, wenn sie zusammenkommen. Ein Glaube an etwas, was man nicht wissen kann und was möglicherweise gar nicht existiert, ist kein biblischer Glaube, sondern eine billige Vertröstung. Ein Wissen, das nicht die grundlegenden, historischen Fakten des Glaubens zum Ausgangspunkt nimmt, muß scheitern. **Je richtiger der Glaube ist, desto richtiger ist das Wissen, und je richtiger das Wissen ist, desto richtiger ist der Glaube.** Die untrennbare Zusammengehörigkeit von Glauben und Wissen kommt nirgends deutlicher zum Ausdruck, als in dem wohl einzigen Text der Bibel, der Glauben ausdrücklich definiert: *"Der Glaube aber ist eine Verwirklichung dessen, was man hofft, ein Überführtsein von Dingen, die man nicht sieht. Denn durch ihn haben die Alten Zeugnis erlangt. Durch Glauben ver-*stehen wir *[oder:* wissen wir*], daß die Welten durch Gottes Wort geschaffen worden sind, so daß das Sichtbare nicht aus Erforschbarem*[161] *geworden ist"* (**Hebr 11,1-3**).

3. Ohne Voraussetzungen kann kein Mensch denken. Je mehr sich diese Voraussetzungen von der Wirklichkeit entfernen, desto verheerender sind die Folgen. Wenn Gott, der Schöpfer, und sein Wort Wahrheit und Wirklichkeit sind, kann man ohne diese Voraussetzung nicht wirklich und richtig denken und forschen. Nichtchristen denken deswegen ihre Voraussetzungen

---

[160]Paulus beschreibt das Christentum mit diesen Worten für den Fall, daß die Auferstehung Jesu kein historisches Ereignis wäre.

[161]Der Ausdruck meint Dinge, die man mit den Sinnen erfassen, begreifen und untersuchen kann.

nie konsequent zu Ende, sondern machen mehr oder weniger Anleihen bei den biblisch-christlichen Denkvorausetzungen. Für die Apologetik des christlichen Glaubens bedeutet das:

* Ein Christ kann nie auch nur in der Theorie so diskutieren, als ob es Gott nicht gäbe, weil er dazu die Wirklichkeit leugnen müßte. Gäbe es Gott nämlich nicht, gäbe es zum Beispiel auch die Diskutierenden nicht.

* Wenn ein Christ die christlichen Denkvoraussetzungen auch nur um der Diskussion willen aufgibt, übernimmt er zwangsläufig die Denkvoraussetzungen anderer und deren Ergebnisse.

Im Mittelalter begann deswegen bei Disputationen (Streitgesprächen) der 'Anwalt des Teufels' (lat. 'advocatus diaboli'), der die Argumente gegen das Christentum vorzubringen hatte, mit dem Satz: "Gesetzt den unmöglichen Fall, daß es Gott nicht gibt ...".

Der vielleicht bedeutendste christliche Philosoph der Gegenwart **Cornelius van Til** (geb. 1895)[162], auf den die soeben skizzierte und in dem fettgedruckten Abschnitt definierte **voraussetzungsbewußte Apologetik** zurückgeht[163], hat - vermutlich weil er stark konfessionell an das reformierte Bekenntnis gebunden war und Prädestination und völlige Verdorbenheit des Menschen zu Säulen seiner Philosophie machte - leider im evangelikalen Bereich wenig Beachtung gefunden, wenn man von seinem Einfluß im Bereich reformatorisch geprägter Kirchen absieht. Hören wir zusammenfassend zwei seiner Schüler, Greg L. Bahnsen und Rousas J. Rushdoony:

"Seine Apologetik ... baut auf dem grundlegenden Glauben auf, daß, wenn wir nicht den ganzen christlichen Glauben voraussetzen, wir logisch und konsequent nichts wissen können, daß wir entweder mit einem in sich selbst bestehenden Gott und seinem ewigen Ratschluß als der letztlichen Umwelt des Menschen beginnen, wie wir sie aus der Schrift ableiten können, oder aber annehmen, daß der Zufall die letzte Größe ist, in welchem Fall der Mensch nichts wissen kann ..."[164]

"Van Til hat durchgängig gezeigt, daß der natürliche Mensch seinem eigenen Denken nicht konsequent treu bleiben kann, sondern häu-

---

[162]Z. B. Cornelius van Til. An Introduction to Systematic Theology. Presbyterian and Reformed: Phillipsburg (NJ), 1974; Cornelius van Til. The Defense of Faith. Presbyterian and Reformed: Phillipsburg (NJ), 1963; Cornelius van Til. A Christian Theory of Knowledge. Presbyterian and Reformed: Phillipsburg (NJ), 1969

[163]Zu van Til vgl.: Rousas J. Rushdoony. By what Standard? An Analysis of the Philosophy of Cornelius van Til. Thoburn Press: Tyler (TX), 1983 (dort S. 208-209 auch eine Bibliographie van Tils); Gary North (Hg.). Foundations in Christian Scholarship: Essays in the van Til Perspectives. Ross House Books: Vallecito (CA), 1979, darin bes. Greg Bahnsen. "Apologetics". S. 191-239 und "Philosophy". S. 241-292

[164]Ebd. S. 101

fig christliche Denkvoraussetzungen benutzen muß, um Wissenschaft, Philosophie und Denken möglich zu machen."[165]

Gerade im Bereich der modernen Naturwissenschaft ließen sich viele Beispiele dafür anführen. Die **Taxonomie**[166] der Tier- und Pflanzenwelt, also die Einteilung in Ordnungen, Arten und Unterarten, gilt als eine der größten Errungenschaften der Biologie. Ihre Aufstellung entsprang dem christlichen Denken, in dem die Aussage des Schöpfungsberichtes, daß Gott Tiere und Pflanzen "*ein jedes nach seiner Art*"[167] (**1Mose 1,11+12+21+24+25; 6,20; 7,14**; vgl. zur "*Art*" 3Mose 11,13-19+22+29; 5Mose 14,13-15+18; Hes 17,23; 47,10; Mt 13,47; Jak 3,7) geschaffen hat und allen Tieren von Adam Namen geben ließ (**1Mose 2,19-20**), Ausgangspunkt war. Wie aber können evolutionistische Forscher, für die es nur gleitende Übergänge, jedoch keine festen Arten gibt, dennoch die Taxonomie weiter ausbauen? Indem sie ihren eigenen Denkvoraussetzungen untreu werden und die christlichen Denkvoraussetzungen in dieser Frage heimlich weiterverwenden.

Ein ähnliches Beispiel erwähnt Gunther Backhaus:

> "Wenn wir heute in der Naturwissenschaft davon ausgehen, daß die Materie unbelebt ist, so ist diese Erkenntnis nicht zuletzt als Frucht alttestamentlich begründeten christlichen Glaubens entstanden. Der Begriff der Materie, so scheint es, ist ohne das Christentum nicht recht denkbar, auch wenn er bereits im Griechentum als philosophischer Gedanke auftrat."[168]

Edo Osterloh schreibt deswegen zu Recht zur Forderung der Voraussetzungslosigkeit der Wissenschaft:

> "Voraussetzungslosigkeit aber ist ein illusionistisches oder betrügerisches Schlagwort. Die oft hinter diesem Begriff verborgene berechtigte Forderung kann nur darin bestehen, daß der Forscher sich seiner tatsächlichen Voraussetzungen bewußt wird, darüber Auskunft gibt, und sie von an der Sache gewonnenen Erkenntnissen berichtigen läßt."[169]

---

[165]Rousas J. Rushdoony. By what Standard? a. a. O. S. 100

[166]Taxonomie bezeichnet die Einteilung der Pflanzen- und Tierwelt in Stämme, Familien, Arten usw.

[167]Mit "*Art*" muß nicht das gemeint sein, was heute in der Biologie 'Art' genannt wird. Es ist eher an 'Grundtypen' zu denken; vgl. dazu Reinhard Junker. Evolution ohne Grenzen? Fakten zur Entstehung der Arten. Hänssler: Neuhausen, 1993; Reinhard Junker, Siegfried Scherer. Entstehung und Geschichte der Lebewesen. Weyel Lehrmittelverlag: Giessen, 1988²

[168]Gunther Backhaus. ... und machet sie euch untertan: Der Einfluß des christlichen Glaubens auf die Entstehung der Technik. Theologische Existenz heute NF 84. Chr. Kaiser: München, 1960. S. 10

[169]Edo Osterloh. Gottes Gerechtigkeit und menschliches Recht im Alten Testament. Theologische Existenz heute 71. Chr. Kaiser: München, 1940. S. 5

Hier liegt aber oft das Problem christlicher Wissenschaftler. Ihre Denkvoraussetzungen sind leicht zu fassen, zumal, wenn der Christ sie offen bekennt. Die Denkvoraussetzungen seines säkularen Kollegen dagegen sind nicht so leicht zu fassen, zumal, wenn dieser Kollege sich selbst für neutral oder seine Weltanschauung nicht für eine Religion hält, weil sie keine personale Gottheit enthält.

Wenn die biblischen Denkvoraussetzungen der Realität entsprechen und deswegen unabdingbar sind, wie ist dann die Aufforderung in **1Tim 5,21** zu verstehen, "*ohne Vorurteil*" zu entscheiden? Es geht im Textzusammenhang um eine innergemeindliche Klage gegen Älteste (1Tim 5,19-20), die nur aufgrund von Zeugen (1Tim 5,19) und ohne Vorurteil gegenüber den beteiligten Personen, also "*ohne Zuneigung*" (1Tim 5,21) behandelt werden soll. Die Vorurteilslosigkeit (das Wort erscheint im Neuen Testament nur hier) jedes Gerichtes setzt aber gerade die Gültigkeit eines Gesetzes voraus, aufgrund dessen vorurteilslos geurteilt werden kann. Das Gesetz selbst stellt kein 'Vorurteil' dar, sondern die Voraussetzung für jedes Urteil.

Die römisch-katholische Theologie lehnt die voraussetzungsbewußte Apologetik grundsätzlich ab[170]. Es handelt dabei um den sogenannten 'Fideismus'[171] (von lat. 'fides', 'Glaube'), nachdem der Glaube Vorrang vor der Vernunft hat. Papst Gregor VI. ließ den Vertreter einer ähnlichen Sicht, Louis-Eugène-Marie Bautain[172] (1796-1867), 1840 mehrere Sätze unterschreiben, die den Vorrang des Verstandes vor dem Glauben festschrieben[173]. Darin heißt es unter anderem: "*Schlußfolgerndes Denken* kann mit Sicherheit das *Dasein Gottes* und seine unendliche Vollkommenheit beweisen. ... Man kann sich also einem Gottesleugner gegenüber zum Beweis des Daseins Gottes nicht auf ihn (den Glauben) berufen"[174]. "In all diesen Fragen *geht die Vernunft* dem *Glauben* voraus und muß uns zu ihm hinfüh-

---

[170]Vgl. die Texte in Heinrich Denzinger, Peter Hünermann (Hg.). Enchiridion symbolorum definitionum et declarationum de rebus fidei et mroum: Kompendium der Glaubensbekenntnisse und kirchlichen Lehrentscheidungen: Lateinisch-Deutsch. Herder: Freiburg, 1991³⁷. S. 413-414 (aus dem Jahr 1347), S. 762-764+766-767+776-777 (aus den Jahren 1835-1855), S. 823-824 (1. Vatikanisches Konzil 1870) und S. 1282-1283 (2. Vatikanisches Konzil 1965); vgl. zusammenfassend S. 1479-1480.

[171]Vgl. J. Hasenfuss. "Fideismus". Sp. 117-118 in: Josef Höfer, Karl Rahner (Hg.). Lexikon für Theologie und Kirche. Bd. 4. Herder: Freiburg: 1986 (Nachdruck von 1960)

[172]Vgl. ebd. und M.-A. Michel. "Bautain". Sp. 73-74 in: Josef Höfer, Karl Rahner (Hg.). Lexikon für Theologie und Kirche. Bd. 2. Herder: Freiburg: 1986 (Nachdruck von 1958)

[173]Text in Josef Neuner, Heinrich Roos (Hg.). Der Glaube der Kirche in den Urkunden der Lehrverkündigung. F. Pustet: Regensburg, 1979¹⁰. S. 35-36 und in Heinrich Denzinger, Peter Hünermann (Hg.). Enchiridion symbolorum definitionum ... a. a. O. S. 762-764.

[174]Josef Neuner, Heinrich Roos (Hg.). Der Glaube der Kirche ... a. a. O. S. 35 (aus Satz 1)

ren."[175] "Obwohl *die Vernunft* durch die Erbsünde schwach und dunkel geworden ist, so ist ihr doch *genug Licht und Kraft* geblieben, daß
sie uns mit Sicherheit zur Erkenntnis des Daseins Gottes führen kann
und zur Offenbarung, die den Juden durch Moses und den Christen
durch unseren anbetungswürdigen Gottmenschen geworden ist."[176]
Hier liegt ein tiefgreifender Unterschied zwischen katholischen und
reformatorischem Glauben vor. Ist die Vernunft des Ungläubigen
noch teilweise intakt, dann kann der Mensch über die Vernunft zum
Glauben geführt werden, ja, dann gibt es dem Glauben vor- und übergeordnete Vernunftswahrheiten. Andernfalls ermöglicht der Glaube
solche Vernunftswahrheiten überhaupt erst.

Die voraussetzungsbewußte Apologetik darf nicht überzogen
werden. Sicher können nur biblische Argumente letzte Autorität beanspruchen. Das bedeutet aber nicht, daß man im missionarischen
Gespräch nicht auf Denkvoraussetzungen, die man mit anderen
Menschen gemeinsam hat, zurückgreifen dürfte. Die Apostel haben
etwa in der Apostelgeschichte mit der Diskussion immer dort eingesetzt, wo sich die Wege geschieden haben, die gemeinsamen Denkvoraussetzugen jedoch akzeptiert. Deswegen haben sie, wenn sie mit
Juden diskutierten, nicht mehr über die Schöpfung oder die Inpiration des Alten Testamentes diskutiert, sondern sind direkt mit der
Diskussion um Jesus Christus eingestiegen, während sie Heiden gegenüber wesentlich weiter zurückgingen und auch die Schöpfung
diskutierten, wobei sie aber das voraussetzten, was in der jeweiligen
Kultur über den Schöpfer genauso gelehrt und gesehen wurde, wie
im biblischen Zeugnis (z. B. Apg 14,8-18; 17,16-34). Aus diesem
Grund konnte Paulus die Existenz des Schöpfers in Athen anhand
von Zitaten griechischer Philosophen belegen, ohne ausdrücklich auf
das biblische Zeugnis zurückzugreifen.

Die beste Untersuchung zur Areopagrede des Paulus vor den griechischen Philosophen in Apg 17,16-34 stammt von Heinz Külling[177].
Auch wenn sich Külling nicht ganz entscheiden kann, ob der Text der
berühmte Rede des Paulus in Athen von Lukas komponiert wurde
oder auf Paulus zurückgeht (wobei er zum ersteren neigt) und die historisch-kritischen Methoden kritiklos einsetzt, ist das Ergebnis seiner
gründlichen Exegese von Apg 17,16-34 Wasser auf die Mühlen bibeltreuer Christen, die sich allerdings mit diesem Text und der Berufung von Paulus auf griechische Philosophen selbst oft schwer getan
haben. Külling kommt nämlich zu dem Ergebnis, daß die ganze Ansprache des Paulus von alttestamentlichem, nicht griechischem Denken durchdrungen ist und Paulus zwar teilweise griechische Formulie-

---

[175]Ebd. S. 36 (Satz 5)

[176]Ebd. (Satz 6)

[177]Heinz Külling. Geoffenbartes Geheimnis: Eine Auslegung von Apostelgeschichte 17,16-34. Abhandlungen zur Theologie des Alten und Neuen Testaments 79. Theologischer Verlag: Zürich, 1993

rungen benutzt, diese aber gerade durch alttestamentliche Formulierung ergänzt und im alttestamentlichen Sinne erläutert. Er will damit für Külling den Griechen nicht deutlich machen, daß sie schon einen Teil der Wahrheit erkannt haben und nun lediglich die Vervollständigung ihres Wissens erhalten, sondern gerade umgekehrt deutlich machen, daß ihnen alles Wesentliche 'unbekannt' ist und sie in die Irre gehen. Die Rede des Paulus wird zum Musterbeispiel der Missionspredigt schlechthin, die auch dem Missionar heute nicht nur inhaltlich, sondern auch im Vorgehen viel zu sagen hat. Külling arbeitet dabei vor allem mit vielen ausführlichen Wort- und Begriffsstudien nicht nur griechischer Begriffe, sondern auch ihrer alttestamentlichen hebräischen Entsprechungen. Eine ausgezeichnete, gut verständliche Dissertation, die einmal mehr deutlich macht, daß Altes und Neues Testament eine untrennbare Einheit sind, daß Mission ohne die Kenntnis des Alten Testamentes undenkbar ist und daß die Auslegung vieler Bibeltexte immer noch - auch auf bibeltreuer Seite - unter dem Bann historisch-kritischer Theorien vergangener Zeiten steht.

Man kann also nicht **über** den Schöpfer 'an sich' nachdenken und diskutieren, sondern immer nur **mit** dem Schöpfer, der auch das eigene Leben geschaffen hat und darüber urteilt. Deswegen heißt es: *"Weh dem, der mit seinem Schöpfer rechtet"* (**Jes 45,9**).

Gott sagt: *"Denn mir gehört die ganze Erde"* (**2Mose 19,5**). Er ist der *"Herrscher der ganzen Erde"* (**Jos 3,11**), der *"Herrscher über alles"* (**1Chr 29,12**), *"der Höchste über die ganze Erde"* (**Ps 83,19**). Dieser Anspruch erhebt Gott auch über alle anderen - auch politischen - Herrscher: *"Du allein bist Gott für alle Königreiche der Erde"* (**2Kön 19,15**). Dieser Herrschaftsanspruch Gottes leitet sich aus seinem Schöpfersein ab: *"Die Erde gehört dem HERRN und ihre Fülle, die Welt und die darauf wohnen. Denn er, er hat sie gegründet ..."* (**Ps 24,1-2**); *"Dein sind die Himmel, und dein ist die Erde, die Welt und ihre Fülle, du hast sie gegründet, Norden und Süden, du hast sie geschaffen"* (**Ps 89,12-13**).

Gott ist jedoch nicht nur allgemein Schöpfer, Herrscher und Richter der Welt, sondern auch unser persönlicher Schöpfer. Er ist der *"Gott des Lebensgeistes allen Fleisches"* (**4Mose 27,16**) beziehungsweise der *"Gott aller Lebensgeister"* (**4Mose 16,22**). Hiob bekennt: *"der Geist Gottes hat mich gemacht"* (**Hiob 33,4**).

Weil Gott Herr über alles und unser persönlicher Schöpfer ist und wir ihm Rechenschaft schuldig sind, können wir nicht 'neutral' über ihn nachdenken. Alles was wir über ihn denken, beinhaltet automatisch eine ethische Entscheidung.

Echte Weisheit, Einsicht und Erkenntnis hat im Schöpfer und in der Schöpfung ihren Ursprung: *"Der HERR hat die Erde durch Weisheit gegründet, die Himmel befestigt durch Einsicht. Durch seine Erkenntnis brachen die Fluten hervor ..."* (**Spr 3,19-20**; ähnlich **Jer**

51,15-16). In **Spr 8,22-31** ist es "*die Weisheit*", die seit Ewigkeiten bei Gott ist und sich allen Menschen empfiehlt, weil sie schon bei der Schöpfung tätig war. Deswegen wird im Alten Testament an konkreten Beispielen der Schöpfung immer wieder Gottes Weisheit vor Augen geführt (z. B. Jes 40,12-13+22+26-28; Spr 30,1-4; am ausführlichsten in Hiob 38-41).

Wer vom Schöpfer spricht, hat es immer auch mit Gottes Gesetz zu tun. In 5Mose 10,12-15 wird die Notwendigkeit, das Gesetz Gottes zu halten, mit Gottes Schöpfersein begründet: "... *daß die Gebote des HERRN hälst ... Siehe, dem HERRN, deinem Gott, sind die Himmel und die Himmel der Himmel, die Erde und alles, was in ihr ist*" (**5Mose 10,13+14**). Dies gilt nicht nur allgemein, sondern auch von konkreten Geboten. In **1Mose 9,6** wird Mord unter Strafe gestellt, weil Gott "*den Menschen nach dem Bild Gottes geschaffen hat*". Häufiger wird das Unterdrücken des Armen und Schwachen untersagt, weil auch dieser von Gott geschaffen ist: "*Wer den Geringen unterdrückt, verhöhnt den, der ihn geschaffen hat; aber diesen ehrt der, der sich über den Armen erbarmt*" (**Spr 14,31**); "*Wer den Armen verspottet, verhöhnt den, der ihn geschaffen hat*" (**Spr 17,5**). Hiob hat seine Knechte nicht unterdrückt und im Rechtsstreit benachteiligt, weil er sich sonst nicht vor Gott verantworten könnte (Hiob 31,13-14), denn: "*Hat nicht er, der mich im Mutterleib erschaffen hat, auch ihn erschaffen und ist er nicht auch von dem Einen* [= Gott] *im Mutterschoß bereitet worden?*" (**Hiob 31,15**).

F. Thema: Gedanken zum Sündenfall: Bibelkritik und Sünde

Die sich aus Röm 1,18-32 ergebenden Überlegungen sollen am Beispiel des Berichtes vom Sündenfall[178] erläutert werden, bevor wir zum eigentlichen Text des Römerbriefes (V.21-25) zurückkommen.

"Die Schlange aber war listiger als alle Tiere des Feldes, die Gott, der HERR, gemacht hatte. Und sie sagte zu der Frau: Hat Gott wirklich gesagt: Ihr dürft von allen Bäumen des Gartens nicht essen? Da sagte die Frau zur Schlange: Von den Früchten der Bäume des Gartens essen wir, aber von den Früchten des Baumes, der in der Mitte des Gartens steht, hat Gott gesagt: Ihr sollt nicht davon essen und ihr sollt sie nicht berühren, damit ihr nicht sterbt! Da sagte die Schlange zur Frau: Ihr werdet keinesweg sterben! Sondern Gott weiß, daß eure Augen an dem Tag, an dem ihr davon eßt, aufgetan werden und ihr wie

---

[178]Ein guter Kommentar zu 1Mose 3 ist Edward J. Young. Genesis 3. The Banner of Truth Trust: Edinburgh, 1983 (Nachdruck von 1966). Vgl. auch die detaillierte Auslegung von Samuel Külling fortlaufend in Fundamentum (FETA) 4/1986 bis 1/1989

Gott sein werdet, Gutes und Böses erkennend. Und die Frau sah, daß der Baum gut zur Speise und daß er eine Lust für die Augen und daß der Baum begehrenswert war, Einsicht zu geben. Und sie nahm von seiner Frucht und aß, und sie gab auch ihrem Mann bei ihr, und er aß" (**1Mose 3,1-6**).

Das ganze Elend der Menschheit begann mit der Frage "*Hat Gott wirklich gesagt?*" (1Mose 3,1) oder wie es Luther unübertroffen wiedergegeben hat: "*Sollte Gott gesagt haben?*". Als die Schlange diese Frage stellte, folgte sie mehreren Prinzipien, die der Teufel heute noch anwendet und anwenden muß, wenn er den Glauben an Gott zerstören will. Das erste Prinzip lautet:

1. Wenn man den Glauben an und das Vertrauen in den ewigen Schöpfer und Gott zerstören will, muß man den Glauben an und das Vertrauen in das Wort des Schöpfers zerstören.

Der Mensch ist als Geschöpf so beschränkt, daß er den Schöpfer nie als solchen bekämpfen kann, da er nichts über ihn weiß. Er kann Gott nur bekämpfen, indem er bekämpft, was Gott über sich offenbart hat. Durch seinen Kampf gegen die Offenbarung Gottes beweist der Mensch, daß er selbst in seiner Rebellion gegen Gott "*nicht vom Brot allein*" leben kann, sondern "*von jedem Wort, das aus dem Mund des Herrn hervorgeht*" (5Mose 8,3; Mt 4,4), leben muß. *Unglaube und Bibelkritik hängen untrennbar zusammen. Wer Gott kritisieren will, muß bewußt oder unbewußt sein Wort kritisieren und wer sein Wort kritisiert, kritisiert gewollt oder ungewollt Gott selbst.* - Eng damit zusammen hängt das zweite Prinzip:

2. Wenn man die göttliche 'Theologie'[179]zerstören will, muß man die göttliche Ethik zerstören und umgekehrt.

Es war kein Zufall, daß die Schlange gerade ein Gebot Gottes diskutierte und in Frage stellte. Was hätte sie sonst verwenden sollen, wenn ich ein Wort Gottes und eine ethische Entscheidung Gottes? *Weder der Teufel noch der Mensch können über Gott nachdenken, ohne ethische Entscheidungen zu fällen* und ohne sich für oder gegen den Gehorsam gegenüber Gott und seinen Geboten zu entscheiden. *In unserem geschaffenen Universum ist alles letztlich persönlicher und ethischer Natur, entscheidet sich also alles am Verhältnis von Personen.*

Man kann den Schöpfer nicht von seinem Wort und von seinen Geboten und Ordnungen trennen. Der Mensch kann sein Denken über Gott (*Theologie*), seinen Umgang mit der Schrift (*Hermeneutik*) und die praktischen Entscheidungen seines Handelns (*Ethik*) nie voneinander trennen.

---

[179]'Theologie' wird hier und im ganzen Abschnitt im engeren Sinne als Lehre von und über Gott verstanden.

Es ist deswegen folgerichtig, daß es sich in den meisten Fällen, in denen das Alte Testament von *"Rebellion"* (hebr. 'meri') gegen Gott spricht, um eine *"Rebellion gegen die Gebote Gottes"* oder um eine *"Rebellion gegen das Wort Gottes"* (wörtlich: *"gegen den Mund Gottes"*) handelt (z. B. 1Kön 13,21; Klgl 1,18; Ps 105,28; 4Mose 20,24; 27,14), wie Victor P. Hamilton richtig festgestellt hat[180].

Wie sehr es der Schlange um ethische Fragen ging, zeigt sich, wenn man genauer untersucht, was sie eigentlich wissen wollte. Nur vordergründig ging es um die 'historisch-kritische' Frage, was denn Gott genau gesagt habe. Tatsächlich zielt doch die Frage darauf ab, ob das, was Gott gesagt hat, glaubwürdig ist, ob sein Gebot sinnvoll ist und insbesondere darauf, ob das angedrohte Gericht überhaupt eintreten werde. Dies wird im Laufe des Textes immer deutlicher und gipfelt dann in dem *"ihr werdet nicht sterben"* (**1Mose 3,4**). Wie oft tritt diese Art der Kritik an Gott und seinem Wort im Alten und Neuen Testament in Erscheinung: Das von Gott ausgesprochene Gericht wird ja doch nicht eintreten (z. B. **Jer 17,15; 2Petr 3,3-5**; vgl. **Jes 5,19**)! Mit der Frage, ob Gott sein Wort, auch sein Gerichtswort, überhaupt einlösen wird, wird gleichermaßen die Allmacht, Heiligkeit und Wahrhaftigkeit Gottes in Frage gestellt, wie die Grundlage der biblischen Ethik vernichtet.

Die Entstellung der Offenbarung über das Wesen Gottes, die Kritik des Wortes Gottes und Sünde als Übertretung der Gebote Gottes treten - gewollt oder ungewollt, bewußt oder unbewußt - immer zusammen auf. Nur wer Gottes Wort übertritt und damit theoretisch oder praktisch kritisiert, sündigt, denn allein Gottes Wort, nicht unser Empfinden, definiert, was Sünde ist (vgl. 1Joh 3,4; Röm 4,15; 5,13). Wer das Wort Gottes nicht in Frage stellt, kann auch nicht sündigen und wer nicht gesündigt hat, steht auch in vollem Einklang mit dem Wort Gottes. Jesus ist dafür das treffendste und im absoluten Sinn natürlich einzige Beispiel.

Man muß sich die Fortsetzung der Frage der Schlange etwas genauer anschauen. Wenn man Christen die Frage stellt, was denn die Schlange eigentlich gesagt hat, werden viele spontan antworten *"Sollte Gott gesagt haben ..."* und dann zitieren, was Gott gesagt hatte. Der Text lautet jedoch anders. Die Frage der Schlange wird von Eva zwar richtig wiedergegeben. Aber die Schlange zitiert dann

---

[180]Victor P. Hamilton. Nr. 1242. S. 626 in: R. Laird Harris (Hg.). Theological Wordbook of The Old Testament. Bd. 1. Moody Press: Chicago, 1980; vgl. Nr. 1240. ebd. S. 624-625; ähnlich R. Knierim. "mrh widerspenstig sein". Sp. 928-930. in: Ernst Jenni, Claus Westermann (Hg.). Theologisches Handwörterbuch zum Alten Testament. Bd. 1. Chr. Kaiser: München & Theologischer Verlag: Zürich, 1978, hier Sp. 929

nicht Gottes Wort, sondern sagt praktisch das Gegenteil: *"Von allen Bäumen des Gartens dürft ihr nicht essen?"* (1Mose 3,1)!

Es muß an dieser Stelle festgehalten werden, daß der Teufel Gott nie richtig zitiert. Wenn der Teufel vorgibt, Gott zu zitieren, ist nicht nur seine Frage, sondern auch sein Zitat gotteslästerlich! Der Teufel ist der Bibelkritiker schlechthin, was ihn nicht davon abhält, die Bibel zu zitieren und durch Mißbrauch außer Kraft zu setzen. In seiner Rebellion gegen Gott ist er unfähig, dem Menschen das zu sagen, was Gott eigentlich wollte. Selbst wenn der Teufel einmal Gott wortwörtlich zitiert, wie er es etwa bei der Versuchung Jesu tat (**Mt 4,6; Lk 4,11-12**), hat er sicher den falschen Sinn, die falsche Auslegung. Bei der Versuchung Jesu hatte er eine buchstäbliche Auslegung, die in Wirklichkeit gotteslästerlich war, denn der Teufel meinte, wenn Jesus sich von der Tempelzinne stürzen würde, würde Gott noch nicht einmal seinen Fuß an einen Stein stoßen lassen. (Dies ist zugleich eine Ermahnung an alle bibeltreuen Ausleger, die vorschnell meinen, eine buchstäbliche Auslegung allein garantiere schon, daß man die Botschaft Gottes richtig verstanden habe.) Jesus widerstand der falschen Auslegung des Satan mit dem Wort Gottes (**Mt 4,7; Lk 4,13**), das Jesus natürlich richtig auslegte und zitierte. Gegen falsch zitierte und ausgelegte Bibeltexte kann nur die Autorität der Bibel und damit Gottes selbst angerufen werden.

3. Der Teufel verführt den Menschen zuerst dazu, die dem Menschen von Gott gegebene Autorität und Freiheit zu leugnen und dann dazu, um eine neue Autorität und Freiheit zu kämpfen, nämlich um die Autorität Gottes selbst. Am Ende gewinnt der Mensch nichts, verliert dafür aber auch das noch, was er längst besessen hat.

Die Schlange tat so, als wenn Gott alles verboten hätte. Natürlich war die Behauptung völlig unsinnig, denn wenn Gott wirklich das Essen überhaupt verboten hätte, wären Adam und Eva verhungert. Und trotzdem ist dieselbe Lüge für den Teufel bis heute ungeheuer nützlich. Bis heute glauben viele Menschen, daß Gott und die Bibel ihnen alles verbieten, weswegen sie sich stattdessen alles erlauben. In Wirklichkeit verbietet Gott nur verhältnismäßig wenige Dinge, wenn man diese Verbote mit der ungeheueren Autorität, den Rechten und der großen Freiheit vergleicht, die Gott dem Menschen völlig ohne Gegenleistung schenkt.

Denken wir nur an die Kindererziehung: Gott gibt Eltern die Autorität, Kinder zu erziehen, die *er* erschaffen hat! Haben Eltern das etwa verdient? Oder denken wir an das Arbeiten: Gott ermöglicht dem Menschen eine ungeheure Vielfalt von Berufen, Arbeiten und Handlungen. Was zählen da die wenigen Handlungen, die uns Gott zu unserem eigenen Nutzen untersagt? Gott schenkte Adam und Eva die gesamte Erde als ihren Verantwortungsbereich (*"die Erde ... machet sie euch untertan, ... herrschet ..."*, **1Mose 1,28**) und nahm nur einen Baum aus. Doch die Schlange stellte alles auf den Kopf und behauptete, daß der Mensch gar nichts dürfe, und die Menschen fielen und fallen auf diesen Unsinn herein.

Eva verstand immerhin, daß die Schlange Gott nicht richtig wiedergegeben hatte und widersprach ihr mit Hinweis auf das Recht, von allen Bäumen essen zu dürfen.

Eva selbst gab jedoch Gott in ihrer Antwort auch nicht korrekt wieder, denn sie verschärfte das ursprüngliche Gebot, das Gott gegeben hatte. Gott hatte verboten, von der Frucht zu *"essen"* (1Mose 2,17), Eva sprach davon, daß sie die Frucht nicht *"essen"* und *"berühren"* dürften (1Mose 3,2-3). Auch das begegnet uns in der Geschichte immer wieder. Denken wir nur an die Auseinandersetzungen Jesu mit den Pharisäern (z. B. in Mk 7,1-15; Mt 15,1-20), die die Gebote Gottes durch immer neue menschliche Gebote verschärften[181]. Das Judentum nannte das 'einen Zaun um die Gebote bauen'[182]. Sicher, wer eine Frucht nicht berührt, kann sie auch nicht essen. Und dennoch ist für Gott das Hinzufügen zum Wort Gottes ebenso Bibelkritik, wie das Hinwegnehmen (vgl. Offb 22,18-19, Text siehe unten).

Die nächste Frage der Schlange offenbart nun ihre eigentliche Absicht. Die kritische Rückfrage der Schlange war nur scheinbar 'historisch-kritisch'. In Wirklichkeit stand das Urteil (griech. 'krisis', davon 'Kritik', 'kritisch') für die Schlange von vornherein fest: *"Ihr werdet mitnichten sterben ...!"* (**1Mose 3,4**). Wir kennen das von allen Arten der Bibelkritik. Sie beginnen mit einigen kritischen Rückfragen, die man doch 'ehrlich' zugestehen muß. Doch die Entscheidung ist längst zuungunsten des Wortes Gottes gefallen. Die Kritik ist dabei eigentlich nur ein Vorwand, aber ein sehr wichtiger, denn nur durch die scheinbar neutrale, objektive Rückfrage gelang es der Schlange, Eva überhaupt für die offene Kritik an Gottes Gebot empfänglich zu machen. Wenn selbst der Teufel sein längst gefälltes Urteil gegen Gottes Wort erst allmählich erkennen läßt, wieviel mehr werden dies Menschen tun, die andere verführen oder vor sich selbst den Schein aufbauen wollen, daß sie Gottes Wort ja nicht einfach so verwerfen, sondern erst nach gründlicher und kritischer Untersuchung. Damit sind wir beim nächsten Prinzip angelangt.

4. Man kann den Glauben an und das Vertrauen in Gott nur zerstören, wenn man einen Glauben an etwas anderes als Ersatz anbietet.

---

[181]Vgl. dazu ausführlicher Abschnitt C. in Lektion 27

[182]Der Ausdruck "Zaun um die Lehre" stammt aus dem Talmud; vgl. Leo Baeck. Das Wesen des Judentums. Fourier: Wiesbaden, 1991[5] (Nachdruck von 1921[2]). S. 294.

Entsprechend unserer modernen, 'neutralen' Denker hätte Eva zur
Schlange sagen können: 'Es könnte tatsächlich sein, daß Gott nicht
vertrauenswürdig ist und uns nicht die Wahrheit gesagt hat. Aber
was ist mit dir? Wenn ich Gottes Wort kritisch hinterfrage, muß du
mir gestatten, dich ebenso kritisch zu hinterfragen. Ich glaube im
Moment einfach erst einmal niemandem, sondern warte ab!' Dies
geschah nicht nur nicht, sondern hätte auch nie geschehen können.
Denn Eva konnte ihren Glauben an Gott nur fahren lassen, weil sie
stattdessen dem Teufel glaubte. Sie konnte Gottes Wort nur deswegen für Lüge halten, weil sie etwas anderes, nämlich die Worte des
Teufels, für Wahrheit hielt. **Es gibt "keine Neutralität"**[183]**, weder
für kritische Untersuchungen, noch für ethische Entscheidungen.** Eva konnte sich eben nicht erst einmal beide Parteien in Ruhe
anhören und dann abwarten. Sie mußte weiterleben, handeln, sich
entscheiden. Sie konnte nicht beiden glauben und nicht beiden gehorsam sein. Jesus unterstreicht das in der Bergpredigt sehr deutlich:
*"Niemand kann zwei Herren dienen, denn entweder wird er den
einen hassen und den anderen lieben, oder er wird einem anhangen
und den anderen verachten"* (**Mt 6,24**). Er bezieht dies dort auf Gott
und den *"Mammon"* (**Mt 6,25**), also auf eine Religion des Geldes
ohne eigentliche Gottheit. Doch auch auf den Mammon kann man
anstelle Gottes vertrauen.

Die Vertreter der verschiedenen sog. historisch-kritischen Methoden sind dafür ein gutes Beispiel. Sie zerstören eben nicht einfach den
Glauben an Gott und sein Wort und leben dann als Agnostiker[184], die
an gar nichts glauben und sich auf nichts verlassen, selbst dann nicht,
wenn sie es vorgeben. Sie wollen stattdessen, daß man auf ihre
Theologie der Befreiung, ihre Theologie der Hoffnung, ihre öko-
logische Theologie oder wie auch immer die neuen Richtungen bezeichnet werden, daß man auf ihre Weltverbesserungspläne und ihre
theologischen Einsichten hört. Wie schon die Pharisäer wollen sie
Jünger hinter sich herziehen: *"Wehe euch, ihr Schriftgelehrten und
Pharisäer! Heuchler! Denn ihr durchzieht das Meer und das Trocke-
ne, um einen Proselyten zu machen, und wenn er es geworden ist, so
macht ihr ihn zu einem Sohn der Hölle, doppelt so schlimm wie ihr
[selbst es seid]"* (**Mt 23,15**). Auch radikale Bibelkritiker *glauben*, nur
eben an etwas anderes. Wie sonst wäre es zu erklären, daß selbst
atheistische Theologen, deren Lebenswerk der Nachweis von Fehlern,
Sagen und Kritikwürdigem in der Bibel ist, dennoch ein Leben lang
Theologen bleiben und in den Kirchen wirken? Sie verbreiten nicht
mehr Gottes Wort, aber sie verbreiten nach wie vor etwas mit religiö-

---

[183]So faßt Heinrich Berger. Calvins Geschichtsauffassung. Studien zur
Dogmengeschichte und Systematischen Theologie 6. Zwingli Verlag: Zürich, 1956. S. 138 (vgl. S. 138-139) die Sicht Calvins zusammen.

[184]Von griech. 'a' = 'ohne', 'gnosis' = 'Wissen', also Vertreter der Sicht, daß der
Mensch nichts (Sicheres) wissen kann.

sem Anspruch. Denn ohne Alternative hätten sie wie Eva den Unglauben gar nicht denken können.

Es ist deshalb Dietrich Bonhoeffer zuzustimmen, der den Sündenfall als das erste theologische Gespräch bezeichnet hat: "Das erste
Gespräch über Gott, das erste religiöse, theologische Gespräch. Nicht
gemeinsame Anbetung, Anrufung Gottes, sondern Rede über Gott,
über ihn hinweg. Sofern Eva sich auf dieses Gespräch eingelassen hat,
kann nun die Schlange den eigentlichen Angriff wagen. Sie spricht
über Gott, und zwar aus der Haltung eines tiefen Wissens der
Geheimnisse Gottes, d. h. sie redet fromm. Aber die Frömmigkeit
demaskiert sich nun im offenen Angriff."[185]

Der Bericht vom Sündenfall macht deutlich, daß Bibelkritik,
Gotteskritik und Sünde aufs engste zusammengehören. Man begegnet immer wieder dem Versuch, die Frage, ob die Bibel Gottes
Wort ist oder nicht und wenn ja, inwiefern sie denn Gottes Wort ist,
als nebensächlich abzutun und als theologische Spitzfindigkeit anzu-
sehen, von der doch nichts abhängt. Mit Sünde, geschweige denn
mit Fragen des Heils, hat dann die Stellung zur Bibel angeblich
nichts zu tun.

Gott ist dem Menschen von menschlicher Seite aus nicht zu-
gänglich. Der Mensch weiß über Gott nur, was Gott von sich aus offenbart. Deswegen kann der Mensch auch Gott an sich nicht kritisieren, sondern nur das kritisieren, was Gott von sich offenbart hat. So
ist es kein Wunder, daß **das Wesen des Wortes Gottes das Wesen
Gottes widerspiegelt und deswegen dem Wort Gottes göttliche
Eigenschaften zugeschrieben werden**. Wenn Paulus etwa vom Gesetz sagt, daß es *"heilig, gerecht und gut"* (Röm 7,12) ist, so wußte
er nur zu gut, daß diese Eigenschaften im absoluten Sinne nur Gott
zukommen. Durch die ganze Bibel hindurch finden wir Beispiele dafür, daß dem Wort Gottes Eigenschaften zugeschrieben werden, die
ausschließlich Gott zukommen. So wird das Wort Gottes ebenso wie
Gott selbst als ewig bestehend, als allmächtig, ja sogar als allwis-
send bezeichnet. Das Wort schafft Leben, wie nur Gott Leben schaffen kann. Umgekehrt wird Jesus selbst als das Wort Gottes bezeichnet.

Das führt dazu, daß in manchen Texten gar nicht mehr ganz klar
ist, ob gerade von Gott oder von seinem Wort die Rede ist. Als Beispiel mag **Hebr 4,12-13** dienen: *"Denn das Wort Gottes ist lebendig
und wirksam und schärfer als jedes zweischneidige Schwert und
durchdringend bis zur Scheidung von Seele und Geist, sowohl der*

---

[185]Otto Dudzus (Hg.). Bonhoeffer Brevier. Chr. Kaiser Verlag: München,
1963. S. 110-111, zitiert aus Dietrich Bonhoeffer. Schöpfung und Fall:
Eine theologische Auslegung von Gen 1-3. Chr. Kaiser: München, 1958⁴
(Bonhoeffer hält in diesem ausgezeichneten Kommentar den Schöpfungs-
und Sündenfall leider nicht für historisch.)

Gelenke als auch des Markes, und ein Richter der Gedanken und
Gesinnungen des Herzens; und kein Geschöpf ist vor ihm unsicht-
bar, sondern alles bloß und aufgedeckt vor den Augen dessen, mit
dem wir es zu tun haben". Am Anfang ist vom Wort Gottes die
Rede, wobei zuvor konkrete Texte des Alten Testamentes zitiert
wurden[186]. Am Ende geht es eindeutig um Gott als richtende Person. Doch wo liegt der Übergang? Die Frage ist nicht entscheidend,
denn Gott ist genauso *"Richter"*, wie es sein Wort ist, und das
Richteramt wird nur und ausschließlich aufgrund des Wortes
Gottes durchgeführt.

Dann ist jedoch Bibelkritik nicht nur automatisch Sünde und Kritik an Gott, sondern hat auch sehr viel mit dem Heil zu tun. Wenn
Christen meinen, die Haltung der Bibel gegenüber sei keine heils-
notwendige Frage, dann übersehen sie völlig, daß sie ihr Heil nur in
der Schrift offenbart finden und daß das Wort Gottes unser Richter
über Heil und Unheil sein wird! Bibelkritik ist Majestätsbeleidigung
und dabei ist ganz egal, ob es sich um ein direktes Infragestellen, um
praktisches Zuwiderhandeln oder um fromme Methoden, die Bibel
zu ergänzen, umzudeuten oder in den Griff zu bekommen, handelt.
Bibelkritik ist kein Kavaliersdelikt! Nur weil Gott sich in Christus
und in seinem Wort offenbart hat und weil Jesus Christus am Kreuz
unseren Unglauben, unsere Sünde und unsere Kritik am Wort Gottes
seit dem Sündenfall auf sich genommen hat, dürfen wir überhaupt
das Heil erlangen.

---

[186]Ich bin mir bewußt, daß eigentlich eine ausführliche Begründung dafür an-
getreten werden müßte, weshalb das geschriebene Wort, wie wir es vorliegen haben, einfach dem Wort Gottes gleichgesetzt werden kann. Vgl. dazu
Thomas Schirrmacher (Hg.). Bibeltreue in der Offensive: Die drei Chicagoerklärungen zur biblischen Unfehlbarkeit, Hermeneutik und Anwendung.
Biblia et symbiotica 2. Verlag für Kultur und Wissenschaft: Bonn, 1993
und die ebd. S. 14-15, Anm. 5 genannte Literatur; Eckhard Schnabel. Inspiration und Offenbarung: Die Lehre vom Urpsrung und Wesen der Bibel.
TVG. Brockhaus: Wuppertal, 1986; sowie James M. Boice. Die Unfehlbarkeit der Bibel. hg. von Samuel R. Külling. Schulte + Gerth, Asslar &
Immanuel Verlag: Riehen, 1987; Norman L. Geisler (Hg.). Inerrancy. Zondervan: Grand Rapids (MI), 1979; Norman L. Geisler (Hg.). Biblical Er-
rancy: Its Philosophical Roots. Zondervan: Grand Rapids (MI), 1979
(Aufsätze zu den philosophischen Wurzeln der Bibelkritik); John Hanna
(Hg.). Inerrancy and the Church. Moody Press: Chicago, 1984
(kirchengeschichtliche Beiträge); Earl Radmacher, Robert Preus (Hg.).
Hermeneutics, Inerrancy and the Bible. Zondervan: Grand Rapids (MI),
1984.
Der wichtigste Zugang zum Inspirationsverständnis scheint mir der Umgang Jesu mit dem Alten Testament zu sein; vgl. dazu selbst aus historisch-
kritischer Sicht Johannes Hänel. Der Schriftbegriff Jesu. Beiträge zur Förderung christlicher Theologie 14 (1919) 5-6. C. Bertelsmann: Gütersloh,
1919, bes. 149-154

Die Aussage des Paulus in **2Tim 3,16** (*"jede Schrift ist von Gott eingegeben* [oder: *inspiriert] und nützlich ...*"), gilt zu Recht als eine der Kernstellen in der Auseinandersetzung mit der Bibelkritik jedweder Form. Doch wird dabei zu schnell der Vers davor übersehen: "*... weil du von klein auf die heiligen Schriften kennst, die Kraft haben, dich weise zu machen zur Errettung durch den Glauben, der in Jesus Christus ist*" (**2Tim 3,15**). Sicher ist es auch in diesem Text das Wirken Jesu und der Glaube, die retten und nicht der Bibeltext selbst. Und dennoch informiert uns die Bibel nicht nur darüber, wie es auch jede Tageszeitung könnte. Nein, die Heiligen Schriften geben "*Kraft ... weise zu machen zur Errettung*". Weh dem, der diese Kraft in Frage stellt und kritisiert und dennoch das Heil haben will. Denn wer soll ihm sonst die Kraft geben, überhaupt weise zu werden, wenn er gerade meint, wegen seiner großen Weisheit die Bibel in Frage stellen zu müssen?

In diesem Zusammenhang wird zu Recht auf das Ende des Neuen Testamentes in **Offb 22,18-19** verwiesen, in dem aufs Deutlichste die Haltung dem Wort Gottes gegenüber mit dem Heil verbunden wird: "*Ich bezeuge jedem, der die Worte der Weissagung dieses Buches hört: Wenn jemand* [etwas] *zu diesen Dingen hinzufügt, so wird Gott ihm die Plagen hinzufügen, die in diesem Buch geschrieben sind, und wenn jemand etwas von den Worten des Buches dieser Weissagung hinwegnimmt, so wird Gott sein Teil wegnehmen von dem Baum des Lebens und aus der heiligen Stadt, von denen in diesem Buch geschrieben ist*". Es wird oft eingewandt, daß sich dieser Text doch nur auf die Offenbarung des Johannes beziehe. Nun fällt es mir schwer zu glauben, daß dieser Text zufällig am Ende der schriftlichen Offenbarung Gottes steht. Aber sicher ist es richtig, daß es in diesen Versen zunächst um "*die Worte der Weissagung dieses Buches*" geht (vgl. Offb 22,10). Doch macht dies die Sache doch nur um so dramatischer! Allein schon das fromme oder liberale Hinzufügen zum und Hinwegnehmen vom letzten Buch der Bibel hat bereits solche Konsequenzen!

Offb 22,18-19 ist dabei nur die neutestamentliche Fassung eines alttestamentlichen Textes: "*So höre nun, Israel, auf die Ordnungen und auf die Rechtsbestimmungen, die ich euch zu tun lehre, damit ihr lebt ... Ihr sollt nichts zu diesem Wort hinzufügen, das ich euch gebiete, und sollt davon nichts wegnehmen, damit ihr die Gebote des HERRN, eures Gottes, die ich euch gebiete, haltet!*" (**5Mose 4,1-2**).

Im übrigen darf das Gesagte jedoch nicht im Sinne einer Werkgerechtigkeit mißverstanden werden, als wenn die Bibeltreue ein notwendiges Werk für den Glauben und das Heil sei. *Wo Gottes Gnade und Vergebung gilt, gilt sie auch für die Sünde der Bibelkritik.* Wenn Bibelkritik nicht vergeben werden könnte, würde kein Mensch errettet werden.

Der Sündenfall macht deutlich, daß der Mensch dem Wort Gottes nicht neutral gegenübertreten kann. Entweder er glaubt, dann vertraut er auf Gott, glaubt seinem Wort und liebt seine Gebote, oder er ist ungläubig, dann hält er Gott nicht für zuverlässig und wahrhaftig und verwirft Gottes Wort und damit auch die darin enthaltenen Gebote. Am Wort Gottes entschied sich für die Menschheit im Sündenfall Heil und Unheil. Daran wird sich in alle Ewigkeit nichts ändern.

Deswegen kann 'Bibeltreue' nie nur in einem an sich richtigen Bekenntnis bestehen, daß die Bibel irrtumslos und unfehlbar ist. Echte, biblische 'Bibeltreue' kann immer nur in einer untrennbaren Einheit aus dem tiefsten Vertrauen auf den dreieinigen Gott, aus dem Empfang der Kraft zum Heil, die aus Gottes Wort kommt, aus dem restlosen Vertrauen in dieses Wort und aus dem freudigen Erfüllen der Aufträge, Gebote und Ordnungen dieses Wortes als Dank für den Erlöser Jesus Christus bestehen. Da dies nur durch den Heiligen Geist möglich ist, **ist Bibeltreue immer ein Geschenk Gottes**.

Wir fassen mit Gustav Friedrich Oehler zusammen:

"Das Realprinzip der Sünde ist nach dem A. T. der Unglaube gegen das göttliche Wort, die selbstsüchtige Erhebung des Eigenwillens über den göttlichen Willen, die eigenmächtige Aufhebung der durch göttliche Ordnung gezogenen Schranke. ... Das bleibt nun die Grundlehre des A. T., dass das Böse primitiv die Verleugnung des göttlichen Willens, dass die Sünde darum Sünde ist, weil sich der Mensch selbstsüchtig über Gott und seinen Willen erhebt. Das A. T. kennt kein Böses, das blosses Unrecht der Menschen gegeneinander oder blosses Zurückbleiben der Entwicklung menschlicher Natur, blosse Schwäche wäre."[187]

G. V.21-25: Der alttestamentliche Hintergrund

Der Mensch "*vertauscht*" (= "*verdreht*", "*stellt auf den Kopf*", vgl. die lateinische Übersetzung 'pervertere', davon "pervertieren") "*Schöpfer*" und "*Schöpfung*", "*Wahrheit*" und "*Lüge*" (V.23-26) und Gottes Schöpfungsordnungen mit den schlimmsten Perversionen. Als deutlichste Beispiele nennt Paulus die männliche und weibliche Homosexualität[188], die nur entstehen und entstehen können, weil und wenn die Schöpfung auf den Kopf gestellt wird.

---

[187]Gustav Friedrich Oehler. Theologie des Alten Testaments. J. F. Steinkopf: Stuttgart, 1891³. S. 249 (sic)

[188]Zur Homosexualität in Röm 1 vgl. James B. DeYoung. "The Meaning of 'Nature' in Romans 1 and its Implications for Biblical Proscriptions of Homosexual Behavior". Journal of the Evangelical Theological Society 31 (1988) 429-441; und allgemein das meines Erachtens beste Buch zu Homosexualität: Greg L. Bahnsen. Homosexuality: A Biblical View. Baker Book House: Grand Rapids (MI), 1986 (3. Nachdruck von 1978). Vgl. zu

Paulus verwendet in diesen Versen ununterbrochen alttestamentliche Begriffe und Gedanken. Schon im Alten Testament werden die Götzen der Völker einfach als "*Lüge*" (z. B. **Jer 10,14**), Gottlose als "*Lügenredner*" (z. B. **Ps 58,4**) bezeichnet. Auch der Begriff "*vertauschen*" entstammt der alttestamentlichen Kritik an fremden Göttern. Schon für das Goldene Kalb wird der Begriff "*vertauschen*" verwendet[189]: "*Sie vertauschten ihre Herrlichkeit* [d. h. Gott] *mit dem Bild eines Stieres, der Gras frißt*" (**Ps 106,20**; ähnlich Jer 2,10-12; Amos 5,7-8; 6,12[190]). In **Hos 4,7** vertauscht Gott umgekehrt die "*Ehre*" der Israeliten wegen ihrer Sünde in "*Schande*".

Die aus der Ablehnung Gottes entstehenden Religionen führen dabei in immer tieferen Unsinn hinab: der Mensch verehrt nicht etwa nur Menschen, sondern gar noch deren (tote) Abbilder, schließlich gar Tiere mit absteigender Tendenz, also Dinge, die in der Schöpfung weit unter ihm stehen. Paulus greift hier im wesentlichen die alttestamentliche Kritik an anderen Religionen auf (vgl. Hab 2,18-19; Ps 115,4-8; 135,15-18; Jes 44,9-20; Jer 10,1-16)[191]. In **5Mose 4,15-19** werden dabei mit dem Hinweis, daß Israel "*keine Gestalt* gesehen" (5Mose 4,15) hat, in absteigender Reihenfolge alle "*Abbilder*" von Menschen, Landtieren, Vögeln, Kriechtieren und Fischen verboten.

Auf wen bezieht sich Röm 1,18-32? Wenn wir die alttestamentlichen Parallelen und Beispiele betrachten, findet sich die Abwärtsbewegung fort von dem wahren Schöpfergott hin zu den primitivsten Götzen auf vier Ebenen. So bezieht sich wohl auch Röm 1,18-32 auf:
1) die gesamte Menschheit (z. B. 1Mose 1-5; 9-11);
2) einzelne Völker (z. B. Israel; Ninive);
3) einzelne Familien;
4) das Leben des Einzelnen.
Dabei geht es immer nur um Beispiele, in denen die Verehrung des einen wahren Gottes aufgegeben wird. Dies kann im Leben des einzelnen konkret geschehen, etwa bei einem christliche erzogenen Men-

---

AIDS: David Chilton. Power in the Blood: A Christian Response to AIDS. Wolgemuth & Hyatt: Brentwood (TN), 1987

[189]Vgl. Hendriksen 72-74

[190]Vgl. die Verwendung des Begriffes im Alten Testament und im Judentum bei Paul Billerbeck. Die Briefe des Neuen Testamentes und die Offenbarung Johannis erläutert aus Talmud und Midrasch. Kommentar zum Neuen Testament aus Talmud und Midrasch 3. hg. von Hermann L. Strack, Paul Billerbeck. C. H. Beck: München, 1926. S. 47

[191]Die alttestamentliche Kritik an fremden Religionen spielte auch in der Frühen Kirche eine große Rolle, wie etwa die Schrift an Dignet (kurz vor 200 n. Chr.) in den ersten drei Kapiteln zeigt (Text in Klaus Wengst (Hg.). Schriften des Urchristentums. Kösel: München, 1984. S. 312-317

schen, der seinen Glauben verleugnet, muß aber nicht im Leben des einzelnen nachzuvollziehen sein. Paulus spricht hier von der Entstehung der Religionen allgemein und nicht jeder Mensch wird zum Religionsstifter im Abfall vom lebendigen Gott. Doch als Teil einer Familie, eines Volkes, ja letztlich der gesamten von Adam abstammenden Menschheit[192] ist jeder einzelne von der wahren Gotteserkenntnis abgefallen, auch wenn er sie nie persönlich so besessen hat, daß man dies nachweisen kann.

H. Thema: Was ist Religion?

Was ist Religion? Wir haben **meist eine sehr eingeengte Religionsdefinition.** Unter Religion wird dabei das verstanden, was sich selbst so bezeichnet oder wie eine Kirche organisiert ist, also mit einem höheren Wesen zu tun und Priester, Tempel usw. hat. Das biblische Verständnis dessen, was außerhalb der Bibel mit 'Religion' bezeichnet wird, ist viel umfassender. **Alles, was an die Stelle Gottes gesetzt wird, also alles, was verehrt wird, Dank erhält und als Quelle von Moral und Ethik dient, ist Religion.**

Ein Beispiel unter vielen muß genügen. In Mt 6,24 sagt Jesus: *"Ihr könnt nicht Gott dienen und dem Mammon"*, also dem Geld oder Wohlstand. Aus diesem Grund konnte sich zum Beispiel der reiche Jüngling nicht Jesus anschließen, weil er seinen Reichtum mehr als Gott liebte (Mt 19,16-30; Mk 10,17-31; Lk 18,18-30). Der reiche Jüngling hatte alle Gebote gehalten, nur nicht das erste der Zehn Gebote, nur Gott zu dienen.

Doch werden hier nicht zwei Sachen miteinander verglichen, die man nicht miteinander vergleichen kann, nämlich die Person Jesus und der Gegenstand Mammon? Wenn aber das Geld - also ein vergänglicher Bestandteil der Schöpfung - Mittelpunkt des Lebens ist und die Werte (also die Ethik) des einzelnen bestimmt, steht es an der Stelle Jesu und ist in Gottes Augen eine Religion.

In Röm 1,18-32 wird also auch der 'moderne' Mensch angesprochen, der keinen offiziellen Götzendienst betreibt[193].

---

[192]Vgl. zur Frage der sogenannten 'Urmonotheismusthese' und zur Frage, ob es anstelle einer Religionsevolution einen Abfall vom Urmonotheismus zur Vielgötterei gegeben hat, meine ausführlichere Darstellung als "Nachwort zur dritten Auflage". S. 237-250 in: Don Richardson. Ewigkeit in ihren Herzen. Telos. Verlag der Liebenzeller Mission: Bad Liebenzell, 1988³ (nicht in 1983¹), ferner meine Aufsätze: "Urzeitmythen afrikanischer Völker". Factum 10/1984: 18-25 und "Die Religion in Geschichte und Gegenwart". Factum 7+8/1985: 48-50. Die beste Widerlegung evolutionistischer Sichtweisen der Religionsentstehung findet sich in Edward E. Evans-Pritchard. Theorien über primitive Religionen. Suhrkamp Verlag: Frankfurt, 1981^{Tb}.

[193]So auch de Boor 60-62

Ein kurzer Blick in die Vergleichende Religionswissenschaft zeigt uns, daß man auch dort mehr und mehr einen umfassenden Religionsbegriff verwendet. Ein typisches Problem war immer schon der Buddhismus, der in seiner klassischen Form eine atheistische Religion ist, also keinen Gott verehrt, sondern die Selbsterlösung sucht. Kann man aber von einer Religion sprechen, wenn kein Glaube an einen Gott vorliegt? Heute wissen wir, daß es ungezählte Religionen gibt, die sich inhaltlich kaum auf einen Nenner bringen lassen, auch nicht auf den Nenner, daß sie allesamt Gottheiten und höhere Wesen verehren würden.

Alle Religionen haben aber - so sagen mehr und mehr Religionswissenschaftler - eine gemeinsame Funktion: sie stellen dem Menschen letzte, nicht mehr hinterfragbare Größen zur Verfügung, aus denen Weltbild und Ethik abgeleitet werden. Überall, wo aus nicht mehr weiter reduzierbaren Größen der Sinn der Welt, der Geschichte und des Menschen abgeleitet wird und daraus eine Ethik folgt, haben wir eine Religion vor uns. Religionswissenschaftliche Definitionen, wie die Definition von Religion als "das, was den Menschen zum Menschen werden läßt"[194], mögen im ersten Moment etwas unsinnig klingen, enthalten aber eine bedeutende Aussage. Kein Mensch existiert 'an sich'. Was der Mensch ist, in welchem Verhältnis er zu anderen Lebewesen steht, und was der Sinn seines Daseins ist, kann kein Mensch 'an sich' bestimmen. Ein Christ und ein Hinduist haben eine völlig unterschiedliche Vorstellung über das Verhältnis von Mensch und Tier[195]! Das schlägt sich auf das Selbstverständnis der Menschen ebenso nieder wie auf ihre Ethik.

Genau das aber lehrt uns Röm 1,18-32. Der Mensch belegt Teile der Schöpfung mit Gottes Eigenschaften: erschaffend, mächtig, ewig, unsichtbar. Daraus ergibt sich jeweils eine neue Ethik.

In der Bibel ist Religion kein theoretisches Konzept. Deswegen ist auch nicht entscheidend, ob eine Bewegung, eine Weltanschauung oder eine Lebensweise sich selbst für eine Religion hält oder sich selbst Religion nennt. In der Bibel geht es um die Frage, welche letzten Werte das alltägliche Leben tatsächlich (und nicht angeblich) bestimmen. Das gilt natürlich zunächst für den Glauben an den Gott der Bibel selbst. Es geht nicht darum, daß man 'glaubt', daß Gott existiert, also seine Existenz nicht bezweifelt. Das Wort 'glauben' be-

---

[194]Thomas Luckmann zitiert nach Ulrich Berner. "Religion". S. 531-532 in: Hans Waldenfels (Hg.). Lexikon der Religion. Herder: Freiburg, 1987, hier S. 532; vgl. ähnliche Definitionen, sowie weitere Beispiele in Thomas Schirrmacher. Marxismus - Opium für das Volk? Berneck, 1990, S. 44-48 und Lektion 2 und 3 in Thomas Schirrmacher. Ethik. 2 Bde. Hänssler: Neuhausen, 1994 (im Erscheinen begriffen)

[195]Vgl. aufführlicher Lektion 3.B.4. in ebd.

deutet im Alten und Neuen Testament 'vertrauen', 'verlassen auf', 'für zuverlässig halten'. Wenn man an Gott glaubt, hält man ihn für absolut zuverlässig, nimmt alles, was er als Schöpfer und Retter gesagt und getan hat, ernst und richtet sein Leben nach Gottes Existenz und seinen Geboten aus.

In der Bibel ist das 'Herz' das im wahrsten Sinne des Wortes 'entscheidende' Zentrum des Menschen. Das Herz ist der Sitz der Entscheidungen und damit des Denkens, des Wollens, des Empfindens. Es ist der Ort, an dem die Entscheidungen getroffen werden. Das Herz bestimmt das Leben des Menschen. Wenn Gott und sein Wort das Herz eines Menschen bestimmen, 'glaubt' er nach biblischem Sprachgebrauch "*in seinem Herzen*" (z. B. Mk 11,23; ähnlich Röm 10,9-10; Apg 8,37) und 'liebt' Gott "*von ganzem Herzen*" (z. B. 5Mose 6,5; Mt 22,37). Glauben und Leben sind dann eins. In diesem Sinne gebraucht Jesus auch das Wort 'Herz' in seiner Aussage: "*Wo euer Schatz ist, da ist euer Herz*" (**Mt 6,21 = Lk 12,34**) - kurz vor seinem Wort über den Mammon (Mt 6,24). Dementsprechend ist Religion alles, was zu diesem biblischen Glauben in Konkurrenz tritt.

Was Paulus im Römerbrief ausführlich behandelt, hat er auch in der konkreten Auseinandersetzung mit Anhängern anderer Religionen praktiziert. In Apg 14 und 17 lesen wir von zwei solchen Begegnungen. Jedesmal stellt Paulus den unsichtbaren Schöpfergott den menschlichen Götzen gegenüber (**Apg 14,15; 17,24-29**). In seiner Rede vor den Philosophen in Athen sagt er: "*Der Gott, der die Welt geschaffen hat und alles, was darin ist, er, der Herr des Himmels und der Erde, wohnt nicht in Tempeln, die mit Händen gemacht sind, noch wird er von Menschenhänden bedient, als wenn er noch etwas nötig hätte, da er doch selbst allen Leben und Atem und alles gibt*" (Apg 17,24) Gott ist in der Schöpfung nicht greifbar und nicht bedienbar. Paulus fährt etwas weiter fort: So "*... sollen wir nicht meinen, daß das Göttliche dem Gold, Silber oder Stein, einem Gebilde der Kunst und der Erfindung der Menschen, gleich sei*" (Apg 17,29; vgl. das Schaffen goldener Kälber als Götter durch Menschen in 2Mose 32,4; 1Kön 12,8).

Der Gott der Bibel, aber eben nur der Gott der Bibel, ist keine "*Erfindung der Menschen*". Alle Versuche, Gott in der Schöpfung zu finden oder der Schöpfung 'übernatürliche' Eigenschaften und Fähigkeiten anzudichten, sind deswegen von Menschen erfundene Religionen. Dabei tut es für Paulus nichts zur Sache, wenn etwa ein Götzenbild künstlerisch sehr schön gestaltet oder in der Kultur einen hohen Stellenwert hat, wie etwa Marienstandbilder an vielen Orten der Welt. Im Gegenteil: die religiöse Kunst ist für ihn der Inbegriff davon, daß der Mensch sich seine eigenen Götter schafft.

Religion ist also aus biblischer Sicht das Opium des Volkes. Der
Mensch braucht Religionen, seien es theistische oder atheistische,
seien es bekannte oder verkappte, um die Wahrheit zu unterdrücken,
daß es einen Schöpfer gibt, der ihn zur Rechenschaft zieht. Er
schafft sich eine Religion, die vermeintlich angenehmer ist, als die
Verehrung des Schöpfers. Er schafft sich eine Religion, die ihm zu
Diensten ist. Karl Marx sah dabei nur die Möglichkeit, daß der
Mensch sich eine Religion schafft, um das wirtschaftliche Elend zu
verdecken und daß eine solche Religion von den Machthabern geschaffen wird. Etwas Ähnliches tat nach biblischem Bericht auch
König Jerobeam (1Kön 12,26-33), indem er eine Parallelreligion
zum Judentum in Juda in seinem Reich Samaria erfand, um den Einfluß Jerusalems zu bremsen. Doch Religion kann genauso zur Begründung von Revolutionen dienen, die die Machthaber stürzen. Der
Marxismus selbst taugt ja ebenso zur Beseitigung von Machthabern,
wie zur Festigung der Macht der Mächtigen.

Als **Ludwig Feuerbach** (1804-1872), einer der geistigen Väter
von Karl Marx, seine berühmte These aufstellte, daß alle Religionen
von Menschen geschaffen werden und nur die Wünsche der Menschen widerspiegeln, also alle Götter 'Projektionen' der Menschen
sind, war das alles gar nicht so neu. Immerhin war Feuerbach ja -
wenn auch liberaler - Theologe, der zwar gegen die Bibel ar-
gumentierte, aber doch stark von der biblischen Religionskritik beeinflußt wurde, die alle außerbiblischen Religionen für ein Mach-
werk von Menschen hält. Neu war, daß Feuerbach das Christentum
dazurechnete. Er wollte das Christentum gewissermaßen mit seinen
eigenen Waffen schlagen. Genau genommen war es noch nicht einmal neu, diese These auf das Christentum allgemein anzuwenden.
Denn auch das Alte und Neue Testament warnen davor, daß Menschen unter dem Deckmantel des Glaubens an den biblischen Schöpfer neue 'jüdische' und 'christliche' Religionen entwerfen und verbreiten. Der größte Teil der alttestamentlichen Religionskritik wendet sich ja schließlich an die religiösen Führer Israels, die anderen
Göttern vertrauten. Neu war bei Feuerbach die Anwendung auf die
Bibel selbst und damit auf den in ihr offenbarten unsichtbaren
Schöpfer aller Dinge.

Es ist dabei bezeichnend, daß Feuerbach anstelle der her-
kömmlichen, von Menschen geschaffenen Religionen nun eine neue,
ganz menschliche Religion schaffen wollte. Philosophisch gesprochen forderte er, daß Theologie (Lehre von Gott) zur Anthropologie
(Lehre vom Menschen) werden müsse. Was machte er damit aber
anderes, als wieder nur als Mensch eine neue Religion zu schaffen,
dessen höchste Instanz diesmal offiziell der Mensch ist, und was tat
Marx anderes, als er bald darauf in die Fußstapfen Feuerbachs trat?

Die gesamte atheistische Religionskritik ist ein mißratenes Kind der biblischen Religionskritik, wie Hans-Joachim Kraus in seinem Buch mit dem bezeichnenden Titel 'Theologische Religionskritik' belegt hat[196]. *Die atheistischen Systeme können die Religionskritik nur auf den biblischen Gott ausdehnen, indem sie vorgeben, selbst keine neue Religion zu schaffen. Sollte es jedoch atheistische Religionen geben, ist die atheistische Religionskritik ein Eigentor. Sie wäre dann wieder nichts weiter als die Kritik einer Religion an allen anderen Religionen.* Die atheistische Religionskritik kann nur dann ausnahmslos alle Religionen kritisieren, wenn sie den Nachweis geführt hat, daß es keine Religionen ohne Gott geben kann, was nie geschehen ist. Die biblische Religionskritik kann den biblischen Gott ausnehmen, weil er selbst der Ausgangspunkt der Religionskritik und der Anlaß für die Entstehung der Religionen und Ideologien ist.

Nehmen wir zwei Beispiele für neuere atheistische Religionen. Grundlage des **Marxismus** ist der Lehrsatz von Marx, daß die Materie *ewig* ist. '**Materie**' ist jedoch nur ein anderer (wenn auch atheistischer) Ausdruck für **Schöpfung**. Gott ist in Röm 1 ewig, nicht die Materie (wobei ja auch die Physik den Zeitcharakter aller Materie zeigt). Wer den Glaubensgrundsatz von Marx, daß die Materie ewig ist, ablehnt, hat dem Marxismus den Boden entzogen[197]. Der Marxismus ist ein gigantisches, prophetisches System, in der die 'Materie' und 'die Geschichte' dafür sorgen, daß die Menschheit aus dem bösen Zustand gerettet und in einen paradiesischen Zustand geführt wird[198].

Die **Evolutionstheorie** spricht nicht von Materie, sondern von '**Natur**', also letztlich wieder von der **Schöpfung**. Die Evolutionstheorie lehrt in letzter Konsequenz: Die ewige Natur hat sich selbst erschaffen! In **Jer 2,27** lesen wir die göttliche Kritik, daß die Götzendiener *"zum Holz sagen: Du bist mein Vater! und zum Stein: Du hast mich geboren!"*. Die moderne Evolutionstheorie hat den uralten Gedanken, daß die Natur sich selbst hervorgebracht hat, nur scheinbar annehmbarer gemacht, indem sie nicht einen 'Stein', sondern gewissermaßen alle 'Steine' zum Schöpfer ernennt.

---

[196]Hans-Joachim Kraus. Theologische Religionskritik. Neukirchener Verlag: Neukirchen, 1982. Johannes Calvin. Unterricht in der christlichen Religion: Institutio Christianae Religionis. Neukirchener Verlag: Neukirchen, 1988[5]. S. 45-47 (2. Buch, 11. Kapitel, Abschnitte 8-10) stellt ausführlich dar, wie der Mensch seine eigenen Götter schafft.

[197]Daß der Marxismus unter Materie letzlich nicht die eigentliche Materie meint, sondern eine philosophische Größe beschwört, wird in Lektion 3.A.2. in Thomas Schirrmacher. Ethik. a. a. O. gezeigt.

[198]Vgl. dazu ausführlich Thomas Schirrmacher. Marxismus - Opium für das Volk? a. a. O. S. 9-97

Es ist daher kein Wunder, daß sich aus Marxismus und
Evolutionstheorie, ganz wie es Röm 1,24-32 beschreibt, jeweils moralische Vorstellungen ergeben, die den Menschen zum Beispiel im
sexuellen Bereich auf ein tierisches Niveau drücken. Wenn die Familie nur aus tierischen Horden entstanden ist, in denen die Männ-
chen Weibchen gewaltsam in Besitz nahmen, wie beide Richtungen
glauben, was bleibt dann für die Familie an Wert übrig?

Wenn wir mit Menschen über unseren Glauben sprechen, müssen
wir beachten, daß sie **immer** eine und oft auch mehrere Religionen
haben, selbst wenn sie das leugnen. Ob dies eine offizielle Religion
ist (z. B. der Islam), eine als Philosophie, Lebensweise oder Weltanschauung **'verkappte Religion'** (so Carl C. Bry und Theodor Heuss
über Nationalsozialismus und Marxismus[199]) oder ob es sich um ein
Gemisch handelt (z. B. Sonntags christlich; für Entscheidungen
astrologisch; im Alltag vom Mammon bestimmt), spielt dabei keine
Rolle. Die Konfrontation zwischen Gott und den Göttern zwingt
uns, nicht auf Nebenschauplätze auszuweichen, sondern die letzten
Größen, aus denen alles abgeleitet wird, einander gegenüberzustellen und dabei darauf zu achten, welche Ethik sich daraus ergibt.

Daß auch Weltanschauungen ohne Gottheit oder feste Strukturen
von Röm 1 her als Religionen zu betrachten sind, ist kein neuer Gedanke, der etwa eine Reaktion auf die 'Säkularisierung' darstellen
würde. Er findet sich bereits bei den Kirchenvätern, den Reformatoren und anderen. Thomas Watson legt etwa das 1. Gebot der Zehn
Gebote, keine anderen Götter zu haben, 1692 auch auf das
"Vertrauen" auf Reichtum, auf Weisheit, auf den Staat oder auf die
"Liebe", die irgendetwas mehr liebt als Gott, aus[200]. Er schreibt: "Ich
fürchte ... daß wir mehr Götzendiener unter uns haben, als uns bewußt
ist"[201]. Ähnlich antwortet der 1563 veröffentlichte Heidelberger Katechismus in Frage 95 auf die Frage "Was ist Abgötterei?": "Anstatt
des einigen wahren Gottes, der sich in seinem Wort hat geoffenbaret,
oder neben demselben etwas anderes dichten oder haben, darauf der
Mensch sein Vertrauen setzt"[202].

---

[199]Carl Christian Bry. Verkappte Religionen: Kritik des kollektiven Wahns.
Ehrenwirth: München, 1979 (Nachdruck von 1924)

[200]Thomas Watson. The Ten Commandments. The Banner of Truth Trust:
Edinburgh, 1965 (Nachdruck von 1959/1890/1692). S. 54-59 (mit vielen
biblischen Belegen).

[201]Ebd. S. 55

[202]Reformierter Bund (Hg.). Der Heidelberger Katechismus. Buchhandlung
des Erziehungsvereins: Neukirchen, 1934². S. 55

I. V.24-32: 'Dahingegeben' als Ende der Selbstkontrolle

Die eigentliche Strafe für den Menschen, ist, daß Gott ihn "*dahingegeben*" hat, womit Paulus wieder einen alttestamentlichen Ausdruck aufgreift (z. B. 5Mose 28,25; 32,30[203]; Jes 34,2).

> "'Er hat sie dahingegeben' ist ein Begriff aus der Rechtssprache und bezeichnet das Urteil des Richters."[204]

"*Dahingegeben*" ist sogar

> "das übliche Wort für den Spruch des Richters, durch den er die Vollstreckung der Strafe anordnet"[205].

Bezeichnend ist, daß Gott den Menschen einfach nur "*dahingeben*", also sich selbst überlassen muß, um ihn zu strafen. Der Mensch ist nicht in der Lage sich selbst zu regieren. Ohne Gott, also sich selbst überlassen, wird der Mensch zur Bestie. Der Mensch ist der schlimmste Feind des Menschen, wenn er nicht unter der Herrschaft Gottes steht. Die Emanzipation des Menschen schadet ihm selbst am meisten. Sehr treffend sagt Gott deswegen in **Jer 7,19** über die Götzendiener: "*Kränken sie denn mich, spricht der HERR? Kränken sie nicht vielmehr sich selbst zu ihrer eigenen Schande?*".

Daß die Strafe Gottes darin besteht, den Menschen sich selbst zu überlassen, kann jedoch leicht mißverstanden werden. Deswegen ist folgendes zu beachten:

> "Dahingegeben darf nicht nur so verstanden werden, als habe Gott es den Götzenverehrern freigestellt, sich von ihm abzuwenden, auch nicht nur so, als hätte Gott ihnen seine Gnade entzogen, sondern es handelt sich um einen Strafakt Gottes. Es handelt sich um eine aktive Strafe für schuldhafte Unkenntnis und willentliche Sündhaftigkeit."[206]

Der Zorn Gottes kommt also auch **in der fehlenden Selbstbeherrschung des Menschen** zum Ausdruck. Der Mensch ohne Gott wird deswegen im Alten und Neuen Testament immer wieder als einer beschrieben, der von seinen Begierden, von seiner Lust, von seinen "*Leidenschaften*" (Röm 1,26) regiert wird, wie dies auch in Röm 1,26-32 der Fall ist. Wenn die "*Sünde*" herrscht, bedeutet das, das der Mensch den "*Begierden*" des "*Körpers*" sklavisch "*gehorcht*" (alles **Röm 6,12**). Die fehlende Selbstbeherrschung wird deswegen immer wieder als Übel beklagt, so besonders im Buch der Sprüche: "*Eine aufgebrochene Stadt ohne Mauer,* [so ist] *ein Mann ohne Selbstbeherrschung*" (**Spr 25,28**); "*... besser, wer seinen Geist*

---

[203]Nach dem hebräischen Text

[204]Krimmer 61

[205]Schlatter, Gerechtigkeit 66

[206]Davidson/Martin 264

beherrscht, als wer eine Stadt erobert" (**Spr 16,32**). *"Kühlen Geist zu bewahren"* (**Spr 17,27**) ist das Kennzeichen des Weisen und Verständigen.

Die *"Selbstbeherrschung"* (griech. 'enkrateia', oft mit *"Zucht"* übersetzt) ist deswegen eines der wichtigsten Kennzeichen der Christen (z. B. **Gal 5,23**) und sogar Bestandteil der Verkündigung des Evangeliums vor Nichtglaubenden (z. B. **Apg 24,25**)[207].

Zucht und Selbstbeherrschung zu verwerfen, heißt, sich selbst zu verachten. Selbstbeherrschung ist aber nur durch Gott möglich. Beides kommt deutlich in **Spr 15,32** zum Ausdruck: *"Wer Zucht fahren läßt, verachtet sich selbst; wer aber auf Zurechtweisung hört, erwirbt Verstand. Die Furcht des HERRN ist Zucht zur Weisheit, und der Ehre geht Demut voran".*

Es geht bei der Selbstbeherrschung darum, erst zu denken, und zwar den Maßstäben Gottes entsprechend zu denken, und dann zu handeln: *"Das Herz des Gerechten überlegt, was zu antworten ist; aber der Mund der Gottlosen läßt Bosheiten sprudeln"* (**Spr 15,28**); *"Ein gelassenes Herz ist das Leben des Leibes, aber Wurmfraß in den Knochen ist die Leidenschaft"* (**Spr 14,30**).

Deutlich wird das etwa am Beispiel des Jähzornigen, der sich nicht selbst beherrschen kann: *"Der Jähzornige begeht Dummheiten"* (**Spr 14,17**). Mit einem jähzornigen Menschen soll man deswegen besser nicht verkehren (Spr 22,25), *"damit du dich nicht an seine Wege gewöhnst und deinem Leben eine Falle stellst"* (**Spr 22,25**). Auch der *"Tor"* und der *"Einfältige"* sind dadurch gekennzeichnet, daß sie unbeherrscht sind und nicht nachdenken: *"der Tor braust auf und fühlt sich sicher"* (**Spr 14,16**); *"Der Einfältige glaubt jedem Wort"* (**Spr 14,15**).

Ähnliches gilt für den Begriff *"**nüchtern**"* im Neuen Testament. Wer nüchtern ist, läßt sich nicht von irgendetwas überrennen oder benebeln, sondern tritt innerlich einen Schritt zurück, um in Ruhe alles zu bedenken. Für Bischöfe, Älteste, Diakone und Diakoninnen ist Nüchternheit deswegen eine der Voraussetzungen für den Dienst (**1Tim 3,2; 3,11; Tit 2,2**). Die Aufforderung *"seid nüchtern"* (u. ä.) findet sich häufiger im Neuen Testament (**1Thess 5,6+8; 2Tim 4,5; 1Petr 1,13; 4,7; 5,8**).

---

[207]Walter Grundmann. *"egkrateia ..."*. S. 338-340 in: Gerhard Kittel (Hg.). Theologisches Wörterbuch zum Neuen Testament. Bd. II. W. Kohlhammer. Stuttgart, 1990[2] unterschätzt meines Erachtens die Bedeutung des Wortes im Neuen Testament, wenn er davon ausgeht, daß es sich bei 'enkrateia' nur um ein Kozept der griechischen Philosophie handelt. Dazu kommt das Wort im Neuen Testament zu breitgestreut vor und wird der damit ausgedrückte Gedanke zu oft auch mit anderen Begriffen zum Ausdruck gebracht.

Der Begriff "*Selbstbeherrschung*" im Neuen Testament (alle Vorkommen von Worten mit der griech. Wurzel 'enkrat-')

a. Selbstbeherrschung/Enthaltsamkeit (griech. 'enkrateia')[208]

Apg 24,25: "*Als er* [Paulus] *aber über Gerechtigkeit und Selbstbeherrschung und das kommende Gericht sprach, wurde Felix mit Furcht erfüllt ...*" (Selbstbeherrschung ist bei Paulus ein Thema der Evangelisation.)

Gal 5,22(-23): "*Die Frucht des Geistes aber ist: Liebe, Freude, Friede, Langmut, Freundlichkeit, Güte, Treue, Sanftmut, Selbstbeherrschung. Gegen diese ist das Gesetz nicht.*" (Selbstbeherrschung ist eine Frucht des Geistes.)

2Petr 1,5-7: "*Eben deshalb wendet aber auch allen Fleiß auf und reicht in eurem Glauben die Tugend dar, in der Tugend aber die Erkenntnis, in der Erkenntnis aber der Selbstbeherrschung, in der Selbstbeherrschung aber das Ausharren, in dem Ausharren aber die Gottseligkeit, in der Gottseligkeit aber die Bruderliebe, in der Bruderliebe aber die Liebe.*" (Selbstbeherrschung gehört zur fortwährenden Heiligung.)

b. sich selbst beherrschen/enthaltsam sein (griech. 'enkrateuomai')

1Kor 7,(8-)9: "*Ich sage aber den Unverheirateten und den Witwen, daß es für sie gut ist, wenn sie bleiben wie ich. Wenn sie sich aber nicht enthalten können, so sollen sie heiraten ...*" (hier ist die sexuelle Enthaltsamkeit gemeint).

1Kor 9,25: "*Aber jeder, der kämpft, ist in allem enthaltsam; jene freilich, damit sie einen vergänglichen Siegeskranz empfangen, wir aber einen unvergänglichen.*" (Paulus verwendet die Selbstbeherrschung der Sportler als Bild und Vorbild für seinen Dienst; vgl. 1Kor 9,27.)

c. selbstbeherrscht/enthaltsam (griech. 'enkrates')

Tit 1,7(-8): "*Denn der Aufseher* [oder: *Bischof*] *muß untadelig sein als Gottes Verwalter ... besonnen, gerecht, heilig, enthaltsam ...*" (Selbstbeherrschung ist eine der Vorbedingungen für das Ältesten- und Bischofsamt.)

---

[208]Alle Belege, jedoch nur die Übersetzungen des Begriffes unter a. nach Walter Bauer, Kurt und Barbara Aland. Griechisch-deutsches Wörterbuch zu den Schriften des Neuen Testaments ... Walter de Gruyter: Berlin, 1988. Sp. 436-437

Der Begriff "*Besonnenheit*" im Neuen Testament (alle Vorkommen von Worten mit der griech. Wurzel 'sophrov-')[209]

Die beiden wichtigsten Stellen finden sich unter a. und b.

a. besonnen/enthaltsam (griech. 'sophronos')

Tit 2,(11-)12: "*Denn die Gnade Gottes ist erschienen, heilbringend allen Menschen, und erzieht uns, damit wir die Gottlosigkeit und die weltlichen Lüste verleugnen und besonnen und gerecht und gottesfürchtig leben in dem jetzigen Zeitlauf.*" (Besonnenheit im Gegensatz zur weltlichen Lust ist eines der Ziele, für die Jesus in die Welt kam.)

b. Besonnenheit/Selbstbeherrschung/Mäßigung (griech. 'sophronismos')

2Tim 1,7: "*Denn Gott hat uns nicht einen Geist der Furchtsamkeit gegeben, sondern der Kraft und der Liebe und der Besonnenheit.*" (Luther übersetzt mit "*Zucht*".)

c. besonnen sein/vernünftig sein/sich mäßigen (griech. 'sophroneo')

Mk 5,15; Lk 8,35: Beschreibung eines geheilten Besessenen, der wieder "*vernünftig*", "*selbstbeherrscht*" dasitzt, also sich wieder unter Kontrolle hat und nicht mehr wie vorher von einer fremden Macht beherrscht wie ein Tier lebt.

Röm 12,3: "*Denn ich sage durch die Gnade, die mir gegeben wurde, jedem, der unter euch ist, nicht höher von sich zu denken, als es sich zu denken gebührt, sondern darauf bedacht zu sein, daß er besonnen sei, wie Gott einem jeden das Maß des Glaubens zugeteilt hat.*" (Eine richtige, gesunde Selbsteinschätzung - hier eine besonnene Kenntnis der eigenen Gaben - ist Gottes Wille und wird sowohl von der Selbstüberschätzung als auch von der Selbstunterschätzung ['Ich kann ja gar nichts'] gleichermaßen bedroht.[210])

2Kor 5,13: "*Denn sei es, daß wir außer uns waren, so war es für Gott; sei es, daß wir vernünftig (besonnen) sind, so ist es für euch.*" (Besonnenheit steht hier im Gegensatz zum Entrücktsein.)

Tit 2,6(-7): "*Ebenso ermahne die jungen Männer, besonnen zu sein, indem du in allem dich selbst als ein Vorbild guter Werke darstellst.*" (Besonnenheit und Selbstbeherrschung sind das Wichtigste, was junge Männer zu lernen haben.)

---

[209]Belege und die meisten Übersetzungen nach ebd. Sp. 1598-1560
[210]Vgl. zu diesem Text die Ausführungen in Lektion 17.2.

1Petr 4,7: "*Es ist aber nahe gekommen das Ende aller Dinge. Seid nun besonnen und seid nüchtern zum Gebet.*"

d. besonnen/vernünftig/zuchtvoll (griech. 'sophron')

1Tim 3,2: "*Der Aufseher muß nun untadelig sein, Mann einer Frau, nüchtern, besonnen, sittsam ...*" (Besonnenheit ist eine Vorbedingung für das Ältesten- und Bischofsamt. Dasselbe gilt für die folgende Parallele:)
Tit 1,8: "*Denn der Aufseher muß als Gottes Verwalter untadelig sein ... ... das Gute liebend, besonnen, gerecht ...*"
Tit 2,2+5 (1-5): "*Du aber rede, was der gesunden Lehre geziemt, daß die alten Männer nüchtern, ehrbar, besonnen, gesund im Glauben, in der Liebe, im Ausharren sein sollen; ebenso die alten Frauen in der Haltung, wie es der Heiligkeit geziemt ..., damit sie die jungen Frauen zur Besonnenheit anhalten, ihre Männer zu lieben, ihre Kinder zu lieben, besonnen, keusch ... zu sein*" (Ältere Menschen sollen besonnen sein, ältere Frauen sollen außerdem jüngeren Frau unter anderem Besonnenheit beibringen; gl. dazu den Begriff im nächsten Kasten e.)

e. zur Vernunft bringen/zur Besonnenheit anhalten (griech. 'sophronizo')

Tit 2,4: Text den vorausgegangene Bibeltext (unter d.)

f. Besonnenheit/Selbstbeherrschung/Mäßigung (griech. 'sophrosyne')

Apg 26,25: "*Paulus aber spricht: Ich bin nicht von Sinnen, hochedler Festus, sondern ich rede Worte der Wahrheit und der Besonnenheit.*"
1Tim 2,(8-)9: "*Ich will nun, daß die Männer an jedem Ort beten, indem sie heilige Hände aufheben ohne Zorn und Zweifel, ebenso, die Frauen, die sich in würdiger Haltung mit Schamhaftigkeit und Besonnenheit schmücken sollen ...*" (Frauen müssen über die Wirkung und Folgen ihrer Kleidung nachdenken; oft mit "*Sittsamkeit*" übersetzt.)
1Tim 2,15: "*Sie* [die Frau] *wird aber durch die Kindergeburt* [Jesu Geburt][211] *gerettet werden, wenn sie bleiben in Glauben und Liebe und Heiligkeit mit Besonnenheit.*" (Besonnenheit ist ein wesentlicher Bestandteil des Glaubens, der Liebe und der Heiligung; meist mit "*Sittsamkeit*" übersetzt.)

Gott arbeitet nicht mit Zwang. Zwang und Besessenheit sind die Kennzeichen des Teufels. Der Teufel fragt uns nicht, unterstützt uns nicht, hilft uns nicht, sondern verführt und zwingt uns und bringt uns

---

[211]Vgl. zur Begründung dieser Sicht Lektion 33.B.9.

zur Sünde, ehe wir zum Nachdenken gelangt sind. Gott dagegen
schenkt uns alles, möchte aber dennoch die echte Persönlichkeit, die
selbstbeherrscht, nüchtern und ruhig sich für den Weg Gottes entscheidet und ihn dann in Gottes Kraft geht. Nur der Teufel regiert
Menschen, indem er sie ihrer Persönlichkeit beraubt, wie die in den
Evangelien erwähnten Besessenen im Extremfall zeigen, die bisweilen wie Tiere lebten und durch die Vertreibung der Dämonen
wieder eigenständig handelnde Personen wurden. Dies wird in der
Heilung des bessenen Geraseners (**Mt 8,28-34; Mk 5,1-20; Lk
8,26-39**) am deutlichsten.

Das hat auch für die Entstehung der Bibel und das richtige **Inspirationsverständnis** große Bedeutung. Gott läßt sein Wort nicht
durch Zwang schreiben, wie dies bei vielen mechanisch inspirierten
Offenbarungen in den Religionen bis hinein in den christlichen Bereich der Fall ist. Wenn Gottes Geist an und durch Menschen wirkt,
macht er sie zu echten Persönlichkeiten. Überall, wo die Inspiration
einer heiligen Schrift damit begründet wird, daß die menschlichen
Verfasser völlig unbeteiligt waren, also unter Zwang schrieben, besessen waren, in Ekstase unzurechnungsfähig waren, wie dies in
vielen Religionen und Bewegungen der Fall ist[212], liegt nach der
Bibel teuflische Inspiration vor. Selbst die Propheten, die in Ver-
zückung unglaubliche Bilder sahen, können sich im Alten und
Neuen Testament ganz vernünftig mit den die Visionen auslegenden
Engeln unterhalten (z. B. in der Offenbarung des Johannes oder in
Daniel und Hesekiel). Ja, Paulus hält es in **1Kor 14,32** für
selbstverständlich, daß Propheten sich und die Offenbarung unter
Kontrolle haben: "*Die Geister der Propheten sind den Propheten
untertan*". Deswegen können sie ihre Prophezeiung auch jederzeit
unterbrochen oder für sich behalten (1Kor 14,30-32).

Die Bibel ist nicht von Marionetten mechanisch geschrieben worden, sondern im Gegenteil, von echten Persönlichkeiten, deren
Unverwechselbarkeit gerade in ihren Schriften zum Ausdruck
kommt. Göttliche Inspiration schließt die menschliche Persönlichkeit nicht aus, sondern führt sie zu ihrer vollen Entfaltung. Deswegen gibt es kein religiöses Buch, das seine eigene rein menschliche
Entstehungsgeschichte derartig ausbreitet und für wesentlich hält,
wie die Bibel. Die menschliche Seite ist kein Beweis gegen die göttliche Inspiration der Bibel, wie dies in anderen Religionen der Fall
ist, wo die Göttlichkeit der Schrift dadurch bewiesen wird, daß kein
Mensch daran beteiligt war oder die beteiligten Menschen zu so etwas unfähig waren.

---

[212]Vgl. zum Beispiel des Islam Christine und Thomas Schirrmacher. Mohammed: 'Prophet' aus der Wüste. Schwengeler: Berneck, 1987[3]. S. 37-39

Ein schönes Beispiel dafür findet sich am Ende des 2. Petrus-
briefes. Dort schreibt Petrus: "*Achtet die Langmut unseres Herrn als
Errettung, wie auch unser geliebter Bruder Paulus in der ihm gege-
benen Weisheit euch geschrieben hat, wie auch in allen seinen
Briefen, wenn er von solchen Dingen spricht. In ihnen ist etliches
schwer zu verstehen, was die Unwissenden und Unbefestigten wie
auch die anderen Schriften zu ihrem eigenen Verderben verdrehen*"
(**2Petr 3,15-16**). Die menschliche Seite der Bibel, hier die Beson-
derheit des petrinischen und des paulinischen Stils, tut ihrer göttlichen Seite keinen Abbruch. Selbst Petrus hat Mühe, die Paulusbriefe
zu verstehen. Und dennoch ist es für Petrus keine Frage, daß Paulus
im Namen Gottes spricht und daß man die Paulusbriefe nur zu seinem eigenen Verderben verdrehen kann.

**Die Worte für "*Verführung*", "*Betrug*", "*Irrtum*"
im Neuen Testament**

1. 'planan' = verführen, betrügen:
Mt 24,4; Mk 13,5; Mt 24,5+24; Joh 7,12; 2Tim 3,13; 1Joh 1,8;
2,26; 3,7; Offb 2,20; 12,9; 13,14; 19,20; 20 3+8+10
2. 'planastai' = verführt werden, irren:
Mt 18,12+13; 22,29; Mk 12,24+27; Lk 21,8; Joh 7,47; 1Kor 6,9;
15,33; Gal 6,7; 2Tim 3,13; Tit 3,3; Hebr 3,10; 5,2; 11,38; Jak
1,16; 5,19; 1Petr 2,25; 2Petr 2,15; Offb 18,23
3. 'planae' = Irrtum, Betrug, Verführung:
Mt 27,64; Röm 1,27; Eph 4,14; 1Thess 2,3; 2Thess 2,11; Jak 5,20;
2.Petr 2,18; 3,17; 1.Joh 4,6; Jud 11
4. 'planaetaes' = Irrstern:
Jud 13
5. 'planos' = betrügerisch, verführerisch:
Mt 27,63; 2Kor 6,8; 1Tim 4,1; 2Joh 7
6. 'apatan' = verführen, betrügen:
Eph 5,6; 1Tim 2,14; Jak 1,26
7. 'apatae' = Betrug:
Mt 13,22; Mk 4,19; Eph 4,22; Kol 2,8; 2Thess 2,10; Hebr 3,13;
2Petr 2,12
8. 'paralogizastai' = verführen:
Kol 2,4; Jak 1,22

☛ **Hinweis**

Es empfiehlt sich, aus diesen Stellen in verschiedenen Kombinationen Bibelarbeiten zu erstellen. Das Durcharbeiten von Begriffen an Hand der
griechischen Konkordanz[213] bringt oft sehr viel mehr, als an Hand der

---

[213]Leider gibt es keine griechisch-deutsche Konkordanz. Man kann sich aber
mit einer griechisch-englischen Konkordanz behelfen, z. B. George V. Wi-

deutschen und ist auch von 'Nichtgriechen' schnell zu erlernen. Zwei
Beispiele von Bibelarbeiten aus obigen Stellen folgen hier als Anregung.
Welches der Worte gebraucht wird, ist oben zu ersehen.

I. Vorsicht Selbstbetrug

Hier werden alle Stellen aufgelistet, die nicht davon sprechen, daß
man von oder durch etwas oder jemandem verführt wird, sondern
davon reden, daß man sich selbst verführt und betrügt und damit
irrt, wobei die Stellen aus den Worten 1.- 8. stammen.

1Kor 3,18: Selbstbetrug dadurch, daß man sich durch die Weisheit dieser Welt für weise hält
1Kor 6,9: Selbstbetrug dadurch, daß man meint, als Ungerechter
das Reich Gottes ererben zu können (gilt für Christen)
1Kor 15,33: Selbstbetrug dadurch, daß man meint, daß die Berüh-
rung mit der Sünde keine Folgen haben wird
Gal 6,3: Selbstbetrug dadurch, daß man sich für etwas hält, obwohl man doch nichts ist
Gal 6,7: Selbstbetrug dadurch, daß man nicht glaubt, daß man das
erntet, was man dauernd sät
Jak 1,16(-17): Selbstbetrug dadurch, daß man meint es gäbe gute
Gaben, die nicht von Gott kommen
Jak 1,22: Selbstbetrug dadurch, daß man zwar das Wort Gottes
hört, es dann aber nicht tut
Jak 1,26: Selbstbetrug dadurch, daß man meint, Gott zu dienen,
während man seine Zunge nicht im Zaum hält
1Joh 1,8: Selbstbetrug dadurch, daß man meint, man hätte im
Einzelfall oder allgemein keine Sünde

II. Vorsicht Betrug

Anders gestaltet ist die folgende Auflistung aller unter 7. genannten Stellen. Solche kurzen Begriffsstudien sind leicht vorzuberei-
ten.

Mt 13,22: Der Betrug des Reichtums (vgl. Mk 4, 19)
Eph 4,22: Der Betrug der Begierden
Kol 2,8: Der Betrug der Leere menschlicher Gedankensysteme
2Thess 2,10: Der Betrug der Ungerechtigkeit
Hebr 3,13: Der Betrug der Sünde, die zum Abfall verhärtet
2Petr 2,13: Der Betrug der Schwelgereien

gram, Jay P. Green. The New Englishman's Greek Concordance and Lexi-
con. Hendrickson: Peabody (MA), 1982.

Beispiele für Lasterkataloge im Alten und Neuen Testament

Röm 1,28-32: Text dieser Lektion

Spr 6,16-19: *"Sechs sind es, die dem Herrn verhaßt sind, und sieben sind ein Greuel für seine Seele: Stolze Augen, eine falsche Zunge und Hände, die unschuldiges Blut vergießen, ein Herz, das böse Anschläge schmiedet, Füße, die eilig dem Bösen nachlaufen, jemand, der als falscher Zeuge Lügen vorbringt und jemand, der dem Zank zwischen Brüdern freien Lauf läßt."*

Jer 7,8-11: *"Siehe, ihr verlaßt euch auf Lügenworte, die nichts nützen. Wie? - Stehlen, morden und ehebrechen, falsch schwören, dem Baal Rauchopfer darbringen und anderen Göttern nachlaufen, die ihr nicht kennt - und dann kommt ihr und tretet vor mein Angesicht in diesem Haus, über dem mein Name ausgerufen ist, und sagt: 'Wir sind errettet', - um all diese Greuel zu verüben! Ist denn dieses Haus, über dem mein Name ausgerufen ist, in euren Augen eine Räuberhöhle geworden?"*

Gal 5,19-21: *"Offenbar sind jedoch die Werke des Fleisches; es sind: Ehebruch, Unzucht, Unreinheit, Ausschweifung, Götzendienst, Zauberei, Feindschaften, Hader, Eifersucht, Zornausbrüche, Selbstsucht, Zwistigkeiten, Parteiungen, Neid, Mord, Trinkgelage, Völlerei und dergleichen. Von diesen sage ich euch im voraus, so wie ich es vorhergesagt habe, daß die, die so etwas tun, das Reich Gottes nicht erben werden."*

1Kor 5,9-11: *"Ich habe euch in dem Brief geschrieben, daß ihr keinen Umgang mit Unzüchtigen haben sollt, aber natürlich nicht mit den Unzüchtigen dieser Welt oder den Habsüchtigen und Räubern oder Götzendienern, sonst müßtet ihr ja die Welt verlassen. Nun habe ich euch aber geschrieben, keinen Umgang mit jemandem zu haben, wenn er ein Bruder genannt wird und ein Unzüchtiger oder ein Habsüchtiger oder ein Götzendiener oder ein Lästerer oder ein Trunkenbold oder ein Räuber ist. Mit so jemandem sollt ihr noch nicht einmal essen."*

1Kor 6,9-10: *"Oder wißt ihr etwa nicht, daß Ungerechte das Reich Gottes nicht ererben werden? Irrt euch nicht! Weder Unzüchtige, noch Götzendiener, noch Ehebrecher, noch Wollüstlinge, noch Knabenschänder, noch Diebe, noch Habsüchtige, noch Trunkenbolde, noch Lästerer, noch Räuber werden das Reich Gottes ererben."*

Weitere Beispiele für Verbots- und Lasterkataloge: Jer 7,9; Amos 2,4-8; Hes 18,5-17 (3 x); Jes 58+59; Hiob 31,1-34; 5Mose 27,15-26 (12 Verfluchungen); Röm 13,13; 2Kor 12,20-21; Eph 4,19+31; 5,3-5; 1Thess 2,3; 4,3-7; 1Tim 1,9-10; 6,4-5; 2Tim 3,1-5; Tit 3,3+9+10; Offb 21,8; 22,15

Nachdem Paulus in Röm 1,26-27 einige besonders schwerwiegende Sünden aufgezählt hat, nennt er am Ende eine Reihe weiterer konkreter Sünden (V.29-31), die die Folge davon sind, daß der Mensch Gott nicht verehren und erkennen will. Solche 'Lasterkataloge'[214] wie in V.29-31 finden sich häufig in der Bibel (Jer 7,8-11; Röm 13,13; 1Kor 5,9-11; 6,9-10; 2Kor 12,20-21; Gal 5,19-21; Eph 4,19+31; 5,3-5; 1Thess 2,3; 4,3-7; 1Tim 1,9-10; 6,4-5; 2Tim 3,2-5; Tit 3,3+9+10; Offb 21,8; 22,15).

Der '**Lasterkatalog**' in Röm 1,29-31 umfaßt 21 Sünden, die man in drei Gruppen aufteilen kann[215] (vgl. den gegliederten Text zu Beginn der Lektion):

* **4** Sünden folgen dem Ausdruck "*erfüllt mit jeder Art*" (und stehen im Dativ Singular) (V.29);

* **5** Sünden folgen dem Ausdruck "*erfüllt mit*" (und stehen im Gentiv Singular) (V.29);

* **12** Sünden werden durch Bezeichnung der Personen (z. B. "*Hochmütige*", statt 'Hochmut') angegeben (V.30-31), wobei

    * die ersten **8** davon normale Begriffe sind (V.30),

    * die letzten **4** davon durch die Vorsilbe 'a-' (= nicht) gebildet wurden (V.31), was frei folgendermaßen wiedergegeben werden kann: "*sie haben keinen Verstand, keine Treue, keine Liebe und keine Barmherzigkeit*".

J. Thema: Und die Menschen ohne Evangelium?

Es wird oft gesagt, daß die Bibel sich nicht dazu äußere, was mit Menschen geschehe, die das Evangelium nie gehört haben. Röm 1,18-32 lehrt dagegen unmißverständlich, daß die Menschen nicht deswegen unter Gottes Zorn stehen, weil sie das Evangelium abgelehnt haben, sondern weil sie statt Gott andere Götter oder Teile der Schöpfung verehren. Paulus geht es ja gerade darum, zu zeigen, daß **alle** Menschen "*ohne Entschuldigung*" (**Röm 1,20; 2,1**) sind. In **Röm 2,12** erklärt Paulus noch einmal ausdrücklich: "*Denn so viele ohne Gesetz gesündigt haben, so viele werden auch ohne Gesetz verloren gehen*". Nicht erst das Hören des Evangeliums macht den Menschen verantwortlich, sondern schon seine Existenz als Geschöpf. Robert Haldane hat dies gründlich dargestellt[216]. Er schreibt unter anderem:

---

[214]Vgl. Hendriksen 80-82

[215]Nach Hendriksen 80-82 im Anschluß an Murray; Cranfield; Ridderbos (alle a. a. O. zur Stelle); vgl. zur Diskussion um die Gruppierungen und zu den einzelnen Begriffen Michel 106-107 und Morris 95-98

[216]Haldane, Auslegung 2/296-335 (Anhang zur Thematik der Menschen ohne Evangelium); Robert L. Dabney. "The World White to Harvest". S. 575-

"Gewöhnlich wird es als ein Beweis zu Gunsten der Errettung der Heiden angeführt, daß ihre Verurtheilung ungerecht sein würde, da ihnen keine Offenbarung der Gnade zu Theil geworden. Diesem Einwurfe begegnet der Apostel Paulus zu Anfang dieses Briefes an die Römer und zeigt, daß sie, obwohl nicht eine Offenbarung der Gnade durch den Mittler, doch in den Werken Gottes eine Offenbarung hatten, die ihnen bei ihrer Schuld keine Entschuldigung ließ."[217]

Die Bibel lehrt deutlich und klar, daß alle Ungläubigen verloren gehen (z. B. Eph 2,11-12; 4,17-19; 1Thess 1,9; 2,19; 4,5; 1Petr 4,3). Außerdem wird immer wieder wie auch in Röm 1,18-32 betont, daß alle Götzendiener verloren gehen (z. B. 1Kor 6,9; Gal 5,19-20; 2Thess 1,8; Offb 21,8; Offb 22,15; Ps 71,20; 97,7; 79,6; Hiob 18,21)[218].

Zur Höllenfahrt Jesu und 1Petr 3,18-20 und der Frage, ob Menschen sich auch nach dem Tod für oder gegen Gott entscheiden können, wird im Rahmen der Frage nach der Allversöhnung später[219] Stellung genommen.

K. Thema: Die Glaubwürdigkeit von 1Mose 1-11 und des Schöpfungsberichtes

Wir wollen an dieser Stelle die Frage nach 'Evolution oder Schöpfung' nicht aus naturwissenschaftlicher Fragestellung betrachten[220].

---

594 in: Robert L. Dabney. Discussions: Evangelical and Theological. Bd. 1. Banner of Truth Trust: Edinburgh, 1982 (Nachdruck von 1962/1891)

[217]Haldane, Auslegung 2/316 (sic)

[218]Weitere Belege bei Haldane, Auslegung 2/326-329

[219]Im letzten Abschnitt von Abschnitt G. in Lektion 10 zu Röm 5,12-21; vgl. bes. Jürgen Kuberski. "Eine 'Höllenfahrt Jesu'?". Bibel und Gemeinde 88 (1988) 2: 181-197; Alexander Schweizer. Hinabgefahren zur Hölle als Mythus ohne biblische Begründung durch Auslegung der Stelle 1.Petr. 3,17-22 nachgewiesen. Friedrich Schultheß: Zürich, 1868

[220]Grundlegende Werke zur Kritik der Evolutionstheorie sind zum Beispiel *aus säkularer Sicht*: Bruno Vollmert. Das Molekül und das Leben. Rowohlt: Reinbek, 1985; Charles B. Thaxton. The Mystery of Life's Origin. Philosophical Library: New York (NY), 1984; *aus bibeltreuer Sicht:* Duane T. Gish. Fossilien und Evolution. Wort und Wissen Bd. 13. Hänssler: Neuhausen, 1982; Reinhard Junker, Siegfried Scherer. Entstehung und Geschichte der Lebewesen. Weyel Lehrmittelverlag: Giessen, 1988²; Reinhard Junker. Leben durch Sterben? Schöpfung, Heilsgeschichte und Evolution. Studium Integrale. Pascal Verlag: Berlin, 1993. *Zu Fragen des biblischen Textes* nehmen Stellung: Samuel Külling. Der Schöpfungsbericht und naturwissenschaftliche Fragen. Immanuel Verlag (FETA): Riehen/Basel, 1987²; Ken Ham. The Lie: Evolution. Master Books: El Cajon (CA), 1987; Reinhard Junker. Sündenfall und Biologie: Denkanstöße aus biblischer und biologischer Sicht. Hänssler: Neuhausen, 1993 und bereits im 17. Jh.: Francis Turretin. Institutes of Elenctic Theo-

Daß Gott der Schöpfer der Welt ist, spielt jedoch in Röm 1,18-32 eine solch hervorragende Rolle, daß hier wenigstens der Frage nachgegangen werden soll, inwiefern die ersten elf Kapitel der Bibel - die sogenannte Urgeschichte mit den Berichten von Schöpfung, Sündenfall, Sintflut, Sprachverwirrung und den Vorfahren Abrahams - in der restlichen Bibel aufgegriffen werden. Mit einer Übersicht über wichtige Bibeltexte soll aufgezeigt werden, daß die Evolutionstheorie auch dann noch aus biblischer Sicht abzulehnen wäre, wenn die ersten Kapitel der Bibel als Argument ausscheiden würden. Die theologischen Fragen lassen sich eben nicht von den historischen und naturwissenschaftlichen trennen. Ein Beispiel aus dem Römerbrief macht das sehr deutlich. Nach Röm 5,12-21 leben alle Menschen unter der Erbsünde, weil alle von Adam abstammen, der zu Beginn gesündigt hat[221]. Was nun, wenn Adam gar nicht der erste Mensch war? Was, wenn der Sündenfall gar kein historisches Ereignis ist? Was, wenn gar nicht alle Menschen biologisch von Adam abstammen? Paulus verknüpft hier seine Argumente so untrennbar mit der historischen Wahrheit der ersten Kapitel der Bibel, daß seine theologische Lehre damit steht und fällt.

✍ Arbeitsanleitung

Notieren Sie stichwortartig zu allen im folgenden genannten Bibeltexten, was diese für eine biblische Lehre von der Schöpfung ergeben oder worin sie konkret den Vorstellungen der Evolutionstheorien widersprechen.

Die folgende Übersicht soll deutlich machen, wie stark die historische Zuverlässigkeit der ersten 11 Kapitel der Bibel im Alten und Neuen Testament vorausgesetzt wird und in welchen Punkten diese Kapitel mit der Evolutionsvorstellung unvereinbar sind[222].

---

logy. hg. von James T. Dennison. Bd. 1. Presbyterian & Reformed: Phillipsburg (NJ), 1992 (Nachdruck aus dem 17. Jh.). S. 431-488.

[221] Vgl. dazu im einzelnen den 1. und 2. Absatz in Abschnitt A. von Lektion 10 zu Röm 5,12-21.

[222] Vgl. dazu auch Ken Ham. The Lie. a. a. O. S. 137-155 und Reinhard Junker. Leben durch Sterben? a. a. O.

A. Daß die Welt von Gott erschaffen wurde, wird im Alten und Neuen Testament immer wieder als Begründung für die unterschiedlichsten Dinge angeführt:

Im Alten Testament: 2Mose 4,11; 5Mose 4,32; Hiob 32,22; 35,10; 36,3; 12,1-9+15; Ps 29,10; 33,6+9; 89,13+48; 90,2; 102,26-28; 104,1-11; 115,3; 148,5; Spr 14,31; 17,5; 8,22; Pred 12,1; Am 4,13; Mal 2,10; Jes 22,11; 40,26+28; 41,20; 42,5; 43,1+6-7; 45,7+9+12+18; 54,9; 65,17 (vgl. weitere Stellen unten).

Ps 33,6 lehrt wie der Schöpfungsbericht, daß die Welt durch Gottes "*Wort*" geschaffen wurde und dies plötzlich geschah: "*Denn er sprach und es geschah und er gebot und es stand da*" (**Ps 33,9**). **Hebr 11,3** lehrt ähnlich: "*Durch Glauben wissen wir, daß die Welt durch Gottes Wort geschaffen wurde, so daß das Erforschbare* [gemeint ist das mit den Sinnen Erfaßbare, das *Sichtbare*] *aus dem Unsichtbaren entstand*". Es stellt sich deswegen bei der Sechstageschöpfung - wenn überhaupt - nicht die Frage, wie Gott die Welt in so kurzer Zeit erschaffen konnte, sondern, wieso er jeweils einen ganzen Tag verstreichen ließ. Die eigentliche Schöpfung war ein Moment mehrerer Worte, nicht mehrerer Tage.

Im Neuen Testament: Mk 13,19 (mit Bezug auf 1Mose 2,4); Joh 1,1-4+10; Apg 4,24 (1Mose 2,2); 14,15; 17,24+26 (1Mose 10,32); Röm 1,20ff; 1Kor 15,45+47 (1Mose 2,7; 3,23); Eph 3,9 (1Mose 2,3); Kol 1,16; 1Tim 4,4; 1Petr 4,19; Hebr 1,10; 2,10; 3,4; 4,10; 9,11; 11,3; Jak 3,9; Jud 14-15 (1Mose 5,21-24); Offb 3,14; 4,11 (1Mose 2,3); 10,6 (1Mose 2,1); 14,7 (1Mose 2,4) (vgl. weitere Stellen unten).

B. Alle neutestamentlichen Autoren berufen sich auf 1Mose 1-11.

Alle Bücher des Neuen Testamentes außer 1Thess, 2Thess, 2Tim, Tit, Phil, 2Joh und 3Joh verweisen auf 1Mose 1-11.
Auf jedes der 11 Kapitel aus 1Mose 11 wird im Neuen Testament hingewiesen.
Jesus erwähnt jedes der ersten 7 Kapitel (1Mose 1-7).

C. Man muß sich damit auseinandersetzen, welche Konsequenzen es für folgende Themen, Lehren und Ereignisse hat, wenn sich ihr Bezugspunkt in 1Mose 1-11 nicht wirklich in der Geschichte ereignet hat:

Noah und die Sintflut: Mt 24,37; Lk 17,26; 1Petr 3,20; 2Petr 2,4-5; Hebr 11,7 (1Mose 6-8)

Die Erschaffung unterschiedlicher Arten: 1Kor 15, 39-40 usw. (1Mose 1,11+21+24)

Die Erschaffung des Lichts: 2Kor 4,6 (1Mose 1,3-5)

Der Mensch ist Ebenbild Gottes: Kol 3,10 (1Mose 1,27)

Eva und der Betrug durch die Schlange: 2Kor 11,3 (1Mose 3,16); 1Tim 2,13-15 (1Mose 2,23-24); Offb 20,2-3+7

Der Baum des Lebens: Offb 2,7; 22,2-3 (1Mose 2,9; 3,1-8)

Die Sabbatordnung: 2Mose 20,11; 31,17; Hebr 4, 3b-4+10 (1Mose 2,2-3)

Die Ehe/Erschaffung von Mann und Frau: Mt 19,4-6+8; Mk 10,7-9; Apg 17,26; 1Kor 6,16; 11,7-9; Eph 5,31; 1Tim 2,13 (1Mose 2,22-24; 5,2)

Der Tod als Strafe für die Sünde: Röm 5,12-21; 6,23; 1Kor 15,21-22+45; vgl. Röm 8,19-20 (1Mose 2,17; 3,19)

Kain: 1Joh 3,12 (1Mose 4,8+24); Jud 10-11 (1Mose 4,16)

Abel: Mt 23m35; Lk 11,52; Hebr 11,4; 12,24 (1Mose 4,3-5)

Henoch: Hebr 11,5; Jud 14-15 (1Mose 5,21-24)

Die Abstammung Jesu: Mt 1; Lk 3; Hebr 11,4-7 (1Mose 5,3-29; 11,10-24)

Abstammung aller Menschen von Adam: Apg 17,26; Röm 5,12-21

Das Endgericht: Mt 24,37-41; Lk 17,26-36; 2Petr 3,3-8 (1Mose 6-8)

Die Religionen: Röm 1,20-28; Apg 14,11-18; 17,16-34 (1Mose 4,3; 4,26)

D. Umgekehrt sollen nun stichwortartig einige Aussagen aus 1Mose 1-11 in der Reihenfolge ihrer Erwähnung in Erinnerung gerufen werden, die sich nicht mit den Evolutionstheorien in Einklang bringen lassen:

1,1	Zeit und Materie wurden erschaffen.
1,3	Das Licht wurde vor der Sonne erschaffen.
1,5	Abend und Morgen bilden den ersten Tag der Schöpfung.
1,6-8	Es existierte ein Wassergürtel über der Atmosphäre (vgl. 2,5; 9,12-17).
1,9-10	Geologische Vorgänge finden in kürzester Zeit statt.
1,11	Die Arten werden fertig erschaffen.
1,14-17	Sonne, Mond und Sterne sind jünger als die Erde.
1,26	Der Mensch wurde als vollkommener Mensch erschaffen.

2,1-3	Der siebte Tag als Ruhetag ist nicht von Menschen eingesetzt worden.
2,18-25	Die Einehe enstand nicht allmählich, sondern ist so alt wie die Menschheit.
3	Der Tod existiert erst seit dem Sündenfall.
3,21	Es gibt einen Bruch zwischen Nacktsein und Kleidung, keinen Übergang.
4,2	Es gab Schafhirten und Ackerbauern bereits in der zweiten menschlichen Generation.
4,3-4	Der Monotheismus existierte zuerst, dann folgte der Abfall zum Polytheismus.
4,17	Es gab sehr früh schon Städte.
4,20	Zelte enstanden später als Städte.
4,20	Es gab schon sehr früh Viehherden.
4,21	Von Anfang an gab es eine Musikkultur.
4,22	Eisenwerkzeuge gab es von Anfang an.
4,26	Die Jahweverehrung existierte von Anfang an[223].
5,1	Es gibt ein Buch, das so alt wie die Menschheit ist.
5,1	Menschen konnten von Anfang an schreiben.
5+11	Der Mensch schrieb von Anfang Familiengenealogien auf.
5+11	Es gibt Genealogien von der Erschaffung der Menschen bis zu Jesus. Die Erde ist deswegen nur einige Hundert Generationen, also einige Tausend Jahre alt.
6,3-4	Es gab Riesen in historischer Zeit.
6,14ff	Die Arche Noahs
6,19ff	Es gibt eine feststehende Zahl von Tierarten.
7,11	Es wird ein genaues Datum für den Beginn der Sintflut genannt.
7,21	Alles Leben außerhalb der Arche erstarb durch die Sintflut.
8,2	Der Wassergürtel über der Atmosphäre regnete ab.
8,22	Jahreszeiten gibt es erst seit der Sintflut.
9,12-17	Den Regenbogen gibt es erst seit der Sintflut.
10,5	Die Aufspaltung der Menschheit in verschiedene Völker ist erst einige Tausend Jahre her.
10,8ff	Gründung der Stadt Ninive
10,25	Die 'Zerspaltung' der Erde (Sprachverwirrung?, Kontinentaldrift?)
11,1-9	Die Aufspaltung in verschiedene Sprachen ist erst einige Tausend Jahre her.
11,9+31	Frühe Gründung der Städte Babel und Ur

---

[223]Dies richtet sich auch gegen die historisch-kritische Sicht, daß der Glaube Israels sich aus dem Glauben an andere Götter heraus entwickelt hätte.

➡ Empfehlungen zum eigenen Weiterstudium

Eine ausführlichere Darstellung der ganzen Frage der Religionsdefinition und Religionskritik findet sich in dem Buch 'Marxismus - Opium für das Volk'.[224]

✍ Fragen zur Selbstkontrolle

Aus welchen Gründen kann man aus der Sicht von Röm 1,18-32 auch den Marxismus als Religion bezeichnen? (Antwort: lesen Sie die den Marxismus betreffenden Absätze in Abschnitt H. in dieser Lektion)

Nennen Sie mindestens vier alt- und vier neutestamentliche Beispiele für Bibeltexte, die mit der Evolutionstheorie nicht zu vereinbaren sind. (Antwort: lesen Sie die Übersicht in Abschnitt K. in dieser Lektion)

Welche fünf Bereiche wurden in dieser Lektion genannt, in denen sich Gott offenbart (Antwort: lesen Sie den Kasten in Abschnitt C. in dieser Lektion)

Was versteht man unter 'voraussetzungsbewußter Apologetik'? (Antwort: lesen Sie den mit 3. bezeichneten Absatz bis zum Ende des Abschnittes in Abschnitt E. in dieser Lektion)

Notieren Sie sich oder streichen Sie in Ihrer Bibel an, welche Sünden in V.29-31 jeweils nach ihrer Ausdrucksweise zusammengehören, so daß Sie vier Gruppen erhalten? (Antwort: Die richtige Einteilung können Sie dem gegliederten Text zu Beginn der Lektion oder dem letzten Absatz von Abschnitt I. in dieser Lektion entnehmen.)

Welche vier Grundsätze wurden in dieser Lektion aus dem Sündenfall abgeleitet (nur inhaltliche, nicht wörtliche Wiedergabe)? (Antwort: lesen Sie die vier fettgedruckten Thesen in Abschnitt F. in dieser Lektion)

Nennen Sie zehn konkrete Themen oder Abschnitte der Bibel außerhalb von 1Mose dafür, daß sich das Alte und Neue Testament auf die Zuverlässigkeit der ersten 11 Kapitel der Bibel beziehen. (Antwort: studieren Sie die Liste am Ende von Abschnitt L. in dieser Lektion)

Worüber ergeht der Zorn Gottes nach Röm 1,19? (Antwort: lesen Sie den mit "Der Zorn Gottes ist nicht etwas Theoretisches ..." beginnenden Absatz gegen Ende von Abschnitt B. in dieser Lektion)

Ist menschlicher Zorn immer falsch? (Antwort: lesen Sie den zweiten Teil des Kastens in Abschnitt B. in dieser Lektion)

✉ Einsendeaufgaben

❶ Wofür sind weibliche und männliche Homosexualität in Röm 1,18-32 für Paulus besonders gute Beispiele? Welche Parallelen gibt es zwischen der Ursache dafür und der Entstehung der Religionen überhaupt? (Umfang: 1-2 DIN A4-Seiten)

---

[224]Thomas Schirrmacher. Marxismus - Opium für das Volk? Berneck, 1990. S. 9-97. Das Buch behandelt das Thema dabei umfassender, als sein Titel vermuten läßt.

❷ Stellen Sie die Parallelen zwischen Röm 1,18-32 und der paulinischen Missionspraxis in den Missionspredigten gegenüber Römern und Griechen in Apg 14,8-18 und 17,16-34 dar und begründen Sie, welche Aussagen dieser Lektion von diesen beiden Texten gestützt werden. (Umfang: 3-4 DIN A4-Seiten)

Ⓗ Hinweise für den Gruppenleiter

Es empfiehlt sich, daß der Leiter oder sogar alle Teilnehmer das Buch 'Marxismus - Opium für das Volk'[225] als praktisches Beispiel lesen. Dadurch wird die Lektion auch eher auf die Frage, wie man mit 'modernen' Menschen über den Glauben spricht, anwendbar.

✲ Fragen für das Gruppengespräch zur Auswahl

❶ <V.20-25> Den Schöpfer nicht zu verehren und ihm nicht zu danken, ist das wichtigste Kennzeichen des verlorenen Menschen. Christen können dagegen wie Paulus (V.25) Gott preisen und ihm durch die Barmherzigkeit Gottes Gott dienen (Röm 12,1).

* Prägt Ehrerbietung und Dankbarkeit gegenüber Gott unser persönliches Leben wirklich?

* Welche praktischen Konsequenzen hat das für unser Gebet (allein und gemeinsam), unseren Gesang (in der Familie und der Gemeinde), unsere Hauskreisgestaltung oder unsere Gemeindeveranstaltungen?

❷ <V.18-25> Jeder Mensch hat eine Religion, die man an dem erkennt, was er verehrt und was er als letzte Instanz betrachtet, von der er seine Werte ableitet. Deswegen sind nicht nur offizielle Religionen ein Ersatz für den wahren Gottesdienst, sondern auch philosophische Systeme, Weltanschauungen oder Lebenseinstellungen (vgl. Jesus in Mt 6,24: "Ihr könnt nicht Gott dienen und dem Mammon").

* Kann man wirklich - wie Jesus es tut - eine atheistische Religion wie den "Mammon" mit dem Glauben an Gott vergleichen?

* Welche persönlichen Konsequenzen hat die Frage, was in unserem Leben an oberster Stelle steht und unseren Alltag und unser Denken bestimmt?

❸ <V.18+24-32> Für Paulus ist die "Ungerechtigkeit" eine Folge der "Gottlosigkeit", sind also die konkreten Sünden eine Folge der verschiedenen Versuche, den Schöpfer durch einen Teil der Schöpfung zu ersetzen.

* Kann man tatsächlich alle konkreten Sünden von einer solchen Grundsünde ableiten oder ist das zu pauschal gedacht?

* Was haben für uns persönlich Fragen der Sexualität mit Fragen nach dem Schöpfer und der Gotteserkenntnis zu tun?

---

[225]Siehe die letzte Anm.

4. LEKTION: RÖMER 2,1-16

✍ Arbeitsaufwand der Lektion

Regelstudienzeit insgesamt 8 Stunden (2 Stunden an 4 Werktagen), davon 4 Stunden für das Erarbeiten des Studientextes und 4 Stunden für die Selbstkontrolle und die Einsendeaufgaben

❖ Gliederung und Aufbau der Lektion

An die Überlegungen zur Stellung von Röm 2 in der Gliederung des Römerbriefes schließt sich anhand von V.1-4 die Frage an, wie sich die Juden selbst verurteilen.

Anschließend werden V.5-11 über das Jüngste Gericht ausgelegt und die beiden wichtigsten Auslegungen der Aussage in V.12-15 behandelt, daß den Heiden das 'Werk des Gesetzes' ins Herz geschrieben ist.

Von dort ausgehend wird zunächst gefragt, was das Gewissen in V.15-16 beinhaltet und dann das Thema Gewissen im Alten und Neuen Testament ausführlicher dargestellt.

➡ Lernziele der Lektion

Nach Durcharbeiten der folgenden Lektion sind Sie in der Lage,

1. zu erläutern, was Röm 1 und Röm 2 unterscheidet;
2. zu erklären, weshalb auch die Juden für Paulus nicht zu entschuldigen sind;
3. zu beschreiben, wie Paulus das Jüngste Gericht in diesem Abschnitt sieht;
4. die beiden wichtigsten Auslegungen zu der Aussage, daß die Heiden das Werk des Gesetzes im Herzen haben, nebeneinanderzustellen;
5. zu definieren, was Gewissen im Römerbrief und in der ganzen Bibel bedeutet.

❝ Bibeltext zur Lektion (Römer 2,1-16)

1 **Deshalb** bist **du** ohne Entschuldigung,
      o Mensch,
      jeder, der da richtet;
    denn   worin du den anderen richtest,
       verurteilst du dich selbst;
      denn   du, der du richtest,
        tust dasselbe.
2   Wir wissen aber,

daß das Urteil[226] Gottes
der Wahrheit entsprechend
über die ergeht,
die solches tun.

3 Denkst **du** aber dies,
o Mensch,
der du   die richtest,
die solches tun,
und dasselbe tust,
daß du dem Urteil[227] Gottes entfliehen wirst?

4   Oder verachtest du
den Reichtum seiner Güte, Geduld und Langmut
und weißt nicht,
daß die Güte Gottes dich zur Buße führt?

5 Aber   nach deiner Hartherzigkeit
und deinem unbußfertigen Herzen
häufst du dir selbst Zorn auf
für den Tag des Zorns
und der Offenbarung
des gerechten Gerichtes Gottes,

6   *"der einem jeden vergelten wird*
nach seinen Werken" [Spr 24,12],

7   denen,   die mit Ausdauer
in gutem Werk
Herrlichkeit und Ehre
und Unverweslichkeit suchen,
ewiges Leben;

8   denen   jedoch,
die von Selbstsucht bestimmt
und der Wahrheit ungehorsam sind,
der Ungerechtigkeit aber gehorsam,
Zorn und Grimm.

9   **Drangsal und Angst**
über die Seele jedes Menschen,
der das Böse vollbringt,
sowohl des Juden zuerst
als auch des Griechen;

10   **Herrlichkeit** aber und Ehre und Frieden
jedem, der das Gute wirkt,
sowohl dem Juden zuerst
als auch dem Griechen.

---

[226]Oder: Gericht
[227]Oder: Gericht

11 **Denn** es gibt kein Ansehen der Person bei Gott.
12   **Denn**   alle, die ohne Gesetz gesündigt haben,
                        werden auch **ohne Gesetz**
                            verlorengehen; und
                        alle, die unter Gesetz gesündigt haben,
                        werden **durch das Gesetz**
                            gerichtet werden.
13   **Denn** es sind
                    nicht die **Hörer** des Gesetzes
                        gerecht vor Gott,
                    sondern die **Täter** des Gesetzes
                        werden gerechtgesprochen werden.
14 **Denn**   wenn Nationen,
                    die von Natur aus kein Gesetz haben,
                    dem Gesetz entsprechend handeln,
                    so sind diese,
                        die kein Gesetz haben,
                        sich selbst ein Gesetz.
15   Sie beweisen,
                    daß das Werk[228] des Gesetzes
                        in ihren Herzen geschrieben ist,
                            indem ihr Gewissen mit Zeugnis ablegt
                            und ihre Gedanken sich untereinander
                                anklagen oder auch
                                entschuldigen;
16   an dem Tag,
                    da Gott das Verborgene der Menschen richtet
                    durch Jesus Christus
                    nach meinem Evangelium.

A. V.1-4: Der Jude verurteilt sich selbst

Der vernichtenden Kritik von Paulus an den heidnischen Religionen in Röm 1,18-32 konnten die Juden nur von Herzen zustimmen[229], war sie doch nicht nur aus dem Alten Testament entnommen, sondern entsprach auch ganz dem, was jüdische Missionare den Heiden gegenüber vortrugen. Deutlich wird dies etwa an der zu den Apokryphen zählenden jüdische Schrift der 'Weisheit Salomos'. In den Kapiteln Weisheit Salomos 11-17 finden sich viele sprachliche und inhaltliche Parallelen zu Röm 1,18-32 in der Verurteilung des Götzendienstes, die sicher kein Zufall sind[230]. Für An-

---

[228]Oder: Tun

[229]So besonders Nygren 87

[230]Vgl. bes. Michel 103, Anm. 18. Michel weist aber zurecht darauf hin, daß der Wortlaut von Paulus stärker vom Alten Testament als von der Weisheit Salomos bestimmt ist. Die wichtigsten Parallelen, vor allem die Parallelen

ders Nygren ist die Parallele zur jüdischen Weisheit, die die Überlegenheit der Juden über den heidnischen Götzendienst darstellt, sogar eines der Argumente dafür[231], daß Paulus bereits in Röm 2,1-16 die Juden anspricht, nicht erst ab Röm 2,17-29, wo dies ganz offensichtlich ist ("*der du dich aber einen Juden nennst ...*", V.17). Daß Paulus in Röm 2,1-16 die Juden anspricht, wird spätestens bei ihrer Erwähnung V.9+10 deutlich.

Paulus muß in Röm 2,1-3,20 begründen, daß auch für die Juden gilt, daß alle Menschen die Gerechtigkeit Gottes nicht besitzen. Nygren hat die Zusammengehörigkeit von 1,18-32 und 2,1-3,20 sehr schön deutlich gemacht:

"Gegenüber '*der Gottesgerechtigkeit*', die Paulus verkündigt, steht also 1. *die Ungerechtigkeit* und 2. *die Gesetzesgerechtigkeit.*"[232]

Deswegen stellt Paulus nacheinander zunächst
1.) Gottes Zorn
    1.1.) über die Ungerechtigkeit (1,18-32) und
    1.2.) über die Gesetzesgerechtigkeit (2,1-3,20)
    und anschließend,
2.) Gottes Gerechtigkeit (3,21-4,25) dar[233].

Paulus formuliert jedoch den Vorwurf in Röm 2,1-3 so allgemein, daß nicht nur die Juden, sondern überhaupt alle frommen Menschen angesprochen werden, die Gottes Urteil über andere vehement zustimmen. Johannes Calvin hat das treffend formuliert:

"Diese Strafpredigt richtet sich gegen die Heuchler, welche dem menschlichen Auge einen Schein äußerlicher Heiligkeit vorspiegeln, und welche zuletzt auch vor Gott so sicher werden, als hätten sie allen seinen Ansprüchen Genüge geleistet. Diesem scheinheiligen Geschlechte, welches durch den zuvor aufgestellten Lasterkatalog sich nicht getroffen fand, wendet sich Paulus nun, nachdem die gröberen Laster hinreichend abgehandelt"[234] sind, zu.

Der eigentliche Affront findet sich gleich in V.1. Paulus hatte gesagt, daß die Menschen - für die Juden waren das nur die Heiden - "*nicht zu entschuldigen*" seien (Röm 1,20). Mit genau dem gleichen Wort beginnt er nun den Abschnitt an die Juden: "*Deshalb bist du nicht zu entschuldigen ...!*" (V.1). Gerade das fromme Verurteilen anderer ist der Grund, weshalb auch die Juden unentschuldbar sind!

---

zu Röm 1,23-29 in Weisheit Salomos 2,23; 12,1+24; 13,1+5+8+10+13-14+17; 14,8+11+12+16+21-27; 18,9, werden bei Sanday/Headlam 51-52 in griechischer Sprache gegenübergestellt.

[231]So besonders Nygren 87-88

[232]Nygren 73

[233]Nach Nygren 74

[234]Calvin 32-33

Sie verurteilten (zu Recht!) die Heiden, damit aber automatisch auch sich selbst.

Paulus stellt das **Tun** des Menschen in den Mittelpunkt. Gott beurteilt im Gericht das Handeln des Menschen, nicht das Wissen des Menschen über andere, nicht seine Gedankenflüge oder Ideale. Für Gottes Urteil zählen die Realitäten, nicht schöne Worte. Der Jude *"tut dasselbe"* (V.1+3), das Gericht aber ergeht über die, *"die solches tun"* (V.2+3), und Gott wird nach dem *"Tun"* (oder: den *"Werken"*[235]) richten.

Die Juden leugneten natürlich nicht, daß sie auch Sünden begingen, beriefen sich aber auf die Güte und Geduld Gottes (V.4). Ihre Berufung auf die Gnade war jedoch unberechtigt, weil sie nicht mit dem Wunsch zur Änderung verbunden war und man Gnade nicht einklagen kann.

Dietrich Bonhoeffer warnt in diesem Zusammenhang sehr treffend vor der 'billigen Gnade', die der "Rechtfertigung der Sünde und nicht des Sünders" dient und durch die die Gnade zur "Schleuderware ohne Preis und Kosten" wird[236]. Auf diese 'billige Gnade' berief sich das Volk Israel bereits im Alten Testament, als es der Verkündigung des göttlichen Gerichts entgegenhielt: *"wir sind errettet!"* (**Jes 7,10**), ohne Buße zu tun und Gottes Gesetz anzuerkennen. Ähnlich spielen die jüdischen Priester im ganzen Propheten Maleachi (**Mal 1-3**) immer wieder die Erstaunten, wenn ihnen Gott sein Gericht verkündigt und fragen, womit sie dies verdient haben (**Mal 1,6+7+13; 2,10+14+17+3,7+8+13**), obwohl sie doch Gott zum Vater haben und Priester sind.

Paulus sieht in der *"Unbußfertigkeit"* und *"Störrigkeit"* (V.5) der Juden einen Beweis dafür, daß sie die Gnade Gottes in Wirklichkeit *"mißachten"* (V.4), auch wenn sie diese ständig im Mund führten. Dies macht Gott bereits im Alten Testament den Juden zum Vorwurf (z. B. Zef 1,18;2,3; Ps 110,5). Man kann sich also auf die Gnade Gottes berufen und sie gerade damit mißachten, weil man ignoriert, welches Ziel die Gnade Gottes hat: die *"Umkehr"*! Gnade ist nie Selbstzweck zur reinen Vergangenheitsbewältigung, sondern wird von ihrem Ergebnis, ihrer Frucht her bestimmt (z. B. **Mal 1,8-10**).

---

[235]Für 'Tun' und 'Werk' steht im Griechischen dasselbe Wort.

[236]Alles Dietrich Bonhoeffer. Nachfolge. Chr. Kaiser: München, 1950[3]. S. 1

B. V.5-11: Das Jüngste Gericht über Heiden und Juden

☛ Hinweis für Schüler und Gruppen

Zu dem folgenden Abschnitt ist eine Vortragskassette des Autors erschienen[237]. Wir empfehlen, diese Kassette an dieser Stelle zu hören. Ihr Erwerb und ihr Anhören ist jedoch keine Pflicht, sondern dient lediglich der Erleichterung des Einstieges.

In seiner klassischen Beschreibung des 'Jüngsten Gerichtes' (älterer Ausdruck für das 'letzte Gericht' - der 'jüngste' Sohn ist der 'letzte' Sohn) in Röm 2,5-11+16 beginnt Paulus wieder mit der *"Offenbarung des gerechten Gerichtes Gottes"* (V.5). Das gerechte Gericht Gottes offenbart sich also gleichermaßen hier und jetzt, wie es in Röm 1,18 deutlich wurde, und an jenem großen letzten Tag der Geschichte.

Mit alttestamentlichen Begriffen stellt Paulus **zweimal** die Guten und die Bösen gegenüber (Röm 2,7-8+9-10; spiegelbildlicher Aufbau: V.7 Preis, V.8 Zorn, V.9 Zorn, V.10 Preis - vgl. den gegliederten Text zu Beginn der Lektion). Gott wird nach den Werken des Menschen richten (vgl. Offb 20,11-15), wobei das Urteil entweder auf *"Herrlichkeit, Ehre und Unverweslichkeit"* (unbegreiflich!) oder auf *"Zorn und Grimm"* lautet (Röm 2,8-9).

Im zweiten Durchgang (V.9-10) fügt Paulus auf beiden Seiten *"sowohl dem Juden zuerst als auch dem Griechen"* (Griechen steht hier für Nichtjuden, Heiden) hinzu. Die Juden haben nicht nur den Vortritt, wenn es um das Heil geht (V.16), sondern auch, wenn es um das Gericht geht! Petrus schreibt dazu: *"Das Gericht beginnt am Haus Gottes"* (**1Petr 4,17**), und Jesus sagt in **Lk 12,48**: *"Wem viel gegeben ist, von dem wird auch viel verlangt werden, und wem man viel anvertraut hat, von dem fordert man auch viel"*.

C. V.12-15: Das Gesetz im Herzen der Heiden

Damit hat Paulus zweierlei gesagt, zum einen, daß es Juden gibt, die das Böse tun, zum anderen, daß es Heiden (Nichtjuden) gibt, die das Gute tun. Beide Aussagen waren für die Juden gleichermaßen ungeheuerlich. Daß auch Juden sündigen, hat Paulus bereits vorher vorausgesetzt, begründet es aber noch einmal im nächsten Abschnitt Röm 2,17-24. Jedenfalls werden die Juden **nicht** verurteilt, **obwohl** sie das Gesetz haben, sondern *"**durch das Gesetz**"* (V.12). Was für eine Ernüchterung! Gerade das, worauf sich die Juden beriefen, ver-

---

[237]Thomas Schirrmacher. Schöpfung contra Religion: Römer 1 und die Auseinandersetzung mit unserer Zeit. Theologischer Fernunterricht. Verlag für Kultur und Wissenschaft: Bonn, 1990 (Hänssler-Bestellnummer 997.040)

urteilt sie. Entscheidend ist das Tun (V.13), nicht das Hören. Es
zählt nicht das Vorhandensein oder Nichtvorhandensein oder das
Kennen oder Nichtkennen eines schriftlichen Gesetzes (V.12), sondern das Tun oder Nichttun des Gesetzes.

Doch bevor Paulus sich den Juden wieder direkt zuwendet, geht er
noch einmal auf die Heiden ein. Paulus hatte bereits gesagt, daß alle
Menschen wissen, daß es einen Schöpfer gibt (Röm 1,19-25) und
"Gottes Rechtsforderung", nämlich das Todesurteil über sie (Röm
1,32), kennen. Jetzt aber führt er die Heiden als positives Beispiel
an, das die Juden verurteilt (V.14-16), so wie Jesus häufiger den
Glauben von Heiden den Pharisäern und Juden als leuchtendes Beispiel vor Augen hielt (z. B. Mt 2,1-12 [die Weisen aus dem Mor-
genland]; 8,5-13), was für diese ein ungeheurer Affront war.

Man hat aus der Formulierung in V.15, daß die Heiden *"das Werk
des Gesetzes in ihr Herz geschrieben haben"*, oft abgeleitet, daß alle
Menschen im Gewissen die Gebote Gottes kennen. Es gäbe dann
also eine Art **Naturrecht**, das der Mensch auch ohne göttliche
Offenbarung kennen könnte. (Selbst dann wäre in unserem Text dieses Naturrecht jedoch mit Gottes Gesetz identisch.)

Wenn die Heiden jedoch wirklich 'das Gesetz ins Herz geschrieben' bekommen hätten, wären sie besser dran gewesen, als die
Juden und entsprächen den neutestamentlichen Gläubigen, denen
das Gesetz Gottes ins Herz geschrieben ist (**Hebr 8,10; 10,16; Jer
31,33; vgl. Hes 11,19-20; 36,26-27**; ähnlich **Jes 51,7; Ps 40,9**)[238]!
Da Paulus sich offensichtlich auf diese alttestamentlichen Texte bezieht, muß der Unterschied zwischen ungläubigen und gläubigen
Heiden irgendwie erklärt werden.

Es hat zwei Erklärungen dafür gegeben, die eng mit der Frage
zusammenhängen[239], **ob der Ausdruck *"von Natur aus"* (V.14)
auf die davor oder die danach stehenden Worte bezogen wird,
ob die Heiden also *"von Natur aus dem Gesetz entsprechend handeln"* oder ob sie *"von Natur aus kein Gesetz haben"*.**

1. Auslegung[240]: Heiden sind zwar solche, die *"von Natur aus
dem Gesetz entsprechend handeln"*, aber den Heiden ist dabei gerade nicht das Gesetz, sondern nur *"das Werk des Gesetzes"* oder
"das Tun des Gesetzes" ins Herz geschrieben.

---

[238]Die alttestamentlichen Texte finden sich abgedruckt in Abschnitt B. von
Lektion 13 und Abschnitt B. von Lektion 15.

[239]Die Frage, worauf sich *"von Natur aus"* bezieht, verteilt sich in der Regel,
aber nicht immer so, wie skizziert, auf die beiden folgenden Auslegungen.

[240]So z. B. Schlatter 89-95; Murray 74-76

Paulus sagt eindeutig, daß die Heiden "*ohne Gesetz*" sind (V.12) und spricht von den "*Nationen, die kein Gesetz haben*" (V.14). Fragt man, was Paulus eigentlich begründen will, wird deutlich, was Paulus meint. Seine Behauptung war, daß Heiden ebenso wie die Juden das Böse tun (V.9), aber auch das Richtige tun können. Gott verurteilt die Heiden für ihre bösen Werke, nicht für die Werke, die mit Gottes Gesetz in Einklang stehen. Jedesmal, wenn ein Heide etwas Richtiges tut (zum Beispiel eine Ehe führt, seine Kinder versorgt, einem Hungernden hilft), ist er ein Beweis gegen die Juden. Hier steht nach dieser Auslegung nichts davon, daß der Heide deswegen gerettet würde. Die Fähigkeit, auch ohne das Gesetz von Fall zu Fall das Richtige zu tun, schlägt für Paulus nur zur Anklage gegen die Heiden aus, denn am Gerichtstag (V.16) wird offenbar werden, daß das ganze Denken des Menschen immer ethisch ausgerichtet ist.

2. Auslegung[241]: Heiden sind solche, die "*von Natur aus kein Gesetz haben*". Damit sind die Heidenchristen angesprochen.

Paulus kann die an Christus glaubenden Nichtjuden auch einfach kurz als "*die Heiden*" (genauer: "*die Völker*") bezeichnen (z. B. **Röm 11,13; 15,9**). In **Röm 2,26** spricht er von den "*Unbeschnittenen*", meint damit jedoch nur die Heidenchristen, nicht aber alle Heiden. "*Von Natur aus*" heißt im Neuen Testament häufiger soviel wie 'von Geburt an' (so im selben Kapitel **Röm 2,27**; und sonst **Röm 5,27; Gal 2,15; Eph 2,3**). Die Heidenchristen haben das Gesetz Gottes nicht wie die Juden von ihrer Abstammung her. Dennoch handeln sie als Christen dem Gesetz Gottes entsprechend, denn den Gläubigen ist nach den alttestamentlichen Verheißungen (**Hebr 8,10; 10,16; Jer 31,33**; vgl. **Hes 11,19-20; 36,26-27**)[242] das 'Gesetz ins Herz geschrieben', ja hier sogar "*das Werk des Gesetzes ins Herz geschrieben*" (Röm 2,14).

In der ersten Auslegung meint der Ausdruck "*das Werk des Gesetzes*" also weniger, als das Gesetz selbst, nämlich das Tun des Geset-

---

[241]So z. B. Cranfield 1/155-163; Felix Flückiger. Geschichte des Naturrechts. Bd. 1: Altertum und Frühmittelalter. Evangelischer Verlag: Zollikon, 1954. S. 294-297+413-414; Felix Flückiger. "Die Werke des Gesetzes bei den Heiden (nach Röm. 2,14ff)". Theologische Zeitschrift 8 (1952): 17ff; Georg Huntemann. Der verlorene Maßstab: Gottes Gebot im Chaos dieser Zeit. VLM: Bad Liebenzell, 1983. S. 61-68 in Anschluß an Karl Barth. Der Römerbrief. Evangelischer Verlag: Zürich, 1947. S. 40-51 und James B. Jordan. The Sociology of the Church: Essays in Reconstruction. Geneva Ministries: Tyler (TX), 1986. S. 108 (im Anschluß an den Kirchenvater Aurelius Augustinus). Für einen Bezug des Textes auf Heidenchristen und Heiden tritt Lieselotte Mattern. Das Verständnis des Gerichtes bei Paulus. Abhandlungen zur Theologie des Alten und Neuen Testaments 47. Zwingli Verlag: Zürich, 1966. S. 123-138 ein.

[242]Die Texte finden sich abgedruckt in Abschnitt B. in Lektion 15.

zes, ohne es zu kennen. In der zweiten Auslegung meint es dagegen mehr als das Gesetz, nämlich das Gesetz nicht nur im Herzen zu kennen, sondern sogar sein Tun im Herzen zu haben.

Auf jeden Fall sind in beiden Auslegungen Nichtjuden, die sich an die Gebote Gottes halten, ein Beweis gegen die jüdische Sicht, daß das Ererben des Gesetzes und das Aufwachsen als Jude dem Menschen einen Vorteil in bezug auf das Heil schafft.

Allerdings gab es auch Juden, denen das Gesetz ins Herz geschrieben war, und zwar einerseits im negativen Sinne als Begründung für die Verurteilung widerspenstiger Juden: "*Die Sünde Judas ist geschrieben mit eisernem Griffel, mit diamantener Spitze; sie ist eingegraben in die Tafel ihres Herzens und an die Hörner eurer Altäre*" (**Jer 17,1**); zum anderen im positiven Sinne, und zwar als Feststellung: "*deinen Willen habe ich in meinem Herzen*" (**Ps 40,8**); und als Aufforderung: "*diese Worte* [gemeint sind die zuvor genannten Gebote] *sollen in deinem Herzen sein*" (**5Mose 6,6**); "*Hört auf mich, die ihr Gerechtigkeit kennt, du Volk, in dessen Herzen mein Gesetz ist: Fürchtet nicht die Schmähung der Menschen*" (**Jes 51,7**).

Meines Erachtens wird die zweite Auslegung von Röm 2,14 sowohl dem unmittelbaren Textzusammenhang, als auch dem, was Paulus über das Verhältnis der Heidenchristen zum Gesetz im ganzen Römerbrief sagt, gerechter, zumal Paulus einige Verse später in **Röm 2,27** den Ausdruck "*von Natur aus*" ebenfalls auf Heidenchristen bezieht, denn nur diese können den Juden zu ihrer Verurteilung vorgehalten werden (Röm 2,26-29). Nach der Auslegung geht es hier also um Heiden(christen), die tatsächlich errettet werden. Von der Errettung der Heiden ist in V.10 die Rede. Die erste Auslegung dagegen tut sich schwer zu erklären, warum die hier angesprochenen Heiden denn gerettet werden oder halten das für eine rein hypothetische Aussage. *Diese Heiden werden aber nach der zweiten Auslegung tatsächlich gerettet, jedoch nicht, weil sie das Gesetz halten, sondern sie halten das Gesetz, weil sie gerettet sind.*

Eine unmittelbare Parallele zur 2. Auslegung ist also **Röm 2,26-27**, wo Paulus ebenso den Ausdruck "*von Natur aus*" (Röm 2,27) verwendet, mit den "*von Natur aus Unbeschnittenen*", die das Gesetz halten, jedoch nicht die Heiden allgemein, sondern nur die Heidenchristen meint: "*Wenn nun der Unbeschnittene die Ordnungen des Gesetzes befolgt, wird nicht sein Unbeschnittensein als Beschneidung gerechnet werden und das von Natur aus Unbeschnittene, das das Gesetz erfüllt, dich richten, der du mit Buchstaben und Beschneidung ein Gesetzesübertreter bist?*" (Röm 2,26-27).

Die zweite Auslegung ist erst im Mittelalter verdrängt worden. Eine naturrechtliche Auslegung von Röm 2,14 kam zuerst in der Gnosis auf. Ambrosius von Mailand (340-397 n. Chr.) übernahm die naturrechtliche Auslegung als erster Kirchenvater, aber schon sein

Schüler Aurelius Augustinus lehnte sie wieder ab und bezog den Text auf Heidenchristen[243]. Die Gnadenlehre des Augustinus war lange Zeit ein Bollwerk gegen das Naturrecht[244] und noch Petrus Lombardus (1100-1160) vertrat im frühen Mittelalter die zweite Auslegung[245]. Erst mit Thomas von Aquin (1225-1274) und der folgenden thomistischen Theologie trat das Naturrecht seinen Siegeszug in der mittelalterliche Kirche an[246].

Man könnte gegen die zweite Auslegung den Ausdruck "*sie sind sich selbst ein Gesetz*" (V.14) einwenden. Hier handelt es sich jedoch um eine griechische Redewendung, die sich zum Beispiel auch bei Aristoteles findet, die einen Menschen bezeichnet, dessen Tugend nicht äußere schriftliche Vorschriften benötigt, sondern selbständig das Gute tut[247]. Gemeint ist dann also nicht, daß der Heide Gottes Gesetz nicht braucht, weil er sich selbst Gesetze schafft, sondern daß der Heidenchrist Gottes Gebote nicht nach dem Buchstaben befolgt, sondern vom Geist die Kraft dazu erhält[248], sie freiwillig und aus Überzeugung zu halten.

Beide Auslegungen sind sich jedoch darin einig, daß Paulus hier nicht von einem Naturrecht spricht[249], also nicht vertritt, daß der Heide unabhängig von der Offenbarung Gottes Willen kennt.

Die katholische Lehre baut ihre Ethik weitgehend auf dem vermeintlichen Naturrrecht auf. Doch selbst ein katholischer Moraltheologe schreibt zum Naturrecht in V.14-16:

"Fragt man nach den Folgerungen aus diesem Befund, ist als erstes festzuhalten, daß Paulus hier wenig von dem vertritt, was in der späteren theologischen Tradition unter Naturgesetz verstanden wird."[250]

---

[243]Alles nach Felix Flückiger. Geschichte des Naturrechts. a. a. O. S. 296-298

[244]Vgl. ebd. S. 411-412

[245]Ebd. S. 413-414

[246]Die beste Darstellung zur Geschichte des Naturrechts - zugleich eine Darstellung aus der hier vorgetragenen Sicht des Naturrechts - ist das ganze Buch von Flückiger ebd. (ganz). Zur Darstellung der geschichtlichen Entwicklung der Übernahme des Naturrechts aus der griechisch-römischen Philosophie in die christliche Theologie vgl. außerdem Helmut Weber. Allgemeine Moraltheologie: Ruf und Antwort: Styria: Graz, 1991. S. 99ff

[247]Cranfield 1/157-158

[248]Vgl. die Ausführungen zu Geist und Buchstabe in Abschnitt B. von Lektion 13 und Abschnitt B. von Lektion 15.

[249]Vgl. zur Ablehnung des Naturrechts John W. Robbins. "Some Problems with Natural Law". S. 14-21 in: Symposium on Biblical Law. Journal of Christian Reconstruction 2 (1975/76) Heft 2; Jochen Douma. Natuurrecht-Een Betrouwbare Gids? Kamper Bijdragen 21. Kampen, 1977

[250]Helmut Weber. Allgemeine Moraltheologie. a. a. O. S. 118

V.14-16 gilt bei entsprechender Auslegung als einziger biblischer
Text, der die Existenz eines Naturrechts begründen könnte[251]. Deswegen soll an dieser Stelle noch weiter auf das Naturrecht eingegangen werden.

Die Frage, ob der Mensch von Natur aus erkennen kann, was gut
und böse im einzelnen ist, ob es also ein **Naturrecht** gibt oder ob
der Mensch immer die Offenbarung des biblischen Gesetzes
braucht, muß deutlich von zwei anderen Fragen entschieden werden,
nämlich 1. von der Frage, ob der Mensch auch ohne biblische Offenbarung erkennen kann, daß es Gott gibt, und 2. von der Frage, ob
der Mensch ohne biblische Offenbarung erkennen kann, daß es überhaupt gut und böse gibt und er verantwortlich ist.

Ein Naturrecht im Sinne einer Erkenntnis der einzelnen Gebote
des Gesetzes ist dabei in zwei Formen vertreten worden. Für die
einen bedeutet Naturrecht, daß sich aus der Natur der Dinge selbst
Recht und Ordnung ableiten lassen. Für die anderen bedeutet Naturrecht lediglich, daß der Mensch die gottgegebenen Ordnungen in
seinem Gewissen trägt.

Die erstere Aufassung ist meines Erachtens grundsätzlich vom
Zusammenhang des Römertextes nicht haltbar, weil die Bibel ei-
gentlich keine 'Natur', sondern nur eine Schöpfung kennt. Wilhelm
Lütgert schreibt dazu:

> "Es handelt sich nun aber nicht darum, den rationalistischen und
> naturalistischen aus der Stoa stammenden Begriff des Naturgesetzes zu
> erneuern, aber auch nicht darum, den Kantischen Begriff der Vernunft
> aufzunehmen. Vielmehr tritt an die Stelle des Begriffes der Natur der
> Begriff der Schöpfung. Das Gesetz gehört zur Schöpfungsordnung, es
> ist in der Schöpfung begründet. ... Als Gottes Geschöpf ist der Mensch
> Gottes Ebenbild, und damit, daß er Gottes Ebenbild ist, ist ihm das Ge-
> setz als Gesetz seines Wesens gegeben."[252]

Eines wird sicher zurecht von den Vertretern des Naturrechts betont, daß nämlich die Ordnungen Gottes dem Wesen des Menschen
und der Schöpfung entsprechen und nicht, wie es bisweilen in der
Kirchengeschichte gesehen wurde, gegen den Menschen gerichtet
sind. Gott hat die Gebote zum Guten des Menschen gegeben. Deswegen sind sie auch vernünftig und einsichtig. Allerdings werden sie
nicht allein deswegen eingehalten. Gottes Gebot gilt auch, wenn der
Mensch und der Christ im Moment noch nicht erkannt hat, wozu sie
dienen oder wieso sie sinnvoll sind und wenn er ihnen noch nicht

---

[251] So bes. Felix Flückiger. Geschichte des Naturrechts. a. a. O. S. 295 und der
katholische Moraltheologe Helmut Weber. Allgemeine Moraltheologie. a.
a. O. S. 118

[252] Wilhelm Lütgert. Schöpfung und Offenbarung. Brunnen: Giessen, 1984[2]
(Nachdruck von Bertelsmann: Gütersloh, 1934[1]). S. 279

persönlich zustimmen will oder kann. Was für den Sabbat/Sonntag gilt, gilt für alle Gebote Gottes: *"Der Sabbat wurde für den Menschen gemacht und nicht der Mensch für den Sabbat ..."* (**Mk 2,27**). **Die Gebote Gottes entsprechen jedoch nur dem Wesen des Menschen, sofern er Gottes Ebenbild und ein erlöster Mensch ist, nicht jedoch dem Wesen des (sündigen) Menschen. Denn das Gesetz steht ja gerade dem Sünder als Ankläger gegenüber.** Insofern ist die Sicht, daß das Gesetz Gottes dem Wesen des sündigen Menschen entspricht, falsch. Der gefallene Mensch stellt sich ja gerade mit seinem ganzen Wesen gegen das Gesetz Gottes.

Im übrigen ist nur selten (etwa von Calvin[253]) vertreten worden, daß das Naturrecht wirklich - wie es auch bei anderer Auslegung hier ja auf jeden Fall beschrieben wird - inhaltlich völlig mit allen Geboten Gottes identisch ist. Entweder geht man davon aus, daß das Naturrecht einen größeren Spielraum läßt oder aber davon, daß das Naturrecht nur die wichtigsten Gebote des Gesetzes Gottes, etwa die Zehn Gebote, enthält, nicht jedoch die detaillierteren Ausführungsbestimmungen der Zehn Gebote.

Die lutherische Zwiespältigkeit im Umgang mit alttestamentlichen Geboten, die hier stellvertretend angeführt werden soll, ergibt sich aus Luthers Sicht des Naturrechts, die er aus der katholischen Theologie unverändert übernahm.

A. Lang hat nachgewiesen[254], daß das Naturrecht ein durch und durch "katholisches Gedankengebilde"[255] ist und in dieser Ausprägung bei den Reformatoren nur bei Melanchthon in seiner vorreformatorischen Fassung zu finden ist. Bei Luther spielt das Naturrecht dagegen schon eine wesentlich schwerer faßbare und untergeordnete Rolle, bei Calvin eine noch geringere, auch wenn es nicht völlig abgelehnt wird. Peter Brunner hat gezeigt, daß Luther trotz der Existenz des Naturrechts im Regelfall davon ausgeht, daß der Mensch dieses nicht erkennen kann, weil er böse ist[256]. Allerdings hat Melanchthon unter Rückgriff auf den griechischen Philosophen Aristoteles den Weg für eine Rückkehr zum Naturrecht bereitet, weil seine Natur-

---

[253]So ausführlich Peter Barth. Das Problem der natürlichen Theologie bei Calvin. Theologische Existenz heute 18. Chr. Kaiser: München, 1935. S. 9+38-46+59 (gegen Emil Brunner). Barth sieht vor allem keinen Einfluß des Naturrechts auf Calvins Staatslehre (ebd. S. 59).

[254]A. Lang. Die Reformation und das Naturrecht. Beiträge zur Förderung christlicher Theologie 13 (1909) 4. C. Bertelsmann: Gütersloh, 1909

[255]Ebd. S. 45

[256]Vgl. dazu Peter Brunner. Pro Ecclesia: Gesammelte Aufsätze zur dogmatischen Theologie. Bd. 2. Lutherisches Verlagshaus: Berlin, 1966[1]. S. 25-28

rechtslehre in vielem mit der beherrschenden katholischen Naturrechtslehre von Thomas von Aquin übereinstimmt[257].

Rockwell faßt Luthers Sicht zusammen:

> "Woher erkennt man aber das Naturrecht? Der Sündenfall hat das
> natürliche Licht so sehr verdunkelt, daß nun die Stimme des Gewis-
> sens allein nicht mehr zuverlässig ist. Man muß also die ethische Ge-
> wißheit aus der Offenbarung schöpfen. Da aber diese Offenbarung nur
> in der Schrift zu finden ist, so ist man wieder auf den Schriftinhalt
> angewiesen. Nicht alle Vorschriften der Bibel sind heute giltig (sic);
> nur die naturalia [= das Naturrecht] gehen uns an. Aus diesem Zirkel
> vermag man nur dadurch herauszukommen, daß man sich auf die
> Merkmale des Naturgesetzes besinnt. Dies ist nach Luther *einheitlich*
> sowohl zeitlich als räumlich; es entspricht dem unwandelbaren göttli-
> chen Willen."[258]

Das bedeutet also, daß der Theologe aus den Geboten der Bibel,
besonders des Alten Testamentes, jene herausfiltern muß, die dem
Naturrecht und damit dem unwandelbaren Willen Gottes entsprechen. Alle anderen Gebote wären dann nicht mehr gültig. Der Umgang mit den Inzestverboten von 3Mose 18 ist ein gutes Beispiel für
Luthers Position und ihre Problematik, wobei uns wieder Rockwells
Darstellung leiten soll:

> "Das allgemeine, Lev. 18,24-30 ausgesprochene Prinzip, daß Gott
> naturrechtswidrige Verbindungen bestrafen will, haben die Wittenber-
> ger nie beanstandet; die von Mose hier aufgestellte Liste hielten sie
> aber für einen Teil der positiven Gesetzgebung, durch welche Moses
> das allgemeine Prinzip auszuführen hatte."[259]

Für Luther zählt also nur das grundsätzliche Verbot des Inzests
zum ewig gültigen göttlichen Naturrecht, nicht aber die konkrete
Auflistung, welche Verwandschaftsgrade darunter fallen. Im Falle
des Inzests würde der Mensch also zum Beispiel durch das Naturrecht wissen, daß der Inzest prinzipiell abzulehnen ist, die genauen
Festlegungen des Alten Testamentes, welche Verwandten nicht geheiratet werden dürfen, wären ohne die Bibel jedoch nicht bekannt.
Aus diesem Grund unterscheidet sich der Kreis der verbotenen Verwandten etwa in den neuesten deutschen Gesetzen von dem im Al-

---

[257]So vor allem Rousas J. Rushdoony. Institutes of Biblical Law. Presbyterian
& Reformed: Phillipsburgh, 1973. S. 659 unter Berufung auf Friedrich
Heer. Eine scharfe Widerlegung der Sicht Melanchtons im Detail findet
sich ebd. S. 679-682.

[258]William Walker Rockwell. Die Doppelehe des Landgrafen Philipp von
Hessen. N. G. Elwert'sche Verlagsbuchhandlung: Marburg, 1904. S. 242-
243

[259]Ebd. S. 219

ten Testament genannten[260]. da im Alten Testament auch die Verwandten 1. Grades des Ehepartners für eine spätere Heirat ausgeschlossen sind. Diese werden nämlich durch das Ein-Fleisch-Werden zu unmittelbaren Verwandten werden auch des Ehepartners, weswegen der Schwiegervater einfach 'Vater' und die Schwägerin einfach 'Schwester' heißen. Kann man aber die alttestamentlichen Gebote ohne ihre Konkretisierungen anwenden? Können wir überhaupt von Inzest sprechen, wenn wir nicht konkret bezeichnen, was wir damit meinen?

Wir haben oben die Existenz eines Naturrechts völlig bezweifelt. Wenn allerdings, wie in der reformierten Theologie, das Naturrecht wenigstens als völlig mit dem offenbarten biblischen Gebot identisch angesehen wird, kann man das Gesetz Gottes auch ohne Kenntnis des Naturrechts und damit ohne philosophische und theologiegeschichtliche Kenntnisse falschen Ansichten entgegenhalten, womit es auch der Laie nachvollziehen kann.

Wenn jedoch das Naturrecht, das nirgends schriftlich vorliegt, das Entscheidende ist, ist es letztlich in die Entscheidung der Philosophen und Juristen (in der humanistischen Ethik), der Kirche (in der katholischen Ethik) oder der Theologen (in der lutherischen Ethik) gestellt, was das Naturrecht eigentlich umfaßt und welche biblischen Gebote Gültigkeit haben und welche nicht[261]? Was aber nützen biblische Inzestverbote, um dies Beispiel wieder aufzugreifen, wenn sie nur allgemein gelten und jede Kultur selbst entscheiden kann, auf welche Verwandschaftsgrade sie zutreffen. Warum soll dann ausgerechnet das Verbot, Geschwister oder Eltern zu heiraten, allgemeingültig sein, wie es praktisch alle Naturrechtsvertreter sehen, die in derselben Liste genannten Beziehungen in den einzelnen Kulturen aber wahlweise erlaubt sein? Paulus jedenfalls hielt die Heirat mit der Stiefmutter, die ja nach unserem Verständnis keine Blutsverwandte ist, aufgrund von 3Mose 18,8 für Inzest und führte darüber seinen Streit mit den Korinthern (**1Kor 5,1-2**). Ähnlich hielt Johannes der Täufer das Verbot in 3Mose 18,16, die frühere Frau des Bruders heiraten, dem Herrscher Herodes entgehen, der die Frau Herodias seines gleichnamigen Bruders Herodes geheiratet hatte,

---

[260]Vgl. dazu die Begründung im einzelnen in Lektion 11.5.-9. in Thomas Schirrmacher. Ethik. 2 Bde. Hänssler: Neuhausen, 1994 (im Erscheinen begriffen)

[261]Vgl. zur Kritik des Naturrechts und seiner griechischen, römischen, katholischen und protestantischen Ausprägung Emil Brunner. Das Gebot und die Ordnungen. Zwingli Verlag: Zürich, 1939[4]. S. 253-255+578+608-609. Vgl. aber auch die Kritik an Brunners Resten eines Naturrechts in Peter Barth. Das Problem der natürlichen Theologie bei Calvin. a. a. O. und Karl Barth. Nein! Antwort an Emil Brunner. Theologische Existenz heute 14. Chr. Kaiser: München, 1934.

und verlor deswegen als Märtyrer sein Leben (**Lk 3,19-20; Mt 14,3-5; Mk 6,17-20**).

Das Ergebnis aller Naturrechtslehren ist doch letztlich, daß in Wirklichkeit der Zeitgeist oder das jeweils geltende staatliche Recht zum Gesetz Gottes werden und das eigentliche Gesetz Gottes zum Spielball der jeweiligen Tagesmeinung wird.

Wir gehen zusammenfassend davon aus, daß die Heiden "*ohne Gesetz*" **sind (Röm 2,12). Es sind die** "*Nationen, die kein Gesetz haben*" **(Röm 2,14).** Die Heiden, die das Gesetz dennoch tun, sind die Heidenchristen, die von Natur aus das Gesetz nicht kennen, es aber durch den Geist Gottes in ihr Herz geschrieben bekommen.

D. V.15: Das Gewissen

Wir können die ganze Frage nach dem Naturrecht noch einmal am Begriff "*Gewissen*" (**V.15**) deutlich machen. Kennt das Gewissen die göttlichen Gebote von Natur aus? Ist das Gewissen ein 'Mitwisser' (vgl. dazu unten) des Guten, also, wie es der römische Stoiker Seneca (4 v. Chr - 65 n. Chr.), der die spätere christliche Naturrechtslehre stark beeinflußte, sah, "ein eigentliches 'Mitwissen' um das Gute, das Gott weiß"[262]?

Gibt es also ein 'Naturrecht', wie man das Wissen um Gottes Gesetz ohne Kenntnis der Bibel nennt? Paulus hat in Röm 1,32 neben die Offenbarung des Schöpfers in der Schöpfung auch das 'natürliche' Wissen des Menschen gestellt, daß er des Todes schuldig ist. Nirgends sagt Paulus aber, daß ein Mensch ohne Gottes Offenbarung an sich wissen könne, was Gut und Böse ist.

Beide oben genannten Auslegungen von Röm 2,14 gehen davon aus, daß die Erwähnung des Gewissens in V.15-16 im Anschluß an V.14 nicht meint, daß der Heide in seinem Gewissen weiß, was gut und böse ist. Im Rahmen der ersten Auslegung geht es Paulus darum, daß auch der Heide ein Gewissen hat und damit beweist, daß es Verurteilung gibt. Das bedeutet jedoch nicht, daß er Gut und Böse erkennen kann, denn schließlich hat er ja das göttliche Gesetz nicht. Im Rahmen der zweiten Auslegung geht es hier nur um das Gewissen der Heidenchristen, das sowieso bereits von Gottes Wort geprägt wird. Dennoch wollen wir die grundsätzliche Dimension der Beschreibung des Gewissens in V.15-16 aufgreifen.

Gegen die Menschen spricht nicht eine angeborene Kenntnis des Gesetzes, sondern die Tatsache, daß ihr Denken und Han-

---

[262]Felix Flückiger. Geschichte des Naturrechts. a. a. O. S. 214-215

deln so von moralischen Entscheidungen geprägt ist, daß sie in jeder Minute den Beweis antreten, daß sie rechtlich verantwortlich sind. Für diesen ethischen Charakter unseres Denkens lassen sich nach Röm 2 zwei Belege anführen, auch wenn diese sich dort ursprünglich auf Juden und auf Heidenchristen beziehen:

1. Jeder Mensch beurteilt ständig andere: "*... denn worin du den anderen richtest, verurteilst du dich selbst; denn du, der du richtest, tust dasselbe. Wir wissen aber, daß das Urteil [oder: Gericht] Gottes der Wahrheit entsprechend über die ergeht, die solches tun. Denkst du aber dies, o Mensch, der du die richtest, die solches tun, und dasselbe tust, daß du dem Urteil [oder: Gericht] Gottes entfliehen wirst?*" (**V.1-3**).

2. Jeder Mensch hat ein "*Gewissen*", einen "*Mit-wisser*" (V.15) in sich, der alles pausenlos registriert und beurteilt: "*... indem ihr Gewissen mit Zeugnis ablegt und ihre Gedanken sich untereinander anklagen oder auch entschuldigen*" (**V.15**).

Das griechische Wort für Gewissen 'syneidesis' setzt sich aus 'syn' = 'mit' und 'eidesis' = 'Wissen' zusammen, was übersetzt "*Ge-wissen*" ergibt, denn 'Ge-' ist eine ältere Ausdrucksweise für 'mit', 'zusammen', wie viele ältere deutsche Worte zeigen (z. B. Strauch/Gesträuch; Schwester/Geschwister; Wetter/Gewitter; Lage/Gelage). Da dem Tier ein solcher 'Mitwisser' fehlt, hat es auch kein Selbstbewußtsein und kann nicht über sich selbst nachdenken[263].

Jeder Mensch kann nur denken, indem er moralisch denkt, denn "*ihre Gedanken klagen sich untereinander an oder entschuldigen sich*" (V.15). Selbst bei den einfachsten Angelegenheiten bedeutet Denken nichts anderes, als Argumente pro und contra zu sammeln. **Der Mensch kann mit anderen Menschen nur sprechen und diskutieren, weil er pausenlos mit sich selbst diskutiert und pausenlos ethische Urteile fällt!**

Dies alles geschieht völlig unabhängig davon, welcher Maßstab dem Gewissen und dem Denken zugrunde liegt. Der Mensch denkt in juristischen und moralischen Kategorien oder er denkt nicht. Warum versucht etwa die Werbung Produkte mit positiven Werten zu verbinden ('wer das kauft ist unabhängig, schlau, sozial oder umweltfreundlich ...')? Weil der Mensch selbst beim Einkaufen seine Entscheidungen von einer blitzschnellen innerlichen Diskussion abhängig macht ('das ist zu teuer', 'du darfst dir mal was gönnen', 'das ist aber ungesund', 'denk doch nicht so viel nach') und sei-

---

[263]Vgl. zum deutschen Begriff 'Gewissen' Friso Melzer. Das Wort in den Wörtern: Die deutsche Sprache im Lichte der Christus-Nachfolge: Ein theophilologisches Wörterbuch. J. C. B. Mohr: Tübingen, 1965. S. 163-166

nem Handeln immer ein Wertesystem zugrunde legt. Wer Gut und
Böse abschaffen will, muß zunächst einmal das Denken abstellen!

Das Gewissen ist eine Funktion wie das Denken, das Sprechen
oder das Schreiben. Alle diese Funktionen unterscheiden den Menschen vom Tier und gehen darauf zurück, daß der Mensch als Ebenbild Gottes erschaffen wurde, denn alle diese Funktionen haben ihr
Vorbild in Gott[264]. Diese Funktionen können jedoch gleichermaßen
richtig gebraucht und mißbraucht werden, denn sie funktionieren
alle nicht nur, wenn sie Gott und seine Gebote zum Maßstab nehmen, sondern auch, wenn sie die sich aus falschen Religionen ergebenden Maßstäbe voraussetzen (vgl. Röm 1,26-32). *Wenn der
Mensch zum Glauben an Jesus Christus kommt, hören sein
'Mitwissen', sein Denken, sein Reden und sein Schreiben nicht auf,
erhalten aber einen neuen Maßstab, der ihnen nicht von selbst in-
newohnt.*

Nur im christlichen Abendland[265] konnte man eine Zeitlang meinen, der Appell an das Gewissen allein würde genügen, um den
Menschen an die Gerichte Gottes zu erinnern. Viele Gebote Gottes
waren den Menschen nämlich durch die Erziehung bekannt und man
konnte meinen, daß diese Kenntnisse dem Menschen angeboren wären. Außerhalb der christianisierten Bereiche funktionierte diese
Missionspraxis nie und auch in den ehemals christlichen Ländern
schlägt das Gewissen längst nicht mehr nach biblischen Maßstäben.[266]

---

[264]Vgl. dazu Lektion 3.B.2. in Thomas Schirrmacher. Ethik. a. a. O.

[265]Zur Geschichte des Begriffes 'Gewissen' in Europa vgl. Johannes
Stelzenberger. Syneidesis, conscientia, Gewissen: Studie zum Be-
deutungswandel eines moraltheologischen Begriffes. Abhandlungen zur
Moraltheologie. Schöningh: Paderborn, 1961 (ausgezeichnete Geschichte
des Gewissensbegriffes in Theologie und Philosophie vom Neuen Testament bis zum 20. Jahrhundert); sowie: Johannes Stelzenberger. Synei-
desis im Neuen Testament. Abhandlungen zur Moraltheologie. Schöningh:
Paderborn, 1961. Der katholische Moraltheologe skizziert zunächst die
Auffassungen zum Gewissen im Neuen Testament von Augustinus über
Luther bis zur Gegenwart. Dann weist er nach, daß der neutestamentliche
Begriff eine völlig andere Bedeutung hat, als in der Antike. Im Alten Testament sieht er das Gewissen im hebräischen Wort für 'Herz' eingebunden,
äußert sich dagegen nicht zum Begriff 'Niere' (vgl. die Literatur zum
Gewissen ebd. S. 8-9).

[266]Vgl. zur Diskussion um das Gewissen: Siegfried Kettling. Das Gewissen.
Brockhaus: Wuppertal, 1985. Kettling stellt zunächst klassische
Deutungsmodelle des Gewissens nebeneinander (Nietzsche, Spencer/
Durkheim, Freud, Seneca/Kant; vgl. die gute Tabelle ebd. S. 67). In den an-
deren Kapiteln werden biblisch-reformatorische Grundlinien aufgezeigt
und fünf Arten des Gewissens als seelsorgerliche Aspekte behandelt. Im
Stil bleibt Kettling oft auf der philosophischen Ebene. Vgl. auch Jürgen
Blühdorn (Hg.). Das Gewissen in der Diskussion. Wege der Forschung

Die Erkenntnis der Sünde kommt aber nicht durch das nach subjektiven Maßstäben urteilende Gewissen, sondern "*durch das Gesetz kommt Erkenntnis der Sünde*" (**Röm 3,20**). Martin Luther hat sich deswegen im Streit mit den sogenannten 'Antinomisten'[267] vehement für die Notwendigkeit eingesetzt, in der Evangelisation auch das konkrete Gesetz Gottes und nicht nur die Gnade zu verkündigen[268].

Der katholische Moraltheologe Helmut Weber schreibt: "In der protestantischen Theologie tritt nach einiger Zeit der Gewissensbegriff Luthers auffallend zurück. Man kommt wieder zu einer optimistischen Einschätzung des Gewissens; man versteht es erneut als eine Instanz, mit deren Hilfe man durchaus manches Gute und Richtige erkennen kann. Am Ende des letzten Jahrhunderts setzte dann aber ..... eine Rückkehr zu Luther ein ..."[269]. Weber weist darauf hin, daß die Aufklärung zwar Luthers Hochschätzung des Gewissens beibehielt, das Gewissen aber nicht mehr wie Luther Christus unterstellt und damit seines eigentlichen Fundamentes beraubt[270]. "Der Mensch ist nur noch sich selbst verantwortlich."[271]

Das Gewissen ist bei der Verkündigung des Gesetzes jedoch unentbehrlich, um das eigene Denken und Handeln mit dem Gesetz Gottes zu vergleichen. **Erst das Gewissen gibt dem Menschen seine ganz persönliche Verantwortung, weswegen Personsein ohne Gewissen undenkbar ist.**

In **Spr 20,27** heißt es dazu mit anderen Worten: "*Der Geist des Menschen ist eine Leuchte des HERRN, er durchleuchtet alle Kammern des Leibes*".

Wenn das Gesetz jedoch nicht verkündigt wird, schlägt das Gewissen entweder gar nicht, oder - was dann von den Psychologen zu Recht oder zu Unrecht gegen das Christentum ausgeschlachtet wird

---

XXXVII. Wissenschaftliche Buchgesellschaft: Darmstadt, 1976 (Sammlung der wichtigsten wissenschaftlichen Aufsätze zum Gewissen; vgl. die Literatur ebd. S. 489-505).

[267] Aus griech. 'anti' = gegen; 'nomos' = Gesetz; also eine gegen die Gültigkeit des Gesetzes gerichtete Lehre.

[268] Vgl. zum antinomistischen Streit zu Luthers Zeiten Bernhard Lohse. "Dogma und Bekenntnis in der Reformation: Von Luther bis zum Konkordienbuch". in: Bernhard Lohse u. a. (Hg.). Die Lehrentwicklung im Rahmen der Konfessionalität. Handbuch der Dogmen- und Kirchengeschichte 2. Vandenhoeck & Ruprecht: Göttingen, 1989 (Nachdruck von 1980). S. 39-45 (mit Literatur); zum antinomistischen Streit nach Luther ebd. S. 117-121

[269] Helmut Weber. Allgemeine Moraltheologie: Ruf und Antwort: Styria: Graz, 1991. S. 199. (Weber stellt ebd. S. 171-215 die Sicht führender Psychologen, Theologen usw. und die römisch-katholische Sicht dar.)

[270] Ebd. S. 199

[271] Ebd. S. 199-200

- an der falschen Stelle. Nur das Gesetz kann festlegen, was Sünde
ist (z. B. 1Joh 3,4)[272], und die Verurteilung erfolgt aufgrund der Tat,
nicht aufgrund des schlagenden Gewissens.

Das schließt - wie wir bereits gesehen haben - nicht aus, daß das
Gewissen als solches ein Beweis dafür ist, daß der Mensch weiß,
daß er sich für alles verantworten muß. Hatte Paulus in Röm 1,18-32
deutlich gemacht, daß jeder Mensch eine Religion und eine sich daraus ergebende Ethik hat, auch wenn er das abstreitet, so fügt er in
Röm 2,1-16 hinzu, daß der Mensch in seinem alltäglichen Denken
den Beweis antritt, daß er ohne Ethik nicht denken und damit nicht
existieren kann.

Wilhelm Lütgert hat in seinem schwer lesbaren, aber wertvollen
Werk 'Schöpfung und Offenbarung' den moderneren Pietismus[273]
dafür kritisiert, daß er den Menschen bei seinem Gewissen packt,
anstatt in der Evangelisation von Schöpfung und objektiver Offenbarung auszugehen[274]. Der Mensch sündigt als Geschöpf objektiv
auch dann, wenn ihm sein Gewissen dies nicht mitteilt. Nur bei einem christlich geprägten Gewissen kann daher die pietistische Evangelisation Erfolg haben. Deswegen darf das Gewissen nicht zu einer
eigenen gesetzgebenden Instanz werden[275]. Das Evangelium gründet sich nicht auf das Gewissen, sondern auf das Gesetz[276]. Röm 2
dient der Verurteilung der Juden, nicht der Rechtfertigung der Heiden und ihres Gewissens[277]. Und das Kennzeichen des Christen ist
gerade nicht das böse, sondern das gute Gewissen[278].

Rousas J. Rushdoony geht ähnlich davon aus, daß der Einfluß des
Pietismus (im weitesten Sinne) in den katholischen und evangelischen Kirchen seit dem Spätmittelalter zu einer immer geringeren
Betonung des biblischen Gesetzes und der irdischen Belange geführt
hat[279]. Ernst Luthardt hat in diesem Zusammenhang darauf aufmerksam gemacht, daß die pietistische Sicht des Gewissens den

---

[272]Vgl. dazu ausführlicher Lektion 12

[273]Vgl. zum Gewissensverständnis des Pietismus Chr. Ernst Luthardt. Geschichte der christlichen Ethik. Bd. 1: Bis zur Reformation. Dörffling &
Franke: Leipzig, 1888. S. 310-313 u. ö.

[274]Wilhelm Lütgert. Schöpfung und Offenbarung. Brunnen: Giessen, 1984[2]
(Nachdruck von Bertelsmann: Gütersloh, 1934[1])

[275]Ebd. S. 278

[276]Ebd. S. 37

[277]Ebd. S. 285

[278]Ebd. S. 103

[279]Rousas J. Rushdoony. Institutes of Biblical Law. Presbyterian & Reformed:
Phillipsburgh, 1973. S. 651+654

Weg für die Sicht der Aufklärung bereitet hat, daß das Gewissen selbst der Maßstab ist[280].

"Das Gewissen ist nicht das, als was die Aufklärungstheologie es ausgibt, und was seitdem zum Gemeingut der populären natürlichen Theologie geworden ist: die Stimme Gottes."[281]

Eine solche falsche Sicht des Gewissens setzt voraus, daß der Mensch gut ist, und zwar sowohl in seinem Erkennen, als auch in seinem Wollen. So beschreiben Hans Joachim Störig und Felix Flückiger etwa die Bedeutung des griechischen Philosophen Sokrates:

"... indem nämlich mit ihm etwas in die Geschichte der Menschheit eintrat, was von da an zu einer immer weiter wirkenden Kulturkraft wurde: die in sich selbst unerschütterlich gegründete, autonome sittliche Persönlichkeit. Dies ist das 'sokratische Evangelium' vom innerlich freien Menschen, der das Gute um seiner selbst willen tut."[282]

"Durch seinen Grundsatz, daß die Tugend abhängig sei vom Wissen, ist er zum Urheber der rationalistischen Ethik und Pädagogik geworden und hat eine Denkweise eingeleitet, die während vielen Jahrhunderten mächtigen Einfluß ausgeübt hat."[283]

Das Gewissen ist jedoch nicht 'autonom', sondern 'theonom', nicht dem eigenen, sondern dem göttlichen Gesetz unterstellt. Der bereits besprochene Bericht vom Sündenfall (1Mose 3) macht die Aufgabe des Gewissens sehr schön deutlich. Das Gewissen kannte das Gebot Gottes nicht von 'Natur' aus, sondern Gott mußte das Gebot erst verkündigen. Doch nachdem er es verkündigt hatte, diente das Gewissen Adam und Eva, um als 'Mitwisser' und Ankläger den Bruch des Gebotes festzustellen, weswegen sich beide vor Gott schämten und "*versteckten*" (**1Mose 3,8**) und versuchten, durch Anklage anderer (Adam: "*die Frau ...*", Eva: "*die Schlange ...*", 1Mose 3,12-13) ihr Gewissen zu entlasten.

Daß das Gewissen nur auf Gottes Maßstab hören darf, hat auch eine ungeheuer befreiende Bedeutung. Nur Gott, niemand sonst, darf das Gewissen binden. Das 20. Kapitel des Westminster Bekenntnisses von 1647 ist deswegen mit "Von der christlichen Freiheit und der Freiheit des Gewissens" überschrieben. Artikel 20.2. darin lautet:

---

[280]Chr. Ernst Luthardt. Kompendium der theologischen Ethik. Dörffling & Franke: Leipzig, 1921. S. 113

[281]Emil Brunner. Das Gebot und die Ordnungen. Zwingli Verlag: Zürich, 1939[4]. S. 140

[282]Hans Joachim Störig. Kleine Weltgeschichte der Philosophie 1. Fischer: Frankfurt, 1969. S. 153

[283]Felix Flückiger. Geschichte des Naturrechtes. Bd.1: Altertum und Frühmittelalter. Evangelischer Verlag: Zollikon, 1954. S. 127-128

"Gott allein ist Herr des Gewissens (Jak 4,12; Röm 14,4) und hat es
frei gemacht von den menschlichen Lehren und Geboten, die in irgendetwas seinem Wort entgegen sind oder in Sachen des Glaubens und
Gottesdienstes darüber hinausgehen (Apg 4,19; Apg 5,29; Mt 23,8-10;
2Kor 1,24; Mt 15,9). Um des Gewissens willen solche Lehren zu glauben und solchen Geboten zu gehorchen, ist ein Verrat an der wahren
Freiheit des Gewissens (Kol 2,20+22-23; Gal 1,10; Gal 2,4-5; 5,1),
und die Forderung eines unbedingten Gehorsams ist soviel wie die
Zerstörung der Freiheit des Gewissens und zugleich auch der Vernunft
(Röm 10,17; 14,23; Jes 8,20; Apg 17,11; Joh 4,22; Hos 5,11; Offb
13,12+16-17; Jer 8,9)."[284]

Durch das Gewissen ist der Mensch nie 'allein', wenn er Gottes
Gebot übertritt, sondern hat immer einen 'Mitwisser'. Dies kommt
sehr deutlich in **Röm 13,5** zum Ausdruck, wo Paulus Christen auffordert, nicht nur dann dem Staat zu gehorchen, wenn die Gefahr der
Entdeckung und Bestrafung besteht, sondern auch, wenn kein Zeuge
außer dem Gewissen vorhanden ist: "*Darum ist es nötig, sich nicht
allein um der Strafe willen unterzuordnen, sondern auch um des Gewissens willen*". Eine berühmte Anekdote von Spurgeon bringt dies
gut zum Ausdruck:

"Spurgeon fragte ein frommes Hausmädchen, woran sie erkenne,
daß sie bekehrt sei. Die klassische Antwort: 'Seit ich bekehrt bin, fege
ich auch unter der Matte'"[285].

Das Gewissen weiß eben auch das Verborgene, weswegen "*an
dem Tag, an dem das Verborgene der Menschen durch Jesus Christus*" (V.16) offenbar und gerichtet wird, das Gewissen zum Ankläger des Menschen wird, wenn das böse Gewissen nicht vom Blut Jesus besprengt (**Hebr 10,2**) ist und weiß, daß die Sünden vergeben
sind.

E. Thema: Das Gewissen im Neuen und Alten Testament

Zur Bestätigung des über das Gewissen Gesagten werden in der
nächsten Übersicht alle Texte, in denen das Wort für "*Gewissen*" im
Neuen Testament[286] vorkommt, vorgestellt und zitiert. Sodann soll
nach dem Gewissen im Alten Testament gefragt werden.

---

[284]Zitiert nach Cajus Fabricius (Hg.). Corpus Confessionum: Die Bekenntnisse der Christenheit. Bd. 18: Presbyterianismus. Walter de Gruyter,
1937. S. 129-130

[285]C. H. Spurgeons Spuren: Anekdoten - Karikaturen. OnckenMiniBücher.
Oncken Verlag: Wuppertal, 1990. S. 64

[286]Vgl. Hans-Joachim Eckstein. Der Begriff Syneidesis bei Paulus. Wissenschaftliche Untersuchungen zum Neuen Testament 2/10. J.C.B. Mohr:
Tübingen, 1983. Eckstein kommt zu dem Ergebnis: 'Syneidesis' ist eine Instanz, die das Verhältnis zwischen vorgegebenen Normen und tatsächlichem Verhalten überprüft. Es ist in seiner Funktion bei Heiden und Chri-

(Ergebnis der Übersicht:) *"Gewissen"* (griech. 'syn-eidesis') heißt wörtlich *"Mit-wisser"*[287]. Es ist also eine Instanz, die alles miterlebt und bezeugt, was ein Mensch tut und denkt. Diese Instanz ist ein Bestandteil unserer Gottesebenbildlichkeit und unterscheidet uns vom Tier, das sein eigenes Handeln nicht beurteilen kann. Das Gewissen selbst hat jedoch keinen Maßstab. Dieser kommt immer von außen (Erziehung, Prägung, Erlernen, Weltanschauung). Das Gewissen des Ungläubigen weist daher nur - aber dies um so deutlicher - darauf hin, daß es Gut und Böse gibt und der Mensch sich verantworten muß, enthält aber grundsätzlich einen falschen Maßstab, der allerdings inhaltlich *teilweise* (zum Beispiel im christlichen Abendland) durchaus mit dem richtigen übereinstimmen kann.

Wenn ein Mensch zum Glauben an Jesus Christus kommt, erhält er einen neuen, absoluten Maßstab, nämlich den in der Bibel offenbarten Willen Gottes. Diesen Maßstab muß er mehr und mehr erforschen und anwenden. So wie das Denken (im Alten und Neuen Testament oft mit *"Herz"* wiedergegeben) bei der Bekehrung erhalten bleibt, der Inhalt des Denkens, also die Gedanken, aber von Grund auf erneuert werden müssen (Röm 12,2)[288], so bleibt auch bei der Bekehrung das Werkzeug 'Gewissen' erhalten, muß aber an einem neuen Maßstab ausgerichtet werden.

---

sten identisch, lediglich die Wertmaßstäbe unterscheiden sich und sollen bei Christen der Neugeburt des Denkens entsprechen (vgl. etwa zu Röm 9,1 ebd. S. 190). Bedauerlich ist, daß das restliche Neue Testament auf nur 10 Seiten abgehandelt wird, zumal darunter auch die angeblichen Deuteropaulinen (angeblich irrtümlich Paulus zugeschriebene Paulusbriefe) fallen, in denen sich sechs wichtige paulinische Belege finden. Das Alte Testament wird dagegen gebührend berücksichtigt, besonders die 'Nieren' (S. 110-111 u. a., siehe dazu unten), aber ebenfalls an bibelkritischen Theorien gemessen.

[287] Vgl. zum Gewissen im Neuen Testament Hans-Joachim Eckstein. Der Begriff Syneidesis bei Paulus. Wissenschaftliche Untersuchungen zum Neuen Testament 2/10. J.C.B. Mohr: Tübingen, 1983. Eckstein kommt zu dem Ergebnis: 'Syneidesis' ist eine Instanz, die das Verhältnis zwischen vorgegebenen Normen und tatsächlichem Verhalten überprüft. Es ist in seiner Funktion bei Heiden und Christen identisch, lediglich die Wertmaßstäbe unterscheiden sich und sollen bei Christen der Neugeburt des Denkens entsprechen (vgl. etwa zu Röm 9,1 ebd. S. 190). Bedauerlich ist, daß das restliche Neue Testament auf nur 10 Seiten abgehandelt wird, zumal darunter auch die angeblichen Deuteropaulinen fallen, in denen sich sechs wichtige Belege finden. Das Alte Testament wird dagegen gebührend berücksichtigt, besonders die 'Nieren' (S. 110-111 u. a., siehe dazu unten), aber ebenfalls an bibelkritischen Theorien gemessen.

[288] Vgl. Abschnitt A. in Lektion 23

Im Neuen Testament: Gewissen = 'Mitwisser'
(griech. syneidesis) (alle Vorkommnisse des Wortes)

Apg 23,1: Paulus vor dem Hohen Rat: "*Ihr Brüder, ich bin mit allem guten Gewissen vor Gott gewandelt bis auf diesen Tag.*" (Es gibt ein gutes Gewissen.)

Apg 24,16: Paulus vor Felix: "*Darum übe ich mich auch, allezeit ein Gewissen ohne Anstoß vor Gott und den Menschen zu haben.*" (Gewissen ist eine Instanz vor Gott und Menschen.)

Röm 2,15: Über die Heiden(christen): "*Sie beweisen, daß das Werk des Gesetzes in ihre Herzen geschrieben ist, indem ihr Gewissen mitzeugt und ihre Gedanken sich untereinander anklagen oder auch entschuldigen.*" (Das Gewissen ist Zeuge und führt zur Anklage im Herzen = Sitz des Denkens, Wollens und Entscheidens. Das Denken eines jeden Menschen enthält die Selbstanklage und die innere Diskussion, ohne die Verantwortlichkeit undenkbar ist.)

Röm 9,1: Paulus über Israel: "*Ich sage die Wahrheit in Christus und lüge nicht, wobei mein Gewissen mir Zeugnis gibt im Heiligen Geist, daß ich große Traurigkeit habe ...*" (Das Gewissen ist nur im Heiligen Geist zuverlässig.)

Röm 13,5: Paulus über den Staat: "*Darum ist es notwendig, untertan zu sein, nicht allein der Strafe wegen, sondern auch des Gewissens wegen.*" (Der Maßstab aus Gottes Wort wird nicht nur aus Angst vor der Strafe befolgt, sondern auch dann, wenn man nicht gesehen wird.)

1Kor 8,7: Paulus über den Verzehr von Götzenopferfleisch: "*Und ihr Gewissen wird befleckt, weil es schwach ist.*" (Es geht um die Schwäche des Maßstabs, der das Gewissen bestimmt; dasselbe gilt für:)

1Kor 8,10: "*Wird nicht, wenn er dich sieht, sein Gewissen, weil er schwach ist, bestärkt, Götzenopferfleisch zu essen?*"

1Kor 8,12: "*Wenn ihr aber so gegen die Geschwister sündigt und ihr schwaches Gewissen verletzt, so sündigt ihr gegen Christus.*"

1Kor 10,25: "*Eßt alles, was ihr auf dem Fleischmarkt kauft, ohne es um des Gewissens willen zu untersuchen.*" (Die Aufgabe des Gewissens ist das Untersuchen. Ebenso in:)

1Kor 10,27: "*Eßt alles, ohne es um des Gewissens willen zu untersuchen.*"

1Kor 10,28-29: Falls bekannt ist, daß es sich um Götzenopferfleisch handelt: "*Eßt nicht .. um des Gewissens willen, ich meine jedoch nicht das eigene Gewissen, sondern das des anderen. Denn warum wird meine Freiheit von einem anderen Gewissen beurteilt?*" (Hier geht es um die Rücksicht auf das Gewissen anderer. In 1Kor 8-10 wird sowohl die Teilnahme an Götzenopferfeiern, als auch das Verbot des Essens von Götzenopferfleisch angegriffen. Der biblische Weg zwischen diesen beiden

Extremen weiß, das alles gegessen werden darf, nimmt aber Rücksicht auf 'Schwache'[289].)

2Kor 1,12: *"Denn unser Rühmen ist dies: Das Zeugnis unseres Gewissens, daß wir in Einfalt und Lauterkeit Gottes ... gewandelt sind in dieser Welt."* (Das Gewissen ist Zeuge und bezeugt.)

2Kor 4,2: *"... sondern durch die Offenbarung der Wahrheit empfehlen wir uns jedem Gewissen der Menschen vor Gott."* (Das Gewissen prüft andere, der Maßstab ist die Wahrheit, die letzte Instanz Gott.)

2Kor 5,11: *"Da wir nun den Schrecken des Herrn kennen, so überreden wir Menschen, Gott aber sind wir offenbar geworden. Ich hoffe aber, auch in euren Gewissen offenbar zu sein."* (Das Gewissen prüft andere und gilt vor Gott und Menschen.)

1Tim 1,5: *"Das Endziel des Gebotes aber ist Liebe aus reinem Herzen und gutem Gewissen und ungeheucheltem Glauben."* (Ungeheuchelter Gehorsam kann vor dem Gewissen bestehen.)

1Tim 1,18-19: *"... und den guten Kampf kämpfst und den Glauben bewahrst und ein gutes Gewissen, das einige von sich gestoßen haben ..."* (Wenn ein Mensch erst einmal als Glaubender den richtigen Maßstab für sein Gewissen hat, kann er es beim Abfall vom Glauben nur abstoßen, abtöten usw.)

1Tim 3,9: Von den Diakonen: *"... die das Geheimnis des Glaubens in reinem Gewissen bewahren."*

2Tim 1,3: *"Ich danke Gott, dem ich von meinen Voreltern her mit reinem Gewissen diene."* (So ernst nahm Paulus die Vergebung. Er sah sich als Christ in einer Linie mit der Gottesverehrung im Alten Testament.)

Tit 1,15: *"Den Reinen ist alles rein, den Befleckten und Ungläubigen aber ist nichts rein, sondern sowohl ihre Gesinnung als auch ihr Gewissen ist befleckt."* (Sowohl der Maßstab der *"Gesinnung"* als auch der Prüfer *"Gewissen"* sind zerstört.)

Hebr 9,9: Über die Opfer im Alten Testament: *"... die den, der einen Gottesdienst übt, im Gewissen nicht vollkommen machen können."*

Hebr 10,2: Über die Wiederholung der Opfer: *"Denn würde sonst nicht ihre Darbringung aufgehört haben, weil die den Gottesdienst Übenden, einmal gereinigt, kein Sündengewissen mehr gehabt hätten."* (Nur Jesus kann das Gewissen, also das Bewußtsein für die Schuld der Sünde, durch die Vergebung ganz fortnehmen, nicht aber andere Opfer.)

Hebr 10,22: Über die Reinigung durch das Blut Jesu: *"So laßt uns hinzutreten mit wahrhaftigem Herzen in voller Gewißheit des Glaubens, die Herzen besprengt vom bösen Gewissen."*

1Petr 2,19: Über das Leiden, wenn man gesündigt hat: *"Denn das ist wohlgefällig, wenn jemand um des Gewissens vor Gott willen*

---

[289]Vgl. die Ausführungen zu 1Kor 8-10 in Abschnitt E. von Lektion 27 zu

Leiden erträgt, indem er Unrecht leidet." (Wer leidet und zu
Recht ein schlechtes Gewissen hat, leidet nicht um Jesu willen,
sondern um seiner selbst willen; dasselbe gilt für:)
1Petr 3,16: "*... und habt ein gutes Gewissen, damit die, die euren
guten Wandel in Christus verleumden, in dem zuschanden werden, in dem sie euch Übles nachsagen.*"
1Petr 3,21: "*... die Taufe, die jetzt auch euch rettet, nicht ein Ablegen der Unreinigkeit des Fleisches, sondern der Bund mit Gott
um ein gutes Gewissen, durch die Auferstehung Jesu Christi.*"
(Die Taufe ist ein Bundesschluß mit Gott, und nur deswegen
Zeugnis vor anderen. Die Auferstehung errettet, nicht die Taufe,
deren Wasser das Gericht darstellt. Das Taufwasser entspricht
dem Wasser der Sintflut, die Arche entspricht der Auferstehung.[290])

Im Alten Testament gibt es kein eigenes Wort für Gewissen. Da
jedoch im Alten Testament manche Körperteile und Organe
stellvertretend für Funktionen der ganzen Person stehen[291], finden
wir doch einiges über das Gewissen. Das **Herz** ist etwa der Sitz des
Denkens, Wollens und Entscheidens und steht daher oft in engem
Zusammenhang mit dem Gewissen[292] (deutlich z. B. in **1Sam 24,6**:
"*Danach schlug ihm das Herz ...*"). Johannes Chrysostomus (354-
407 n. Chr.) schreibt deswegen:

"Darum hat der menschenfreundliche Herrscher von Anfang an und
von vorneherein, als er den Menschen bildete, ihm das Gewissen ins
Herz gelegt, das sein beständiger Ankläger ist ..."[293].

Der eigentliche Ausdruck für das Gewissen im Alten Testament
ist jedoch die "*Niere*"[294], wobei das 'Herz' oft neben 'Niere' steht.

Deswegen ist immer wieder vom Prüfen der Nieren und vom Ste-
chen usw. der Nieren die Rede ist. Im folgenden Kasten werden alle
Stellen aufgelistet, die die übertragene Bedeutung 'Gewissen' haben.

Röm 14

[290]Vgl. die Ausführungen zur Taufe in den Abschnitt B. und C. in Lektion 11
zu Römer 6,1-14

[291]Weitere Informationen zur Beziehung zwischen Körperteilen und Funktionen des Menschen finden sich in dem guten, wenn auch zum Teil bibelkritischen Buch: Hans W. Wolff. Anthropologie des Alten Testamentes. Kaiser: München, 1977[2].

[292]So Hendrik van Oyen. Ethik des Alten Testaments. Gütersloher Verlagshaus Gerd Mohn: Gütersloh, 1967. S. 62-63

[293]Johannes Chrysostomus, 'Homilien zu Genesis' 17, zitiert nach Alfons
Heilmann (Hg.). Texte der Kirchenväter. 5 Bde. Bd. 1. Kösel: München,
1963. S. 320

[294]So auch Hans W. Wolff. Anthropologie des Alten Testaments. a. a. O. S.
105-106

(Manche Übersetzungen setzen an die Stelle von Niere gleich ein
anderes Wort, wie etwa "*Gewissen*".)

Im Alten Testament: Gewissen = "*Niere*" - alle Vorkommnisse

("*Niere*" erscheint in buchstäblicher Bedeutung im Zusammen mit
dem Opferkult: 2Mose 29,13+22; 3Mose 3,4+10+ 15; 4,9; 7,4;
8,16+25; 9,10+19; 5Mose 32,14; Jes 34,6.)

Hiob 16,13: "*Gott spaltet meine Nieren ohne Schonung.*" (Das
Gewissen schlägt.)
Hiob 19,27: "*Meine Nieren verschmachten in meinem Inneren.*"
Ps 7,9[295]: "*Der du Herzen und Nieren prüfst, gerechter Gott.*"
(Gott steht über dem Gewissen.)
Ps 16,7: "*Ich preise den HERRN, der mich beraten hat; selbst
nachts unterweisen mich meine Nieren.*"
Ps 26,2: "*Prüfe mich, HERR, und erprobe mich, läutere meine Nie-
ren und mein Herz.*"
Ps 73,21: "*Als mein Herz erbittert war und es mich in meinen
Nieren stach, war ich dumm.*"
Ps 139,13: "*Denn du hast meine Nieren gebildet ...*" (vgl. V.1+23-
24)
Spr 23,15-16: "*Mein Sohn, wenn dein Herz weise ist, so wird
auch mein Herz sich freuen, und meine Nieren werden fröhlich
sein, wenn deine Lippen Geradheit reden.*"
Jer 11,20: "*Aber du, der HERR der Heerscharen, der du gerecht
richtest, der du Herzen und Nieren prüfst ...*"
Jer 12,2: "*Du bist nahe ihrem Mund, doch fern von ihren Nieren.*"
Jer 17,10: "*Ich, der HERR, erforsche das Herz und prüfe die Nieren, und zwar um einem jeden zu geben nach seinen Wegen, nach
der Frucht seiner Handlungen.*"
Jer 20,12: "*Aber du, der HERR der Heerscharen, der du den Gerechten prüfst, Nieren und Herzen siehst ...*"
Klgl 3,13: "*Er ließ die Söhne seines Köchers in meine Nieren
dringen.*"

➡ Empfehlungen zum eigenen Weiterstudium

Es empfiehlt sich das Studium des oben näher beschriebenen, umfangrei-
chen Buches von Wilhelm Lütgert 'Schöpfung und Offenbarung'[296].

---

[295]In der Revidierten Elberfelder Übersetzung Ps 7,10
[296]Wilhelm Lütgert. Schöpfung und Offenbarung. Brunnen: Giessen, 1984[2]
  (Nachdruck von Bertelsmann: Gütersloh, 1934[1])

✍ Fragen zur Selbstkontrolle

Skizzieren Sie das Ergebnis der Durchsicht der Bibeltexte, in denen vom Gewissen die Rede ist, wie es in dieser Lektion vorgestellt wurde. (Antwort: lesen Sie den 2. und den 3. Absatz in Abschnitt E. in dieser Lektion)

Auf welche beiden Arten kann man den Ausdruck 'von Natur aus' in V.15 verstehen? (Antwort: lesen Sie die mit '1. Auslegung' und '2. Auslegung' bezeichneten Absätze in Abschnitt B. in dieser Lektion)

Weshalb ist der Ausdruck 'nicht zu entschuldigen' in V.1 von Bedeutung? (Antwort: lesen Sie den mit "Der eigentliche Affront ..." beginnenden Absatz nach dem Calvin-Zitat in der Mitte von Abschnitt A. in dieser Lektion)

Wie ist die Beschreibung des Jüngsten Gerichtes in V.8-11 aufgebaut? (Antwort: lesen Sie Abschnitt B. in dieser Lektion)

Was bedeutet 'Gewissen' vom Begriff her (gesucht wird 1 Wort!)? (Antwort: lesen Sie die Überschrift des ersten Kastens in Abschnitt E. in dieser Lektion)

✉ Einsendeaufgaben

❶ Geben Sie kurz die beiden in dieser Lektion behandelten Auslegungen von V.15 mit eigenen Worten wieder. (Umfang: 1-2 DIN A4-Seiten)

❷ Welche Rolle spielt Ihrer Meinung nach auf dem Hintergrund von Röm 2,12-16 und den in dieser Lektion genannten Bibeltexten zum Gewissen das Gewissen in der Evangelisation? Inwiefern kann man es einbeziehen, inwiefern nicht? (Umfang: 2-4 DIN A4-Seiten)

⊛ Hinweise für den Gruppenleiter

Es sollte darauf hingewiesen werden, daß Paulus im Römerbrief noch häufiger auf die Juden zu sprechen kommt und deswegen hier noch nicht alle Fragen abschließend diskutiert werden müssen.

Es sollte sichergestellt werden, daß alle Teilnehmer V.15 nachvollzogen haben. Zur Frage des Gewissens sollten zunächst die Meinungen der Teilnehmer erfragt werden, weil die weitverbreiteten unterschiedlichsten Gewissensvorstellungen sonst oft später nicht mehr zur Sprache kommen.

✳ Fragen für das Gruppengespräch zur Auswahl

❶ <V.1-16> "Den Juden zuerst und auch den Griechen" gilt sowohl für das Heil (Röm 1,16; 2,9), als auch für das Gericht (Röm 2,10). Jesus sagt in Lk 12,48: "Wem viel gegeben ist, von dem wird auch viel verlangt werden, und wem man viel anvertraut hat, von dem fordert man auch viel".

* Wie war es möglich, daß die Juden aus dem Alten Testament zwar die Verurteilung der Heiden ableiteten, nicht jedoch ihre eigene? Kann das uns persönlich heute auch noch passieren?

* Wie kommt es, daß wir persönlich so gerne Rechte in Anspruch nehmen, aber von den dazugehörigen Pflichten nichts wissen wollen?

❷ <V.1-16> Die Juden waren stolz darauf, die Gebote Gottes zu besitzen und schauten auf die herab, die sie nicht besaßen. Paulus hält ihnen entgegen, daß gerade die Gebote sie verurteilen werden.

* Was ist für einen Menschen besser, die Gebote zu kennen oder nicht zu kennen?

* Wenn es sowieso nur um das Tun ("Täter", V.13) des Wortes geht, welchen Sinn hat es dann überhaupt, das Wort Gottes zu hören ("Hörer", V.13)?

❸ <V.1-2+14-16> Der Mensch kann nicht anders, als in seinen Gedanken ununterbrochen sich und andere zu beurteilen, ja sein Denken ist nichts anderes, als eine ständige Diskussion mit sich selbst, in der anhand irgendeiner Ethik die Dinge abgewogen werden.

* Wie kommt es, daß wir persönlich diese ethische Seite unseres Denkens so gerne vernachlässigen?

* Welche Rolle spielt dieses Wissen für die Frage, wovon (Beispiel: Werbung) und wie wir persönlich in unserem Alltag geprägt werden?

* Welche Rolle spielt dieses Wissen für das Gespräch mit Menschen, die dem Christentum gerade die Verkündigung moralischer Werte zum Vorwurf machen, sich selbst dagegen für moralisch tolerant halten?

5. LEKTION: RÖMER 2,17-29

✍ Arbeitsaufwand der Lektion

Regelstudienzeit insgesamt 8 Stunden (2 Stunden an 4 Werktagen), davon 4 Stunden für das Erarbeiten des Studientextes und 4 Stunden für die Selbstkontrolle und die Einsendeaufgaben

❖ Gliederung und Aufbau der Lektion

Zunächst wird anhand von V.17-23 dargestellt, worin die Juden ihren eigenen Vorzug sahen und wie Paulus ihre Sicht widerlegt.

Dabei rückt mit V.25-29 vor allem die Beschneidung in den Mittelpunkt. Deswegen werden die paulinische und die alttestamentliche Sicht der Beschneidung verglichen.

Daraus leitet sich ein grundsätzlicher Überblick ab, wie Beschneidung und Opfer im Alten Testament verstanden wurden.

➡ Lernziele der Lektion

Nach Durcharbeiten der folgenden Lektion sind Sie in der Lage,

1. den Vorwurf, den Paulus den Juden in V.17-24 macht, zusammenzufassen;
2. zu erklären, weshalb sich die Juden nach Paulus nicht auf ihre Beschneidung berufen konnten;
3. das alttestamentliche Beschneidungsverständnis wiederzugeben;
4. das Verhältnis von Moral- und Zeremonialgesetz zu bestimmen;
5. Beispiele für die alttestamentliche Kritik am Mißbrauch von Beschneidung und Opfern zu nennen.

❝ Bibeltext zur Lektion (Römer 2,17-29)

| 17 **Wenn** du dich aber einen **Juden nennsen läßt** |
| und dich auf dem Gesetz ausruhst |
| und dich Gottes rühmst |
| 18   und seinen Willen kennst |
| und beurteilst, worauf es ankommt[297], |
| weil du aus dem Gesetz unterrichtet bist, |
| 19   und dir zutraust, |
| ein Leiter der Blinden zu sein, |
| ein Licht derer, die in Finsternis leben, |

[297]Oder: was das Wesentliche ist

20   ein Erzieher der Törichten,
            ein Lehrer der Unmündigen,
                da du die Verkörperung der Erkenntnis und
                        der Wahrheit im Gesetz hast:
21   der du nun andere lehrst,
            du lehrst dich selbst nicht?
        Der du predigst, nicht zu stehlen,
            du stiehlst?
22   Der du sprichst, daß man nicht die Ehe brechen soll,
            du brichst die Ehe?
        Der du die Götzenbilder verabscheust,
            du begehst Tempelraub?
23   Der du dich des Gesetzes rühmst,
            du verunehrst Gott
            durch die Übertretung des Gesetzes?
24   **Denn** *"euretwegen wird der Name Gottes
                unter den Nationen gelästert"*,
                wie es geschrieben steht *[Jes 52,5]*.
25 **Denn**   Beschneidung ist **zwar** nützlich,
                wenn du das Gesetz tust;
                wenn du **aber** ein Gesetzesübertreter bist,
            ist deine Beschneidung
            zur Unbeschnittenheit geworden.
26   Wenn nun
            der Unbeschnittene
                die Rechtsforderung des Gesetzes befolgt,
            wird nicht sein Unbeschnittensein
                als Beschneidung angerechnet werden
27   und der von Natur aus
        Unbeschnittene,
            der das Gesetz erfüllt,
        dich richten,
            der du, während du
                Buchstaben und Beschneidung hast,
            ein Gesetzesübertreter bist?
28   **Denn**   nicht der ist ein Jude,
                der es **sichtbar** ist,
            und nicht das ist Beschneidung,
                was eine **sichtbare** im **Fleisch** ist,
29   sondern der ist ein Jude,
                der es **im Verborgenen** ist,
            und Beschneidung ist
                die des **Herzens**,
                im Geist,
                nicht im Buchstaben.
                    Dessen Lob nicht von Menschen,
                        sondern von Gott kommt.

A. V.17-24: Die Juden rühmen sich wegen des Gesetzes, brechen es jedoch selbst

Röm 1,18-32 stand, wie wir gesehen haben, im Einklang mit dem, was die jüdische Mission über die Heiden dachte. Paulus hat in Röm 2,1-16 bereits der jüdischen Selbstrechtfertigung den Boden entzogen, indem er das **Tun** des Menschen in den Mittelpunkt stellte. *"Es sind nämlich nicht die Hörer des Gesetzes gerecht vor Gott, sondern die Täter des Gesetzes werden gerechtgesprochen werden"* (Röm 2,13). Nachdem er begründet hatte, daß es Heiden (nämlich Heidenchristen) gibt, die das Richtige tun, ohne das Gesetz von Natur aus zu haben, fährt er nun in seiner Begründung fort, daß die Juden von ihrem eigenen Gesetz verurteilt werden, weil sie dagegen handeln.

Zunächst listet Paulus Formulierungen auf, mit denen die Juden ihr Verhältnis zu den Heiden beschrieben und die wir auch aus der jüdischen Weltmission kennen[298]. Wenn man die zwölf Dinge anschaut, die sich die Juden zugute hielten, erschrickt man, denn alle haben in der richtigen Demut unter Gott ihren Stellenwert und lassen sich teilweise wörtlich, teilweise inhaltlich aus dem Alten Testament belegen, werden aber von den hier angesprochenen Juden mißbraucht. Auch Christen sollen *"prüfen, worauf es ankommt"* (Phil 1,10 = Röm 2,19), und das Gesetz und das Alte Testament sind tatsächlich die *"Verkörperung der Erkenntnis und der Wahrheit"* (Röm 2,20), um nur zwei Beispiele zu nennen. Bei fast allen der **zwölf** Dinge in V.17-20 geht es um die Offenbarung Gottes, die der Mensch als Bote Gottes weitergibt.

✍ Arbeitsanleitung

Listen Sie die zwölf Ausdrücke und Formulierungen untereinander auf, mit denen die Juden nach den Worten des Paulus in V.17-20 ihre Sonderstellung und ihre Vorzüge beschrieben. (Sie dürfen den Bibeltext dazu nachlesen.)

Bereits im Alten Testament halten die Juden Gott entgegen: *"Wir sind, weise und das Gesetz des HERRN ist bei uns"* (**Jer 8,8**). Die Juden begingen jedoch zur Zeit des Jeremia wie zur Zeit des Paulus zwei Fehler. Zum einen leiteten sie aus dem *"Vorzug"* (Röm 3,1-2), daß sie die Offenbarung Gottes empfangen hatten, auch einen persönlichen Vorzug ab (*"Wenn du dich aber einen Juden nennen läßt und dich auf dem Gesetz ausruhst"*, Röm 2,17) und taten damit so,

---

[298]Vgl. die Beispiele und Belege in Paul Billerbeck. Die Briefe des Neuen Testamentes und die Offenbarung Johannis erläutert aus Talmud und Midrasch. Kommentar zum Neuen Testament aus Talmud und Midrasch 3. hg. von Hermann L. Strack, Paul Billerbeck. C. H. Beck: München, 1926. S. 97-107

als hätten sie Gottes Wort nicht **geschenkt** bekommen, sondern als hätten sie es verdientermaßen erhalten, weil sie besser als andere Völker waren (das ist das Thema des nächsten Abschnittes Röm 3,1-20; bes. V.1-2+9). Sie trauten sich alle die genannten Dinge zu (*"und dir zutraust ..."*, Röm 2,19), als käme es auf sie, nicht auf Gott an.

Zum anderen hielten sie Gottes Wort zwar zu Recht für das *"Licht"* (Röm 2,19), das die Welt benötigt, aber sie nahmen dieses Licht selbst nicht in Anspruch! Paulus dagegen *"kämpfte"* sogar für sich selbst darum, daß er *"nicht anderen predige"* und *"selbst verwerflich werde"* (**1Kor 9,27**). Wieviel mehr bestand diese Gefahr für Menschen, die nicht an Jesus Christus glaubten!

Wenn das *"Hören"* (Röm 2,13) und Verbreiten des Wortes Gottes allein schon den Menschen *"gerecht"* macht, so fragt Paulus, wieso gibt es dann Juden die stehlen (V.21), ehebrechen (V.22) und sich am Götzendienst bereichern (V.22)?

Paulus wirft den Juden nicht direkt 'Götzendienst' vor, wie man es erwarten könnte, wenn man bedenkt, daß die anderen Gebote, auf die er anspielt, den Zehn Geboten entnommen sind. Der richtige Götzendienst war unter den Juden zu dieser Zeit jedoch praktisch ausgestorben[299]. "Tempelraub" kann als Bereicherung am Götzendienst (trotz des Verbotes in **5Mose 7,25-26**, Götzenbilder zu verkaufen oder aufzubewahren) verstanden werden, wozu parallele Ermahnungen und Berichte aus der jüdischen Literatur bekannt sind[300]. Man kann aber auch davon ausgehen, daß der Tempel hier für das Heilige allgemein, also für alles Gott Gehörende steht, und grundsätzlich ein Hintergehen Gottes, also jedes Sakrileg (Schändung des Heiligen) gemeint ist[301].

Das Kernproblem der Übertretung des Gesetzes durch Juden, die sich wegen des Gesetzes für besser hielten, schildert V.23. Die, die sich *"des Gesetzes rühmen"*, *"verunehren"* in Wirklichkeit *"Gott durch die Übertretung des Gesetzes"*. Paulus untermauert das wieder mit dem Alten Testament: *"euretwegen"* wird *"der Name Gottes gelästert"* (V.24). (V.24 ist kein direktes Zitat, sondern übernimmt Formulierungen und Aussagen aus mehreren alttestamentlichen Texten: 2Sam 12,14; Hes 36,20-23; Jes 52,5 u. a.) Damit wird die jüdische Mission auf den Kopf gestellt: während die Juden meinen, den Heiden Gott und sein Wort zu bringen (V.17-20), sind sie in Wirklichkeit der Grund, warum Gott und sein Wort *"unter den Nationen verlästert"* werden. Paulus steht damit im Einklang mit dem

---

[299]Cranfield 1/169

[300]Michel 131; Paul Billerbeck. Die Briefe des Neuen Testamentes ... a. a. O. S. 113-114

[301]So Cranfield 1/169-170

Alten Testament. Das Alte Testament spricht von Israels Aufgabe,
allen Völkern ein Vorbild zu sein, damit diese erkennen, daß der
Gott Israels der Herr der Welt ist. Deswegen verurteilt das Alte Testament die Sünde und den Götzendienst Israels viel schärfer, als die
Sünde anderer Völker. *"Das Gericht beginnt am Haus Gottes"*
(1Petr 4,17).

Den Vorwurf des Paulus in diesem Abschnitt kann man am besten
mit den Worten Jesu in **Joh 7,19** zusammenfassen: *"Hat Mose euch
nicht das Gesetz gegeben? Und keiner von euch tut das Gesetz!"*

B. V.25-29: Was nützt die Beschneidung?

Paulus greift nun den letzten und wichtigsten *"Vorzug"* (Röm 3,1)
auf, den die Juden anführten: die Beschneidung. Ist nicht die Beschneidung und das Unbeschnittensein ein für jeden sichtbarer Beweis, daß die Juden im Bund mit Gott stehen und die Heiden nicht?
Paulus sagt nein dazu. Für ihn ist die äußere Beschneidung nur soviel wert, wie sie die innere Beschneidung widerspiegelt. Wer das
Gesetz bricht, hat es ganz gebrochen (vgl. Jak 2,10-11). Er kann den
Gesetzesbruch nicht damit aufwiegen, daß er einen anderen Teil der
äußeren Gebote, hier die Beschneidung, hält.

Wichtig ist an dieser Stelle, daß Paulus die Beschneidung nicht
einfach neutestamentlich umdeutet. Hätte er ein völlig neues
Beschneidungsverständnis gehabt, hätte den Juden sein Argument
sicher nicht einleuchten können. **So aber gibt er nur das alttestamentliche Beschneidungsverständnis wieder.** Schon im Alten Testament wird Israel aufgerufen, die *"Vorhaut des Herzens"* zu beschneiden (**5Mose 10,16**; vgl. **30,6+8**; **Jer 4,4**). In **Jer 9,25** heißt es
"... das ganze Haus Israel hat ein unbeschnittenes Herz". Auf weitere Beispiele werden wir in Kürze eingehen.

Das entscheidende für Gott war die innere Beschneidung des Herzens. Die äußere Beschneidung sollte eine äußere Darstellung und
Besiegelung dessen sein, was Gott am menschlichen Herzen getan
hatte. Die innere Beschneidung war deswegen auch dem Judentum
geläufig[302].

Die Definition in Röm 2,29, was ein Jude ist, und daß die Zugehörigkeit zum Volk Gottes Israel eine geistliche, keine fleischli-
che Größe ist, wird in **Röm 9,6-18** (und im ganzen Abschnitt Röm
9-11) weiter fortgeführt und spielt für die Zukunft Israels eine entscheidende Rolle. Dort wird verstärkt deutlich, daß nur die innerlich
beschnittenen, also die gläubigen Juden, das Israel sind, das sich

---

[302]Belege bei Paul Billerbeck. Die Briefe des Neuen Testamentes ... a. a. O. S.
126

schon im Alten Testament und auch von der Zeit des Paulus bis heute auf die Verheißungen Gottes berufen konnte und kann.

In Zusammenhang mit der Beschneidung sind drei Dinge wichtig:

1. Schon im Alten Testament geht es Gott nicht nur um die äußere Erfüllung der Gebote Gottes. Manche Christen meinen etwa, daß Jesus in der Bergpredigt (Mt 5,27-32) das 'äußere' Verbot des Ehebruchs durch ein 'inneres' Verbot des begehrlichen Blickes ergänzt habe. In Wirklichkeit findet sich schon in den Zehn Geboten das Verbot des Ehebruchs und im letzten Gebot das Verbot "*Du sollst nicht begehren deines Nächsten Frau ...*" (2Mose 20,17).[303] Dieses Zehnte Gebot stellt die innerliche Seite zum Verbot des Ehebruchs (Begehren der Frau des Nächsten) und zum Verbot des Stehlens (Begehren des Besitzes des Nächsten) dar.

2. Man kann, wie wir später noch ausführlicher sehen werden[304], bei aller notwendigen Vorsicht[305] im Alten Testament zwischen dem **Moralgesetz**, das in den Zehn Geboten in Kurzform vorliegt, und dem **Zeremonialgesetz**, das die Opfer, Reinigungs- und Speisevorschriften usw. ebenso wie die Beschneidung umfaßt, unterscheiden. (Dabei darf dem Begriff 'Zeremonialgesetz' allerdings keinerlei abwertende Bedeutung beigemessen werden!) Nun ist nach **Mt 5,17-20** das gesamte Gesetz durch Jesus nicht 'aufgelöst', sondern "*erfüllt*" worden. Das **Moralgesetz** ist dabei, wie wir ebenfalls noch sehen werden, für alle Zeiten gleichermaßen gültig und wird auch das Gesetz sein, das im Jüngsten Gericht für die Beurteilung aller Menschen zugrundegelegt wird. Es wird vom Geist Gottes heute in den Christen "*erfüllt*", weil Christus die Erfüllung am Kreuz erwirkt hat (Röm 8,3-4; 13,8-10)[306]. Das **Zeremonialgesetz** galt dagegen für Israel und "*erfüllt*" sich in Jesus Christus so, daß es nicht mehr vollzogen werden muß, weil es in Christus ein für allemal vollzogen worden ist, wie uns vor allem der Hebräerbrief deutlich macht. (Dabei bleibt das Zeremonialgesetz aber weiterhin gültige juristische Grundlage für alles, was am Kreuz geschah, denn wenn es nachträglich aufgehoben würde, wäre auch das Blutvergießen Jesu nicht mehr nötig, vgl. Hebr 9,22-24; 3Mose 17,11.) Für die Beschneidung wird der Unterschied zwischen Moral- und Zeremonialgesetz etwa in **1Kor 7,19** ganz deutlich: "*Die Beschneidung ist nichts, und das*

---

[303]Vgl. Thomas Schirrmacher. "Die Bergpredigt ...". a. a. O. und Lektion 28 "Die Bergpredigt" in: Thomas Schirrmacher. Ethik. 2 Bde. Hänssler: Neuhausen, 1994 (im Erscheinen begriffen)

[304]Besonders in den Abschnitten B. bis E. in Lektion 15.

[305]Vgl. ebd.

[306]Vgl. zu den beiden Texten Lektion 15 und 26

Unbeschnittensein ist nichts, sondern das Halten der Gebote Gottes".

Vertreter der Ansicht, daß das alttestamentliche Gesetz für Christen überhaupt nicht mehr gilt, halten diese Unterscheidungen für künstlich, da im Alten Testament die verschiedenen Teile ineinander verwoben sind. Wenn man so argumentiert, dürfte man aber auch das Gesetz im Sinne der einzelnen Gebote nicht als eigene Kategorie führen, denn der Begriff 'Gesetz' bezeichnet oft das gesamte Wort Gottes (z. B. in Psalm 19 und 119) und die einzelnen Gebote sind im Alten Testament ebenfalls mit Verheißungen und geschichtlichen Berichten aufs engste verquickt. Ebenso dürfte man nicht von Prophetie sprechen, da Prophetie nur selten in 'Reinkultur' auftritt, sondern meist mit Geboten und geschichtlichen Berichten verbunden ist. Die Zweiteilung in Moral- und Zeremonialgesetz ergibt sich für mich nicht erst aus den reformatorischen Schriften, sondern aus dem Alten (z. B. Ps 40,7-11; Jer 7,21-24) und Neuen Testament (z. B. 1Kor 7,19) selbst[307].

Viele lutherische und reformierte Bekenntnisschriften nennen neben Moral- und Zeremonialgesetz noch das Judizialgesetz (die Gebote für die staatliche Ordnung mit den Strafmaßen), das meines Erachtens jedoch Bestandteil des jeweiligen Moral- oder Zeremonialgesetzes ist, deren Übertretung es ahndet. Die Judizialbestimmungen zum Moralgesetz liefern uns insbesondere die Unterscheidung, welcher Gesetzesbruch vor die staatliche Obrigkeit gehört und welcher nicht.

3. Der Unterschied zwischen *"Geist"* und *"Buchstabe"* (V.29; **2Kor 3,6**) darf nicht so verstanden werden, als wenn *"Buchstabe"* ein Leben nach Gottes Ordnungen, *"Geist"* dagegen das wahre Christsein unabhängig von dem, was Gott gesagt hat, meint[308]. *"Buchstabe"* meint hier vielmehr ein Einhalten der äußeren Ordnungen Gottes, womöglich sogar nur des Zeremonialgesetzes, ohne den Sinn dieser Ordnungen und das Wesentliche am Willen Gottes zu beachten. Was der *"Geist"* will ergibt sich gerade aus dem Wort Gottes, sonst könnte Paulus die Juden hier ja gar nicht so kritisieren. Bringen wir das Problem auf einen kurzen Nenner: **Nicht jeder, der den Buchstaben des Wortes Gottes erfüllt, erfüllt deswegen den Geist des Wortes Gottes** (vgl. 2Tim 3,5: "... *die den Schein* [oder: *die Form*] *der Gottseligkeit haben, aber ihre Kraft verleugnen*");

---

[307]Vgl. dazu ausführlicher Abschnitt D. in Lektion 15

[308]Vgl. dazu die ausgezeichneten Ausführungen "Der Geist, der durch den Buchstaben lebendig macht" von Kurt Hennig. In der Bibel steht es anders. Hänssler: Neuhausen, 1985. S. 71-77. In der Gegenüberstellung von Geist und Buchstabe verstehen 'Geist' als die recht verstandene Erfüllung des Gesetzes (aus historisch- kritischer Sicht): Peter von Osten-Sacken. Die Heiligkeit der Thora. Chr. Kaiser: München, 1989. S. 86-115 (+14-23) und Wolfgang Schrage. Die konkreten Einzelgebote in der paulinischen Paränese. Gütersloher Verlagshaus G. Mohn: Gütersloh, 1961. S. 71-93.

aber jeder, der den Geist des Wortes Gottes erfüllt, wird automatisch auch den Buchstaben des Wortes Gottes erfüllen.

Für das Beispiel Beschneidung bedeutete das für einen Juden: Nicht jeder beschnittene Jude war wirklich innerlich beschnitten, aber jeder innerlich beschnittene Jude trat natürlich mit Freuden für die Beschneidung ein. Im berühmten Bußpsalm Davids Ps 51 wird dies genauso für die Opfer deutlich: Ohne Demut und Zerbruch (*"ein zerbrochenes ... Herz"*) hat Gott *"kein Gefallen"* an Opfern (**Ps 51,18-19**), aber wer ein zerbrochenes Herz hat, sagt David einige Verse weiter, wird natürlich gerne *"rechte Opfer"* bringen (**Ps 51,21**)[309].

C. Thema: Wahre Beschneidung und wahre Opfer im Alten Testament

☞ Hinweis für Schüler und Gruppen

Zu dem folgenden Abschnitt ist eine Vortragskassette des Autors erschienen[310]. Wir empfehlen, diese Kassette an dieser Stelle zu hören. Ihr Erwerb und ihr Anhören ist jedoch keine Pflicht, sondern dient lediglich zur Erleichterung des Einstieges.

a. Wahre Beschneidung

In dem bereits erwähnten Vers in **1Kor 7,19** heißt es: *Die Beschneidung ist nichts und das Unbeschnittensein ist nichts, sondern das Halten der Gebote Gottes"*. Stellt Paulus hier nicht zwei Dinge gegeneinander, die eigentlich identisch sind? War die Beschneidung nicht ebenso ein Gebot Gottes, wie etwa die Zehn Gebote? Nehmen wir **Röm 2,28-29** hinzu, um die Frage noch deutlicher formulieren zu können: *"Denn nicht der ist ein Jude, der es sichtbar ist, und nicht das ist die Beschneidung, was eine sichtbare im Fleisch ist, sondern der ist ein Jude, der es im Verborgenen ist und die Beschneidung ist die des Herzens - im Geist, nicht im Buchstaben"*. In **Eph 2,11** spricht Paulus davon, daß Juden nur *"mit Händen beschnitten"* sind.

Im ersten Moment könnte es so aussehen, als wenn Paulus in neutestamentlicher Zeit versucht, die alttestamentliche Beschneidung umzudeuten. Er unterscheidet in 1Kor 7,19 die Beschneidung einfach von den Geboten Gottes und setzt an ihre Stelle in Röm 2,28-29 eine innerliche Beschneidung.

---

[309]Vgl. dazu den nächsten Abschnitt in dieser Lektion

[310]Thomas Schirrmacher. Gehorsam ist besser als Schlachtopfer: Opfer und Beschneidung verstehen. Theologischer Fernunterricht. Verlag für Kultur und Wissenschaft: Bonn, 1990 (Hänssler-Bestellnummer 997.020)

Doch jeder, der im Alten Testament zu Hause ist, weiß, daß ein
solcher Verdacht unberechtigt ist. Was Paulus hier sagt, hat er nur
aus dem Gesetz und den Propheten des Alten Testamentes übernommen. Dort ist nämlich oft vom *"unbeschnittenen Herzen"*
(**3Mose 26,41; Jer 9,25; Hes 44,7+9**) die Rede. So heißt es zum
Beispiel an zwei Stellen im 5. Buch Mose: *"Beschneidet die Vorhaut
eures Herzens und verhärtet eure Nacken nicht mehr"* (**5Mose
10,16**); *"Und der Herr, dein Gott, wird dein Herz und das Herz deiner Nachkommen beschneiden, damit du den Herrn, deinen Gott,
liebst mit deinem ganzen Herzen und deiner ganzen Seele, damit du
am Leben bleibst. ... Du aber wirst umkehren und der Stimme des
Herrn gehorchen und wirst all seine Gebote tun, die ich dir heute
befehle"* (**5Mose 30,6+8**).

Dieselbe Aussage finden wir nicht nur im Gesetz, sondern auch
bei den Propheten, wie etwa zwei Stellen bei Jeremia zeigen:
*"Beschneidet euch für den Herrn und entfernt die Vorhäute eurer
Herzen, ihr Männer von Juda und Bewohner von Jerusalem, damit
mein Zorn nicht ausbricht wie ein Feuer und unauslöschlich brennt
wegen der Bosheit eurer Taten"* (**Jer 4,4**); : *"Denn alle Nationen
sind unbeschnitten und das ganze Haus Israel hat ein unbeschnittenes Herz"* (**Jer 9,25**). Jeremia formuliert hier sehr genau. Die Nationen sind innerlich und auch äußerlich unbeschnitten, die Israeliten
sind zwar äußerlich, aber nicht innerlich beschnitten und damit
eigentlich den Heiden gleich. Ungläubige Heiden sind *"Fremde, unbeschnitten am Fleisch und unbeschnitten am Herzen"* (**Hes
44,7+9**). Auch hier wird zwischen Heiden und Juden unterschieden,
denn die Heiden sind äußerlich und innerlich unbeschnitten, die Juden sind dagegen äußerlich beschnitten, oft jedoch aber innerlich
unbeschnitten.

Die Beschneidung war das Zeichen des Bundes zwischen Gott
und seinem Volk. Sie stand für die Bereitschaft, sich von Gott beschneiden zu lassen und die Tatsache, daß es ohne Blutvergießen
keinen Bund mit Gott geben kann. So wie die Vorhaut blutig beschnitten werden mußte, so muß aus unserem Herz, also aus dem
Entscheidungszentrum des Mensch mit Denken, Wollen, Entscheiden und Empfinden von Gott durch Blutvergießen alles Böse her-
ausgeschnitten und vergeben werden.

Gott geht es jedoch im Alten Testament nicht um die äußere
Einhaltung oder Anwendung irgendwelcher Zeichen und Zeremonien, sondern um die innere Einstellung Gott gegenüber, die insbesondere im Beachten beziehungsweise Nichtbeachten seiner heiligen
Gebote zum Ausdruck kommt.

Die Reformatoren und später insbesondere die reformierten
Theologen haben - wie wir bereits gesehen haben - aufgrund dieser

und anderer Stellen sehr treffend zwischen dem Moralgesetz des Alten Testamentes, das für alle Menschen und alle Zeiten gültig ist und das von den Christen durch den Geist Gottes *"erfüllt"* (Röm 8,3) wird und dem Zeremonialgesetz, das sich in Jesus Christ erfüllt und vollendet hat, unterschieden. Dies Zeremonialgesetz, zu dem etwa die Beschneidung, die Opfer und die Reinigungs- und Speisegesetze gehören, war kein Selbstzweck, sondern erfüllte seinen Zweck dann, wenn es zum wahren Gottesdienst und zum Halten des Moralgesetzes, eben der Gebote Gottes, führte, die der Inbegriff der Heiligkeit waren. Dabei darf man allerdings keine zu begrenzte Vorstellung vom Moralgesetz haben, umfaßte es doch die völlige Liebe zu Gott und den Nächsten ebenso wie die Anbetung und Verherrlichung Gottes. Auf diesem Hintergrund werden 1Kor 7,19 und Röm 2,28-29 verständlich.

b. Wahre Opfer

Wir haben die Beschneidung als Beispiel einer Vorschrift des Zeremonialgesetzes vom Neuen Testament in das Alte Testament zurückverfolgt. Wir wollen nun für einen zweiten Bereich des Zeremonialgesetzes, nämlich für die Opfer, den umgekehrten Weg einschlagen und im Alten Testament beginnen, bevor wir zur neutestamentlichen Anwendung übergehen.

Auch zum Darbringen der Opfer finden wir wie bei der Beschneidung zahlreiche Stellen im Alten Testament, die betonen,
1. daß das Halten der Gebote Gottes viel wichtiger ist als das Opfern und;
2. daß Opfer ohne die richtige innere Einstellung der Reue und Umkehr völlig wertlos sind;
3. daß in den Opfern Gott handelt und nicht der Mensch.

Schon kurz nach dem Sündenfall wird dies am Beispiel von Kain und Abel deutlich (1Mose 4,2-7). Beide Opfer waren äußerlich korrekt, doch Abel opferte nach **Hebr 11,4** *"durch Glauben"*, während Kains Opfer durch den Neid und die Rebellion gegen Gott wertlos war.

"So stellt ... das A. T. an seine Spitze das Zeugnis, dass Opfer, sofern man Gott mit denselben äusserlich abzufinden meint, verwerflich sind, dass nur die fromme Gesinnung das Opfer wohlgefällig macht."[311]

Wenn die Israeliten sündigten (4Mose 5,1-6), heißt es vor allem und zunächst: *"dann sollen sie ihre Sünde bekennen"* (**4Mose 5,7**) und nicht 'dann sollen sie opfern'.

---

[311]Gustav Friedrich Oehler. Theologie des Alten Testaments. J. F. Steinkopf: Stuttgart, 1891[3]. S. 81 (alles sic)

Der berühmte Bußpsalm Davids bringt dieselbe Botschaft unmißverständlich zum Ausdruck: *"Denn du hast keine Lust am
Schlachtopfer, sonst gäbe ich es, Brandopfer gefällt dir nicht. Die
Opfer Gottes sind ein zerbrochener Geist, ein zerbrochenes und zer-
schlagenes Herz wirst du, Gott, nicht verachten"* (**Ps 51,18-19**).

Will denn David in einer scheinbar frommen Revolution die Opfer abschaffen?[312] Wollte Gott wirklich keine Opfer? Tatsächlich,
solche falschen Opfer wollte Gott wirklich nicht! Gott wollte einen
zerbrochenen Menschen, der seine eigene Selbstrechtfertigung auf-
gab. Doch **Ps 51,21** zeigt, daß es dabei nicht um eine Revolution
geht, sondern nur um die richtige Reihenfolge: *"Dann wirst du Lust
haben an rechten Opfern, Brandopfern und Ganzopfern; dann wird
man Stiere darbringen auf deinem Altar"*. Wenn die Voraussetzungen stimmen und ein zerbrochener Geist vorhanden ist, sind Opfer
am rechten Platz.

Auch Jeremia sieht den *"zerschlagenen Geist"* als die eigentliche
Voraussetzung für wahre Opfer an (Jer 6,2-3; Text siehe unten). Auch
in **Ps 34,19** ist vom *"zerbrochenen und zerschlagenen Geist"* die
Rede.

In einem anderen Psalm heißt es ganz ähnlich: *"An Schlacht- und
Speisopfern hattest du kein Gefallen, Ohren hast du mir gegraben
[um hören zu können]. Brand- und Sündopfer hast du nicht gefordert. ... Dein Wohlgefallen zu tun, mein Gott, liebe ich; und dein Gesetz ist tief in meinem Innern. Ich habe Gerechtigkeit verkündigt in
der großen Versammlung; siehe, meine Lippen hemmte ich nicht,
HERR, du weißt es! Deine Gerechtigkeit habe ich nicht verborgen im
Innern meines Herzens; deine Zuverlässigkeit und deine Hilfe habe
ich ausgesprochen, deine Gnade und deine Treue nicht verhehlt vor
der großen Versammlung"* (**Ps 40,7+9-11**).

Die Psalmen erwähnen auch ein *"Opfer"*, das kein Bestandteil des
Zeremonialgesetzes war, sondern sich ausschließlich auf eine innere
Einstellung bezog, nämlich das Gebet als *"Rauchopfer"* und
"Speisopfer" (**Ps 141,2-3**) und das *"Dank opfern"* (**Ps 50,14+23**). Bei
dem Dankopfer geht es um eine dankbare Einstellung auch dann,
wenn der Dank schwer fällt[313]. In diesem Zusammenhang ist auch **Ps**

---

[312]Historisch-kritischen Vertretern der Quellenscheidung fiel denn tatsächlich
oft nichts anderes ein, als hier den Konflikt zwischen völlig unterschiedlichen theologischen Konzeptionen und Quellen zu behaupten; Beispiele und
Widerlegung schon bei Philipp J. Hoedemaker. Der Mosaische Ursprung
der Gesetze in den Büchern Exodus, Leviticus und Numeri: Vorlesungen
über die moderne Schriftkritik des Alten Testaments. C. Bertelsmann: Gütersloh, 1897. S. 220-225 (vgl. zum Moralgesetz überhaupt ebd. S. 209-
232, zu den Opfern ebd. S. 255-274).

[313]Vgl. Franz Delitzsch. Biblischer Commentar über die Psalmen. Biblischer
Commentar über das Alte Testament 4/1. Dörffling und Franke: Leipzig,

69,31-32 zu nennen: *"Ich will den Namen Gottes im Lied loben und ihn mit Dank erheben. Denn es wird dem HERRN wohlgefälliger sein als ein Stier, als ein Opferstier mit Hörnern und gespaltenen Hufen".* Auch Hosea spricht von einem Opfer außerhalb des Zeremonialgesetzes: *"Wir wollen die Frucht unserer Lippen opfern"* (**Hos 14,3**). Diese Art des Opfers findet sich auch in **Jona 2,10**: *"Ich aber will dir Opfer bringen mit der Stimme des Lobes".* Und **Jer 17,26** stellt das *"Lob"* neben die wichtigsten Opferarten des Alten Testamentes: *"Brandopfer, Schlachtopfer, Speisopfer und Weihrauch bringen und die Lob-*[opfer]".

Auch im Buch der Sprüche und im Buch Prediger finden wir kurz und knapp als Kernsätze der Weisheit dieselbe Aussage: *"Gerechtigkeit und Recht üben ist dem Herrn lieber als Schlachtopfer"* (**Spr 21,3**); *"Herantreten, um zu hören, ist besser, als wenn die Toren Schlachtopfer geben"* (**Pred 4,17**).

Dabei wird vor allem das Opfer der Gottlosen als *"Greuel"* angesehen: *"Das Opfer der Gottlosen ist für den HERRN ein Greuel, aber das Gebet der Aufrichtigen hat sein Wohlgefallen"* (**Spr 15,8**); *"Das Schlachtopfer der Gottlosen ist ein Greuel, wieviel mehr, wenn man es in schändlicher Absicht bringt!"* (**Spr 21,27**).

Nach dem Gesetz und den poetischen Büchern des Alten Testamentes wenden wir uns kurz den Geschichtsbüchern zu. Bekannt sind die Worte von Samuel an Saul, nachdem dieser im Ungehorsam das *größte* Opfer gebracht hatte, das die Geschichte Israels bis dahin kannte: *"Hat der Herr soviel Lust an Brandopfern und Schlachtopfern wie daran, daß man der Stimme des Herrn gehorcht? Siehe, Gehorsam ist besser als Schlachtopfer und Aufmerken ist besser als das Fett von Widdern"* (**1Sam 15,22**).

Wenden wir uns schließlich den Propheten zu, die den Mißbrauch der Opfer am schärfsten geißeln. Immer wieder wird das Volk daran erinnert, daß die Opfer dem einsichtigen Übertreter der Gebote Gottes die Möglichkeit geben sollen, durch die Versöhnung mit Gott erneut im Gehorsam gegen Gott zu leben.

Der Prophet Hosea ermahnt: *"Denn an Güte habe ich Gefallen, nicht an Schlachtopfern und an der Erkenntnis mehr als an Brandopfern"* (**Hos 6,6**; zitiert in **Mt 9,13**; **12,7**; vgl. 23,23); *"Ja Ephraim hat die [Zahl der] Ältäre vermehrt, die ihm zum Sündigen dienen, [es sind also] Ältäre zum Sündigen. Schriebe ich ihm zehntausendfach meine Gesetze auf, wie Fremdes würden sie geachtet. Als Schlachtopfer meiner Opfergaben opfern sie Fleisch und essen es. Der HERR hat kein Gefallen daran. Jetzt denkt er an ihre Schuld und sucht ihre Sünden heim"* (**Hos 8,11-13**).

1883[4]. S. 396+398. Delitzsch verweist in diesem Zusammenhang ausdrücklich auf den *"vernünftigen Gottesdienst"* nach Röm 12,1.

Auch bei Amos findet sich die Unterscheidung zwischen den Opfern und dem Leben nach den Maßstäben Gottes: "*Denn wenn ihr
mir Brandopfer opfert,* [mißfallen sie mir] *und an euren Speisopfern
habe ich kein Gefallen; und das Heilsopfer von eurem Mastvieh
kann ich nicht ansehen*" (**Amos 5,22**); "*Aber Recht ergieße sich wie
Wasser und Gerechtigkeit wie ein immerfließender Bach!*" (**Amos
2,24**).

Der bekannte Vers Mi 6,8 steht in selben Zusammenhang:
"*Womit soll ich vor den HERRN treten, mich beugen vor dem Gott
der Höhe? Soll ich vor ihn treten mit Brandopfern, mit einjährigen
Kälbern? Wird der HERR an Tausenden von Widdern, an Zehntau-
senden von Bächen Öls Gefallen haben? Soll ich meinen Erstge-
borenen für mein Vergehen geben, die Frucht meines Leibes für die
Sünde meiner Seele? Es ist dir gesagt, o Mensch, was gut ist, denn
was fordert der HERR von dir mehr, als Recht zu üben und Güte zu
lieben und demütig zu gehen mit deinem Gott?*" (**Mi 6,8**).

Die schärfste Kritik an den falschen Opfern findet sich bei Jesaja
und Jeremia. Jesaja verkündigt zum Beispiel: "*Hört das Wort des
HERRN, ihr Anführer von Sodom! Horcht auf die Weisung unseres
Gottes, Volk von Gomorra! Was soll mir die Menge eurer
Schlachtopfer? spricht der HERR. Ich habe die Brandopfer von Widdern und das Fett der Mastkälber satt, und am Blut von Jungstieren,
Lämmern und jungen Böcken habe ich kein Gefallen. Wenn ihr
kommt, um vor meinem Angesicht zu erscheinen - wer hat dann von
eurer Hand gefordert, meine Vorhöfe zu zertreten? Bringt nicht länger nichtige Speisopfer! Das Räucherwerk ist mir ein Greuel. Neu-
mond und Sabbat, das Einberufen von Versammlungen: Sünde,
Festversammlungen ertrage ich nicht. Eure Neumonde und eure Feste haßt meine Seele. Sie sind mir zur Last geworden, ich bin es
müde,* [sie] *zu ertragen. Und wenn ihr eure Hände ausbreitet, ver-
hülle ich meine Augen vor euch. Auch wenn ihr noch so viel betet,
höre ich nicht: eure Hände sind voll Blut. Wascht euch, reinigt
euch! Schafft mir eure bösen Taten aus den Augen, hört auf, Böses
zu tun! Lernt Gutes tun, fragt nach dem Recht, weist den Un-
terdrücker zurecht! Schafft Recht der Waise, führt den Rechtsstreit
der Witwe!*" (**Jes 1,10-17**); "*Wer ein Rind schlachtet, ist einer, der*
[in Wirklichkeit] *einen Menschen erschlägt, wer ein Schaf opfert, ist
einer, der einem Hund das Genick bricht, wer Speisopfer opfert, ist*
[wie einer mit] *Schweineblut, wer Weihrauch als Erinnerungsopfer
darbringt, ist einer, der Zauberei segnet*" (**Jes 66,3**). Solchen Menschen, die einerseits die genannten Opfer bringen, andererseits die
genannten Sünden begehen, kündigt Gott scharfes Gericht an (Jes
66,3-4). Dem steht der wahre Gläubige gegenüber, denn Gott sagt:
"*Aber auf den will ich blicken: auf den Elenden und den, der zer-*

schlagenen Geistes ist und der da zittert vor meinem Wort" (**Jes 66,2**).

Ähnlich scharf ruft Jeremia im Namen Gottes aus: *"Was soll ich denn mit Weihrauch, das aus Saba kommt und mit gutem Würzrohr aus fernem Land? Eure Brandopfer sind mir nicht wohlgefällig, und eure Schlachtopfer sind mir nicht angenehm"* (**Jer 6,20**); *"Wenn sie fasten, werde ich nicht auf ihr Flehen hören und wenn sie Brandopfer und Speisopfer opfern, werde ich kein Gefallen an ihnen haben. Stattdessen werde ich sie durch das Schwert und durch den Hunger und durch die Pest vernichten"* (**Jer 14,12**).

Hesekiel beklagt Opfermahlzeiten bei gleichzeitigem *"Blutvergießen"* (**Hes 33,25**).

Gott setzt die Speisegebote übrigens für Hesekiel vorübergehend außer Vollzug (Hes 4,12-15), wobei der alttestamentliche Bericht stark an die neutestamentliche Vision des Petrus in **Apg 10,9-17** erinnert, dem Gott anhand der Erfüllung der Speisegebote deutlich machte, daß nun auch Heiden zum Volk Gottes kommen durften.

Es werden hier bewußt so viele Beispiele aus dem Alten Testament zitiert, um deutlich zu machen, daß es sich nicht um eine Randerscheinung, sondern um einen roten Faden handelt, der sich durch die Geschichte Israels und durch alle Teile des Alten Testamentes zieht. Das Alte Testament unterscheidet sehr deutlich zwischen den zeremoniellen Ordnungen, die man leider auch rein äußerlich vollziehen kann, ohne sie zu meinen, und den moralischen Geboten Gottes, wegen deren Übertretung und Aufrechterhaltung die Versöhnung mit Gott überhaupt erst nötig war.

"Umkehren" bedeutet im Alten Testament eben nicht, Opfervorschriften zu erfüllen, so wichtig und unentbehrlich diese als Konsequenz der Umkehr auch waren, sondern *"Recht und Gerechtigkeit üben"* (**Hes 18,27**). Im heidnischen Ninive bedeutete bei der gewaltigen Erweckung (Jona 3,8-10) *"umkehren"*, daß *"jeder von seinem bösen Weg und von seinen Gewalttaten an seinen Händen"* umkehrte (**Jona 3,9**).

Ein letztes Beispiel bei Jeremia bringt Gottes Anklage vielleicht am schärfsten zum Ausdruck: *"So spricht der HERR der Heerscharen, der Gott Israels: Fügt [nur weiter] eure Brandopfer zu euren Schlachtopfern und eßt [Opfer]fleisch! Denn ich habe nicht mit euren Vätern [darüber] geredet und ihnen nichts geboten über das Brandopfer und das Schlachtopfer an dem Tag, da ich sie aus dem Land Ägypten herausführte"* (**Jer 7,21-22**). Wie kann Gott sagen, daß er nie über die Opfer gesprochen habe? Stammen die zahlreichen Kapitel zu den Opfern in den 5 Büchern Mose nicht von ihm? Ja sicher, aber solche Opfer, wie sie die Israeliten brachten, hatte er nie befohlen. Gott ging es um etwas ganz anderes, und diesem anderen sollten die Opferzeremonien dienen. Die Fortsetzung bei Jeremia bringt dies klar zum Ausdruck: *"Denn ich habe nicht mit euren Vätern* [darüber] *geredet und ihnen nichts geboten über das Brandopfer und das Schlachtopfer an dem Tag, da ich sie aus dem Land Ägypten herausführte; sondern dieses Wort habe ich ihnen geboten: Hört auf meine Stimme, dann werde ich euer Gott sein, und ihr werdet mein Volk sein! Und geht auf dem ganzen Weg, den ich euch gebiete, damit es euch wohlergeht! Aber sie haben nicht gehört und ihr Ohr nicht geneigt, sondern sind nach den Ratschlägen* [und] *in der Verstocktheit ihres bösen Herzens gegangen. Und sie haben mir den Rücken zugekehrt und nicht das Gesicht"* (**Jer 7,22-24**).

Gott hatte nie Opfer an sich befohlen. Er hatte erst recht nie befohlen, daß ein Mensch, dem seine Sünde nicht leid tut, Opfer bringen solle. Die Opfer sollten für von Gott veränderte, einsichtige Sünder den Weg frei machen, in die Gemeinschaft mit Gott zurückzukehren und in dieser Gemeinschaft heilig zu leben. Die Israeliten jedoch ruhten sich in ihrer Sünde auf dem Einhalten der zeremoniellen Vorschriften aus. Die Opfer waren eben viel einfacher darzubringen, als sich an die Gebote Gottes zu halten.

Das war den Juden durchaus bewußt. Jesus sagt etwa von einem Schriftgelehrten, daß er dem Reich Gottes sehr nahe sei, weil der Schrifgelehrte folgendes gesagt hatte: *"Recht, Lehrer, du hast nach der Wahrheit geredet, denn er ist einer, und es ist kein anderer außer ihm und ihn zu lieben von ganzem Herzen und von ganzem Verstand und von ganzer Seele und von ganzer Kraft und den Nächsten zu lieben wie sich selbst, ist viel mehr als alle Brandopfer und Schlachtopfer"* (**Mk 12,32-33**; vgl. das Zitat aus **Hos 6,6** in Jesu Mund **Mt 9,13; 12,7**; ähnlich 23,23). Die Liebe zu Gott und die Liebe zum Nächsten, wie sie das Moralgesetz beschreibt[314] ist *"viel mehr"*, also alle Opfer des Zeremonialgesetzes.

Daneben muß ein zweites betont werden. Gott sieht nur das als Opfer an, was er auch als Opfer geboten hat. Nicht alles, was wir für ein Opfer halten, ist deswegen schon ein Opfer. Neben der Kritik an Opfern von Israeliten, die entweder keine bußfertige Haltung hatten oder aber gegen das Moralgesetz verstießen, findet sich ebenso die scharfe Kritik an Opfern, die in ihrer Ausführung vom Gesetz des Mose abweichen (so bes. deutlich in **Mal 1,6-14** und in **Amos 4,4-5**). Es besteht allzu leicht die Gefahr, den Gehorsam gegenüber Gottes Geboten durch das Darbringen selbsterdachter Opfer zu ersetzen (vgl. z. B. **Mk 7,1-13**).

Aber selbst wenn wir uns an Gottes Ordnungen halten, nimmt Gott nur das als Opfer ernst, das äußerlich zum Ausdruck bringt,

---

[314]Vgl. Lektion 26 zu Röm 13,8-10

was innerlich längst vorhanden ist. Wir dürfen uns auch in neutestamentlicher Zeit nicht auf Bundeszeichen (Sakramenten) und Zeremonien ausruhen, so ernst sie auch zu nehmen sind.

Paulus zieht dabei in **1Kor 10,1-6** bewußt die Parallele zwischen der falschen Sicherheit der abtrünningen Israeliten im Alten Testament, die sich zu Unrecht auf die alttestamentlichen Sakramente beriefen und der falschen Berufung auf die neutestamentlichen Bundeszeichen und Zeremonien, also vor allem auf Taufe und Abendmahl, in der Gemeinde in Korinth. Taufe und Abendmahl, so ernst und wichtig sie sind, geben noch keinerlei Aufschluß darüber, ob ein Mensch Gottes Willen tut, geschweige denn über seinen inneren Zustand.

Auch andere an sich richtige Dinge können rein äußerlich vollzogen werden, wie etwa das Gebet um Vergebung, wenn man vergißt, daß uns *"Gottes Güte zur Umkehr leitet"* (Röm 2,4), dem Gebet um Vergebung also der Wunsch zur Änderung unseres Lebens zugrunde liegen muß. Gott vergibt uns, um uns ein neues heiliges Leben nach seinen Geboten zu ermöglichen.

Es ist also kein Wunder, daß das Neue Testament wie im Falle der Beschneidung auch mit seinem Opferverständnis am Alten Testament anknüpft. Wir wollen uns auf ein einziges Beispiel beschränken, auf das später noch eingegangen wird[315]. Paulus beginnt den praktischen Teil des Römerbriefes ab Röm 12 mit den Worten: *"Ich ermahne euch nun, Geschwister, durch die Barmherzigkeit Gottes, eure Leiber darzustellen als ein lebendiges, heiliges, Gott wohlgefälliges Opfer, was euer vernünftiger Gottesdienst ist"* (**Röm 12,1**).

Das wahre Opfer ist unser heiliges Leben. Paulus benutzt mit den Begriffen *"Opfer"* und *"Gottesdienst"* (griech. 'leiturgos', davon Liturgie) zwei Begriffe aus dem alttestamentlichen Zeremonialgesetz. Im Alten Testament hatte Gott eine bestimmte Art von Opfer und Gottesdienst geboten. Doch beide sollten nur eine Erinnerung und Darstellung des wahren Opfers und des wahren Gottesdienstes sein. Wieviel mehr muß das im Neuen Testament gelten, wo wir außer für Taufe und Abendmahl nur wenige konkrete Vorschriften für die äußere Gestaltung des Gottesdienstes haben!

Unsere gottesdienstliche Veranstaltung ist nur soviel wert, als sie den heiligen Gottesdienst unseres Lebens bezeugt und dazu dient, daß unser Leben immer mehr ein *"lebendiger, heiliger, Gott wohlgefälliger"* *"Gottesdienst"* wird. Wenn unser Gottesdienst jedoch nur unser vielleicht frommes, aber doch gegen Gott gerichtetes

---

[315]In Abschnitt A. von Lektion 23

Leben überspielt, ist er nicht nur wertlos, sondern völlig unver-
nünftig, wie Paulus sagt, und ist nach dem Alten Testament Gott sogar ein Greuel. Paulus fleht uns in Röm 12,1 durch die Barmherzigkeit Gottes an, unser ganzes Leben einschließlich unseres Körpers
als Werkzeug Gott zur Verfügung zu stellen.

➡ Empfehlungen zum eigenen Weiterstudium

Mit Hilfe der Konkordanz können weitere wichtige Texte zum Thema
Beschneidung und Opfer im Alten und Neuen Testament gesammelt
werden.

Zu den in V.17-20 von den Juden verwendeten Formulierungen kann man
aus dem Alten und Neuen Testament Belege sammeln, wo diese Formulierungen im positiven Sinne verwendet werden.

✍ Fragen zur Selbstkontrolle

Wie definiert Paulus einen Juden (bitte nicht in den Text des Römerbriefes
schauen)? (Antwort: lesen Sie V.28-29)

Wieso nützt die Beschneidung den Juden bei ihrer Verteidigung vor Gott
nichts? (Antwort: lesen Sie den 1. Absatz in Abschnitt B. in dieser Lektion)

Wie ist die Unterscheidung von 'Geist' und 'Buchstabe' in V.29 zu verstehen? (Antwort: lesen Sie den vorletzten, mit 3. beginnenden Absatz von
Abschnitt B. in dieser Lektion)

Welche zwei Fehler der Juden in bezug auf das Alte Testament wurden in
dieser Lektion erwähnt? (Antwort: lesen Sie den 3. und 4. Absatz [nach
der Arbeitsanleitung] in Abschnitt A. in dieser Lektion)

Was sind nach Ps 51 die Voraussetzungen für echte, Gott wohlgefällige
Opfer (bitte nicht in den Text des Psalms schauen)? (Antwort: lesen Sie
Ps 51,18-21 und eventuell die Ausführungen dazu in dem mit "Der be-
rühmte Bußpsalm ..." beginnenden Absatz in Abschnitt C. b. in dieser
Lektion)

✉ Einsendeaufgaben

❶ Gilt V.28-29, also die Definition dessen, was ein Jude ist, Ihrer Meinung
nach
a. für die Zeit des Alten Testamentes,
b. für die Zeit des Paulus,
c. für heute,
d. für die Zukunft?
Begründen Sie jeweils Ihre Meinung zu jedem Zeitabschnitt getrennt.
(Umfang: ca. eine halbe DIN A4-Seite pro Zeitabschnitt)

❷ Warum war es verkehrt, daß die Juden das Gesetz als Ruhekissen
('dich auf dem Gesetz ausruhst', V.17) verwendeten? (Umfang: ca. 1 DIN
A4-Seite)

⊕ Hinweise für den Gruppenleiter

Es sollte ausdrücklich Wert darauf gelegt werden, daß jeder Gesprächsteilnehmer verstanden hat, daß Paulus hier die alttestamentliche Sicht der Beschneidung wiedergibt und eine alttestamentliche Definition für das Judesein zugrundelegt. Andere Ansichten sollten zuvor von den Teilnehmern selbst formuliert werden können.

Die konkreten Fragen der Taufe und der Sakramente überhaupt sollten erst im Rahmen von Röm 6,1-14 besprochen werden.

Das Zeremonialgesetz wird in Abschnitt B. der nächsten Lektion 7 und in Abschnitt A. in Lektion 27 zu Röm 14,1-15,8 erneut diskutiert.

✷ Fragen für das Gruppengespräch zur Auswahl

❶ <V.17-24> Die Juden hatten ein ungeheures Sendungsbewußtsein, während sie in Wirklichkeit oft genauso weit von Gott entfernt waren, wie diejenigen, die sie missionieren wollten. In ihrem Sendungsbewußtsein beriefen sie sich zu Unrecht auf Gottes Wort.

* Nach welchem Maßstab können und müssen wir bei uns persönlich unterscheiden, ob wir ein ebenso falsches frommes Sendungsbewußtsein haben oder ob wir im Sinne des Missionsbefehls (Mt 28,19-20) tatsächlich zu Recht unter Berufung auf die "Macht" Jesu (Mt 28,18) alle Menschen evangelisieren und sie "lehren alles zu bewahren, was ich euch geboten habe" (Mt 28,20)?

* Läßt sich echte Demut und das Wissen, selbst ein begnadigter Sünder zu sein (Röm 1,18-3,29), überhaupt mit dem Absolutheitsanspruch der Mission im Sinne der Bibel und mit unseren evangelistischen Bemühungen vereinbaren?

❷ <V.24-29> Die Juden beriefen sich auf die Erfüllung einiger Gebote, wie die Beschneidung, um von der Übertretung anderer Gebote abzulenken.

* Wie kommt es, daß wir Menschen das überhaupt so gerne tun?

* Wieso fällt es uns so viel leichter, äußerliche Gebote zu erfüllen, als den wahren Geist der Bibel auszuleben?

❸ <V.23-24> Paulus hält den Juden entgegen, daß sie trotz aller Mission in Wirklichkeit nicht Gottes Ehre in der Welt verbreiten, sondern selbst der Grund sind, warum "der Name Gottes unter den Nationen gelästert" (V.24) wird.

* Gibt es dieses Problem für die christliche Mission auch?

* Kann man wie Paulus die Reaktion der Ungläubigen auf das Leben derer, die ihnen das Wort Gottes sagen wollen, überhaupt mit ins Spiel bringen? Hätte Paulus nicht viel mehr darauf verweisen müssen, daß 'Menschen sowieso immer enttäuschen' und sich die Menschen 'zu Gott, nicht zum Missionar bekehren sollen'?

6. LEKTION: RÖMER 3,1-20

✍ Arbeitsaufwand der Lektion

Regelstudienzeit insgesamt 4 Stunden (2 Stunden an 2 Werktagen), davon 2 Stunden für das Erarbeiten des Studientextes und 2 Stunden für die Selbstkontrolle und die Einsendeaufgaben

❖ Gliederung und Aufbau der Lektion

Zunächst wird der wichtigste Vorzug der Juden anhand von V.1-8 besprochen. Dabei wird auch das Verhältnis von Gottes Treue zu Israels Untreue behandelt.

Anschließend werden die Argumente von Paulus in V.9-20 dafür besprochen, daß alle Menschen restlos Sünder sind.

Schließlich wird die Frage beantwortet, weshalb Paulus in Röm 1,18-3,20 nur von Gericht und Sünde, nicht aber von der Erlösung spricht, die erst ab Röm 3,21 behandelt wird.

➼ Lernziele der Lektion

Nach Durcharbeiten der folgenden Lektion sind Sie in der Lage,

1. zu definieren, was der größte Vorzug der Juden ist;
2. zu erklären, warum dieser Vorzug dem einzelnen Juden nichts nützt;
3. zu beschreiben, wie sich Gottes Treue und Israels Untreue zueinander verhalten;
4. zu erklären, weshalb Paulus zehn alttestamentliche Zitate hintereinanderstellt, um zu begründen, daß alle Menschen Sünder sind;
5. zu begründen, weshalb Paulus so lange bei Fragen der Schöpfung, des Gerichtes und der Sünde verweilt;
6. dafür Parallelen aus dem Alten und Neuen Testament zu benennen.

❝ Bibeltext zur Lektion (Römer 3,1-20)

1	Was ist denn dann der Vorzug des Juden oder was der Nutzen der Beschneidung?
2	Viel in jeder Hinsicht.
	Denn zuerst sind ihnen die Aussprüche Gottes anvertraut worden.
3	**Was** denn?

Wenn einige   untreu geworden sind,
wird etwa   ihre **Untreue**
                die **Treue** Gottes

zunichte machen?

4   **Das sei ferne!**
     Vielmehr ist es so:
          Gott ist **wahrhaftig,**
          aber jeder Mensch ein **Lügner,**
          wie geschrieben steht *[Ps 51,6]*:
          "Damit du als gerecht erfunden wirst
               in deinen Worten
               und den Sieg davonträgst,
               wenn man mit dir rechtet."

5   Wenn aber   unsere **Ungerechtigkeit**
                  Gottes **Gerechtigkeit** herausstellt,
          was sollen wir dann sagen?
          Ist Gott etwa ungerecht,
               wenn er Zorn verhängt?
                    - Ich rede nach Menschenweise. -

6   **Das sei ferne!**
          Wie könnte Gott sonst die Welt richten?

7   Wenn aber   die **Wahrheit** Gottes
                  durch meine **Lüge**
                       sich als übergroß erweist
                       zu seiner Verherrlichung,
          warum werde auch ich noch
                    als Sünder gerichtet?

8   Ist es etwa so,
          wie wir verleumdet werden und
          wie einige behaupten, daß wir sagen:
          'Laßt uns das Böse tun,
               damit das Gute kommt?'
          Deren Verurteilung ist gerecht.

9   Was nun?
     Haben wir einen Vorzug?
     Durchaus nicht!
          Denn wir haben zuvor
               die Anschuldigung erhoben,
               daß sowohl Juden
                    als auch Griechen
                         alle unter der Sünde sind,

10   wie geschrieben steht:
          Denn *"Da ist kein Gerechter, auch nicht einer;*

11   *da ist keiner, der verständig ist;*
          da ist keiner, der Gott sucht.

12   *Alle sind abgewichen,*
          allesamt sind sie untauglich geworden;
          da ist keiner, der Barmherzigkeit tut,
          da ist auch nicht einer" *[Ps 14,1-3]*.

13   *"Ihr Schlund ist ein offenes Grab;*
          mit ihren Zungen betrügen sie" [Ps 5,10].
          "Schlangengift ist unter ihren Lippen" [Ps 140,4].
14   *"Ihr Mund ist voll von Fluchen und Bitterkeit"*
                                              [Ps 10,7].
15   *"Ihre Füße sind schnell, um Blut zu vergießen;*
16   *Verwüstung und Elend sind auf ihren Wegen,*
17   *und den Weg des Friedens kennen sie nicht"*
                                              [Jes 59,7-8].
18   *"Es ist keine Furcht Gottes vor ihren Augen"*
                                              [Ps 36,2].
19   Wir wissen aber, daß
                  alles,   was das Gesetz sagt,
                  es zu   denen sagt,
                              die unter dem Gesetz sind,
                  damit jeder Mund gestopft wird
                  und die ganze Welt schuldig vor Gott ist;
20 **denn** aufgrund von Werken des Gesetzes
                  wird kein Fleisch
                  vor ihm gerechtgesprochen werden,
          denn durch das Gesetz kommt Erkenntnis der Sünde.

A. V.1-8: Gottes Treue und Israels Untreue

Nach dem, was Paulus in Röm 2 über die Juden gesagt hat, stellt sich sofort die Frage, ob es denn dann überhaupt noch einen Unterschied zwischen Juden und Heiden gibt (V.1). Auch wenn den Juden nicht nur das Heil (Röm 1,16), sondern auch das Gericht (Röm 2,10) *"zuerst"* gilt, hält Paulus aber den ganzen Brief hindurch energisch an der besonderen heilsgeschichtlichen Rolle Israels fest (besonders in Röm 9-11).

Der wichtigste *"Vorzug"* (V.1) der Juden ist, daß *"ihnen die Aussprüche Gottes anvertraut worden"* sind (V.2). Was wären die Juden ohne das Alte Testament? Diese *"Treue"* Gottes (V.3; dieselbe Wortfamilie wie *"anvertrauen"*, V.2) wird doch nicht dadurch in Frage gestellt, daß die meisten Juden *"Untreue"* (= *"Unglauben"*) gegenüber dem Wort Gottes praktizierten! Aber es macht deutlich, daß das Besondere an Israel *"Gottes Treue"* und nicht Israels Treue war.

Dies beweist Paulus wieder aus dem Alten Testament, also aus jenen *"Aussprüchen Gottes"*, die er soeben (V.1) als Israels wichtigsten Vorzug bezeichnet hat. Der Aussage *"Gott ist wahrhaftig"* (V.4) stellt Paulus **Psalm 116,11** gegenüber: *"Alle Menschen sind Lügner"* (zitiert in Röm 3,4). Dies ist nicht nur eine theoretische Feststellung des Psalmisten, sondern seine bittere persönliche Erfahrung, denn die Lehre von der Sündhaftigkeit des Menschen ist nicht nur ein Dogma, sondern alltägliche Wirklichkeit, die jeder Mensch im Alltag bitter erfahren kann. (In **Ps 116,10** steht deswegen der Lüge der Gottlosen der *"Glaube"* und die Demut Davids gegenüber.)

Die Existenz der Offenbarung Gottes ist also immer ein Beweis für die Gerechtigkeit Gottes, denn auf menschliche Gerechtigkeit kann sie nicht zurückgehen. Ja, Israels Ungerechtigkeit (und ebenso unsere Ungerechtigkeit) ist ein ständiger Beweis für Gottes Gerechtigkeit. Paulus begründet das mit einem zweiten Psalmzitat aus dem bekannten Bußgebet Davids (**Ps 51,6**): *"Damit du gerechtfertigt wirst in deinen Worten und den Sieg davonträgst, wenn man mit dir rechtet"* (Röm 3,4). Gott muß keine Befürchtungen hegen, wenn er immer wieder auffordert: *"Kommt denn und laßt uns miteinander rechten! spricht der HERR"* (**Jes 1,18a**; vgl. die Vergebung als einzigen Weg zur Gerechtigkeit in 1,18b-c), wie dies in ähnlicher Form im Alten Testament immer wieder der Fall ist (vgl. z. B. das Buch Hiob).

Wenn aber die menschliche Ungerechtigkeit Gottes Gerechtigkeit bestätigt (Röm 3,5) und unsere Lüge die Wahrheit Gottes unterstreicht (V.7), kommen dann nicht unsere Ungerechtigkeit und Verlogenheit Gott zugute? Wie so oft im Römerbrief stellt Paulus die Fragen seiner Gegner gleich selbst (V.5-8; ähnlich in Röm 9,14-18 und 9,19-22[316]) und redet damit *"nach Menschenweise"* (V.5).

Die erste Frage *"Ist Gott ungerecht, wenn er Zorn auferlegt?"* beantwortet Paulus mit dem Hinweis, daß damit Gottes Richteramt total in Frage gestellt wird, was dem Menschen nicht zusteht (V.6).

Die zweite Frage, warum der Mensch überhaupt gerichtet wird, beantwortet er, indem er eine noch direktere Frage stellt, die das wahre Motiv dieser Fragen ans Licht bringt. Er zitiert dazu ein Mißverständnis des Evangeliums, das ihm in den Mund gelegt wurde (*"wie wir verlästert werden"*, V.8), aber auch von einigen Irrlehrern vertreten wurde (*"wie einige sagen"*, V.8): *"Laßt uns das Böse tun, damit das Gute komme"* (V.8). Wenn wir das Böse tun, tun wir dann nicht Gott noch einen Gefallen, weil er sich dann als der Gute erweisen und Gnade üben kann?

Auch der Kirchenvater Aurelius Augustinus und die Reformatoren mußten sich genau gegen diesen Vorwurf verteidigen, daß sie das Böse verharmlosten und zum Werkzeug Gottes machten. Der Dichter Johann Wolfgang von Goethe hat dann später die Verharmlosung des Bösen, die die Reformatoren energisch von sich wiesen, in seinem 'Faust' klassisch vertreten, indem er Mephisto, also den

---

[316]Vgl. die Gliederung anhand des Ausdruckes *"Das sei ferne!"* in Abschnitt C. a. von Lektion 1

Bösen, als den beschreibt, der "Ein Teil von jener Kraft, Die stets
das Böse will, und stets das Gute schafft" ist.

Gott dagegen war schon lange vor Erschaffung der Welt gerecht
und gut. Er braucht nicht den untreuen Menschen, um sich seine eigene Treue zu beweisen. Aber für uns Menschen ist der Vergleich
der Treue Gottes mit der Untreue und damit der Erlösungsbedürftig-
keit der Menschen, hier insbesondere der Juden, ein zusätzlicher
Hinweis auf Gottes Gerechtigkeit und Zuverlässigkeit.

B. V.9-20: Alle Menschen sind Sünder

Der "*Vorzug*" der Juden liegt also darin, daß sie etwas von Gott
geschenkt bekommen haben, allem voran seine Offenbarung
(Röm3,2), nicht jedoch darin, daß sie besser als andere wären oder
keine Vergebung nötig hätten. Ihnen gilt eben nicht nur das Heil zuerst (Röm 1,16+2,9), sondern auch das Gericht (Röm 2,10). Wenn
Paulus daher die Frage nach dem Vorzug der Juden noch einmal
stellt (V.9), kann er neben die Antwort "*Viel in jeder Hinsicht ...*"
(V.2), die sich auf Gottes Treue bezieht, nun stattdessen die Antwort
"*Durchaus nicht ...*" (V.9), die sich auf die Untreue Israels bezieht,
stellen. Da er ja längst bewiesen hat, daß Juden und Heiden
("*Griechen*") beschuldigt werden müssen, weil sie "*nicht zu entschuldigen*" (in bezug auf Heiden: **Röm 1,20**; in bezug auf Juden:
Röm 2,1) sind, kann der Vorzug der Juden nicht darin liegen, daß
sie 'besser' sind oder keine Vergebung benötigen.

Paulus ist kurz vor dem Höhepunkt seines Abschnittes über die
Ungerechtigkeit der Menschen (Röm 1,18-3,20) angelangt. Bevor er
in **Röm 3,21** auf das Heil und Jesus Christus zu sprechen kommt,
unterstreicht er die Sündhaftigkeit aller Menschen noch mit einem
Trommelfeuer von über 10 alttestamentlichen Zitaten. Diese
Verse beziehen sich dabei im Alten Testament alle zunächst auf Juden, denn "*was das Gesetz*" (also das Gesetz, das den Juden einen
wirklichen Vorzug gibt, Röm 3,1) "*sagt, sagt es denen, die unter
dem Gesetz sind*" (V.19). Indem aber den Juden der "*Mund verstopft*" (V.19) wird, wird erst recht der "*ganzen Welt*" der Mund verstopft.

Paulus ist damit auf dem ersten Höhepunkt seines Briefes angelangt: "*die ganze Welt ist dem Gericht Gottes verfallen*" (V.19).
Daraus kann nur ein Schluß gezogen werden: "*Darum wird aus Ge-
setzeswerken* [oder: *dem Tun des Gesetzes*] *kein Fleisch gerechtgesprochen werden*" (V.20), und damit niemand das Problem beim
Gesetz vermutet, sondern wirklich ausschließlich bei der Sünde des
Menschen sieht, fügt er die eigentliche Bestimmung des Gesetzes
hinzu: "*denn durch Gesetz kommt Erkenntnis der Sünde*" (V.20).

Wichtige Belegstellen für die Sündhaftigkeit aller Menschen[317]

Altes Testament

Röm 3,9-19: (Text siehe zu Beginn der Lektion)
2Chr 6,36: *"Wenn sie gegen dich sündigen - denn es gibt keinen Menschen, der nicht sündigt ..."*
Jer 17,9: *"Trügerisch ist das Herz, mehr als alles, und unheilbar ist es."*
Jer 13,23: *"Kann ein Schwarzer seine Haut ändern oder ein Leopard seine Flecken entfernen? Könnt ihr das Gute tun, die ihr an das Böse gewöhnt seid?"*
Ps 143,2: *"... denn vor dir ist kein Lebender gerecht ..."*
Spr 20,9: *"Wer darf [zu Recht] sagen: Ich habe mein Herz rein gehalten, ich bin rein von meiner Sünde?"*
Pred 7,20: *"Denn kein Mensch auf der Erde ist gerecht, so daß er nur Gutes tut und niemals sündigt."*
Jes 53,6: *"Wir gingen alle in die Irre wie Schade, jeder von uns ging auf seinem eigenen Weg."*
Jer 6,28: *"Alle sind Verderber."*
vgl. **Mi 7,2; Jes 64,4-6; Jer 10,14**

Neues Testament

1Kor 2,14: *"Ein natürlicher Mensch vernimmt aber nicht, was des Geistes Gottes ist, denn es ist ihm eine Torheit, und er kann es nicht erkennen, weil es geistlich beurteilt werden muß."*
Joh 3,19: *"Dies aber ist das Gericht, daß das Licht in die Welt gekommen ist, und die Menschen die Finsternis mehr geliebt haben als das Licht, weil ihre Werke böse waren."*

Daß durch das Gesetz Erkenntnis der Sünde kommt (V.20), bedeutet auch, daß *nur* durch das Gesetz Erkenntnis der Sünde kommen kann (so auch **Röm 4,15; 5,13**). Etwas als Sünde zu verwerfen, steht allein Gott zu und deswegen kann allein von Gottes Gesetz definiert werden, was böse und was gut ist. Sünde ist immer Übertretung eines Gebotes und Wortes Gottes und ein 'böses Gewissen' ist nur berechtigt, wenn das Gesetz Gottes übertreten wurde, nicht wenn gegen menschliche Normen oder eigene Empfindungen gehandelt wurde. Dies wird in **1.Joh 3,4** unmißverständlich deutlich: *"Jeder der Sünde tut, tut damit Gesetzlosigkeit, denn die Sünde ist die Gesetzlosigkeit"*. John Murray schreibt zusammenfassend:

---

[317]Vgl. weitere Texte in der Tabelle "Wichtige Belegstellen für die Erbsünde" in Lektion 10.A.

"Da das Gesetz das Gesetz Gottes ist und seine unverletztlichen Sanktionen göttlich sind, können wir über Sünde und ihre Folgen nicht unabhängig vom Gesetz nachdenken. ... Ohne das Gesetz gäbe es keine sündige Situation. 'Wo kein Gesetz ist, da ist keine Übertretung' (Röm 4,15). 'Sünde wird nicht zugerechnet, wo es kein Gesetz gibt' (Röm 5,13). 'Ohne Gesetz ist die Sünde tot' (Röm 7,8). 'Die Kraft der Sünde ist das Gesetz' (1Kor 15,56). Und die Funktion des Gesetzes, die Sünde aufzudecken, folgt aus diesen Überlegungen. 'Durch das Gesetz kommt Kenntnis der Sünde' (Röm 3,20). 'Ich kannte die Sünde nicht außer durch das Gesetz' (Röm 7,7). 'Einst lebte ich ohne Gesetz, aber als das Gebot kam, wurde die Sünde belebt und ich starb' (Röm 7,9-10). 'Durch das Gesetz starb ich dem Gesetz' (Gal 2,19). "[318]

Ohne Gesetz gibt es deswegen keine Sünde und damit keinen Tod. "Wo kein Gesetz ist, gibt es auch keine Schuld. Buße und Vergebung werden überflüssig."[319] (Dies gilt natürlich auch für Christen, die meinen, kein Gesetz mehr zu benötigen.) Martin Luther schreibt dazu sehr treffend:

"Zuerst ist zu wissen, daß es keine guten Werke gibt als allein die, die Gott geboten hat, wie es ebenso keine Sünde gibt, als allein die, die Gott verboten hat. Darum: wer gute Werke kennen und tun will, der braucht nichts anderes als Gottes Gebote zu kennen."[320]

Daß Sünde durch das Gesetz definiert wird, spielt auch für die Rechtsprechung eine große Rolle. Gott hält keine Gebote zurück, die dann erst im Jüngsten Gericht zur Sprache kämen und an die sich keiner halten konnte, weil sie verborgen blieben. Nach dem Alten Testament kann entsprechend ein Mensch von der staatlichen Gewalt nur verurteilt werden, wenn zuvor ein Gesetz ergangen ist. Der Gerichtsgrundsatz 'nulla poene sine lege' ('keine Strafe ohne Gesetz') gehört im christlichen Abendland zu den Grundlagen der Rechtssprechung und zählt in der Allgemeinen Erklärung der Menschenrechte der Vereinten Nationen von 1948 (Artikel 11.2.) ebenso wie in der Europäischen Menschenrechtskonvention (Artikel 7) zu den Menschenrechten.[321] (Heute wird es dagegen immer schwieriger,

---

[318]John Murray. "Paul's use of 'Nomos'". S. 132-141 in: John Murray. Collected Writings 4: Studies in Theology. The Banner of Truth Trust: Edinburgh, 1982, hier S. 137; vgl. auch den ausgezeichneten Aufsatz John Murray. "The Sanctity of the Moral Law". S. 193-203 in: John Murray. Collected Writings 1: The Claims of Truth. The Banner of Truth Trust: Edinburgh, 1976

[319]Klaus Bockmühl. Gott im Exil? Zur Kritik der 'Neuen Moral'. Aussaat Verlag: Wuppertal, 1975. S. 175

[320]Martin Luther. Evangelium und Leben. Martin Luther Taschenausgabe. Bd. 4. Evangelische Verlagsanstalt: Berlin, 1983, S. 41 (aus der Schrift 'Sermon von den guten Werken' von 1520)

[321]Text in: Menschenrechte: Dokumente und Deklarationen. Bundeszentrale für politische Bildung: Bonn, 1991. S. 35+196

vorher zu wissen, welche Gesetze einen betreffen und wie die Richter entscheiden werden, da der psychologische Ermessensspielraum immer größer wird.)

Das Gesetz definiert (allein), was Sünde ist

Dan 9,5 "*Wir haben gesündigt und haben uns vergangen und haben gottlos gehandelt, und wir haben uns aufgelehnt, indem wir sogar von deinen Geboten und von deinen Rechtsbestimmungen abwichen.*"

Mt 7,21-23: "*Nicht jeder, der zu mir Herr, Herr! sagt, wird in das Reich der Himmel eingehen, sondern wer den Willen meines Vaters tut, der in den Himmeln ist. Viele werden an jenem Tage zu mir sagen: Herr, Herr! Haben wir nicht durch deinen Namen geweissagt und durch deinen Namen Dämonen ausgetrieben und durch deinen Namen viele Wunderwerke getan? Und dann werde ich ihnen bekennen: Ich habe euch niemals gekannt. Weicht von mir, ihr Täter der Gesetzlosigkeit!*" (Nicht was wir subjektiv für gut halten, ist gut, sondern was dem Willen Gottes entspricht und nicht gegen das Gesetz ["*gesetzlos*"] ist.)

Röm 3,20: "*... denn durch Gesetz kommt Erkenntnis der Sünde ...*"

Röm 4,15: "*... wo kein Gesetz ist, da ist auch keine Übertretung.*"

Röm 5,13: "*Sünde aber wird nicht zugerechnet, wenn kein Gesetz vorhanden ist.*"

Röm 7,7: "*Was sollen wir nun sagen? Ist das Gesetz Sünde? Das sei ferne! Aber die Sünde hätte ich nicht erkannt, als nur durch das Gesetz.*"

Röm 7,8: "*... ohne Gesetz ist die Sünde tot.*"

1Joh 3,4: "*Jeder der Sünde tut, tut damit Gesetzlosigkeit, denn die Sünde ist die Gesetzlosigkeit.*"

1Kor 15,56: "*Der Stachel des Todes aber ist die Sünde, die Kraft der Sünde aber das Gesetz.*"

Vgl. auch **Gal 5,23**: Zu den Geistesfrüchten: "*... gegen diese ist das Gesetz nicht*" (folglich können sie nicht falsch sein).

Wer Paulus bis zu der Generalanklage aller Menschen in Röm 3,9-20 nicht folgen kann, wird auch nie die befreiende Botschaft von **Röm 3,21-31** wirklich verstehen. Erst wenn "*jeder Mund verstopft*" ist und der Mensch schweigt und Gott 'Recht' gibt, kann er überhaupt das Evangelium hören und Gottes "*geoffenbarte*" "*Gerechtigkeit*" (Röm 3,21; vgl. 1,17) verstehen.

C. Thema: Warum spricht Paulus so lange über das Gericht?

Gegenüber der heute teilweise vorherrschenden Verkündigungspraxis, die das 'Positive' betonen will und den Menschen mög-

lichst schnell erklärt, was der Glaube an Jesus Christus erbringt, fällt
auf, wie lange Paulus im Römerbrief die konkrete Beschreibung der
Erlösung in Jesus Christus (ab Röm 3,21) hinausschiebt. Jesus Christus ist seit Röm 1,16-17 'nur' als Richter in **Röm 2,16** vorgestellt
worden. Ansonsten hat Paulus viel vom Schöpfer, vom Zorn Gottes,
vom Gericht und von der Sünde gesprochen.

Dies ist jedoch nicht einfach dadurch bedingt, daß Paulus seinen
Brief eben so gegliedert hat oder er an Christen schreibt, die die andere Seite bereits kannten. Auch in der Verkündigungspraxis des
Alten und Neuen Testamentes finden wir viele Beispiele dafür, daß
die Propheten, Jesus, die Apostel und andere zunächst ausführlich
das Gericht darstellen, bevor sie zur Erlösung kommen.

Bisweilen kommen ihre öffentlichen Ansprachen sogar zu einem
Ende, bevor die Erlösung überhaupt erwähnt wurde.
So verkündigt **Jona** (Jona 3,4-5) nur das Gericht und dennoch kehrt
das Volk um, weil es wußte, daß Gott das Gericht nur ankündigt,
weil er Gelegenheit zur Umkehr geben will.
In der Pfingstpredigt (**Apg 2,14-36**) predigt Petrus das Gericht über
jene, die Jesus gekreuzigt haben. Erst daraufhin fragen seine Zuhö-
rer: *"Was sollen wir tun?"* (Apg 2,37) und erst dann erklären die
Apostel, wie man errettet wird (Apg 2,38-40).
In seiner **Areopagrede** in Athen (**Apg 17,22-31**) verkündigt Paulus
den Schöpfer der Welt und fordert schließlich zur Umkehr (Apg
17,30) auf, weil Gott den Erdkreis *"durch einen Mann"* (Apg 17,31)
- Paulus erwähnt also noch nicht einmal den Namen des Welten-
richters Jesus Christus - richten wird.

Während manch einer solche Ansprachen heute gar nicht als
'Evangelisation' oder als 'evangelistisch' bezeichnen würde, ist in der
Bibel die Verkündigung des Schöpfers, des Gesetzes und des Zornes
und Gerichtes Gottes unaufgebbarer Bestandteil der Evangelisation.
Es wurde bereits dargestellt, daß Wilhelm Lütgert in seinem Werk
'Schöpfung und Offenbarung'[322] den moderneren Pietismus dafür
kritisiert, daß er den Menschen bei seinem Gewissen packt, anstatt
in der Evangelisation von Schöpfung und objektiver Offenbarung
auszugehen. Der Mensch sündigt als Geschöpf objektiv auch dann,
wenn ihm sein Gewissen dies nicht mitteilt. Nur bei einem christlich
geprägten Gewissen kann daher die pietistische Evangelisation Erfolg haben. Er warf dem Pietismus beziehungsweise der Er-
weckungstheologie vor, die Schöpfungstheologie und Erkennbarkeit

---

[322]Wilhelm Lütgert. Schöpfung und Offenbarung. Brunnen: Giessen, 1984[2]
    (Nachdruck von Bertelsmann: Gütersloh, 1934[1]); vgl. die Ausführungen zu
    diesem Buch im Zusammenhang mit dem Gewissen in Abschnitt D. und E.
    von Lektion 4

Gottes in der Schöpfung und das Gericht aufgrund des Gesetzes zu vernachlässigen und das Gewissen an die Stelle zu setzen.

Gerade anhand des Römerbriefes kann man lernen, wie wichtig es ist, bei den Grundfragen
des Schöpfers und der Schöpfung,
der Entstehung der Religionen und der ethischen Systeme,
der Grundlagen des Denkens,
des Gesetzes Gottes und damit der Definition von Gerechtigkeit,
des Gerichtes und des Zornes Gottes und
der Erbsünde und der völligen Sündhaftigkeit der Menschen
anzusetzen.
Vielleicht fällt es uns dann auch nicht ganz so schwer, das Spektrum unseres ganzen Lebens und damit auch aktuelle brennende Tages-fragen (z. B. Umweltpolitik, Menschenrechte, wirtschaftliches Ver-halten der Christen) in unsere Gespräche einzubeziehen und vom Glauben her aufzugreifen.

Es ist klar, daß es hier eher um eine logische Reihenfolge, nicht um eine gesetzlich festzulegende zeitliche Reihenfolge im Gespräch mit Nichtchristen geht. Es muß jedoch **deutlich werden, daß, wer nicht an den Schöpfer Himmels und der Erden und an seine Ge-richte glaubt, auch nicht an den Erlöser glauben kann.**

Es geht auch nicht darum, Jesus zunächst außen vor zu lassen, weil er als Erlöser ('Heiland') erst nach Erwähnung von Schöpfung, Sünde und Gericht zur Sprache käme. Jesus ist eben nicht nur Erlö-ser, sondern das Großartige ist ja, daß der Erlöser gerade der ist, der uns zuvor als Schöpfer und Richter vorgestellt wird.

Ein gutes Beispiel dafür ist **Kol 1,15-23**.[323] Jesus ist dort das Bild Gottes und damit Gott (Kol 1,15), durch den und auf den hin alles erschaffen ist, weshalb er auch die allerhöchste Autorität innehat (Kol 1,16). Er hat Vorrang vor allen und allem, ja alles existiert nur durch ihn (Kol 1,17). Und gerade dieser Herr ist das Haupt der Ge-meinde (Kol 1,18), in dem Gottes Fülle wohnt (Kol 1,19), so daß er nach seinem Wohlgefallen Feinde mit sich versöhnen kann und Frie-den am Kreuz geschaffen hat (Kol 1,20). In Kol 1,21-22 schreibt Paulus dann, daß diese Versöhnung "*auch euch*" gilt und spitzt da-mit die Erlösung persönlich zu. Doch wie Paulus bei Jesus, dem An-fang und Sinn der Schöpfung begonnen und dann über die Ge-meinde zum einzelnen Glaubenden gelangt ist, kehrt er am Ende zur

---

[323]Zu Kol 1,15-23 ist im Rahmen des Theologischen Fernunterrichts eine Vortragskassette des Autors erschienen, in der die Thematik ausführlicher und eindringlicher behandelt wird: Wer ist Jesus? (Kol 1,15-23). Verlag für Kultur und Wissenschaft: Bonn, 1990 (Hänssler Bestellnummer 997.021).

Perspektive der Gesamtschöpfung zurück, denn das Evangelium muß *"unter aller Kreatur"* (Kol 1,23) verkündigt werden.

Wir sollten darauf achten, daß wir anderen Menschen, die das Gesetz Gottes nicht hören wollen, nicht stattdessen Schmeicheleien sagen, die ihnen zwar gefallen mögen, für ihr Kernproblem, daß sie unter dem Zorn Gottes leben (vgl. Röm 1,16-18) jedoch belanglos sind: *"Denn ein widerspenstiges Volk ist es, verlogene Söhne, Söhne, die das Gesetz des HERRN nicht hören wollen, die zu den Sehern sagen: Seht nicht! und zu den Schauenden: Schaut uns nicht das Richtige! Sagt uns Schmeicheleien! Schaut uns Täuschungen!"* **(Jes 30,9-10)**.

➡ Empfehlungen zum eigenen Weiterstudium

Es empfiehlt sich zur Vertiefung des zuletzt genannten Themas ein Studium aller Reden der Apostelgeschichte. Man sollte sich dazu notieren, welche Themen jeweils angesprochen werden und wie sie aufeinander aufbauen.

Der 'Sermon von den guten Werken' von Martin Luther[324] eignet sich ebenso zum Weiterstudium wie das erwähnte Werk von Wilhelm Lütgert 'Schöpfung und Offenbarung'[325], das allerdings einige Konzentration erfordert.

✍ Fragen zur Selbstkontrolle

Wie verträgt sich die Aussage in V.1, daß die Juden einen 'Vorzug' haben, mit der Aussage in V.9, daß die Juden keinen 'Vorzug' haben? (Antwort: lesen Sie den 1. Absatz von Abschnitt B. dieser Lektion, sowie eventuell die ersten 3 Absätze von Abschnitt A.)

Nennen Sie zwei Beispiele für öffentliche Ansprachen im Alten und Neuen Testament, in denen vorrangig von Schöpfung und Gericht, nicht von der konkreten Erlösung die Rede ist. (Antwort: lesen Sie den 3. Absatz von Abschnitt C. in dieser Lektion. Wenn Sie Beispiele genannt haben, die nicht in dieser Lektion erwähnt wurden, vergewissern Sie sich anhand des entsprechenden Bibeltextes.)

Definieren Sie das Verhältnis von 'Sünde' und 'Gesetzlosigkeit'. (Antwort: lesen die das fettgedruckte Lutherzitat und den Absatz davor in Abschnitt B. in dieser Lektion)

Was trägt Kol 1,15-23 (Text darf gelesen werden) zur Beantwortung der Frage bei, weshalb Paulus erst ab Röm 3,21 die Erlösung beschreibt und sich bis dahin ausführlich mit Fragen der Schöpfung und des Gerichtes

---

[324]Z. B. in Martin Luther. Evangelium und Leben. Martin Luther Taschenausgabe. B. 4. Evangelische Verlagsanstalt: Berlin, 1983. Der Sermon ist in fast allen Auswahlsammlungen der Werke Luthers enthalten.

[325]Wilhelm Lütgert. Schöpfung und Offenbarung. Brunnen: Giessen, 1984[2] (Nachdruck von Bertelsmann: Gütersloh, 1934[1])

beschäftigt? (Antwort: lesen Sie den vorletzten Absatz von Abschnitt C. in dieser Lektion)

Wie viele alttestamentliche Zitate über die Sünde der Menschen fügt Paulus in V.9-20 hintereinander? Wieso ist es für Paulus wichtig, hier das Alte Testament so oft zu zitieren? (Antwort: lesen Sie den 2. Absatz von Abschnitt B. in dieser Lektion)

✉ Einsendeaufgaben

❶ Erklären Sie zu jedem einzelnen alttestamentlichen Zitat in Röm 3,1-20, was es zur Beweisführung des Paulus beiträgt, beziehungsweise welchen Aspekt der Sündhaftigkeit aller Menschen es besonders betont. Führen Sie wenigstens zweimal eigene persönliche Erfahrungen aus dem Alltag als Beispiele an. (Umfang: 2-4 DIN A4-Seiten)

❷ Definieren Sie mit eigenen Worten den Begriff 'Sünde' mit Hinblick auf das in Röm 1,18-3,20 Gesagte. (Antwort: eine halbe DIN A4-Seite)

⊛ Hinweise für den Gruppenleiter

Es sollte im Zusammenhang mit Röm 3,9-20 sichergestellt werden, daß jeder Teilnehmer den Gedankengang von Röm 1,16 bis 3,20 verstanden hat und mit eigenen Worten wiedergeben kann.

Es empfiehlt sich, Fragen darüber, wie sich die Definition dessen, was ein Jude ist, zum heutigen Israel und zu Fragen der Zukunft der Welt ('Eschatologie') verhält, bis zur Besprechung von Röm 11 zurückzustellen.

Ein Nachschlagen der alttestamentlichen Zitate kann die Gesprächsteilnehmer mit dem Umgang mit dem Alten Testament und der alttestamentlichen Grundlage neutestamentlicher Lehren (Dogmen) vertraut machen.

✱ Fragen für das Gruppengespräch zur Auswahl

❶ <V.1-2+9> Die Juden hatten den ungeheuren "Vorzug", daß Gott ihnen das Alte Testament offenbarte, und doch wurden sie durch diesen Vorzug nicht gerechter. Nur für gläubige Juden im Alten Testament war der allgemeine Vorzug der Juden auch ein persönlicher Vorzug, den sie jedoch durch Vergebung erlangten und sich nicht selbst zurechnen konnten.

* Wieso war die Offenbarung der "Aussprüche Gottes" ein solcher Vorzug für die Juden? Was fehlte den anderen Menschen?

* Gibt es heute auch Menschen, die den "Vorzug" der Offenbarung genießen, diesen aber nicht persönlich in Anspruch nehmen?

❷ <V.3-7> In unserem Abschnitt werden Gott viele gute Eigenschaften zugewiesen (Wahrhaftigkeit, Zuverlässigkeit = Treue, Gerechtigkeit, Herrlichkeit), dem Menschen dagegen viele negative Eigenschaften (Verlogenheit, Untreue = Unzuverlässigkeit, Sündhaftigkeit).

* Welche Bedeutung hat das für unsere Einstellung "zu den Aussprüchen Gottes" (also zur Bibel, dem Wort Gottes) und menschlichen Informationsquellen?

* Worin erleben wir den Unterschied zwischen Gott und den Menschen im alltäglichen Umgang mit beiden?

* Kann man wirklich beide Seiten so bejahen, oder ist das Ganze nicht zu sehr schwarz-weiß gezeichnet?

❸ <V.18-20> Wenn selbst für die Juden gilt, daß sie Sünder sind und ihnen "der Mund verstopft" wird, gilt dasselbe erst recht für "die ganze Welt". Alle sind "dem Gericht Gottes verfallen".

* Wie hat Paulus das in den bisherigen Abschnitten (Röm 1,18-3,20) begründet?

* Wieso konnte Paulus in seiner Begründung so viel vom Schöpfer und seinem Gesetz reden und Jesus bisher nur als Richter vorstellen (Röm 2,16), während er das Opfer Jesu Christi erst in Röm 3,21 anspricht? Hat er damit nicht etwas Wesentliches versäumt?

* Was bedeutet es für uns persönlich und unser Auftreten anderen gegenüber, daß wir durch und durch Sünder sind?

7. LEKTION: RÖMER 3,21-31

✍ Arbeitsaufwand der Lektion

Regelstudienzeit insgesamt 8 Stunden (2 Stunden an 4 Werktagen), davon 4 Stunden für das Erarbeiten des Studientextes und 4 Stunden für die Selbstkontrolle und die Einsendeaufgaben

❖ Gliederung und Aufbau der Lektion

Zunächst wird zum gesamten Abschnitt besprochen, wie Paulus davon ausgehen kann, daß die wahre Errettung 'ohne Gesetz' zustande kommt und dennoch das Gesetz nicht ungültig wird, sondern sogar die Errettung aus Glauben bestätigt.

Dann wird besonders auf die alttestamentliche Opfersprache in dem gesamten Abschnitt eingegangen und in einer Übersicht gezeigt, wie Jesus das gesamte alttestamentliche Opferwesen und Zeremonialgesetz erfüllt.

Daran schließt sich das Thema an, ob und wo Jesus und der Heilige Geist im Alten Testament zu finden sind.

Zur Errettung allein aus Glauben folgt dann ein eigener Abschnitt über den Ablaßstreit zur Zeit der Reformation und seine Aktualität heute.

➤➤ Lernziele der Lektion

Nach Durcharbeiten der folgenden Lektion sind Sie in der Lage,

1. den scheinbaren Widerspruch zu erklären, daß die Errettung 'ohne Gesetz' geschieht und doch durch das gültig bleibende Gesetz bestätigt wird;

2. den Ausdruck in V.25 zu verstehen und zu definieren, daß Jesus 'Sühneort' beziehungsweise 'Gnadenthron' ist;

3. Beispiele dafür zu nennen, daß Christus die Erfüllung des alttestamentlichen Zeremonialgesetzes ist;

4. den scheinbaren Widerspruch zu erklären, daß 'niemand jemals Gott gesehen hat' und Gott dennoch im Alten Testament immer wieder zu sehen und zu hören war;

5. zu definieren, was die katholische Theologie unter 'Ablaß' versteht;

6. Argumente gegen die Lehre vom 'Ablaß' vorzubringen.

🙶 Bibeltext zur Lektion (Römer 3,21-31)

21 **Jetzt aber**
    ist **ohne das Gesetz**
    die Gerechtigkeit Gottes offenbart worden,

bezeugt durch das Gesetz
und die Propheten:

22   und zwar die Gerechtigkeit Gottes
durch Glauben an Jesus Christus
für alle Glaubenden.

Denn es ist kein Unterschied,

23   **denn**   alle haben gesündigt
und ermangeln der Herrlichkeit Gottes

24   und werden umsonst gerechtgesprochen
durch seine Gnade,
durch die Erlösung,
die in Christus Jesus ist.

25 Diesen hat Gott öffentlich aufgestellt
als Versöhnungsort
durch den Glauben an sein Blut
zum Beweis seiner Gerechtigkeit
wegen   des Hingehenlassens
der vorher geschehenen Sünden
unter der Langmut Gottes;

26   **zum Beweis** seiner Gerechtigkeit
in der jetzigen Zeit,
daß er gerecht sei
und den gerechtspricht,
der aus dem Glauben an Jesus ist.

27 Wo ist demnach der Ruhm?
Er ist ausgeschlossen.
Durch was für ein Gesetz?
Das [**Gesetz**] **der Werke**?
Nein,
sondern durch **das Gesetz des Glaubens**.

28 **Denn** wir kommen zu dem Urteil,
daß ein Mensch
durch **Glauben** gerecht gesprochen wird,
ohne **Werke** des Gesetzes.

29   Oder ist er der Gott der Juden allein?
Nicht auch der [Gott] der Nationen?
Ja, auch der [Gott] der Nationen.

30   **Denn** Gott ist einer.
Er wird   die Beschneidung
aus Glauben
und das Unbeschnittensein
durch den Glauben gerechtsprechen.

31 **Heben** wir demnach das Gesetz durch den Glauben **auf**?
Das sei ferne!
Sondern wir **richten** das Gesetz **auf**.

A. V.21-31: Ohne Gesetz und doch bezeugt durch das Gesetz

Paulus begann in Röm 1,17 mit der Aussage, daß im Evangelium *"die Gerechtigkeit Gottes geoffenbart"* wird. Die Offenbarung der Gerechtigkeit Gottes ist jedoch nur auf dem Hintergrund des Gerichts zu verstehen. Deswegen beginnt Paulus in Röm 1,18 damit, daß der *"Zorn Gottes offenbart"* ist. Dies begründet er in bezug auf alle Menschen, Juden und Heiden in Röm 1,18-3,20 und schließt nach einem Trommelfeuer von alttestamentlichen Versen (Röm 3,10-20) damit, daß nun aller Welt *"der Mund verstopft"* ist (Röm 3,19) und jeder einsehen muß, daß aus dem Halten des Gesetzes keine Rechtfertigung kommen kann, **da das Gesetz dem Erkennen, nicht dem Überwinden der Sünde dient** (Röm 3,20).

Paulus faßt dies alles noch einmal nach der Verkündigung der frohen Nachricht in V.21-22a zur Verdeutlichung in V.22b-23 zusammen: *"Denn es ist kein Unterschied, denn alle haben gesündigt und erlangen die Herrlichkeit Gottes nicht ..."*.

Mit dem deutlichen Einschnitt *"Jetzt aber ..."* (V.21) kehrt Paulus zur Aussage von Röm 1,17 zurück, denn wie dort ist *"nun ... Gottes Gerechtigkeit geoffenbart"* worden (Röm 3,21). Auch daß die Gerechtigkeit nur dem Glaubenden gilt (V.22), stand schon in Röm 1,17. Hinzu kommt jetzt aber ausdrücklich, daß die Gerechtigkeit Gottes *"ohne Gesetz"* (V.21) offenbart wird, und die Glaubenden *"umsonst"* (oder: *"ohne Gegenleistung"*; *"geschenkweise"*) *"gerechtgesprochen"* (V.24) werden.

Ist damit aber das Gesetz erledigt? Nein, denn schon in Röm 3,20 sagt Paulus, daß das Gesetz der Erkenntnis der Sünde dient und - wie im ganzen Brief - baut er gleich allen Mißverständnissen vor, daß er das Gesetz womöglich nicht für *"heilig ... gerecht und gut"* (Röm 7,12) hält oder ihm seinen göttlichen Charakter abspricht. Zweimal kommt er darauf zu sprechen:

1. Die Gerechtigkeit *"ohne Gesetz"* wird in Wirklichkeit *"durch das Gesetz und die Propheten"*, also durch das ganze Alte Testament, *"bezeugt"* (V.21), wie das Zitat aus Hab 2,4 in Röm 1,17 schon gezeigt hat.

Das Alte Testament selbst bezeugt, daß
1. das Gesetz ungeheuer wichtig ist, weil es offenbart, was Gott für Sünde hält und was nicht, aber
2. das Gesetz selbst keine Kraft enthält, den Menschen zu verändern (z. B. Hab 1,4; vgl. Röm 7,14-25; 8,3-4[326]).
Die Gesetzesgerechtigkeit, also der Glaube, daß man durch das Tun des Gesetzes gerecht werden kann, kann sich also nicht auf das Alte

---

[326]Vgl. dazu die Ausführungen in Abschnitten A. und B. in Lektion 15

Testament berufen, denn auch dort geht der Glaube der Gerechtigkeit voraus, wie Paulus in Röm 4 am Beispiel Abrahams zeigen
wird. **Die Gesetzesgerechtigkeit ist vielmehr eine Entstellung des
Alten Testamentes. Wir Christen dürfen dieses Zerrbild des Alten Testamentes nicht akzeptieren und dann das Neue Testament gegen das Alte Testament stellen.** Altes und Neues Testament stehen gleichermaßen dafür ein, daß das Gesetz Gottes heiligen
Willen offenbart, die Kenntnis des Gesetzes aber keinen Menschen
verändert, sondern daß nur derjenige Gottes Gebote halten kann, der
vorher von Gott im Glauben die Gerechtigkeit geschenkt bekommen
hat. Altes und Neues Testament bekämpfen beide gleichermaßen die
Selbstgerechtigkeit solcher Menschen, die meinen, die Gebote Gottes aus eigener Kraft halten zu können oder mit den gehaltenen
Geboten ihre Sünden aufwiegen zu können. Im ganzen Kapitel **Hebr
11** wird unmißverständlich deutlich, daß die großen alttestamentlichen 'Glaubensvorbilder' (beachte die Bezeichnung) alle "*durch
Glauben*" (ca. 22 mal im ganzen Kap.) gerettet wurden.

**2. Einerseits "*bezeugt*" also das Alte Testament das Evange-
lium (V.21), andererseits 'bestätigt' das Evangelium das Gesetz
(V.31):** "*Heben wir denn das Gesetz auf durch den Glauben? Das
sei ferne!*[327] *Sondern wir bestätigen das Gesetz*".

Gott löst das Problem unserer Sünde nicht, wie manche meinen,
indem er das Gesetz einfach aufhebt oder die Schärfe und Heiligkeit
des Gesetzes abmildert. Ohne Gesetz gäbe es keine Sünde und ohne
Sünde keine Verurteilung. **Wenn Gott das Gesetz hätte aufheben
wollen, hätte er das einfach tun können, ohne daß Jesus vorher
noch hätte sterben müssen.** Es kann aber nicht davon die Rede
sein, daß Gott 'ein Auge zudrückt' und von seinem im Gesetz ge-
äußerten heiligen Willen Abstriche macht. Deswegen mußte am
Kreuz "*Blut*" (V.25) fließen.

Martin Luther schreibt zu Röm 3,31 treffend: "**Der Glaube erfüllt alle Gesetze. Die Werke erfüllen keinen Tüttel des Gesetzes**"[328]. An anderer Stelle betont Luther: "**Wer das Gesetz aufhebt,
hebt auch das Evangelium aus**"[329].

---

[327]Vgl. zu dieser Schwurformel die Ausführungen in Lektion 1

[328]Zitiert nach Wilhelm Lütgert. Der Römerbrief als historisches Problem. a.
a. O. S. 62 (ebd. S. 62-63 auch entsprechende Texte von Luther, Melanchthon, Zwingli und Calvin zu Röm 3,31). Die historisch-kritische Forschung hat diese reformatorische Auslegung ebenso aufgegeben (ebd. S.
63-64), wie der Dispensationalismus, der das ganze Gesetz ausschließlich
Israel zuweist und jeden Bezug alttestamentlicher Gesetze auf heute ablehnt.

[329]Zitiert nach Bernhard Lohse. "Dogma und Bekenntnis in der Reformation:
Von Luther bis zum Konkordienbuch". in: Bernhard Lohse u. a. (Hg.). Die
Lehrentwicklung im Rahmen der Konfessionalität. Handbuch der Dogmen-

Der Vater des Pietismus Philipp Jakob Spener (1635-1705) schreibt im Anschluß an Luther zu Röm 3,31:

"Es wird aber ferner noch das Gesetz durch den Glauben auf diese Art aufgerichtet, daß durch denselben der Mensch nicht nur die Kraft, sondern nunmehr auch Lust und Liebe empfängt, das Gesetz nach dem Maße seiner Schwachheit zu halten, da er uns den heiligen Geist mitbringt, welcher nunmehr das Gesetz nicht mehr in steinernen Tafeln, sondern in unsere Herzen und Sinne schreibt, da er solche Leute aus uns macht, die in seinen Geboten wandeln und seine Rechte halten und danach tun."[330]

In einem ausgezeichneten Artikel, hat Gerhard Friedrich nachgewiesen, daß *"das Gesetz des Glaubens"* in **Röm 3,27** nicht als 'Gesetzmäßigkeit des Glaubens' zu verstehen ist, sondern **das richtig verstandene Gesetz des Alten Testamentes in seinem weitesten Sinne als Weisung und Wort Gottes meint**[331]. Dementsprechend wäre auch mit dem *"Gesetz Christi"* in **Gal 6,2**, dem *"Gesetz des Geistes des Lebens"* in **Röm 8,2**[332] und mit der Formulierung *"unter dem Gesetz Christi"* in **1Kor 9,21** das von Christus her richtig verstandene Gesetz Gottes gemeint, das sich in Christus erfüllt.

B. V.21-31: Die Erfüllung der alttestamentlichen Opfer und Zeremonien

Wir erlangen die *"Herrlichkeit Gottes"* (V.23), um die es auch im Jüngsten Gericht geht (Röm 2,10), nur *"durch seine Gnade durch die Erlösung, die in Jesus Christus ist"* (Röm 3,24). Daß diese Erlösung mit dem Alten Testament untrennbar verbunden ist, zeigen nicht nur die alttestamentlichen Begriffe *"Gnade"* und *"Erlösung"* in unserem Text, sondern besonders V.25: Jesus Christus wurde von Gott *"durch den Glauben an sein Blut"* *"als Sühneort hingestellt"*.

---

und Kirchengeschichte 2. Vandenhoeck & Ruprecht: Göttingen, 1989 (Nachdruck von 1980). S. 44. Luther äußerte diesen Satz als These im antinomistischen Streit mit seinem früheren Mitarbeiter Agricola, auf den wir verschiedentlich zu sprechen kommen. Weitere ähnliche Lutherzitatete finden sich bei Siegfried Kettling. Typisch evangelisch: Grundbegriffe des Glaubens. TVG. Brunnen: Giessen, 1993[2]. S. 28

[330]Zitiert nach Wilhelm Lütgert. Der Römerbrief als historisches Problem. a. a. O. S. 63

[331]Gerhard Friedrich. "Das Gesetz des Glaubens Röm 3,27". Theologische Zeitschrift (Basel) 10 (1954): 401-417; dieselbe Sicht bei Cranfield 1/219-220; Hermann Cremer, Julius Kögel. Biblisch-Theologisches Wörterbuch des neutestamentlichen Griechisch. F. A. Perthes: Stuttgart, 1923[11] (Nachdruck von 1915[10]). S. 753 und bei Peter von Osten-Sacken. Die Heiligkeit der Thora. Chr. Kaiser: München, 1989. S. 23-33.

[332]Vgl. die Begründung für dies Verständnis von Röm 8,2 in Abschnitt A. von Lektion 15

Die beiden Hinweise auf das "*Blut*" und auf den "*Sühneort*" zeigen, wie sich das Zeremonialgesetz in Christus erfüllt.

Allen Versuchen zum Trotz, die Kreuzigung zu vergeistigen, lehrt die Bibel, daß Jesu "*Blut*" - auch im materiellen Sinne - geflossen ist, also Jesus sein Leben verlor. Der Schreiber des Hebräerbriefes belegt aus dem Alten Testament, daß Blut fließen mußte gerade aus dem Zeremonialgesetz: "*Fast alle Dinge werden nach dem Gesetz mit Blut gereinigt, und ohne Blutvergiessen gibt es keine Vergebung*" (**Hebr 9,22**; vgl. **3Mose 17,11**).

"*Das Blut des Bundes*" bezeichnet deswegen gleichermaßen das alttestamentliche Passah (2Mose 24,8; Hebr 9,20), wie die Erinnerung an Jesu Blutvergießen im neutestamentlichen Abendmahl (Mt 26,28; Mk 14,24; Luk 22,20; 1Kor 11,25). Hier wird wieder deutlich, daß es im Evangelium nicht um philosophische Gedankenflüge oder verharmlosende Appelle (z. B. 'die Macht des positiven Denkens') , sondern um die harte Realität geht, da eine Macht- und Rechtsfrage zu klären ist.

Das "*Blut*" stellt Paulus mit dem "*Sühneort*" zusammen (V.25). Das entsprechende Wort 'hilasterion' bezeichnet den Deckel der alttestamentlichen Bundeslade und wird mit "*Sühnedeckel*", "*Gnadenthron*", "*Gnadenstuhl*", "*Versöhnungsort*" (2Mose 25,17-22; 26,34; 30,6; 31,7; 35,12; 37,6-9; 39,35; 40,20; 3Mose 16,2+13-15; 4Mose 7,89; 1Chr 28,11) oder ähnlich übersetzt. Die Bundeslade enthielt die "*Worte des Bundes*", nämlich die Zehn Gebote (2Mose 40,20; 5Mose 10,5; 1Kön 8,9; **Hebr 9,4**)[333] und stand im "*Haus des Sühnedeckels*" (**1Chr 28,11**), dem Allerheiligsten. "*Oben über*" der Bundeslade waren "*die Cherubim der Herrlichkeit, die den Sühnedeckel überschatteten*" (**Hebr 9,5**; vgl. 2Mose 25,17-22). Die Cherubim und Seraphim sind die Thronwächter Gottes (z. B. Jes 6,2-7), die seine Herrlichkeit nach außen hin abschirmen. Unter den Flügeln dieser goldenen Cherubim direkt auf dem Deckel ("*Sühnedeckel*") der Bundeslade war der Thron Gottes ("*Gnadenthron*"), die Gegenwart Gottes, die Herrlichkeit des Herrn. Vom Sühnedeckel aus offenbarte sich Gott. Wenn der Hohepriester einmal im Jahr am Großen Versöhnungstag die Vergebung für das Volk erwirkte, ging er in das Allerheiligste und sprengte das Blut der Opfertiere genau gegen diesen Ort der Gegenwart und Heiligkeit Gottes, der deswegen "*Versöhnungsort*"[334] heißt. Damit bestätigte der Hohepriester das Gesetz, das in der Bundeslade lag, die Sünde der Menschen und

---

[333]Vgl. zu den Zehn Geboten und ihrem Bundescharakter den Abschnitt A. von Lektion 26 zu Röm 13,8-10

[334]Dies hält R. Laird Harris. "kapporet". S. 453 in: R. Laird Harris (Hg.). Theological Wordbook of the Old Testament. Bd. 1. Moody: Chicago, 1980, für die angemessenste Übersetzung.

die Gnade Gottes[335]. In **Hebr 4,16** wird der Gnadenthron wörtlich als "*königlicher Richterstuhl der Gnade*"[336] bezeichnet.

Peter J. Leithart hat im einzelnen nachgewiesen, daß der Deckel der Bundeslade genau genommen nicht der Thron Gottes ist, sondern der "*Fußschemel*" (Ps 99,1+5; 132,7; 1Sam 4,4) des Thrones Gottes[337].

Was für eine herrliche Vorschattung von Röm 3,21-31! Durch das Blut Jesu wird das Gesetz "*bestätigt*" (V.31), und die "*Gnade*" gerade dort geschenkt, wo die Heiligkeit Gottes am unmißverständlichsten zum Ausdruck kommt: am Kreuz von Golgatha. Jesus erfüllt das alttestamentliche Zeremonialgesetz völlig, wie die Aufstellung im folgenden zeigt: er ist Hoherpriester, Opfer, Sühneort und der heilige und vergebende Gott in einem, wie uns insbesondere der Hebräerbrief deutlich macht.[338]

Eine weitere Dimension des "*Gnadenthrones*" ergibt sich, wenn man davon ausgeht, daß Jesus selbst im Alten Testament bereits "*die Herrlichkeit des Herrn*" ist[339], also im Allerheiligsten und am Großen Versöhnungstag schon im Alten Testament die zentrale Rolle spielte. Aurelius Augustinus schreibt zum ganzen Zeremonialgesetz:

"Ich behaupte, die Beschneidung und die übrigen Vorschriften seien dem Volke im Alten Bunde von Gott gegeben worden als eine Weissagung zukünftiger Dinge, die durch Christus erfüllt werden mußte. Nachdem dies nun geschehen ist, müssen die Christen eifrig davon lesen, um die Erfüllung der vorausgegangenen Weissagung zu verstehen, nicht aber jene Bräuche zu üben, als seien sie etwas Notwendiges ..."[340]

Die Erfüllung des Zeremonialgesetzes bedeutet also keine Herabsetzung des alttestamentlichen Zeremonialgesetzes, da wir auch als Christen viel aus ihm zu lernen haben. Greg L. Bahnsen schreibt:

---

[335]Vgl. zum Sühnedeckel Gustav Friedrich Oehler. Theologie des Alten Testaments. J. F. Steinkopf: Stuttgart, 1891[3]. S. 414-415 und "Gnadenthron". S. 476 in: Helmut Burkhardt u. a. (Hg.). Das Große Bibellexikon. Bd. 1. Brockhaus: Wuppertal, 1987; Johannes Herrmann. "hilasterion". S. 319-320 in: Gerhard Kittel (Hg.). Theologisches Wörterbuch zum Neuen Testament. Bd. IX. W. Kohlhammer: Stuttgart, 1990[2]

[336]So ebd.

[337]Peter J. Leithart. "The Footstool of His Feet". Biblical Horizons Nr. 50 (June 1993): 3-4

[338]Vgl. dazu Paul Schenk. Bist du, der da kommen soll? Christuszeugnisse im Alten Testament. Brunnen: Giessen, 1991

[339]Vgl. Gustav Friedrich Oehler. Theologie des Alten Testaments. a. a. O. S. 217

[340]Aurelius Augustinus, 'Brief an Hieronymus', zitiert nach: Alfons Heilmann (Hg.). Texte der Kirchenväter. 5 Bde. Bd. 2. Kösel: München, 1963. S. 440

**Christus ist das Zentrum des alttestamentlichen Ze-
remonialgesetzes und erfüllt es vollkommen (vgl. Hebr 4-10)
(die Belege dienen nur als Beispiele)**

Statt 'ist die Erfüllung des' könnte im folgenden fast immer auch
'ist' heißen (z. B. 'Jesus ist der Tempel').

Der versöhnende Gott

Jesus ist Gott: **1Tim 2,5; Joh 1,1-3**
Jesus ist die Erfüllung des Richteramtes Gottes: **Jak 4,11-12;
Hebr 4,12-14; Apg 17,31**
Jesus ist die Erfüllung des Versöhners: **Eph 2,14-15; Röm 5,11**

Der Ort der Versöhnung: der Tempel

Jesus ist die Herrlichkeit (hebr. 'schechina') Gottes, die unter den
Menschen wohnt: **Joh 1,14; 14,23; Offb 7,15; 21,3**
Jesus ist die Erfüllung des Tempels: **Offb 21,22; Joh 19,19-20;
Mt 26,61; Eph 2,20-22**
Jesus ist die Erfüllung des 'Zeltes', also der Stiftshütte: **Joh 1,14**
(wörtlich: "*er zeltete unter uns*"); **Hebr 9,11**
Jesus ist die Erfüllung des (siebenarmigen) Leuchters im Tem-
pels: **Offb 21,23; Joh 8,12**
Jesus ist die Erfüllung des Schaubrotes im Tempel und des Brotes
der Passahfeier: **Joh 6,23-58; 1Kor 10,16-17; 11,23-28**
Jesus ist die Erfüllung des Reinigungswassers beziehungsweise
der Waschbecken im Tempel: **Hebr 10,22; Joh 4,14; Eph 5,26;
Offb 21,6**
Jesus ist die Erfüllung des Vorhangs vor dem Allerheiligsten:
Hebr 10,20; Mt 27,51
Jesus ist die Erfüllung des Thrones Gottes: **Apg 2,30; 12,21;
Hebr 8,1; Offb 22,1+3**
Jesus ist die Erfüllung des Sühneortes, also des Gnadenthrones
auf der Bundeslade: **Röm 3,25; Hebr 4,16**

Der Mittler des Bundes zwischen Gott und den Menschen

Jesus ist die Erfüllung des Amtes des Hohenpriesters: **Hebr 2,17;
3,1; 4,14-15; 7,26; 8,1; 9,11; 10,21**
Jesus ist die Erfüllung des Mittleramtes (z. B. das des Mose):
Hebr 9,15; 12,24; 1Tim 2,5
Jesus ist die Erfüllung des Bundes Gottes: **2Kor 1,20; Hebr 9,15;
12,24; 13,20;** alle Texte zum Abendmahl, d. h. zum "*Neuen
Bund*", z. B. **Lk 22,20;** vgl. **1Petr 2,10**
Jesus ist die Erfüllung des Amtes des Gesalbten ('Messias',
'Christus'): **Mt 16,16; Apg 2,36**

Jesus ist die Erfüllung des Gesetzes: **Röm 10,4**
Jesus ist die Erfüllung des Friedens Gottes: **Eph 2,14-15; Röm 5,1**

Der Vollzug des Opfers

Jesus ist die Erfüllung des Opfers: **Hebr 9,26-28**
Jesus ist die Erfüllung des Opferblutes: **Röm 3,25; 1Petr 1,19; Hebr 9,12**
Jesus ist die Erfüllung des Blutes zur Besprengung: **Offb 7,14; Hebr 9,14**
Jesus ist die Erfüllung des Gemeinschaftsmahles nach den Opfern: **Offb 19,7+9; Offb 3,20**
Jesus ist die Erfüllung des Passahfestes: alle Texte zum Abendmahl, z. B. **Joh 13,1ff**
Jesus ist die Erfüllung des Passahweines: alle Texte zum Abendmahl; **Joh 15,1-8**
Jesus ist die Erfüllung des Opfer- und Gerichtsfeuers: **Lk 12,49; Mt 3,11; 2Thess 1,8**
Jesus ist die Erfüllung des Opferlammes: **Joh 1,29+36; Apg 8,32; 1Petr 1,19; Offb 5,6+9** (Jesus wird in Offb insgesamt 27 mal "*Lamm*" genannt)
Jesus ist die Erfüllung des Schlachtopfers: **Hebr 10,12; Eph 5,2**

Weitere zentrale Elemente des Zeremonialgesetzes

Jesus ist die Erfüllung der Beschneidung: **Kol 2,11**
Jesus ist die Erfüllung des Sabbat: **Hebr 4,9-10**
Jesus ist die Erfüllung des Volkes Gottes (Israels): **Eph 2,11-22; Joh 11,50; 18,14**

"Im *Zeremonialgesetz* kann man folgende Unterteilungen erkennen: (1) Gesetze, die den heilsgeschichtlichen Fortschritt bestimmen und deswegen *Christus vorbilden* [engl. 'typifying'] - zum Beispiel Bestimmungen für Opfer, Tempel, Priesterschaft usw. und (2) Gesetze, die die erlöste Gemeinschaft ihre *Trennung von den ungläubigen Nationen* lehrten - zum Beispiel die Verbote von unreinem Fleisch (3Mose 20,22-26), von ungleichem Joch von Tieren (5Mose 22,10) und von Vermischen von bestimmten Samen und Kleidung (5Mose 22,9+11). Keines dieser Gesetze wird heute in der Weise der alttestamentlichen Schatten gehalten, und trotzdem werden sie für uns bekräftigt. Das *Prinzip*, das sie lehren, ist immer noch gültig. Das Zeremonialgesetz schrieb zum Beispiel die Notwendigkeit von Blutvergießen für die Sühne vor (3Mose 17,11) und deswegen war es, als Christus die Sühne für unsere Sünden ein für allemal erwirkte, "notwendig, daß er sein Blut für uns vergoß" (Hebr 9,22-24); das alttestamentliche Erlö-

sungssystem forderte das Opfer eines Passahlammes und Christus ist
das Lamm für uns (1Kor 5,7; 1Petr 1,19)."[341]

Nach dem Hinweis, daß die Gemeinde nun aus allen Völkern
gesammelt wird, fährt er fort:

> "... aber die grundlegende Forderung einer heiligen Absonderung
> von der Welt des Unglaubens, ist immer noch bestätigt und in Kraft
> (2Kor 6,14-7,1). Das Zeremonialgesetz ist deswegen für immer durch
> Christus bestätigt worden, auch wenn es nicht in seiner Schattenform
> von neutestamentlichen Gläubigen gehalten wird."[342]

Jesus erfüllt das gesamte alttestamentliche Zeremonialgesetz.
Insbesondere erfüllt er alle Bestandteile des Opfergesetzes, auch im
Detail. **Am Großen Versöhnungstag war er alles: vom Volk Got-
tes auf der einen bis zum richtenden und versöhnenden Gott auf
der anderen Seite und alles dazwischen**, nämlich Hoherpriester,
Mittler, Opfer, Bundeslade usw. In der Übersicht auf der letzten
Doppelseite wird versucht, die Spannweite vom Volk bis zu Gott
nachzuvollziehen.

Jesus ist

Gott ⇔ Sühneort ⇔ Opfer ⇔ Priester ⇔ Volk Gottes

✍ Arbeitsanleitung

Schlagen Sie alle in der Übersicht auf der letzten Doppelseite angegebenen
Bibeltexte nach und notieren Sie zu jedem Text in Stichworten, wie oder
mit welchen Begriffen das Verhältnis des alttestamentlichen Teils des
Zeremonialgesetzes zu Christus beschrieben wird (z. B.: Altes Testa-
ment als ausstehende Hoffnung, Neues Testament erfüllte und bestätigte
Hoffnung).

C. Thema: Jesus und die Dreieinigkeit im Alten
   Testament

Nach dem Neuen Testament, insbesondere dem Johannesevangelium, hat niemand Gott, den Vater, je gesehen (**Joh 1,18; 5,37; 6,46;
Mt 11,27; 1Tim 6,16; 1Joh 4,12**) oder gehört. Aber an all den diesen Stellen wird zugleich gesagt, daß Jesus die Offenbarung des
Vaters ist, und daß der, der den Sohn Gottes gesehen oder gehört
hat, den Vater gesehen oder gehört hat. Wer Jesus sieht, der "*die
Herrlichkeit Gottes*" (**Joh 1,14**) ist, sieht den Vater (**Joh 1,14+18;**

---

[341]Greg L. Bahnsen. By this Standard: The Authority of God's Law Today. Institute for Christian Economics: Tyler (TX), 1985. S. 136-137
[342]Ebd.

12,45; 14,9). Dementsprechend können die Menschen im Alten Testament nicht den Vater gesehen, gehört und erfahren haben, sondern nur den Sohn. Kein Wunder, daß Johannes davon ausgeht, daß Jesaja bei seiner Offenbarung der Herrlichkeit Gottes auf dem Thron (**Jes 6,1-7**) nicht den Vater, sondern Jesus gesehen hat (**Joh 12,41**; vgl. "*er*" = Jesus in Joh 12,37). Jesus ist auch im Neuen Testament das Wort Gottes, das an Gottes Stelle spricht und führt sowohl das Gericht als auch die Erlösung im Namen des Vaters aus.

Wenn aber niemand Gott, den Vater, gesehen oder gehört hat, wen oder was haben dann die Männer und Frauen des Alten Testamentes gesehen oder gehört? Für die neutestamentlichen Autoren war die Antwort meines Erachtens eindeutig: Jesus Christus vor seiner Inkarnation[343]. Einige Beispiele mögen dies verdeutlichen:

Paulus geht in **1Kor 10,4** davon aus, daß es Christus war, der die ganze Zeit der Wüstenwanderung von Ägypten und dem Sinai bis in das verheißene Land mit Israel zog.

Johannes geht, wie wir schon sahen, in **Joh 12,41** davon aus, daß Jesaja in **Jes 6,1-7** Jesus auf dem Thron sah: "*Dies sprach Jesaja, weil er seine Herrlichkeit sah und von ihm redete*". (Daß von Jesus die Rede ist, zeigt Joh 12,36-39, denn "*er*" bezieht sich auf Jesus, Joh 12,37.) Jesaja sah die "*Herrlichkeit Gottes*", meines Erachtens ein weiterer Name für Jesus im Alten Testament. Schon im Alten

---

[343]Vgl. zur Frage nach Jesus im Alten Testament Thomas Schirrmacher. "Der trinitarische Gottesglaube und die monotheistischen Religionen". S. 113-151 in Rolf Hille, Eberhard Troeger (Hg.). Die Einzigartigkeit Jesu Christi. TVG. Brockhaus: Wuppertal, 1993 - engl. Kurzfassung: "Trinity in the Old Testament and Dialogue with the Jews and Muslims". Calvinism Today (Whitby, GB) 1 (1991) 1: 24-25+21+27. Vgl. auch die überzeugenden Ausführungen (1. Buch, 13. Kapitel, 9.-10. Abschnitt: 'Die Gottheit Christi im Alten Testament') in der 'Institutio' von Johannes Calvin aus dem Jahr 1559 (Johannes Calvin. Unterricht in der christlichen Religion: Institutio Religionis Christianae. Neukirchener Verlag: Neukirchen, 1988⁵. S. 60-62), der die Fortsetzung des Abschnittes über die Dreieinigkeit bildet (ebd. S. 54-60). Weitere gute Literatur: Ernst Wilhelm Hengstenberg. Christologie des Alten Testamentes und Commentar über die Messianischen Weissagungen der Propheten. 3 Teile in 4 Bänden. L. Oelmigke: Berlin, 1829-1832 (gekürzte englische Ausgabe lieferbar); Gerard Van Groningen. Messianic Revelation in the Old Testament. Baker: Grand Rapids (MI), 1990; J. Barton Payne. The Theology of the Older Testament. Zondervan: Grand Rapids (MI), 1962. S. 167-170. Ein wichtiges Werk ist auch George A. F. Knight. A Biblical Approach to the Doctrine of Trinity. Scottish Journal of Theology Occasional Papers 1. Oliver and Boyd: Edinburgh/London, 1957 (Nachdruck von 1953). Knight lehnt aus gemäßigt kritischer Sicht ab, die Dreieinigkeit als solche im Alten Testament festzumachen, liefert jedoch zugleich enorm viel Belege dafür, daß schon das Alte Testament davon ausgeht, daß Gott zugleich eine Person ist und aus mehreren Personen besteht.

und auch im Neuen Testament konnte niemand die Herrlichkeit
Gottes sehen, aber es heißt dennoch *"wir haben seine [= Jesu] Herr-
lichkeit gesehen, eine Herrlichkeit als des Eingeborenen vom Vater"*
(**Joh 1,14**), weil Jesus die Herrlichkeit Gottes ist[344].

Jesus selbst geht davon aus, daß das gesamte Alte Testament ihn
bezeugt (**Joh 5,39+46-47; Lk 24,44-47**; vgl. **Apg 10,42-43**). Bezieht
er das nur auf Weissagungen bezüglich seines Kommens oder nicht
auch auf sein Wirken vor seiner Fleischwerdung in der Heilsgeschichte der Welt und Israels?

Um zu begründen, daß Jesus Gott ist, greifen neutestamentliche
Autoren auch gerne auf alttestamentliche Texte zurück, in denen
Gott vom kommenden Messias spricht, diesen aber zugleich als Gott
bezeichnet oder behandelt. So verwendet Petrus in der Pfingstpredigt **Ps 110,1** (*"der HERR spricht zu meinem Herrn ..."*) und begründet ausdrücklich, warum es sich hier um Jesus und nicht um David
handelt (**Apg 2,34-35**). Denselben Text verwendete schon Jesus, um
den Pharisäer zu belegen, daß der Messias Gott ist (**Mt 22,41-46;
Mk 12,35-37; Lk 20,41-44**).

Entsprechende alttestamentliche Texte finden sich häufiger[345]. So
kündigt Gott in **Hos 1,7** seinem Volk an *"Ich werde sie durch den
HERRN, ihren Gott, retten"*. Der Messias Jesus Christus ist der HERR
('Jahwe') und ist der *"Gott"* Israels.

Es gibt allen Grund, davon auszugehen, daß Jesus nicht nur das
Haupt und der Erlöser der neutestamentlichen Gemeinde ist, sondern
bereits im Alten Testament Erlöser und Führer des Volkes Gottes
war. Als Israel den Messias Jesus Christus verwarf, verwarf es meines Erachtens den, der es berufen, geführt, geschützt, erlöst, aber
auch gerichtet hatte.[346]

Daß Jesus im Alten Testament der in Gericht und Gnade handelnde Gott ist, müßte ja nicht automatisch eine Dreieinigkeit be-

---

[344]Vgl. die alttestamentlichen Texte zum Namen, zur Herrlichkeit, zum Wort,
zur Weisheit Jahwes als Wege und Personen der Vermittlung Gottes zum
Menschen in: Franz Courth. Trinität: In der Schrift und Patristik. Handbuch
der Dogmengeschichte II 1a. Herder: Freiburg, 1988. S. 11-12. Alle Bezeichnungen könnten Titel der zweiten Person der Dreieinigkeit sein.

[345]Vgl. zur Exegese der Kirchenväter Jules Lebreton. Histoire du dogme de la
Trinité des origines au concile de Niceé. Beauchesne: Paris. Bd. 1: 1927[6];
Bd. 2: 1928[2], bes. Bd. 1. S. 552-558, zum Alten Testament selbst Bd. 1. S.
100-141, zur jüdischen Auslegung Bd. 1. S. 142-177. Diskutiert wird vor
allem *"die Herrlichkeit Gottes"* (griech. 'schekina'), *"das Wort des HERRN"*
und der *"Messias"* als zweite Person der Gottheit.

[346]Vgl. dazu die gute Zusammenstellung bei Paul Schenk. Bist du, der da
kommen soll? Christuszeugnisse im Alten Testament. Brunnen: Giessen,
1991

deuten. Gibt es denn Hinweise darauf, daß man bereits zur Zeit des Alten Testamentes die Dreieinigkeit wenigstens erahnen konnte. Ich glaube, ja.

Das Alte Testament erwähnt häufig den 'Geist Gottes'[347], der Leben schafft, das Wort Gottes inspiriert und den göttlichen Messias beglaubigt. Warum sollte dies nicht die dritte Person der Dreieinigkeit sein? Dieser Geist tritt bisweilen als dritte Person neben Jahwe (dem HERRN) und dem göttlichen Retter in Erscheinung.

In **Jes 61,1** ruht dieser "*Geist des HERRN*" auf dem göttlichen Messias, weil ihn "*der HERR gesalbt hat*". Hier werden also alle drei Personen der Dreieinigkeit zugleich genannt. Jesus bezog diesen Vers auf sich selbst (Lk 4,18). Daß der Messias selbst Gott ist, wird in Jesaja häufiger deutlich. So heißt er in Jes 9,5 "*starker Gott*" und "*Vater der Ewigkeit*".

In **Jes 48,16** sagt der göttliche Messias (siehe 48,12): "*der Herr, HERR, und sein Geist hat* [man beachte die Einzahl für zwei Personen] *mich gesandt*". Der Messias, Jesus, wurde vom Vater und vom Heiligen Geist gesandt.

Auch im Zusammenhang mit dem Engel des HERRN, den Kirchenväter und Reformatoren für eine Erscheinungsform Jesu im Alten Testament hielten[348], findet sich neben dem Auftreten zweier göttlicher Personen das Auftreten dreier göttlicher Personen. (So wurde auch das Auftreten der drei Männer in 1Mose 18,1-19,29 und die Erwähnung von 'Gott', 'Gott' und 'der Engel' in 1Mose 48,16 auf die Dreieinigkeit bezogen.)

Wichtig scheint mir in diesem Zusammenhang das zentrale Glaubensbekenntnis Israels in **5Mose 6,4** zu sein: "*Höre, Israel, der HERR, unser Gott ist einig*". Das hebräische Wort für "*einig*" (hebr. 'echad') meint oft nicht einfach nur 'eins', 'einzigartig' oder 'allein', sondern die Einheit und Eins-heit von etwas, das sich aus mehreren Einheiten zusammensetzt oder sich vereinigt hat (vgl. Tag und Nacht = "*ein*" Tag in 1Mose 1,5; Mann und Frau = "*ein*" Fleisch in 1Mose 2,24; Trauben an "*einer*" Traube in 4Mose 13,23; ein Volk mit "*einem*" Sinn in Jer 32,38-39; "*eins*" werden in Hes 37,17). Her-

---

[347]Vgl. die ausgezeichnete Darstellung Benjamin B. Warfield. "The Spirit of God in the Old Testament". S. 101-129 in: Benjamin B. Warfield. Biblical Doctrines. The Banner of Truth Trust: Edinburgh, 1988 (Nachdruck von 1929)

[348]Vgl. Jules Lebreton. Histoire du dogme de la Trinité des origines au concile de Niceé. Beauchesne: Paris. Bd. 1 1927[6]; Bd. 2: 1928[2], bes. Bd. 1. S. 552-558; Franz Courth. Trinität: In der Schrift und Patristik. a. a. O. S. 9; vgl. S. 11-12. Vgl. meine ausführliche Begründung dafür, daß der Engel des Herrn Jesus im Alten Testamente ist in Thomas Schirrmacher. "Der trinitarische Gottesglaube und die monotheistischen Religionen". a. a. O.

bert Wolf geht davon aus, daß 'echad' die "Einzigartigkeit" heraus-
stellt, schreibt aber vor allem: "Es betont Einheit, während es die
Vielfalt innerhalb dieser Einheit anerkennt"[349]. Könnte es sein, daß
das Glaubensbekenntnis nicht nur besagt, daß allein der Gott Israels
Gott ist, sondern auch deutlich machen will, daß Gott 'ein einiger
Gott' ist, um einem möglichen Polytheismus zu wehren, der sich
fälschlich darauf berief, daß neben Gott ja auch gottgleiche Größen,
wie der Messias, der Engel des HERRN oder der Geist Gottes aktiv
sind?[350] Jedenfalls haben auch jüdische Quellen in 5Mose 6,4 drei
göttliche Geister ausgemacht[351].

D. Thema: Luthers Ablaßstreit ist weiterhin aktuell

"Wir wissen von keinem andern Ablaß, denn den uns Unwürdigen
der Sohn Gottes erworben hat und denselben reichlich ausgeteilt, aus
Gnaden umsonst ..."[352] (Martin Luther).

"Wer sich auf den Ablaß vertröstet und verläßt und so gestorben ist
oder gelebt hat, der hat damit den Heiland Jesus Christus fahren lassen
müssen, hat (ihn) verleugnen, vergessen und gar keinen Trost an ihm
haben können. Denn wer auf etwas anderes seinen Trost setzt als auf
Jesus Christus, der kann keinen Trost an Christus haben"[353] (Martin
Luther).

"Aber all diese Ablässe sind ... tatsächlich eine Entweihung des
Blutes Christi. Denn wie könnte man Christi Blut schändlicher entwei-
hen als durch die Behauptung, es sei zur Vergebung der Sünden, zur
Versöhnung, zur Genugtuung nicht vollgenügend ...?"[354] (Johannes
Calvin).

---

[349]Herbert Wolf. "61: echad". S. 30 in: R. Laird Harris (Hg.). Theological
Wordbook of the Old Testament. Bd. 1. Moody: Chicago, 1980; so auch:
Millard J. Erickson. Christian Theology. Baker Book House: Grand Rapids
(MI), 1990 (Nachdruck in einem Band von 1983-1985). S. 329; vgl. auch
George A. F. Knight. A Biblical Approach to the Doctrine of Trinity. a. a.
O. S. 17+47-49

[350]So etwa Stanley Rosenthal. The Tri-Unity of God in the Old Testament.
The Friends of Israel Gospel Ministry: Collingswood (USA), 1978. S. 4-6

[351]Zitiert in Herman Witsius. The Economy of the Covenants between God
and Men: Comprehending A Complete Body of Divinity. 2 Bde. The den
Dulk Christian Foundation: Escondido (CA) & Presbyterian and Reformed:
Phillipsburg (NJ), 1990 (Original von 1677), hier Bd. 2. S. 163-164

[352]Zitiert nach Martin Luther. Sämtliche Schriften. hg. von Johann Georg
Walch. Bd. 23. Verlag der Lutherischen Buchhandlung: Groß Oesingen,
1986 (Nachdruck von 1910²). S. 12 (dort auch S. 10-14 zahlreiche weitere
Zitate von Luther zum Ablaß)

[353]Zitiert nach Kurt Aland (Hg.). Lutherlexikon. Vandenhoeck & Ruprecht:
Göttingen, 1989 (Nachdruck von 1983⁴). S. 11

[354]Johannes Calvin. Unterricht in der christlichen Religion: Institutio Religionis Christianae. Neukirchener Verlag: Neukirchen, 1988⁵. S. 432-433.Jo-
hannes Calvin widmet dem Ablaß ein eigenes Kapitel in dieser seiner

Die Reformation begann damit, daß Martin Luther in seinen 95 Thesen von 1517 den Ablaß hinterfragte[355]. Der Streit um den Ablaß führt in das Herz des Unterschiedes zwischen evangelischem und katholischem Glauben. Daß damals wie heute für den Ablaß noch zusätzlich Geld genommen wurde und wird, ist dabei allerdings nicht das entscheidende Problem, sondern nur eine - wenn vielleicht auch typische - Folgeerscheinung[356].

Was ist 'Ablaß'? Das neue katholische Kirchenrecht von 1983, das der gegenwärtige Papst verabschiedet hat[357], definiert den Ablaß sehr treffend:

> "Ablaß ist der Nachlaß zeitlicher Strafe vor Gott für Sünden, deren Schuld schon getilgt ist; ihn erlangt der entsprechend disponierte Gläubige ... durch die Hilfe der Kirche, die im Dienst an der Erlösung den Schatz der Sühneleistungen Christi und der Heiligen autoritativ verwaltet und zuwendet."[358]

Hauptschrift (3. Buch, 5. Kapitel, Abschnitte 1-10), nachdem er bereits vorher die Unterscheidung zwischen Strafe und Schuld widerlegt hat (3. Buch, 4. Kap. Abschnitte 29-39) (alles ebd. S. 421-441).

[355]Martin Luther veröffentlichte zunächst die 95 Thesen für die akademische Diskussion (leicht zugängliche Ausgaben: Martin Luther. Martin Luthers 95 Thesen nebst dem Sermon von Ablaß und Gnade 1517. Kleine Texte für Vorlesungen und Übungen 142. Walter de Gruyter: Berlin, 1983[3]; Martin Luther. Ausgewählte Schriften. Bd. 1. Insel-Verlag: Frankfurt 1983[2]. S. 26-37; Martin Luther. Glaube und Kirchenreform. Martin Luther Taschenausgabe Bd. 2. Evangelische Verlagsanstalt: Berlin, 1984. S.24-33). Als die 95 Thesen gegen seinen Wunsch gedruckt und verbreitet wurden, verfaßte Luther 1518 auf Deutsch den allgemeinverständlicheren 'Sermon von Ablaß und Gnade' (ebd. S. 35-40 und in der zuerst genannten Ausgabe der 95 Thesen).

[356]Bereits das Konzil von Trient, daß 1563 den Ablaß gegen Luther bestätigte, forderte dazu auf, bei der Verleihung des Ablasses Maß zu halten, um die Kirchenzucht nicht zu entkräftigen (Text: Josef Neuner, Heinrich Roos. Der Glaube der Kirche in den Urkunden der Lehrverkündigung. a. a. O. S. 434-435), ohne daß dies die Praxis wesentlich beeinflußt hätte. Zum Ablaß ist auch keine Reue zwingend nötig, denn die gegen Luther gerichteten Sätze von Papst Leo X. (Text ebd. S. 412-413), daß Reue nicht zur Buße notwendig sei und der Priester nicht danach zu fragen brauche, sind immer noch in Kraft.

[357]Vgl. meine Beiträge zum neuen katholischen Kirchenrecht: "Hat sich die katholische Kirche geändert?" Bibel und Gemeinde 89 (1989) 2: 181-207; "Das neue katholische Kirchenrecht". Licht und Leben 9/1984: 198-200; "Has Roman Catholicism Changed? An Examination of Recent Canon Law". Antithesis: A Review of Reformed/Presbyterian Thought and Practice 1 (1990) 2 (März/Apr): 23-30

[358]Johannes Paul II. Codex Iuris Canonici: Codex des kanonischen Rechtes: Lateinisch-deutsche Ausgabe. Verlag Butzon & Bercker: Kevelaer, 1984[2]; auch zitiert und übernommen in Katechismus der katholischen Kirche. Oldenbourg: München, 1993. S. 401-403

Nach der katholischen Lehre wird die **ewige Schuld** (einschließlich der *ewigen* Strafe) durch die *Beichte* und die folgende *Absolution* vergeben. Die **zeitliche Strafe** jedoch bleibt trotzdem erhalten. Sie kann bei kleineren Vergehen durch Rosenkranzgebete und Ave Maria usw. abgeleistet werden, an sich wird sie jedoch im *Fegefeuer* gebüßt. *Diese Strafzeit im Fegefeuer wird durch den Ablaß verkürzt oder ganz gestrichen.* Dazu verwendet die Kirche den erwähnten *Schatz der Sühneleistungen Christi*, der alle überschüssigen guten Werke der Heiligen enthält, die die Kirche beziehungsweise der Papst verwaltet und den Konten der Bittsteller gutschreiben kann.

Vor diesem Hintergrund versteht man die genaue Formulierung des Zitates: "Ablaß ist der Nachlaß zeitlicher Strafe vor Gott für Sünden, deren Schuld schon getilgt ist". Mit dieser kurzen Aussage von 1983 offenbart sich das Kernproblem der katholischen Theologie, das bis heute unverändert besteht. **Sie schmälert den Kreuzestod Christi, der für sie demnach ja nur für die ewige Schuld, nicht aber für die zeitliche Strafe gilt. Die Strafe muß abgearbeitet werden, auch wenn die Schuld schon vergeben ist.** Das gilt ja auch dann, wenn man sich die guten Werke der Heiligen zuschreiben läßt, dann arbeitet eben ein anderer - jedoch nicht Christus - die Strafe ab. Beichte, Ablaß, Fegefeuer und unblutige Wiederholung des Opfers Jesu in der Messe offenbaren, daß der Katholizismus gerade dort die biblische Sicht ersetzt hat, wo er es am allerwenigsten hätte tun dürfen: bei der Frage, welche Bedeutung der Tod Jesu am Kreuz hat.

Schon das Alte Testament lehrt dagegen, daß der Messias als "*Friedefürst*", der zugleich "*Vater der Ewigkeit*" und "*starker Gott*" (Jes 9,5) ist, nicht nur die **Schuld** (Jes 53,6) getilgt hat, **sondern auch an unserer Stelle** für die Sünden **bestraft** wurde (**Jes 53,4**) und die Strafe auf ihm lag (**Jes 53,5**), damit wir Frieden mit Gott erlangen können ("*Die Strafe lag auf ihm zu unserem Frieden ...*", **Jes 53,5**).

Zur Begründung der Fortdauer der 'zeitlichen Strafen' trotz Vergebung wird oft auf auf die zeitlichen Folgen der Sünde verwiesen, und zwar a) auf die notwendige Wiedergutmachung, b) auf die Folgen von Sünden und c) auf sichtbare Strafen Gottes, die trotz Vergebung eintraten.

Zu a): Der Dieb mußte tatsächlich trotz Vergebung Wiedergutmachung leisten und andere Verbrechen hatten ebenfalls Schadensersatzleistungen zur Folge. Hier geht es aber 1. um staatliche Strafen, die von der Bibel für alle Fälle gleichbleibend verordnet sind, nicht um kirchliche Strafen, die die Kirche eigenmächtig und wechselnd festlegt und 2. um eine Wiedergutmachung nicht der eigenen Strafe, sondern des Schadens, der einem anderer zugefügt wurde. **Zu b):** Die bleibenden irdischen Folgen der Sünde, so etwa, daß das Mordopfer tot oder die Scheidung der Ehe eingetreten ist, sind meist trotz der ergangegenen Vergebung nicht rückgängig zu machen. Daran ändert aber auch keine Handlung des Schuldigen - also auch kein Ablaß - etwas. **Zu c)**: Gott hat in besonders schwerwiegenden Fällen eine irdische, sichtbare Strafe trotz Vergebung teilweise dennoch vollzogen. Auch hier ändert jedoch keine Handlung des Schuldigen - also auch kein Ablaß - etwas. Das berühmteste Beispiel ist David, dessen Ehebruch und Mord (2Sam 11) trotz Buße und Vergebung (Ps 51; 2Sam 12,1-13, bes. V.13) mit dem Tod des Kindes aus der ehebrecherischen Beziehung bestraft wurde (2Sam 12,14-25): "*Nur weil du den Feinden des HERRN durch diese Angelegenheit einen Grund zur Lästerung gegeben hast, muß der Sohn ... sterben*" (2Sam 12,14). Dieser Tod hatte mit einem Abarbeiten der Schuld nichts zu tun und war auch durch nichts zu verhindern.

➡ Empfehlungen zum eigenen Weiterstudium

Zur Ergänzung empfiehlt es sich, die angegebene Literatur zu Christus im Alten Testament[359] oder Texte zum Ablaß aus der Reformationszeit[360] zu lesen.

✍ Fragen zur Selbstkontrolle

Wieso ist es nicht gut möglich, daß Gott das Gesetz für ungültig erklärt? (Antwort: lesen Sie die zweite Hälfte [beginnend mit "2. Einerseits ..." bis zum Schluß] von Abschnitt A. in dieser Lektion)

Wie wird 5Mose 6,4 ('Höre Israel, der Herr, unser Gott ist einig') in der obigen Auslegung verstanden? (Antwort: lesen Sie den letzten Absatz von Abschnitt C. in dieser Lektion)

Was ist mit der Bezeichnung 'Sühnedeckel' = 'Gnadenthron' gemeint? (Antwort: lesen Sie den 4. Absatz von Abschnitt B. in dieser Lektion)

---

[359]Thomas Schirrmacher. "Der trinitarische Gottesglaube und die monotheistischen Religionen". S. 113-151 in Rolf Hille, Eberhard Troeger (Hg.). Die Einzigartigkeit Jesu Christi. TVG. Brockhaus: Wuppertal, 1993 - engl. Kurzfassung: "Trinity in the Old Testament and Dialogue with the Jews and Muslims". Calvinism Today (Whitby, GB) 1 (1991) 1: 24-25+21+27; Thomas Schirrmacher. "Der Engel des Herrn: Jesus im Alten Testament? Auch ein Beitrag zur Einheit von Altem und Neuen Testament". Bibel und Gemeinde 91 (1991) 3: 251-262; Johannes Calvin. Unterricht in der christlichen Religion: Institutio Religionis Christianae. Neukirchener Verlag: Neukirchen, 1988[5]. S. 54-62; Paul Schenk. Bist du, der da kommen soll? Christuszeugnisse im Alten Testament. Brunnen: Giessen, 1991

[360]Martin Luther. Martin Luthers 95 Thesen nebst dem Sermon von Ablaß und Gnade 1517. Kleine Texte für Vorlesungen und Übungen 142. Walter de Gruyter: Berlin, 1983[3]; Martin Luther. Ausgewählte Schriften. Bd. 1. Insel-Verlag: Frankfurt, 1983[2]. S. 26-37; Martin Luther. Glaube und Kirchenreform. Martin Luther Taschenausgabe Bd. 2. Evangelische Verlagsanstalt: Berlin, 1984. S. 24-40; Johannes Calvin. Unterricht in der christlichen Religion. Neukirchener Verlag: Neukirchen, 1988[5]. S. 421-441

In welchen Versen in Röm 3,21-31 faßt Paulus das in Röm 1,18-3,20 Gesagte noch einmal zusammen? (Antwort: lesen Sie den 2. Absatz von Abschnitt A. in dieser Lektion)

Listen Sie wenigstens 12 Einrichtungen, Ämter usw. des alttestamentlichen Opfer- und Zeremonialwesens auf, die sich nach dem Neuen Testament in Christus erfüllen. (Antwort: studieren Sie die doppelseitige Übersicht von Abschnitt B. in dieser Lektion)

Definieren Sie den Ausdruck 'das Gesetz des Glaubens' in Röm 3,27. (Antwort: lesen Sie den letzten Absatz von Abschnitt A. in dieser Lektion)

Wofür wird Joh 12,41 (Text darf gelesen werden) in dieser Lektion als Beweis angeführt? (Antwort: lesen Sie den ersten und den vierten Absatz von Abschnitt C. in dieser Lektion)

Was ist das eigentliche Problem an der Lehre vom 'Ablaß'? (Antwort: lesen Sie Abschnitt D. in dieser Lektion)

✉ Einsendeaufgaben

❶ Ein Freund vertritt aufgrund von Röm 3,21 (die Errettung geschieht 'ohne Gesetz'), daß das Gesetz für ihn völlig belanglos sei und er es deswegen gar nicht erst lesen würde. Wie würden Sie ihm aufgrund dieser Lektion anhand von Röm 3,21-31 antworten? Tragen Sie möglichst viele verschiedene Aspekte zusammen, gehen Sie jedoch immer von Röm 3,21-31 aus. (Umfang: 2-4 DIN A4-Seiten)

❷ Erläutern Sie das folgende Zitat des päpstlichen Kirchenrechtes und kommentieren Sie es anhand von Röm 3,21-31 und anderen Bibeltexten (Umfang: 1-2 DIN A4-Seiten):
"Ablaß ist der Nachlaß zeitlicher Strafe vor Gott für Sünden, deren Schuld schon getilgt ist; ihn erlangt der entsprechend disponierte Gläubige ... durch die Hilfe der Kirche, die im Dienst an der Erlösung den Schatz der Sühneleistungen Christi und der Heiligen autoritativ verwaltet und zuwendet."

☿ Hinweise für den Gruppenleiter

Zunächst sollte in Erfahrung gebracht werden, inwieweit die Teilnehmer mit dem alttestamentlichen Opferwesen vertraut sind. Ist dies nicht der Fall, sollten entsprechende alttestamentliche Texte gelesen werden oder zentrale Ereignisse wie der Große Versöhnungstag oder einzelne Opfer (Sündopfer, Brandopfer usw.) erläutert werden.

Die Frage nach der Bedeutung des alttestamentlichen Gesetzes für heute wird noch häufiger besprochen, vor allem zu Röm 8 und Röm 13, und sollte daher hier nur angerissen, ansonsten aber bis zur endgültigen Klärung etwas aufgehoben werden.

✳ Fragen für das Gruppengespräch zur Auswahl

❶ <V.21-31> Der Gedanke daran, daß der Mensch durch eigene Leistungen das Maß seiner Sünde vergessen machen könnte, ist nach den langen Ausführungen in Röm 1,18-3,20+23 nunmehr absurd. Dennoch

ist der Gedanke, daß wir Menschen etwas für Gott leisten könnten, offensichtlich nicht 'totzukriegen'.

* Warum fällt es gerade frommen Menschen so schwer, zu akzeptieren,
  daß sie nichts zu ihrer Erlösung beitragen können?

* Welche frommen Möglichkeiten gibt es, theoretisch von der Rechtfertigung allein aus Gnaden zu sprechen und dennoch das Leistungsden-
  ken zu praktizieren? (Z. B.: Man stöhnt ununterbrochen über den Stress
  und wie wenig Zeit man hat, damit andere unausgesprochen anerken-
  nen, was für ein Opfer man bringt, wenn man trotzdem so viel in der
  Gemeinde mitarbeitet ...)

❷ <V.23-25> Paulus verwendet mit Worten wie "Erlösung", "Gnade",
"Blut", "Herrlichkeit" und "Sühnedeckel"/"Gnadenthron" alttestamentliche
Begriffe und Einrichtungen, um zu beschreiben, was den Menschen denn
nun angesichts des Zornes Gottes "rechtfertigen" kann.

* Ist eine solche Sprache heutzutage nicht überholt?

* Ist es für uns persönlich sinnvoll, uns mit diesen alttestamentlichen Begriffen und Einrichtungen zu beschäftigen?

❸ <V.21+31> Das Gesetz bewirkt Erkenntnis der Sünde (Röm 3,20), bezeugt die Offenbarung der Gerechtigkeit Gottes im Opfertod Jesu (V.21)
und wird durch den Glauben bestätigt (V.31).

* Wie kann Paulus so positiv über das Gesetz sprechen, wo es ihm doch
  gerade darum geht, daß die Gerechtigkeit Gottes "ohne Gesetz" (V.21)
  offenbart worden ist und "Werke des Gesetzes" (V.27+28) nicht zum Heil
  verhelfen?

* Was ist demnach der gottgewollte Gebrauch des Gesetzes und was ist
  der von Gott aufs schärfste verurteilte Mißbrauch des Gesetzes?

8. LEKTION: RÖMER 4,1-25

✍ Arbeitsaufwand der Lektion

Regelstudienzeit insgesamt 6 Stunden (2 Stunden an 3 Werktagen), davon 3 Stunden für das Erarbeiten des Studientextes und 3 Stunden für die Selbstkontrolle und die Einsendeaufgaben

❖ Gliederung und Aufbau der Lektion

Nach einer Bestimmung des Verhältnisses von Kap. 4 und 5 zueinander und zu Röm 1-3 wird zunächst die Gegenüberstellung von 'rechnen' und 'rechnen lassen' in V.1-8 erläutert.

Anschließend wird anhand von V.9-12 das Verhältnis von Abraham zur Beschneidung und die Frage, wer Abrahams Kinder sind, behandelt.

Nach einem Blick auf Abrahams Glaubensgerechtigkeit in V.13-25 wird dann ausführlich darauf eingegangen, warum sich Paulus und Jakobus nicht widersprechen und wie der Begriff 'Werke' im Neuen Testament zu verstehen ist.

➻ Lernziele der Lektion

Nach Durcharbeiten der folgenden Lektion sind Sie in der Lage,

1. Röm 4 in seinem Verhältnis zu Röm 5 und Röm 1-3 einzuordnen;
2. zu definieren, welche Arten des 'Rechnens' Paulus am Beispiel Abrahams einander gegenüberstellt;
3. zu erklären, was daraus zu folgern ist, daß Abraham erst lange nach seiner Berufung beschnitten wurde;
4. zu definieren, wer 'Abrahams Kinder' sind;
5. zu begründen, warum der alttestamentliche Abraham ein Beweis für die Gerechtigkeit allein aus Glauben ist;
6. zu widerlegen, daß zwischen Paulus und Jakobus ein unüberbrückbarer Widerspruch besteht;
7. einen Überblick über die neutestamentliche Verwendung des Begriffes 'Werke' zu geben.

❝ Bibeltext zur Lektion (Römer 4,1-25)

> 1   Was wollen wir denn sagen,
>   was **Abraham**,
>   unser Stammvater nach dem Fleisch,
>   gefunden hat?
> 2   **Denn   wenn** Abraham

aus Werken gerechtgesprochen wurde,
dann hat er   Ruhm,
aber nicht vor Gott.

3   **Denn** was sagt die Schrift? *[1Mose 15,6]*:
"*Abraham aber glaubte Gott,*
und es wurde ihm zur Gerechtigkeit gerechnet".

4 Aber   dem,
der **Werke tut**,
wird der Lohn angerechnet
nicht nach **Gnade**,
sondern nach **Verpflichtung**[361].

5 Aber   dem,
der **nicht Werke tut**,
sondern an   den **glaubt**,
der den Gottlosen gerechtspricht,
wird sein Glaube
zur Gerechtigkeit angerechnet,

6   wie ja auch David
die   Seligpreisung des Menschen ausspricht,
dem Gott die Gerechtigkeit
ohne Werke zurechnet *[Ps 32,1-2]*:

7   "*Glückselig   die, deren Gesetzlosigkeiten vergeben*
und deren Sünden bedeckt sind!

8   *Glückselig   der Mann,*
dem der Herr die Sünde nicht
zurechnet!"

9   Gilt diese Seligpreisung nun
für die **Beschneidung**
oder auch für das **Unbeschnittensein**?
Denn wir sagen,
daß der Glaube Abraham
zur Gerechtigkeit gerechnet worden ist.

10   Wie wurde er denn zugerechnet?
Als er in der Beschneidung war
oder als er im Unbeschnittensein war?
Nicht in der Beschneidung,
sondern in dem Unbeschnittensein.

11   Und er empfing das **Zeichen** der Beschneidung
als **Siegel** der Gerechtigkeit des Glaubens,
den er im Unbeschnittensein hatte,
damit er
Vater der im **Unbeschnittensein**
Glaubenden ist,
damit ihnen die Gerechtigkeit
zugerechnet werde;

---

[361]Oder: Schuldigkeit

12   und **Vater** der **Beschneidung** ist,
                          nicht nur derer,
                                    die aus der Beschneidung sind,
                          sondern auch derer,
                                    die in den Fußspuren
                                    des Glaubens wandeln,
                                    den unser Vater Abraham
                                    im Unbeschnittensein hatte.

13 **Denn**   nicht   **durch das Gesetz**
                          wurde Abraham
                                    oder seiner Nachkommenschaft
                          die   Verheißung zuteil,
                                    daß er Erbe der Welt sein sollte,
                 sondern **durch die Gerechtigkeit des
                                                Glaubens**.

14 Wenn nämlich
          die aus dem **Gesetz** die Erben sind,
                 so ist der **Glaube** entleert
                 und die **Verheißung** zunichte gemacht.

15   **Denn** das Gesetz bewirkt Zorn;
                          aber wo kein Gesetz ist,
                          da gibt es auch keine Übertretung.

16 **Darum** ist es aus Glauben,
          damit es nach Gnade gehe,
          damit die Verheißung
                 der ganzen Nachkommenschaft sicher sei,
                 nicht allein der [Nachkommenschaft]
                 aus dem **Gesetz**,
                 sondern auch der [Nachkommenschaft]
                 aus dem **Glauben**
          Abrahams,
                 der unser aller Vater ist,

17   - wie geschrieben ist *[1Mose 17,5]*:
                          *"Ich habe dich
                          zum Vater vieler Nationen gemacht"* -
                 vor dem Gott,
                 dem er glaubte,
                 der   die Toten
                                    lebendig macht
                 und das Nichtseiende ruft,
                                    so daß es ist;

18   der **gegen** Hoffnung
                          auf Hoffnung hin geglaubt hat,
                          damit er Vater vieler Nationen werde,
                          nach dem, was gesagt ist *[1Mose 15,5]*:
                          "So soll deine Nachkommenschaft sein".

19   Und ohne im Glauben schwach zu werden,

sah er   seinen eigenen, schon erstorbenen Leib,
         da er fast hundert Jahre alt war,
   und das Abgestorbensein
     des Mutterleibes Saras,

20   und zweifelte nicht durch Unglauben
   an der Verheißung Gottes,
   sondern wurde im Glauben gestärkt,
    weil er Gott die Ehre gab

21   und völlig davon überzeugt war,
    daß er *[= Gott]* das,
      was er verheißen habe,
      auch tun kann.

22   **Darum** ist es ihm auch
   zur Gerechtigkeit gerechnet worden.

23 Es wurde aber nicht nur
   seinetwegen geschrieben,
    daß es ihm zugerechnet worden ist,

24   sondern auch
   unsertwegen,
    denen es zugerechnet werden soll,
    die wir an den glauben,
      der **Jesus**, unseren Herrn,
        aus den Toten auferweckt hat,

25   der **wegen** unserer Übertretungen
      dahingegeben
   und **wegen** unserer Rechtfertigung
     auferweckt worden ist.

A. Einführung zu Kap. 4

Paulus verweilt zunächst bei der Begründung, daß bereits das Alte Testament einschließlich des Gesetzes die Offenbarung der Gerechtigkeit Gottes "*ohne Gesetz*" "*bezeugt*" (Röm 3,21). Das ganze Kap. 4 verwendet er dazu, um dies am Beispiel des Stammvaters Israels, Abraham, zu belegen. - In V.6 verweist er zusätzlich kurz auf das Beispiel von David.

Dabei geht es bei der Erwähnung Abrahams nicht nur darum, daß Abraham bekannt war oder lediglich als Beispiel dient. In der Bibel ist der Erste das 'Haupt' aller Weiteren. Was für das Haupt gilt, gilt für alle, die dieses Haupt repräsentiert. Dies wird in Röm 5 in bezug auf Adam und Christus als Stellvertreter beziehungsweise 'Häupter' der Welt und der Gemeinde ausführlich zur Sprache kommen. Ein anschauliches Beispiel für dieses Verständnis des Hauptes findet sich in **Hebr 7,9-10**. Indem Abraham Melchisedek den Zehnten gab,

anerkannte er für alle späteren Israeliten an, daß das Priestertum
Melchisedeks über dem Priestertum Israels stand.

Es ist kein Zufall, daß Paulus in Röm 4 Abraham und in Röm 5
Adam behandelt. So sehr Röm 4 und 5 eine Fortsetzung von Röm 1-
3 sind, indem sie den Charakter der in Röm 3,21-31 verkündigten
Erlösung näher beschreiben, so sehr liefern sie sogleich auch weitere
Argumente dafür, daß alle Menschen Sünder sind und die Vergebung brauchen, um gerechtgesprochen werden zu können. **Dabei ist
Röm 4 über Abraham die Fortsetzung der Argumentation hinsichtlich der Juden, Röm 5 über Adam die Fortsetzung der
Argumentation hinsichtlich der Nichtjuden beziehungsweise aller Menschen.** Es ist dabei für den ganzen Aufbau des Römerbriefes
typisch, daß Paulus einerseits beständig logisch fortschreitet, andererseits dabei längst gemachte Aussagen erneut und ausführlicher
begründet.

B. V.1-8: Rechnen oder rechnen lassen

1Mose 15,6 (*"Abraham glaubte Gott ..."*; erwähnt und zitiert in
V.3; **Gal 3,6-7; Jak 2,23**) ist wie **Hab 2,4** der unumstößliche alttestamentliche Beweis, daß der Glaube, nicht das Tun des Gesetzes,
zur Gerechtigkeit führt und dies seit Anbeginn der Welt so ist. Für
Paulus gibt es **zwei Möglichkeiten im Gericht** vor Gott:

1. Entweder beruft man sich auf seine Werke. Da dann aber alle
Werke zählen, würde dann nicht nur der 'wirklich böse' Mensch,
sondern auch der fromme Mensch, ja selbst Abraham, seine bösen
Werke vorgerechnet bekommen. Es geht dann nach Schuldigkeit.
Die notwendige Wiedergutmachung wird eingefordert. Wenn der
Mensch etwas leisten will, rechnet ihm Gott vor, was er zu leisten
hätte. Der Weg der Werke ist schon deswegen unmöglich, weil bereits eine Sünde gegen Gott unsere 'Schuld', also das, was wir zu leisten schuldig wären, so ins Unermeßliche steigen läßt (vgl. **Jak
2,10-11**), daß dagegen alle späteren guten Werke lächerlich sind.

Wer die Straßenverkehrsordnung übertritt, muß zahlen. Er kann
sich nicht zur Entlastung auf die vielen Male berufen, wo er sich an
die Straßenverkehrsordnung gehalten hat. Was aber, wenn die Strafe
unbezahlbar hoch ist, wie dies bei der Strafe für die Rebellion gegen
Gott der Fall ist?

2. Es gibt daher nur einen Weg, das ungeheure Minuskonto der
Schuld aufzufüllen, nämlich, indem es 'nicht angerechnet' wird.
Dazu muß man aber das Rechnen überhaupt aufgeben! Genau das
ruft David schon im Alten Testament in dem hier zitierten Text **Ps
32,1-12** aus: durch die Vergebung wird die Sünde *"nicht zugerechnet"* (Röm 4,8). Stattdessen rechnet Gott uns etwas zu, was er uns

selbst geschenkt hat: "*Dem dagegen, der nicht Werke tut, sondern an den glaubt, der den Gottlosen rechtfertigt, wird sein Glaube zur Gerechtigkeit gerechnet*" (V.5).

Mit "*nicht Werke tut*" (eigentlich "*nichts tut*", besser vielleicht "*nicht werkelt*") ist hier natürlich nicht gemeint, daß der Mensch einfach nichts tut, was ja gar nicht möglich ist oder daß er 'nichts Gutes tut', also zu allem Überfluß noch weitere Gebote Gottes bricht, sondern, daß der Mensch nichts deswegen tut, um es bei Gott und für sein Heil angerechnet zu bekommen. Er tut dann keine "*Werke des Gesetzes*" (**Röm 3,27+28**). Das schließt nicht aus, daß er **nach** seiner Rechtfertigung "*Werke des Glaubens*" tut, nicht um sie angerechnet zu bekommen, sondern aus Liebe zu Gott und aus der Kraft der Erlösung (am deutlichsten in **Eph 2,8-10**). Das ist etwa eines der Themen des Jakobusbriefes[362].

C. V.9-12: Abraham glaubte als Unbeschnittener[363]

Zum zweiten Mal greift Paulus nun das Thema **Beschneidung** auf. Das bestätigt, daß Paulus zwar seit Röm 3,21 die Erlösung näher ausführt, gleichzeitig aber weitere Argumente für das in Röm 1,18-3,20 Gesagte anführt. In Röm 2,24-29 sprach Paulus von der Beschneidung des Herzens, die er als das wahre Kennzeichen der Zugehörigkeit zu Israel bezeichnete. Für Paulus kann deswegen in Röm 2,27 - und noch deutlicher in Röm 3,30 - auch der Unbeschnittene gerechtgesprochen werden.

Die Krönung dieser Aussagen zur Beschneidung ist nun die Tatsache, daß Abraham bereits lange bevor er beschnitten wurde ein Gläubiger war. **Abraham wurde beschnitten, weil er gläubig war; er war nicht gläubig, weil er beschnitten wurde!** Deswegen wird er zum Vater *aller* Gläubigen, nämlich der beschnittenen jüdischen Gläubigen, weil er sich beschneiden ließ, und der unbeschnittenen Gläubigen aus den Heiden, weil er selbst aus den Heiden zum Glauben gerufen wurde. Daß Abraham Heide, ja Götzendiener, war, als er berufen wurde und zum Glauben kam, lehrt das Alte Testament selbst mehrfach (z. B. **Hes 16,3+45**; vgl. **1Mose 31,19; 35,2**)[364].

Die Frage, wer Abrahams Kinder sind, wird im Neuen Testament häufig angesprochen. Einerseits werden alle Juden gemäß ihrer Ab-

---

[362]Vgl. die Ausführungen zum Jakobusbrief unten in dieser Lektion

[363]Vgl. zur Beschneidung die Ausführungen zu Röm 2,24-29 im Abschnitt C. 'Wahre Beschneidung und wahre Opfer im Alten Testament' in Lektion 5

[364]Gustav Friedrich Oehler. Theologie des Alten Testaments. J. F. Steinkopf: Stuttgart, 1891³. S. 92-93 verweist darauf, daß Abrahams Verwandte, z. B. Laban, sowohl den einen wahren Gott, als auch eigene Götter ('Theraphim' usw.) verehrten.

stammung als Kinder Abrahams angesprochen (z. B. Apg 13,26), andererseits wird den ungläubigen Juden die Vaterschaft Abrahams abgesprochen. Typisch für diese zwei Seiten ist etwa **Joh 8,37-40**, wo Jesus beides zu den Juden sagt: *"Ich weiß, daß ihr Abrahams Nachkommen seid ... Wenn ihr Abrahams Kinder wärt, würdet ihr die Werke Abrahams tun ..."*. An anderer Stelle sagt Jesus, daß Gott dem Abraham statt der Pharisäer und Sadduzäer aus den Steinen Kinder erwecken kann (**Mt 3,9 = Lk 3,8**), was sowohl eine Anspielung auf die Opferung Isaaks, als auch auf die Annahme von Heiden als Kinder Abrahams darstellen dürfte. Die Heiden werden nach den Worten Jesu mit Abraham im Reich Gottes zu Tisch liegen (**Mt 8,11**), worüber die Pharisäer usw., die nicht mit Abraham zu Tisch liegen werden, die Zähne knirschen werden (**Lk 13,28**). Als *"Tochter Abrahams"* (z. B. **Lk 13,16**) oder *"Sohn Abrahams"* (z. B. **Lk 19,9**: Jesus über Zachäus: *"Heute ist diesem Haus Heil widerfahren, weil auch er ein Sohn Abrahams ist"*) werden gerne Juden, die an Jesus gläubig wurden, bezeichnet. Überhaupt heißt es für Juden *und* Heiden: *"Die aus Glauben sind, die sind Kinder Abrahams"* (**Gal 3,7**; vgl. **Gal 3,8-9+14-18**), denn *"wenn ihr jedoch Christus gehört, seid ihr Nachkommen Abrahams und nach der Verheißung Erben"* (**Gal 3,29**).

Überhaupt dürfte Abraham die alttestamentliche Person sein, die am häufigsten im Neuen Testament erwähnt und angeführt wird. Im Bericht vom reichen Mann und dem armen Lazarus kommt Lazarus zum Beispiel in *"Abrahams Schoß"*, und der reiche Mann spricht mit Abraham (**Lk 16,22-25+29**). Am häufigsten wird dabei an die umfassende Verheißung Gottes an Abraham gedacht (z. B. **Hebr 6,13**). So sagt Maria in ihrem Lobpreis (dem sog. 'Magnificat'): *"Er hat sich seines Knechtes Israels angenommen, indem er an die Barmherzigkeit gedacht hat, wie er zu unseren Vätern gesprochen hat, gegenüber Abraham und seinen Nachkommen in Ewigkeit"* (**Lk 1,54-55**).

Daß die Beschneidung als **Siegel** (*"Siegel der Gerechtigkeit des Glaubens"*, V.11) bezeichnet wird, bestätigt das zu Röm 2,25-29 Gesagte, daß Paulus hier nicht ein neues Beschneidungsverständnis einführt, sondern das alttestamentliche Beschneidungsverständnis darstellt und betont. Die Beschneidung besiegelte den Bund mit Gott. Ein Siegel ist ungeheuer wichtig, aber nur, wenn der Bund, den es besiegelt, überhaupt existiert. Andernfalls ist ein Siegel zwar manchmal sehr schön, aber im besten Fall nutzlos, im schlimmsten Fall Anlaß für Verurteilung und Gericht. Für die neutestamentlichen Bundeszeichen Taufe und Abendmahl gilt natürlich Entsprechendes. Sie sind unabdingbar und heilig, weil sie den Bund mit Gott besiegeln, aber nutzlos, betrügerisch, ja gotteslästerlich, wenn eigentlich gar nichts zu besiegeln ist und das eigentliche *"Siegel"* des Bundes mit Gott, nämlich der Heilige Geist (**Eph 1,13-14; 2Kor 1,22; 5,5;** vgl. **Röm 8,16+23**) fehlt.

D. V.13-25: Abrahams Glaubensgerechtigkeit

Daß der Glaube dem Gesetz vorangeht, wird nicht nur im Leben Abrahams deutlich, sondern auch in der mit Abraham beginnenden Heilsgeschichte Israels. Am Anfang stand die Erwählung Israels, die, wie das Alte Testament immer wieder betont, gerade deswegen erfolgte, weil Israel völlig unbedeutend war (z. B. **5Mose 7,6-7**). In **Gal 3,15-25** macht Paulus ebenfalls deutlich, daß die Verheißung an Abraham Jahrhunderte vor der Verkündigung des Gesetzes auf dem Sinai erfolgte. Gerade die Verheißung an Abraham und damit an Israel, auf die sich die Juden so gerne beriefen, ist ein schlagender Beweis dafür, daß die Gerechtigkeit auf Verheißung und Vertrauen (Glauben) gegründet ist, nicht auf das Gesetz und seine Einhaltung. Das Entscheidende, weswegen Abraham Vorbild und "*Vater vieler Völker*" ist, war nicht die biologische Frage (Abstammung) oder die Einhaltung des Gesetzes, sondern sein grenzenloses Vertrauen in die Verheißung Gottes (**Hebr 11,7-17**).

Allerdings war der Glaube Abrahams kein theoretisches Fürwahrhalten oder ein rein geistiges Ideal, sondern er wurde im Alltag gelebt und gelitten. Abraham wurde durch Glauben gerechtgesprochen, aber sein Glaube kam im Gehorsam zum Ausdruck. Das ist das Thema von **Jak 2,14-26**, auf das wir im folgenden noch näher eingehen wollen. Auch für Paulus war der "*Gehorsam*" eine Folge, ja ein Beweis für Abrahams Glauben (so auch in **Hebr 11,8**). **Abraham war nicht gläubig, weil er auf Gottes Befehl hin ausgezogen war, aber weil er gläubig war, zog er auf Gottes Befehl hin gehorsam aus!** Das ist echter "*Glaubensgehorsam*" (**Röm 1,5; 16,26**).

Paulus schließt mit dem ausdrücklichen Hinweis, daß Abraham nicht nur ein gutes Beispiel ist. Was im Alten Testament über Abraham steht, gilt auch für uns (Röm 4,22-25), denn die juristische Grundlage unseres Glaubens ist dieselbe wie die des Glaubens Abrahams: der von Gott geschenkte Glaube führt zur Gerechtigkeit. Damit kehrt Paulus zum Anfang von Röm 4 zurück: Wenn und weil wir Gott nicht unsere Werke vorrechnen (V.2-4), kann uns unser von Gott geschenkter Glaube "*zugerechnet*" werden (V.5-8; V.22-24).

E. Thema: Zum angeblichen Widerspruch zwischen Jakobus und Paulus

☞ Hinweis für Schüler und Gruppen

Zu dem folgenden Abschnitt ist eine Vortragskassette des Autors erschienen[365]. Wir empfehlen, diese Kassette an dieser Stelle zu hören. Ihr Erwerb und ihr Anhören ist jedoch keine Pflicht, sondern dient lediglich der Erleichterung des Einstieges.

Wie erklärt sich der scheinbare Widerspruch zwischen dem Jakobusbrief und den Paulusbriefen? Werden wir nun ohne oder mit Werken errettet? Ausgangspunkt für den berühmten Streit ist **Jak 2,14-26**: *"Was nützt es, meine Geschwister, wenn jemand sagt, er habe Glauben, hat aber keine Werke? Kann etwa der Glaube ihn erretten? Wenn aber ein Bruder oder eine Schwester dürftig gekleidet ist und der täglichen Nahrung entbehrt, aber jemand unter euch spricht zu ihnen: 'Geht hin in Frieden, wärmt euch und sättigt euch!' - ihr gebt ihnen aber nicht das für den Leib Notwendige, was nützt es? So ist **auch der Glaube, wenn er keine Werke hat, in sich selbst tot.** Es wird aber jemand sagen: 'Du hast Glauben, und ich habe Werke; zeige mir deinen Glauben ohne Werke, und ich werde dir aus meinen Werken den Glauben zeigen'. Du glaubst, daß [nur] einer Gott ist? Du tust recht: auch die Dämonen glauben und zittern. Willst du aber erkennen, o eitler Mensch, daß der Glaube ohne die Werke nutzlos ist? Ist nicht Abraham, unser Vater, aus Werken gerechtgesprochen worden, da er Isaak, seinen Sohn, auf den Opferaltar legte? Du siehst, daß der Glaube mit seinen Werken zusammen wirkte und der Glaube aus den Werken vollendet wurde. Und die Schrift wurde erfüllt, welche sagt: 'Abraham aber glaubte Gott, und es wurde ihm zur Gerechtigkeit gerechnet, und er wurde 'Freund Gottes' genannt'. Ihr seht [also], daß ein Mensch [auch] aus Werken gerechtgesprochen wird und nicht aus Glauben allein. Ist aber nicht ebenso auch Rahab, die Hure, aus Werken gerechtgesprochen worden, da sie die Boten aufnahm und auf einem anderen Weg hinausließ? Denn wie der Leib ohne Geist tot ist, so ist auch der Glaube ohne Werke tot."*

a. Das Problem

Die Warnung vor dem Glauben ohne Werke im Brief des Jakobus (Jak 2,14-26) steht für viele im Widerspruch zur paulinischen Aussage, daß wir nicht durch Werke, sondern durch Glauben gerettet

---

[365]Thomas Schirrmacher. Der angebliche Widerspruch zwischen Jakobus und Paulus. Theologischer Fernunterricht. Verlag für Kultur und Wissenschaft: 1990. (Hänssler-Bestellnummer 997.026)

werden[366]. Kein Geringerer als der Reformator Martin Luther wollte deswegen den Jakobusbrief als 'stroherne Epistel' ganz aus dem biblischen Kanon streichen, auch wenn er im Alter vorsichtiger wurde. Müssen wir uns also zwischen Jakobus und Paulus entscheiden?

Nein, denn der Widerspruch ist bei genauerem Hinsehen nur ein scheinbarer. Angesichts des 'Dogmas' vom Widerspruch zwischen Paulus und Jakobus traut man sich kaum noch, eine solche Aussage zu machen. Allzuschnell gerät man in den Verdacht, die Aussagen beider um der Harmonie willen zu verbiegen.

Nun glaube ich allerdings, daß die Bibel von Menschen mit ihrer Persönlichkeit, ihrem Stil, ihrem Wortschatz und in ihrer geschichtlichen Situation geschrieben wurde. Gott ließ sein Wort in der Geschichte und durch Menschen entstehen. In **2Petr 3,15-16** weist etwa Petrus auf den völlig unterschiedlichen Stil von Paulus hin und bekräftigt im gleichen Atemzug, daß die Paulusbriefe göttlich inspiriert sind und nicht verdreht werden dürfen. Aber man kann solche Unterschiede nicht nur durch falsch verstandene Harmonisierungsversuche überspielen, sondern auch durch eine Sucht, Widersprüche und Unterschiede aufzudecken, zu übersteigern und fälschlich auf den dogmatischen Bereich zu übertragen.

b. Werke des Gesetzes und Werke des Glaubens

Der Schlüssel zum Verständnis liegt im Begriff "*Werke*" (griech. 'ergon') selbst. Das griechische Wort bedeutet einfach 'Arbeit', 'Tun', 'Handeln' oder 'Werk' (letzteres als das Ergebnis der Arbeit). Es kann in ganz verschiedenen Zusammenhängen verwendet werden. Im Johannesevangelium meint es vorwiegend die "*Werke des Vaters*", die Jesus tut (z. B. Joh 5,36; 4,34; 9,4; 17,4). Es kann die Schöpfung und das Handeln Gottes (z. B. Joh 14,10; vgl. Hebr 1,10) und die guten und bösen Werke der Menschen (z. B. Joh 3,19; 7,7) bezeichnen. Uns interessieren jedoch nur die Beispiele, in denen die 'Werke' in Zusammenhang mit dem 'Glauben' gebracht werden.

Der Schlüssel liegt nun darin, daß man zwischen 1) den (falschen) 'Werken', aus denen der Glaube kommt 2) und den (guten) 'Werken' die aus dem Glauben kommen, unterscheidet.

Im ersten Fall kommt der Glaube aus den Werken beziehungsweise ist der 'Glaube' selbst ein Werk (Stichwort 'Werkgerechtigkeit'), im zweiten Fall sind die Werke eine Folge des Glaubens (Stichwort 'Glaubensgerechtigkeit').

---

[366]Als Beispiel für die gängige Position siehe Georg Eichholz. Glaube und Werk bei Paulus und Jakobus. Theologische Existenz heute NF 88. Chr. Kaiser: München, 1961

Im ersten Fall geht es also um die Werke dessen, der noch nicht glaubt, im zweiten Fall um die guten Werke des Glaubenden.

Man kann zur Unterscheidung auch die Zusätze verwenden, die Paulus gelegentlich benutzt: *"Werke des Gesetzes"* (= *"Gesetzeswerke"*) und *"Werke des Glaubens"* (= *"Glaubenswerke"*).

c. Werke des Gesetzes

Die erste, 'negative' Bedeutung von *"Werk"* verwendet Paulus häufig, etwa in Röm 4,2+6; 9,11+32; Eph 2,9; 2Tim 1,9; Tit 3,5. Oft unterstreicht er sie mit dem Zusatz *"Werke des Gesetzes"*[367] (oder *"Gesetzeswerke"*): Röm 3,20+28; Gal 2,16 (3 mal), Gal 3,2+10. Außerhalb der paulinischen Briefe findet sich diese Bedeutung noch ähnlich im Hebräerbrief, in dem von *"toten Werken"* (Hebr 6,1; 9,14) die Rede ist.

d. Werke des Glaubens

Die zweite, 'positive' Bedeutung des Begriffes *"Werke"* finden wir zunächst im Jakobusbrief (Jak 2,24+25+26). Sie findet sich aber, was meist übersehen wird, in weiteren nichtpaulinischen Schriften des Neuen Testamentes **und ist auch bei Paulus wesentlich häufiger als die erste Bedeutung zu finden!**

Paulus kann sie entgegen den *"Werken des Gesetzes"* mit dem Zusatz *"Werke des Glaubens"* versehen: 1Thess 1,3; 2Thess 1,11.

Es gibt sogar zwei paulinische Stellen, in denen beide Bedeutungen nebeneinander vorkommen, nämlich in **Tit 3,1+5+8** (V.1+8: Aufforderung zu *"guten Werken"*; V.5: *"nicht aus Werken"* errettet) und in **Eph 2,8-10**: *"Denn aus Gnade seid ihr errettet, nicht aus Werken, damit niemand sich rühme. Denn wir sind seine Geschöpfe, in Christus Jesus geschaffen zu guten Werken, die Gott zuvor bereitet hat, damit wir in ihnen wandeln sollen"*. Die Aussage, daß wir nicht aus unseren Werken, also aus eigener Leistung, errettet werden können, steht hier in völligem Einklang mit der Tatsache, daß wir zu guten Werken geschaffen wurden.

In **Apg 26,20** sagt Paulus: *"... Buße zu tun und sich zu Gott zu bekehren, indem sie der Buße würdige Werke vollbrächten."* Er greift damit wie Jakobus nur auf, was Jesus schon über die guten Werke

---

[367]Vgl. zu diesem Ausdruck die ausgezeichneten Ausführungen zu diesem Ausdruck im Galaterbrief in Daniel P. Fuller. "Paul and 'The Works of the Law'". Westminster Theological Journal 38 (1975/1976): 28-42 und Daniel P. Fuller. The Unity of the Bible: Unfolding God's Plan for Humanity. Zondervan: Grand Rapids (MI), 1992. S. 471-477

der Gläubigen in **Joh 14,12** sagte: "*Wer an mich glaubt, wird auch die Werke tun, die ich tue ...*" (vgl. Joh 3,20-21; 8,39; Offb 2,19).

Die Ausdrücke "*gute Werke*" oder "*schöne Werke*" werden häufig auf das Leben von bereits gläubigen Christen bezogen:
* bei Paulus: Röm 13,3; 2Kor 9,8; Eph 2,10; Phil 1,6; Kol 1,10; 2Thess 2,17; 1Tim 2,10; 5,9+10; 6,18; 2Tim 2,21; 3,17; Tit 2,7+14; 3,1+8+14;
* bei anderen: Mt 5,16; 26,10 = Mk 14,6; Apg 9, 36; Hebr 10,24; Jak 3,13; 1Petr 2,12.

Diese "*guten Werke*" werden bisweilen konkret beschrieben, wobei meist Werke der Nächstenliebe gemeint sind, die ja auch bei Jakobus konkret angesprochen werden:
* bei Paulus: 1Tim 5,10; 6,18; Tit 3,14;
* bei anderen: Hebr 6,10; 1Joh 3,17-18; Jak 2,14-26.

Paulus kann diese Werke auch mit dem Begriff "*Frucht*" beschreiben. Weil Paulus in **Gal 5,19-22** den "*Werken des Fleisches*" die "*Frucht des Geistes*" gegenüberstellt, hat man oft vorschnell gefolgert, daß "*Frucht*" immer positiv, "*Werke*" dagegen immer negativ zu verstehen sei. "*Frucht*" kann aber auch die böse Frucht der Sünde bezeichnen (z. B. Röm 6,21), während die Früchte des Glaubens auch als Werke bezeichnet werden können. Nach **Kol 1,10** sollen deswegen Christen "*fruchtbringend in jedem guten Werk*" sein und nach **Tit 3,14** "*sich guter Werke befleißigen, damit sie nicht unfruchtbar sind*".

Das Wort "*Werk*" kann auch besondere Tätigkeiten und Dienste der Gläubigen bezeichnen, wie Missionsarbeit, Ältestendienst oder Diakonie: Apg 13,2; 14,26; 15,38; 1Kor 15,58; 16,10; Eph 4,12; 1Thess 5,13; 2Tim 4,5.

Zuletzt kann Jesus den Glauben selbst sogar als Werk bezeichnen, allerdings in bewußter Korrektur einer Frage des Volkes: "*Was müssen wir tun, damit wir die Werke Gottes wirken?*" (Joh 6,28): "*Das ist das Werk Gottes, daß ihr an den glaubt, den er gesandt hat*"[368] (**Joh 6,29**).

Wer gute "*Werke*" ablehnt, muß eigentlich jedes Tun der Christen ablehnen, denn das Wort bedeutet ja nur "*Tun*". Sollen Christen böse Werke tun, damit sie bloß keine guten Werke tun? Sollen Christen überhaupt nichts tun, damit sie bloß keine Werke tun? Oder sollen sie nicht vielleicht die bösen Werke und ihren Stolz und ihre Einbil-

---

[368]Vgl. dazu Aurelius Augustinus. Schriften gegen die Semipelagianer. Reihe: Sankt Augustinus, der Lehrer der Gnade: Deutsche Gesamtausgabe seiner antipelagianischen Schriften Bd. 7. Augustinus-Verlag: Würzburg, 1987[2]. S. 265

dung auf ihre eigenen Werke lassen und stattdessen von Gott ge-
wirkte und gewollte gute Werke tun?

Christoph Haufe hat denn auch an Beispielen gezeigt, daß bei
vielen Autoren tatsächlich das Tun selbst mit der Sünde praktisch
identifiziert wird, also auch Gutes tun verdächtig ist und Vergebung
erfordert[369]. Er erwähnt dabei im seltenen Einklang konservative
Autoren wie bekannte Bibelkritiker wie Bultmann und Käsemann.

e. Zum Verständnis von Jakobus 2,14-26

Jakobus verwendet den Begriff "Werke" also in einer Bedeutung,
wie sie sich auch bei anderen neutestamentlichen Autoren findet und
wie sie auch bei Paulus zahlenmäßig an erster Stelle steht. Jakobus
beschäftigt sich also nicht mit den Werken vor der Bekehrung, wie
Paulus das an einigen Stellen tut, sondern mit dem Glauben und
Handeln von bereits Bekehrten. Der wahre Glaube erweist sich in
den Werken, weil ein Glaube, der nicht das Handeln verändert, undenkbar ist. Ein Widerspruch zu Paulus entsteht dabei nicht, denn
auch für Paulus erweist sich der wahre Glaube in der lebensverän-
dernden Kraft, im Sieg über die Sünde und damit im Leben und Tun
('Werk'), wie der Römerbrief zeigt.

Liegt schon kein Widerspruch in der Verwendung von "Werk"
zwischen Jakobus und Paulus vor, so gilt dies erst recht für den Begriff "Glauben". Man hat Jakobus oft unterstellt, er verstehe unter
Glauben das Für-Wahr-Halten eines Bekenntnisses[370]. Einen solchen Glaubensbegriff finden wir tatsächlich nirgends in der Bibel,
auch nicht im Alten Testament. Jakobus lehnt gerade diesen theo-
retischen Glauben ausdrücklich ab und bezeichnet ihn als
'Nichtglauben'!

In **Jak 2,14+19** heißt es: "*Wenn jemand sagt, er habe Glauben,
hat aber keine Werke ... Du glaubst, daß nur ein Gott ist? Du tust
recht, auch die Dämonen glauben* [es] *und zittern!*". Hier wird
ebenso wie an weiteren Beispielen im Text deutlich, daß

**1. die Leser unter Glauben ein reines Für-Wahr-Halten ver-
standen und Jakobus ihren Glaubensbegriff zitiert und**

---

[369]Christoph Haufe. Die sittliche Rechtfertigung des Paulus. Max Niemeyer:
Halle, 1957. S. 33

[370]Dies ist zugleich ein im mittelalterlichen Katholizismus vorhandener Glaubensbegriff, der noch heute weit verbreitet ist. Es muß allerdings darauf
hingewiesen werden, daß es ein Mißverständnis wäre, mit Hinweis auf diesen falschen Glauben zu folgern, daß für den wahren Glauben gleichgültig
sei, was inhaltlich geglaubt wird. Nur ein inhaltlich richtiger Glaube kann
auch in der Kraft Gottes zum richtigen Leben führen. Dies macht ja gerade
der Römerbrief deutlich.

2. Jakobus diesen Glaubensbegriff ironisch ad absurdum führt. Wenn Jakobus viermal sagt, daß ein solcher Glaube "*tot*" oder "*nutzlos*" ist, erklärt er damit auch den dazugehörigen Glaubensbegriff für falsch.

Oder anders gesagt: Jakobus verwendet für das bloße Für-Wahr-Halten nur deshalb den Begriff "*Glauben*", weil es seine Leser taten. Johannes Calvin schreibt:

> "Wenn der Apostel einen leeren Wahn, der von dem wahren Wesen des Glaubens gar nicht weit entfernt ist, doch als 'Glauben' bezeichnet, so ist das ein Eingehen auf die Ansicht seiner Gegner ..."[371]

Wenn Jakobus selbst vom richtigen "*Glauben*" spricht (V.18+22+ 23), meint er denselben Glauben, wie die übrige Bibel im Alten und Neuen Testament. Und dieser Glaube beweist sich eben nicht in der Theorie, sondern im Leben, also in den "*Werken*".

Man hat nun gemeint, daß die Auslegung des Zitates in Jak 2,21-23 (1Mose 15,6: "*Abraham glaubte Gott ...*") der Auslegung desselben Zitates durch Paulus in Röm 4,3+9-12 und Gal 3,6 widerspräche[372]. Der Textzusammenhang macht aber deutlich, daß es Paulus im Römerbrief um die Frage geht, wie Abraham zum "*Glauben*" fand, während Jakobus interessiert, wie Abraham als Glaubender lebte. **Paulus fragt, ob dem Glauben Werke vorausgehen müssen, Jakobus fragt, ob dem Glauben Werke folgen müssen.** Deswegen beschreibt Paulus, daß Abraham noch keine Werke getan hatte und unbeschnitten war, als er Gott glaubte. Abrahams Glaube begann mit dem Auszug aus der Heimat, wie Hebr 11,8-19 deutlich macht. Jakobus macht dagegen darauf aufmerksam, daß dieser Glaube Abrahams in den konkreten Taten sichtbar wurde, also im Auszug und eben besonders in der Bereitschaft zur Opferung Isaaks. Auch bei Jakobus steht der Glaube Abrahams an erster Stelle.

Ist nicht in Jak 2,21-22+24-25 doch davon die Rede, daß nicht der Glaube allein, sondern auch die Werke rechtfertigen?: "*Ist nicht Abraham, unser Vater, aus Werken gerechtgesprochen worden, da er Isaak, seinen Sohn, auf den Opferaltar legte? Du siehst, daß der Glaube mit seinen Werken zusammen wirkte und der Glaube aus den Werken **vollendet** wurde. ... Ihr seht [also], daß ein Mensch [auch] aus Werken gerechtgesprochen wird und nicht aus Glauben allein. Ist aber nicht ebenso auch Rahab, die Hure, aus Werken gerechtgesprochen worden, da sie die Boten aufnahm und auf einem anderen Weg hinausließ?*". Johannes Calvin und andere haben angenommen, daß Paulus und Jakobus den Begriff 'zur Gerechtig-

---

[371] Johannes Calvin. Unterricht in der christlichen Religion. a. a. O. S. 538

[372] Vgl. dazu bes. Gale Z. Heide. "The Soteriology of James 2:14". Grace Theological Journal 12 (1992) 1: 69-97

keit rechnen', 'gerechtsprechen' unterschiedlich verwenden[373], je nachdem, ob sich der Begriff auf den Beginn des Glaubens oder auf den Vollzug und die Vollendung des Glaubens bezieht. Calvin schreibt:

> "Es ist klar, daß Jakobus hier sicherlich von dem *Erweis* der Gerechtigkeit, nicht aber von ihrer *Zurechnung* spricht. Er will also etwa sagen: Wer aus *wahrem* Glauben gerecht ist, der beweist seine Gerechtigkeit durch Gehorsam und gute Werke und nicht durch eine nackte, eingebildete *Larve* des Glaubens! Kurz, er redet nicht davon, aus welchem Grunde wir gerechtfertigt werden, sondern er fordert von den Gläubigen eine *tätige* Gerechtigkeit."[374]

Nun gibt es sicher beide (und noch mehr) Seiten des Begriffes 'gerechtsprechen'. Nur wird dabei übersehen, daß Paulus die Bedeutung der Gerechtsprechung im Vollzug ebenfalls in Röm 4 auf Abraham bezieht, also beide Seiten der Gerechtsprechung anspricht. In **Röm 4,19-22** beschreibt Paulus nämlich wie Jakobus, daß Abraham im Glauben bereit war, seinen Sohn zu opfern und fügt hinzu: *"**Darum** ist es ihm auch zur Gerechtigkeit gerechnet worden"*! Auch für Paulus wurde also eine Glaubenshandlung des bereits gläubigen und gerechtfertigen Abraham dennoch zur Gerechtigkeit hinzugerechnet.

Jakobus will also sagen: Wenn es heißt, daß Abraham Gott glaubte, dann ist das doch für uns nur nachvollziehbar, weil wir die Werke Abrahams kennen. **Wäre der schon 'glaubende' Abraham nicht ausgezogen, wäre das eben ein Beweis dafür gewesen, daß er gar keinen Glauben hatte.** Weder Jakobus, noch Paulus kennen eben einen Glauben, der den Alltag unverändert läßt und sich nicht im praktischen Gehorsam bewährt. Deswegen spricht Paulus auch im Römerbrief davon, daß sein eigentliches Anliegen der *"**Glaubensgehorsam**"* ist (Röm 1,6; 16,26).[375]

---

[373]Johannes Calvin. Unterricht in der christlichen Religion. a. a. O. S. 539; ähnlich Hermann Cremer, Julius Kögel. Biblisch-Theologisches Wörterbuch des neutestamentlichen Griechisch. F. A. Perthes: Stuttgart, 1923[11] (Nachdruck von 1915[10]). S. 328-329, der bei Paulus eine Zurechnung des Glaubens, bei Jakobus einen sich in den Werken vollziehenden und vollendenden Glauben sieht.

[374]Johannes Calvin. Unterricht in der christlichen Religion. a. a. O. S. 539

[375]Daß Jakobus und Paulus miteinander zu vereinbaren sind, lehren auch das Zweite Helvetische Bekenntnis von 1562/1566 ausdrücklich in § 15, Absatz 8 (Text: Paul Jakobs [Hg.]. Reformierte Bekenntnisschriften und Kirchenordnungen in deutscher Übersetzung. Buchhandlung des Erziehungsvereins: Neukirchen, 1949. S. 208), sowie Johannes Calvin. Unterricht in der christlichen Religion. a. a. O. S. 538-540 (3. Buch III, 17. Kapitel, Abschnitte 11.-12.; vgl. Wilhelm-Albert Hauck. Calvin und die Rechtfertigung. C. Bertelsmann: Gütersloh, 1938. S. 64-68).

Damit steht Jakobus ganz im Einklang mit dem Alten Testament. Abraham wurde durch seinen Glauben gerecht. Doch Gott hatte Abraham eindeutig erwählt und gesegnet (also gerechtgesprochen), damit er seine Gebote hielte. Gott sagt nämlich zu sich selbst: *"Abraham wird zu einer mächtigen Nation werden und in ihm werden alle Nationen der Erde gesegnet werde. Denn ich habe ihn erkannt, **damit** er seinen Söhnen und seiner Familie nach ihm befiehlt, daß sie die Rechtsbestimmungen des HERRN bewahren, Gerechtigkeit und Recht üben, damit der HERR auf Abraham alles kommen läßt, was er über ihn gesagt hat"* (**1Mose 18,18-20**). Umgekehrt sagt Gott dann aber auch zu Abraham: *"Ich werde deine Nachkommen zahlreich machen ... und werde mit deinen Nachkommen alle Nationen der Erde segnen, **dafür, daß** du meiner Stimme gehorcht hast und meine Vorschriften, meine Gebote, meine Ordnungen und meine Gesetze, eingehalten hast"* (**1Mose 26,4-5**).

Und auch Jesus dachte so, sonst könnte er den Juden nicht entgegenhalten: *"Wenn ihr Kinder Abrahams wärt, würdet ihr auch die Werke Abrahams tun"* (**Joh 8,39**). Für Jesus waren die fehlenden Werke ein Zeichen, daß diese Juden nicht im Glauben Abrahams standen. Wie Jakobus sieht auch der Schreiber des Hebräerbriefes die überragende Bedeutung des Gehorsams Abrahams als Beweis für seinen Glauben: *"Durch den Glauben wurde Abraham gehorsam, als er berufen wurde, in ein Land zu ziehen, das er ererben sollte. Und er zog aus ohne zu wissen, wo er hinkommen würde"* (**Hebr 11,8**).

Dieser Gedanke findet sich auch unabhängig von den Begriffen "Glauben" und "Werke" in der ganzen Bibel. Zwei Beispiele mögen genügen. Die Zehn Gebote sollten nur gehalten werden, weil Gott schon der Herr Israels war und Israel schon aus Ägypten gerettet hatte, wie die Einleitung zeigt (**2Mose 20,2; 5Mose 5,6**). Die Erlösung geht immer dem veränderten Leben voraus. Und Jesus faßt das mit den einfachen Worten zusammen: *"Wenn ihr mich liebt, werdet ihr meine Gebote halten"* (Joh 14,15).

Dies hat auch Martin Luther so gesehen, weswegen er eigentlich in seiner Theologie keinen Widerspruch zwischen Paulus und Jakobus kennen dürfte:

"So der Glaube nicht *ohne* Werke ist, und seien es auch die geringsten, macht er nicht gerecht, ja, ist er nicht Glaube."[376]

---

[376]Zitiert nach Siegfried Kettling. Typisch evangelisch: Grundbegriffe des Glaubens. TVG. Brunnen: Giessen, 1993². S. 28 (vgl. auch die Auführungen Kettlings dazu)

"Es ist unmöglich, daß der Glaube sei ohne unablässige viele und große Werke."[377]

Christoph Haufe hat die Errettung allein durch Glauben und die Aufforderung zu guten Werken nach den Geboten Gottes beide ausführlich aus den paulinischen Schriften erhoben[378] und schreibt:

"Dies bedeutet nämlich einmal, daß für jeden, der sich auf Paulus beruft, beide Vorstellungsreihen verbindlich sein müssen, und zum anderen, daß beide sich widersprechende Vorstellungsreihen in einem menschlichen Subjekt müssen Platz finden können ... Als orthodox könnte doch nur etwas gewertet werden, das beides enthält, und jede theologische Arbeit und Predigt, die nicht *beides* berücksichtigen, müßten als unpaulinisch gelten, anstatt daß man nur die eine Vorstellungsreihe als Kriterium des paulinischen Christentums nimmt, und durch diese die andere verketzert, sie also auch bei Paulus verketzern muß ... Paulus contra Paulus?"[379]

John Murray faßt die Position von Paulus und Jakobus gut zusammen:

"Wir sind nicht *durch* den Gehorsam gegenüber dem Gesetz gerettet, sondern wir sind *zum* Gehorsam gegenüber dem Gesetz gerettet."[380]

Christen sind Christen, damit sie gute Werke tun können

Eph 2,8-10: *"Denn aus Gnade seid ihr errettet, nicht aus Werken, damit niemand sich rühme. Denn wir sind seine Geschöpfe, in Christus Jesus geschaffen zu guten Werken, die Gott zuvor bereitet hat, damit wir in ihnen wandeln sollen."*
Apg 26,20: *"... Buße zu tun und sich zu Gott zu bekehren, indem sie der Buße würdige Werke vollbrächten."*
Tit 3,8: *"... damit alle, die zum Glauben an Gott gekommen sind, darauf bedacht sind, sich mit guten Werken hervorzutun. Das ist gut und nützt den Menschen."*
Tit 2,14: (Über Jesus:) *"... der sich selbst für uns hingegeben hat, damit er uns von aller Ungerechtigkeit erlöste und sich selbst ein Volk zum Eigentum reinigte, das eifrig zu guten Werken ist."*
Joh 14,12: (Jesus sagt:) *"Wer an mich glaubt, wird auch die Werke tun, die ich tue ..."*
Joh 3,21: *"Wer aber die Wahrheit tut, der kommt zu dem Licht, damit offenbar wird, daß seine Werke in Gott getan sind"* (vgl.

---

[377]Zitiert nach ebd.

[378]Christoph Haufe. Die sittliche Rechtfertigung des Paulus. a. a. O. (ganz)

[379]Ebd. S. 37-38

[380]John Murray. "The Sanctity of the Moral Law". S. 193-203 in: John Murray. Collected Writings 1: The Claims of Truth. The Banner of Truth Trust: Edinburgh, 1976, hier S. 199

V.20).

Joh 8,39: *"Wenn ihr Kinder Abrahams wärt, würdet ihr auch die Werke Abrahams tun."*

2Kor 9,8: *"Gott aber kann dafür sorgen, daß jede Gnade unter euch reichlich vorhanden ist, **damit** ihr in allen Dingen jederzeit volle Genüge habt und dazu reich seid zu jedem guten Werk."*

2Tim 3,15-17: *"... die heiligen Schriften kennst, die die Kraft haben, dich zur Errettung durch den Glauben, der in Jesus Christus ist, weise zu machen. Denn die ganze Schrift ist von Gott eingegeben und nützlich ..., damit der Mensch Gottes vollkommen ist, zugerüstet zu jedem guten Werk."*

Vgl. auch **Offb 2,19**: *"Ich kenne deine Werke und deine Liebe und deinen Glauben ..."*

Joh 6,28: *"Was müssen wir tun, damit wir die Werke Gottes wirken?"* (Jesus antwortet:) *"Das ist das Werk Gottes, daß ihr an den glaubt, den er gesandt hat".*

Christen tun gute Werke, und Gott verheißt ihnen Lohn und Ernte dafür

Gal 6,9: *"Laßt uns im **Gutestun** nicht müde werden, denn zu seiner Zeit werden wir **ernten**."*

Eph 6,8: *"Was ein jeder **Gutes tut**, wird ihm vom Herrn belohnt werden."*

2Joh 1,8: *"Seht euch vor, daß ihr nicht verliert, was wir **erarbeitet** haben, sondern vollen Lohn empfangt."*

1Tim 6,18-19: *"... damit sie **Gutes tun**, an guten Werken reich werden, gerne geben, behilflich sind, sich selbst einen Schatz als guten Grund für die Zukunft ansammeln ..."*

1Kor 15,58: *"Daher, meine geliebten Geschwister, steht fest, seid unerschütterlich, allezeit überströmend in dem **Werk** des Herrn, weil ihr wißt, daß eure Mühe im Herrn nicht vergeblich ist."*

Tit 3,14: *"... in guten Werken fleißig zu sein, damit sie nicht unfruchtbar sind ..."*

Kol 1,10: *"... fruchtbringend in jedem guten Werk ..."*

Aurelius Augustinus hat dies auf die berühmte Formel gebracht: "Gib, was Du befiehlst, und befiehl, was du willst"[381]. Gott erwartet von uns nur das, was er uns zuvor geschenkt hat.

Artikel 16.1.-2. des Westminster Bekenntnisses von 1647 faßt das folgendermaßen zusammen:

---

[381]'Confessiones' X, 29+40; 31,45; 37,60 zitiert nach Aurelius Augustinus. Schriften gegen die Semipelagianer. a. a. O. S. 447

"Gute Werke sind nur diejenigen, die Gott in seinem heiligen Wort befohlen hat (Mi 6,8; Röm 12,2; Hebr 13,21), und nicht diejenigen, die ohne dessen Vollmacht aus blindem Eifer oder unter irgendeinem Vorgeben guter Absicht ersonnen sind (Mt 15,9; Jes 29,13; 1Petr 1,18; Röm 10,2; Joh 16,2; 1Sam 15,21-23).

Diese guten Werke, die im Gehorsam gegen Gottes Gebote getan werden, sind die Früchte und Beweise eines wahren und lebendigen Glaubens (Jak 2,18-22), und durch sie bekunden die Gläubigen ihre Dankbarkeit (Ps 116,12-13; 1Petr 2,9), stärken ihre Sicherheit (1Joh 2,3+5; 2Petr 1,5-10), erbauen ihre Brüder (2Kor 9,2; Mt 5,16), zieren das Bekenntnis des Evangeliums (Tit 2,5+9-12; 1Tim 6,1), stopfen den Widersachern das Maul (1Petr 2,15) und ehren Gott (1Petr 2,12), dessen Werk sie sind, in Christus Jesus dazu geschaffen (Eph 2,10), daß sie ihre Frucht tragen zur Heiligung und dadurch endlich das ewige Leben haben (Röm 6,22).

Ihre Fähigkeit, gute Werke zu tun, kommt ganz und gar nicht von ihnen selbst, sondern gänzlich vom Geist Christi her (Joh 15,4-6; Hes 36,26-27), und damit sie dazu befähigt werden, ist abgesehen von der Gnade, die sie bereits empfangen haben, ein tätiger Einfluß desselben Heiligen Geistes erforderlich, der dadurch beides wirkt, das Wollen und das Vollbringen nach seinem Wohlgefallen (Phil 2,13; 4,13; 2Kor 3,5). Jedoch dürfen sie aufgrund hiervon nicht in Nachlässigkeit verfallen, als ob sie nicht verpflichtet wären, irgendeine Pflicht außer aufgrund einer besonderen Anregung des Geistes zu erfüllen, sondern sie müssen fleißig sein, die Gnadengabe Gottes zu erwecken, die in ihnen ist (Phil 2,12; Hebr 6,11-12; 2Petr 1,3+5+10-11)."[382]

"So soll euer Licht leuchten vor den Menschen, damit sie eure guten Werke sehen und euren Vater, der im Himmel ist, verherrlichen" (**Mt 5,16**).

➡ Empfehlungen zum eigenen Weiterstudium

Mit Hilfe einer Konkordanz oder einer biblischen Namenskonkordanz kann man alle alt- und neutestamentlichen Texte über Abraham zusammenstellen und auf die Frage hin untersuchen, was sie zu einem richtigen Glaubensverständnis beitragen.

Außerdem empfiehlt es sich, zum Verhältnis von Paulus und Jakobus einmal den Jakobusbrief ganz zu lesen.

✍ Fragen zur Selbstkontrolle

Welche beiden Möglichkeiten des Rechnens gibt es für Paulus nach V.1-8 im Gericht? (Antwort: lesen Sie Abschnitt B. in dieser Lektion)

Wen bezeichnet das Neue Testament als 'Kinder Abrahams'? (Antwort: lesen Sie den 3. Absatz in Abschnitt C. in dieser Lektion)

---

[382]Zitiert nach Cajus Fabricius (Hg.). Corpus Confessionum: Die Bekenntnisse der Christenheit. Bd. 18: Presbyterianismus. Walter de Gruyter, 1937. S. 118-120

Welche Bedeutung hat es, daß Paulus in Röm 4 von Abraham spricht, in Röm 5 dagegen von Adam? (Antwort: lesen Sie Abschnitt A. in dieser Lektion)

Wie verhalten sich Abrahams Glaube und seine Beschneidung zueinander? (Antwort: lesen Sie die beiden ersten Absätze und den letzten Absatz in Abschnitt C. in dieser Lektion)

Welcher Widerspruch zwischen Röm 4 und Jak 2,14-26 wird oft angenommen? (Antwort: lesen Sie den Abschnitt E. a. in dieser Lektion)

Was unterscheidet 'Werke des Gesetzes' und 'Werke des Glaubens' voneinander? (Antwort: lesen Sie die Abschnitte C. b. bis d. in dieser Lektion)

Wie ist der angebliche Widerspruch zwischen Jakobus und Paulus zu erklären? (Antwort: lesen Sie die Abschnitte E. e. und E. b. in dieser Lektion)

✉ Einsendeaufgaben

❶ Stellen Sie sich vor, Sie wollen einem befreundeten Juden in einem Brief die neutestamentliche Lehre, daß nur der Glaube, nicht aber Werke erretten, aus dem Alten Testament begründen und dazu das Beispiel von Abraham verwenden. Verfassen Sie einen solchen Brief ('Lieber David, ...') und verwenden Sie ausschließlich alttestamentliche, also keine neutestamentlichen Texte. Sie dürfen dazu eine Bibel benutzen. (Umfang: 2-4 DIN A4-Seiten)

❷ Fassen Sie kurz zusammen, warum Paulus (Röm 4) und Jakobus (Jak 2) sich nicht widersprechen. Die Bibeltexte dürfen dabei verwendet werden. (Umfang: etwa 1 DIN A4-Seite)

✆ Hinweise für den Gruppenleiter

Da der Text von Röm 4 sehr lang ist, kann man den Text an zwei Abenden besprechen. Eventuell sollte man Jak 2 einen eigenen Abend widmen oder aber Jak 2 in den zweiten Abend mit hineinnehmen.

Außerdem empfiehlt es sich, einige Texte über Abraham im Alten Testament (angefangen bei 1Mose 15,6) aufzuschlagen und gemeinsam zu lesen, um zu unterstreichen, daß Paulus hier wirklich nur alttestamentliche Gedanken wiedergibt.

✳ Fragen für das Gruppengespräch zur Auswahl

❶ <V.1-8> Paulus spricht von "zurechnen" und "Schuldigkeit", "Gerechtigkeit" und zitiert David, für den die Vergebung glückselig macht, weil die "Sünde nicht zugerechnet" wird.

* Ist eine solche juristische Sprache nicht viel zu nüchtern, sachlich, ja zu kalt, um damit unser Verhältnis zu Gott zu beschreiben?

* Können wir unseren Zeitgenossen heute noch eine solch intolerant klingende Sprache zumuten?

❷ <V.12> Für Paulus haben alle, "die in den Fußstapfen des Glaubens wandeln, den unser Vater Abraham hatte", gleich, ob sie beschnitten oder unbeschnitten sind, Abraham zum "Vater", sind also seine Kinder.

* Was heißt es für uns persönlich, 'in den Fußstapfen des Glaubens Abrahams zu wandeln'?

* Was haben wir überhaupt mit Abraham zu tun, der doch vor fast 4000 Jahren gelebt hat?

❸ <V.9-12> Die Beschneidung war für Abraham "das Siegel der Gerechtigkeit des Glaubens" (V.11). Auch im Neuen Testament gibt es solche Siegel, nämlich die Bundeszeichen Taufe und Abendmahl.

* Lassen sich die Aussagen über die Beschneidung auf Taufe und Abendmahl übertragen?

* In welchem Verhältnis stehen diese Bundeszeichen zur Versiegelung mit dem Heiligen Geist (Eph 1,13-14; 2Kor 1,22; 5,5; vgl. Röm 8,16+23)?

9. LEKTION: RÖMER 5,1-11

✍ Arbeitsaufwand der Lektion

Regelstudienzeit insgesamt 8 Stunden (2 Stunden an 4 Werktagen), davon 4 Stunden für das Erarbeiten des Studientextes und 4 Stunden für die Selbstkontrolle und die Einsendeaufgaben

❖ Gliederung und Aufbau der Lektion

Zunächst wird der Unterschied zwischen Röm 1-4 und Röm 5-8 behandelt und damit die Bedeutung von Röm 5,1-2 erklärt, wo Paulus zwei grundsätzliche Ergebnisse der Rechtfertigung nennt. Dazu gehört eine Übersicht über neutestamentliche Texte über den 'Zugang' zu Gott.

Anschließend wird zu V.3-5 gezeigt, wie Paulus sich bewußt den Problemen eines Christen stellt, weil das Christsein keine 'Schönwetterreligion' ist.

Anhand von V.6-11 wird dann das Verhältnis von Rechtfertigung und Heiligung besprochen und ein 'Mehrstufenchristentum' abgelehnt.

Schließlich wird die Frage diskutiert, ob Christus für alle Menschen oder für seine Gemeinde starb.

➳ Lernziele der Lektion

Nach Durcharbeiten der folgenden Lektion sind Sie in der Lage,

1. zu erläutern, worin der Unterschied zwischen Röm 1-4 und Röm 5-8 besteht und welche Rolle Röm 5,1-2 für die Gliederung des Römerbriefes spielt;
2. zu beantworten, welches die beiden Folgen der Rechtfertigung für unser Verhältnis zu Gott sind;
3. zu begründen, inwiefern das Christentum keine 'Schönwetterreligion' ist;
4. darzulegen, weshalb calvinistische Theologen davon ausgehen, daß Christus nur für seine Gemeinde, nicht aber für alle Menschen starb.

❝ Bibeltext zur Lektion (Römer 5,1-11)

1	**Da** wir **nun** gerechtgesprochen worden sind aus Glauben, haben wir Frieden mit Gott durch unseren Herrn Jesus Christus,
2	durch den wir auch durch den Glauben den Zugang zu dieser Gnade erhalten haben, in der wir stehen,

und **rühmen** uns
wegen der Hoffnung der Herrlichkeit Gottes.
3 Nicht allein aber das,
sondern wir **rühmen** uns auch in den Trübsalen,
da wir wissen,
daß die Trübsal Geduld bewirkt,
4   Geduld aber Bewährung,
Bewährung aber Hoffnung;
5   Hoffnung aber
läßt nicht zuschanden werden,
denn die Liebe Gottes ist ausgegossen
in unsere Herzen
durch   den Heiligen Geist,
der uns gegeben wurde.
6 **Denn** Christus ist,
als wir noch kraftlos waren,
für zur damaligen Zeit noch Gottlose gestorben.
7   **Denn** es wird kaum jemand
für einen Gerechten sterben;
denn   für den Guten
mag zwar jemand zu sterben wagen;
8   aber Gott erweist seine Liebe gegen uns dadurch,
daß Christus,
als wir noch Sünder waren,
für uns gestorben ist.
9 Vielmehr werden wir also,
da wir **jetzt**
durch sein Blut gerechtgesprochen wurden,
durch ihn vom Zorn gerettet werden.
10 **Denn** wenn wir,
als wir **Feinde** waren,
mit Gott versöhnt wurden
durch den **Tod** seines Sohnes,
so werden wir viel mehr,
da wir **Versöhnte** sind,
durch sein **Leben** gerettet werden.
11 Nicht allein aber das,
sondern wir **rühmen** uns auch Gottes wegen
durch   unseren Herrn Jesus Christus,
durch den wir
jetzt die Versöhnung empfangen haben.

A. Kap. 5-8: ... wird leben ...

Paulus stellt in Röm 1,17 sein Verständnis von Hab 2,4 (*"Der aus Glauben Gerechte - wird leben"*) - wie wir bereits zu Beginn des

Römerbriefes sahen - dem pharisäischen Verständnis ('Der {durch das Halten des Gesetzes} Gerechte - wird aus Glauben leben') gegenüber. Daß **Hab 2,4 Tenor**, ja **Überschrift** des Römerbriefes ist - und zwar in der Reihenfolge, wie sie die Auslegung von Paulus nahelegt - zeigt ein Blick auf die Gliederung des Briefes.

Die Kap. 1-4 behandeln die Frage, wie man aus Glauben gerecht wird und zwar zuerst negativ (1,18-3,20) und dann positiv (3,21-4,25). In den Kap. 1-4 kommt über 25 mal "*glauben*" vor, aber nur 2 mal "*leben*". In 5,1 heißt es dann "*Da wir nun gerechtgesprochen worden sind aus Glauben ...*". **Die Kap. 5-8 behandeln nun das "*Leben*" des aus Glauben Gerechten. Deswegen erscheint "*glauben*" fast nicht mehr, dagegen "*leben*" über 25 mal.**[383]

Die Feststellung "*Da wir nun gerechtgesprochen sind aus Glauben*" (V.1) bedeutet also einen wesentlichen Einschnitt im Römerbrief. In V.10 wird die Aussage mit den ähnlichen Worten "*da wir nun versöhnt sind*" wiederholt. Für den Gerechtfertigten ist die richterliche Entscheidung Gottes gefallen, denn "Gerecht heißt stets so vor allem der das Urteil Gottes für sich hat"[384].

Ging es bisher um das **Warum** und das **Wie** der Rechtfertigung aus Glauben, geht es ab Röm 5,21 um das **Wozu**, also um die Folgen der Rechtfertigung und um das Leben aus dieser Rechtfertigung, allgemein 'Heiligung' genannt. Was Paulus ab Röm 5 sagt, gilt im Prinzip nur noch für die Gerechtgesprochenen, also für glaubende Christen. Natürlich dürfen sich andere über die Folgen der Rechtfertigung informieren, aber für alle, die Röm 1-4 nicht beherzigen, wird Röm 5-16 ohne Bedeutung bleiben. Wer keinen "*Frieden mit Gott*" hat, keinen "*Zugang*" hat und nicht in "*dieser Gnade ... steht*" (alles Röm 5,1-2), wird die nun besprochenen Fragen und Antworten kaum nachvollziehen können.

Das schließt allerdings nicht aus, daß Paulus in Röm 5,12-21 noch einmal mit dem Vergleich von Adam und Christus die Thematik von Röm 1-4 aufgreift, so daß Kap. 5 zugleich einen Übergang zwischen den beiden Teilen des Römerbriefes darstellt[385].

Erst recht bedeutet das nicht, daß Paulus ab Röm 5 das **Wie** der Rechtfertigung außer acht lassen würde. Ganz im Gegenteil: in Röm 5-8 werden alle Fragen über das Leben als Gerechtgesprochener be-

---

[383]Darauf hat besonders Nygren 66-72 hingewiesen.

[384]Ebd. S. 327 (Abkürzungen ausgeschrieben)

[385]Nygren 85+142ff stellt Röm 5 unter der Überschrift "Frei vom Zorn" eindeutig zu Röm 5-8; vgl. die ausführliche Gliederung in Lektion 1; ähnlich Cranfield 1/252ff. Schlatter, Gerechtigkeit 10 u. ö. zieht Röm 5,1-11 zu Röm 3,21-5,11 und sieht 5,12-21 eher als Übergang zu Röm 6-8 an.

zeichnenderweise aus dem **Wie** der Rechtfertigung selbst beantwortet. Dennoch ist der Unterschied unverkennbar:

In Kap. 1-4 ist das *Wie* der Rechtfertigung die Antwort auf das *Warum* der Rechtfertigung, in Kap. 5-8 ist das *Wie* der Rechtfertigung die Antwort auf das *Wozu* der Rechtfertigung.

Wir können uns dies auch anhand eines Auszuges aus der großen Gesamtgliederung in der 1. Lektion veranschaulichen[386]:

D. Die Freiheit des Lebens des Gerechten (5,1-8,39)
  a. FREI VON ADAM UND DER ERBSÜNDE (5,1-21)
  b. FREI VON DER KONKRETEN SÜNDE (6,1-23)
  c. FREI VOM GESETZ (7,1-25)
  d. FREI VOM FLEISCH (8,1-17)
  e. FREI VON DER HOFFNUNGSLOSIGKEIT (8,18-39)

Der schwedische Theologe Anders Nygren bringt den Inhalt von Röm 5-8 in diesem Zusammenhang noch konzentrierter auf den Punkt:

" 1. frei vom Zorn   (Kap. 5)
  2. frei von der Sünde   (Kap. 6)
  3. frei vom Gesetz   (Kap. 7)
  4. frei vom Tode   (Kap. 8)."[387]

B. V.1-2: Frieden mit Gott

Zwei Dinge sind in V.1-2 unmittelbare Folge der Rechtfertigung mit Gott:
1. der "*Friede mit Gott*" und
2. die "*Hoffnung auf die Herrlichkeit Gottes*".

Daß der Friede mit Gott das erste und wichtigste Ergebnis der Rechtfertigung ist, verwundert nicht, wenn man im Auge behält, was Paulus bisher gesagt hat. Die Sünde des Menschen führt zum Zorn Gottes und zur Verurteilung durch Gott. Dafür ist 'Sühne' durch Christus nötig, die zur "*Versöhnung*"[388] (V.10-11) mit Gott führt.

---

[386]Um die Stellung von Röm 5 im Römerbrief nachzuvollziehen, empfiehlt es sich, noch einmal die Gliederung des Römerbriefes anhand von Lektion 1, Abschnitte C. b.-d. genauer zu studieren.

[387]Nygren 30; vgl. 30-31; 36-37; 141ff; 216

[388]Vgl. zum Unterschied von 'Sühne' und 'Versöhnung' die ausgezeichnete Klarstellung in Rudolf Bäumer. "Eine folgenschwere Verwechslung: 'Versühnen'/'Versöhnen': Eine theologische Hilfe (auch) für Nicht-Theolo-

Dieser Friede mit Gott bedeutet Gemeinschaft mit ihm und zwar
1. sofortige Gemeinschaft mit Gott ("*Friede mit Gott*") und
2. Gemeinschaft mit Gott in viel herrlicherer Weise in Ewigkeit
("*Hoffnung auf die Herrlichkeit Gottes*").

Nachdem Paulus immer wieder betont hat, daß jedes "*Rühmen*"
des Menschen "*ausgeschlossen*" ist (Röm 3,27), spricht er plötzlich
doch vom "*Rühmen*"! Doch er rühmt sich nicht selbst, sondern er
rühmt sich "*der Herrlichkeit Gottes*", oder er rühmt sich, wie es in
Röm 5,11 dann entsprechend heißt, direkt Gottes ("*wir rühmen uns
Gottes durch unseren Herrn Jesus Christus*"). Werner de Boor
schreibt zu Röm 5,11:

> "Ein nochmaliger Blick auf unser 'Rühmen' beschließt den Ab-
> schnitt. Paulus ist das Rühmen offenbar sehr wichtig gewesen.[389] So
> sehr er das falsche Rühmen der Juden in seiner Unwahrheit aufgedeckt
> hat, so wenig will er das Rühmen als solches abschaffen und durch
> eine 'stille Demut' ersetzen. Starkes und lebendiges Leben führt zum
> 'Rühmen'! Wo nicht laut und jubelnd gerühmt wird, da wird auch nicht
> wahrhaft gelebt."[390]

Mit dem Hinweis auf die "*Hoffnung*" klingt bereits zum ersten
Mal an, daß die Rechtfertigung nicht nur die Vergangenheit bewältigt, sondern der neugewonnene Frieden mit Gott zugleich eine ganz
neue Zukunft eröffnet. "*Der Gerechte wird aus Glauben **leben**"* ist
das Thema des Römerbriefes und dieses **Leben** ist mehr als nur das
Wissen um das Ende des Vergangenen. **Daß das Kreuz (Vergangenheitsbewältigung) und die Auferstehung (Zukunftseröff-
nung) Jesu Christi untrennbar zusammengehören**, wird dann
spätestens in Röm 6 ganz deutlich.

C. Thema: Zugang zu Gott

"*Zugang*" zu Gott durch Jesus Christus: Die wichtigsten Bibeltexte im Neuen Testament
Die ersten drei Stellen enthalten alle Belege für das griech. Wort 'prosagoge' ('Zugang', 'Hinführen') im Neuen Testament. In der vierten Stelle erscheint das dazugehörige Verb 'prosago' ('führen', 'Zugang verschaffen'). Dieses Verb kommt noch weitere dreimal im Neuen Testament in historischen Berichten vor.

---

gen". Informationsbrief der Bekenntnisbewegung (Lüdenscheid) Nr. 149
(Dez 1991): 3-7

[389]"Es ist mehrfach das Thema in seinen Briefen: 1Ko 1,29; 9,15; 15,31; 2Ko
1,14; 5,12; 10,13-17; 11,30; Gal 6,14; Phil 2,16; 3,3; 1Th 2,19" (de Boor
131, Anm. 96).

[390]De Boor 131

Röm 5,2 (1-2): *"Da wir nun gerechtgesprochen worden sind aus Glauben, so haben wir Frieden mit Gott durch unseren Herrn Jesus Christus, durch den wir mittels des Glaubens auch Zugang erhalten haben zu dieser Gnade, in der wir stehen, und rühmen uns in der Hoffnung der Herrlichkeit Gottes. "*

Eph 2,18 (17-19): *"Und er* [= Jesus] *kam und hat Frieden verkündigt euch, den Fernen, und Frieden den Nahen. Denn durch ihn haben wir beide* [= Juden und Heiden] *durch einen Geist den Zugang zum Vater. So seid ihr* [= die Heiden] *nun nicht mehr Fremde und Nichtbürger, sondern ihr seid Mitbürger der Heiligen und Gottes Hausgenossen."*

Eph 3,12 (11-13): *"... nach dem ewigen Vorsatz, den er verwirklicht hat in Christus Jesus, unserem Herrn. In ihm haben wir Freimütigkeit und Zugang in Zuversicht durch den Glauben an ihn. Deshalb bitte ich, nicht mutlos zu werden durch meine Drangsale für euch, die eure Ehre sind."*

1Petr 3,18: *"Denn Christus ist einmal für Sünden gestorben, der Gerechte für die Ungerechten, damit er uns zu Gott führe ..."*

Vgl. auch folgende Texte, in denen das Wort *"Zugang"* selbst nicht erscheint, in denen aber ebenfalls vom Eintreten oder Hingehen die Rede ist:

Joh 10,7-9: *"Jesus sprach nun wieder zu ihnen: Wahrlich, wahrlich, ich sage euch: Ich bin die Tür der Schafe. Alle, die vor mir gekommen sind, sind Diebe und Räuber. Aber die Schafe hörten nicht auf sie. Ich bin die Tür. Wenn jemand durch mich eingeht, so wird er errettet werden und wird ein- und ausgehen und Weide finden"* (vgl. den ganzen Text über den guten Hirten Joh 10,1-18).

Hebr 7,25: *"Daher kann er* [= Jesus] *auch die völlig erretten, die durch ihn Gott nahen, weil er immer lebt, um sich für sie zu verwenden."*

Hebr 10,19-22: *"Da wir nun, Geschwister, durch das Blut Jesu Freimütigkeit haben zum Eintritt in das Heiligtum, den er uns bereitet hat als einen neuen und lebendigen Weg durch den Vorhang - das ist durch sein Fleisch - und einen Hohenpriester über das Haus Gottes, so laßt uns hinzutreten mit wahrhaftigem Herzen in voller Gewißheit des Glaubens ..."*

Hebr 4,16: *"Laßt uns nun mit Freimütigkeit hinzutreten zum Thron der Gnade, damit wir Barmherzigkeit empfangen und Gnade finden zur rechtzeitigen Hilfe."*

✍ Arbeitsanleitung

Notieren Sie anhand der Bibeltexte im Kasten in drei Spalten zu jedem Text
1) wodurch der Zugang zu Gott ermöglicht wird und 2) warum Zugang

überhaupt nötig ist, also 'wo' man sich vorher befindet, und 3) was das Ergebnis des Zugangs ist, also 'worin' man sich danach befindet.

D. V.3-5: Christsein ist keine Schönwetterreligion

Erstaunlicherweise rühmt sich Paulus jedoch nicht nur der Herrlichkeit Gottes und meint etwa, daß man das Leben hier auf der Erde in Hinblick auf diese Herrlichkeit 'gerade noch so hinter sich bringen' könnte, sondern rühmt sich gerade "*in den Trübsalen*" (V.3) und sieht in dem problembeladenen Leben des Gerechtgesprochenen einen großen geistlichen Sinn. Es geht um "*Bewährung*" (V.4), die die generelle und gültige Hoffnung der Herrlichkeit Gottes in eine ganz persönliche durch Geduld und Bewährung gewonnene und gelernte "*Hoffnung*" (V.5) überführt und die gerade "*in den Trübsalen*" nicht "*zuschanden*" werden läßt, also das Scheitern des Christen angesichts der Probleme und Schwierigkeiten verhindert. *Wer Frieden mit Gott gewonnen hat, ist also nicht aller Probleme enthoben, sondern nimmt sie im Gegenteil so ernst wie nie zuvor*, um in ihnen den neugewonnenen Frieden und die Gerechtigkeit zu bewähren.

"Neben das, was die Hoffnung kommen sieht, stellt Paulus, was die Gegenwart der Gemeinde bringt. Das ist Druck, Bedrängnis, Anfechtung durch die Welt. Mit Gott hat sie Frieden, aber das Verhältnis der Menschheit zu ihr ist Widerstand und Bekämpfung ... Ihr Ruhm wäre verkürzt, wenn er nur an der Hoffnung entstände ..."[391]

Das Christentum ist keine 'Schönwetterreligion'[392], die keine Probleme kennt und von Schwierigkeiten nichts wissen will. Was wäre ein Christsein wert, das keine Antwort auf die Schwierigkeiten des alltäglichen Lebens hätte? Was wären seine Versprechungen (Verheißungen) wert, wenn sie sich nicht im Alltag bewähren könnten? Das biblische Christentum ist keine Religion der Jenseitsvertröstung, denn so wunderbar die "*Hoffnung der Herrlichkeit Gottes*" (V.2) ist, so unmittelbar werden Frieden und Hoffnung auf das Leben hier und jetzt mit allen seinen Schattenseiten bezogen. Angesichts der Tatsache, daß jährlich rund 300.000 Menschen[393] wegen

---

[391]Schlatter, Gerechtigkeit 178

[392]Dies hat besonders Luther immer wieder herausgestellt; vgl. dazu Walther von Loewenich. Luthers theologia crucis. Luther-Verlag: Bielefeld, 1982[6].

[393]Nach Bong Rin Ro (Hg.). Christian Suffering in Asia. Evangelical Fellowship of Asia: Taichung/Taiwan, 1989. S. i; David B. Barrett. Our Globe and How to Reach it. New Hope: Birmingham (AL), 1990. S. 18. Nach ebd. starben seit der Kreuzigung Jesu 40.725.000 christliche Märtyrer. Davon hat die römisch-katholische Kirche nach dem Jahr 1000 6.850.000 Märtyrer zu beklagen, zugleich aber 4.534.000 Christen anderer Konfessionen zu Märtyrern gemacht.

ihres Glaubens getötet werden, wäre das Christentum zum Scheitern verurteilt, wenn es zu den Schattenseiten nichts zu sagen hätte!

Durch diesen Vers wird auch die Fragwürdigkeit aller Lehren deutlich, die versprechen, daß der wirklich gläubige Christ **nur** Reichtum oder Gesundheit oder Familienglück oder was sonst auch immer erfahren wird. (Ich betone das *nur*, denn all diese Dinge kann und will Gott denen schenken, die sich an seine Gebote halten, die ja dem Frieden der Schöpfung dienen, aber alles zu der Zeit, die er für angebracht hält.) Diese christlichen Schönwetterpropheten bringen uns um eine wesentliche Auswirkung und Anwendung unseres Glaubens, nämlich um *"Geduld"*, *"Bewährung"* und *"Hoffnung"*, drei Dinge, die auch unser Herr Jesus Christus als unser Vorbild erlernen mußte (**Hebr 5,7-9**). Wieviel mehr müssen wir sie noch erlernen.

Das ist übrigens auch die eigentliche, sehr praktische Bedeutung des bekannten, oft mißverstandenen oder gar mißbrauchten Verses *"Laßt uns aufsehen auf Jesus"*, der uns Jesu Geduld als Vorbild vor Augen stellt: "*... indem wir hinschauen auf Jesus, den Anfänger und Vollender des Glaubens, der um der vor ihm liegenden Freude willen die Schande nicht achtete und das Kreuz erduldete und sich gesetzt hat zur Rechten des Thrones Gottes. Denn betrachtet den, der so großen Widerspruch von den Sündern gegen sich erduldet hat, damit ihr nicht ermüdet und in euren Seelen ermattet. Ihr habt im Kampf gegen die Sünde noch nicht bis aufs Blut widerstanden und habt die Ermahnung vergessen, die zu euch als zu Söhnen spricht: Mein Sohn, achte die Züchtigung des Herrn nicht gering, und ermatte nicht, wenn du von ihm gestraft wirst!*" (**Hebr 12,2-5**). 'Auf Jesus schauen' ist keine äußerliche Handlung oder eine innere Schau, sondern bedeutet, sich konkret vor Augen zu führen, daß Jesus gelitten hat, weil er wußte, was nach dem Leiden kommt und sich diese Haltung zum Vorbild zu nehmen.

Die durch Geduld und Bewährung gewonnene Hoffnung ist jedoch keine Leistung des Menschen. Paulus rühmt sich *"in den Trübsalen"* nur, weil die Trübsale Hoffnung hervorbringen können, *"**weil** die Liebe Gottes in unsere Herzen ausgegossen ist durch den Heiligen Geist, der uns gegeben ist"* (V.5).

"Dem harten Druck, den ihre Lage auf sie legt, sind die Glaubenden überlegen, weil Gott ihnen seine Liebe gibt."[394]

Nachdem Paulus bereits anklingen ließ, daß Jesus nicht nur die Vergangenheit bewältigt hat, sondern eine ganz neue Zukunft eröffnet, wird hier zum ersten (aber nicht zum letzten!) Mal im Römerbrief ausgeführt, wer die Zukunft des Gerechtgesprochenen und das neue Leben garantiert und ermöglicht, nämlich **der Heilige Geist** als dritte Person der Dreieinigkeit. Der Geist schafft Leben. Daß der

---

[394]Schlatter; Gerechtigkeit 179

Geist Leben schafft, gilt schon im Schöpfungsbericht und im Alten Testament für das natürliche Leben (1Mose 1,2+30)[395]. Dies gilt auch für den einzelnen Menschen. So sagt Hiob über sich selbst: *"Der Geist Gottes hat mich geschaffen und der Odem des Allmächtigen mir das Leben gegeben"* (**Hiob 33,4**). Wieviel mehr gilt das, wenn es um das ewige Leben geht, wie die Parallele zwischen der Geburt und der '**Wiedergeburt**' (z. B. **Joh 3,6+8**) zeigt.

E. V.6-11: Rechtfertigung und Heiligung[396]

Die Liebe Gottes, die in unsere Herzen ausgegossen wird (V.5), wird jedoch nicht erst mit der Rechtfertigung wirksam! Gott und Christus haben sie den Gerechtgesprochenen schon entgegengebracht, als diese *"noch kraftlos"*[397] (V.6), *"noch Sünder"* (V.8) beziehungsweise noch *"Feinde"* Gottes (V.10) waren. Paulus spricht hier bezeichnenderweise nicht mehr vom Gottes Verhältnis zu allen Menschen, sondern nur noch vom Verhältnis Gottes zu den tatsächlich Erretteten (*"wir"*, *"uns"*)[398].

Wenn Christus nur für die Gerechten gestorben wäre, oder erst für uns gestorben wäre, nachdem wir gerechtgesprochen wurden (ein Widerspruch in sich!), wäre das schon etwas besonderes gewesen (V.7). Gottes Liebe kommt aber gerade darin zum Ausdruck, daß sein Sohn für uns starb, obwohl wir seine *"Feinde"* (V.10) waren und wir unter Gottes *"Zorn"* (V.9) standen. Wir dürfen das als Christen nie vergessen, wie Paulus in **Eph 2,1-5** ganz deutlich unterstreicht.

Es geht um nichts Geringeres als um das *"Erretten"* (V.9) vom *"Zorn"* Gottes (V.9) und um die *"Versöhnung"* (V.10-11) angesichts der menschlichen 'Feindschaft' gegen Gott (V.10), die durch nichts Geringeres als nur durch das *"Blut"* (V.9) geschehen konnte. Das dürfen wir nie verharmlosen, verniedlichen oder unterschlagen.

Wenn Jesus zu uns hielt, als wir noch Sünder waren, wieviel mehr wird er jetzt, da wir Gerechtgesprochene sind, zu uns halten (V.10). In V.10 kommt nun das Stichwort *"Leben"* erstmals ab Röm 5,1 zum Tragen und verknüpft die ganze Frage des Lebens der Christen, also der sogenannten Heiligung, mit Kreuzigung und Auferstehung. Wir sind nicht nur durch Jesu *"Tod"* *"errettet"*, womit

---

[395]Vgl. den 3. Absatz von Abschnitt A. in Lektion 15 und Abschnitt D. in Lektion 23

[396]Vgl. dazu vor allem Siegfried Kettling. Typisch evangelisch: Grundbegriffe des Glaubens. TVG. Brunnen: Giessen, 1993². S. 32-82

[397]Nach Röm 1,16-17 ist dagegen das Evangelium gerade *"Kraft Gottes"*.

[398]Vgl. dazu unten den Abschnitt F. in dieser Lektion 9

die Vergangenheit unter der Sühnung und Versöhnung steht, sondern werden auch durch seine Auferstehung, also durch sein "*Leben*", fortwährend als Versöhnte gerettet. Darin kommen drei grundlegende Wahrheiten zum Ausdruck, die Paulus immer wieder hervorhebt:

1. Der Mensch braucht nicht einfach nur Gottes Heil für die Vergangenheit, damit er dann von seiner Rechtfertigung an aus eigener Kraft fromm leben kann, sondern er braucht Gottes Heil fortwährend für Vergangenheit, Gegenwart und Zukunft. Das Evangelium ist eben die "*Kraft Gottes*" (Röm 1,16), nicht die Kraft des Menschen, auch nicht des gläubigen Menschen.

2. Der gerechtgesprochene Christ ist nicht an sich zum guten oder besseren Menschen geworden, der nun aus eigener Kraft leben kann, sondern bedarf in seinem Glaubensleben fortwährend derselben Gnade und Errettung, wie er sie für den Beginn seines Glaubens braucht. Nur weil Jesus fortwährend Fürsprache für ihn einlegt, kann der Christ als Christ leben.

3. Um sich als Christ zu bewähren, also für seine Heiligung, braucht der Mensch nicht ein zweites großes Handeln Gottes, sondern dasselbe große Handeln Gottes in Kreuz und Auferstehung Jesu wie für seine Rechtfertigung. Rechtfertigung und Heiligung, Wiedergeburt und Leben als Wiedergeborener, Christwerden und Christsein sind nicht zwei verschiedene Dinge, sondern untrennbar miteinander verbunden, ja letztlich ein und dasselbe, weil sich eins aus dem anderen ergibt. Es gibt viele verschiedene Variationen eines **Zwei- oder Mehrstufenchristseins**, in dem dem Christen für eine tiefere Hingabe und die 'wahre' Heiligung irgend etwas Zusätzliches angeboten wird (etwa die Taufe, eine Segnung durch einen Amtsträger, die Geistestaufe, eine persönliche Erfahrung). Kreuz und Auferstehung genügen jedoch auch für das Christsein, nicht nur für das Christwerden. Alle Versuche, Heiligung zu erlangen, ohne Heiligung lediglich als **Anwendung der Rechtfertigung** zu sehen, sind Versuche, sich selbst zu heiligen, die fehlschlagen müssen, weil nur Christus heiligen kann.

4. Ein vierter Schluß daraus ist für die Frage von Bedeutung, was geschieht, wenn wir als Christen um Vergebung unserer Sünden bitten. Diese Vergebung geschieht nämlich aufgrund des einen stellvertretenden Opfers Jesu am Kreuz, das uns ein für allemal zugerechnet wurde. Es muß daher nicht eigens eine neue Vergebung erwirkt werden oder ein neues Opfer gebracht werden - auch nicht im Abendmahl (Messe) oder in Bußübungen. Die einmal geschehene Zurechnung der Gerechtigkeit wird nur immer wieder neu auf die nachträglich geschehenen Sünden bezogen, die uns nicht mehr verdammen können.

Auch wenn Rechtfertigung und Heiligung auf das Engste zusammengehören, ist Heiligung doch immer die Folge der Rechtfertigung. In der katholischen Theologie etwa ist die Rechtfertigung (Errettung) oft die Folge der selbstgeschaffenen Heiligung. Damit wird die Reihenfolge auf den Kopf gestellt und die Heiligung zur Voraussetzung der Rechtfertigung.

F. Thema: Jesus starb für seine Gemeinde

Wenn man die Frage stellt, für wen Christus am Kreuz starb, antworten viele Christen spontan 'für alle Menschen'. Die weitaus meisten Stellen, die angeben, für wen Christus starb oder kam, sprechen jedoch eindeutig von seinem Sterben beziehungsweise Kommen für die 'Gemeinde', für 'uns' usw. (z. B. 2Kor 5,21; Röm 5,8; Röm 8,3+31-33; Gal 1,3-5; Eph 5,25; Mt 1,21; Joh 10,15; 1Joh 4,10; vgl. Eph 1,4; Joh 17,9 - siehe die Tabelle unten).

Die reformierte (genauer die calvinistische) Theologie geht sogar davon aus, daß an keiner Stelle gesagt wird, daß Jesus für die Welt als Ganzes starb, sondern immer alle Christen angesprochen werden, also der Teil der Menschheit gemeint ist, der tatsächlich gerettet wird. Tatsächlich gibt es neben den zahlreichen Texten, nach denen der Tod Jesu für die Gemeinde geschehen - auch wenn dies wie in 2Petr 3,9 (siehe unten) oft erst aus dem Zusammenhang deutlich wird - nur wenige Texte im Neuen Testament, in denen überhaupt davon die Rede ist, daß Jesus für 'alle' Menschen oder die 'Welt' (nämlich 1Tim 2,4; Joh 1,29; 3,16; 1Joh 2,2; 2Petr 2,1; 1Tim 4,10 - siehe der Tabelle unten den dritten Teil 'Calvinistische Erklärung anderer Texte') starb, also auch für die, die dann doch verlorengehen.

Die calvinistischen Ausleger haben denn auch diese Texte nur auf die Gläubigen bezogen. In drei dieser Stellen (Joh 1,29; 3,16; 1Joh 2,2) beziehen sie den Ausdruck "*Welt*" darauf, daß Christen vor ihrer Wiedergeburt zur Welt gehören und aus aller Welt kommen. Die Calvinisten weisen darauf hin, daß der Ausdruck 'Welt' häufiger im Neuen Testament nicht restlos alle Menschen meint, wie wir bereits gesehen haben. (In Joh 3,16 ist außerdem nur davon die Rede, daß die, die glauben, errettet werden.) Es ist kein Zufall, daß sich alle drei Stellen in Schriften des Johannes finden, bei dem der Begriff 'Welt' viel häufiger als in anderen Büchern des Neuen Testamentes erscheint und eine viele größere Bedeutungsbreite umfaßt, als nur die Bedeutung 'alle Menschen ohne Ausnahme'.

1Tim 2,4 wird - was grammatisch durchaus zulässig ist - der Ausdruck "*alle*" als 'alle Arten von' [Menschen] verstanden, da der Vers das Gebet für die Obrigkeit (1Tim 2,2-3) begründet und die Christen wissen sollten, daß auch die Obrigkeit zum Glauben kommen kann.

(Die Erklärung weiterer Texte aus calvinistischer Sicht findet sich im Kasten unten.)

Jesus starb für seine Gemeinde: Wichtige Stellen

Christus starb für die "*Gemeinde*", die "*Schafe*", "*uns*" usw.

Jes 53,4-6: "*Er trug **unsere** Leiden und nahm auf sich **unsere** Schmerzen ... er wurde wegen **unserer** Vergehen durchbohrt ... Die Strafe lag auf ihm **zu unserem** Frieden ...*"

Tit 2,14: (Über Jesus:) "*... der sich selbst für **uns** hingegeben hat, **damit** er **uns** von aller Ungerechtigkeit erlöste und **sich selbst ein Volk zum Eigentum** reinigte, das eifrig zu guten Werken ist.*"

1Thess 5,9-10: "*Denn Gott hat **uns** nicht zum Zorn vorherbestimmt, sondern zum Erlangen des Heils durch unseren Herrn Jesus Christus, der **für uns** gestorben ist, damit **wir**, ob wir wachen oder schlafen, zusammen mit ihm leben.*" (Jesus starb für uns, beziehungsweise für die Vorherbestimmten.)

1Thess 1,10: "*... Jesus, der **uns** von dem kommenden Zorn errettet.*"

1Joh 4,10: "*... nicht, daß wir Gott geliebt hätten, sondern er hat **uns** geliebt und seinen Sohn als Sühnung für **unsere** Sünden gesandt.*"

2Kor 5,21: (Über Jesus:) "*Den, der Sünde nicht kannte, hat er **für uns** zur Sünde gemacht, damit wir Gottes Gerechtigkeit würden in ihm.*"

Röm 4,25: "*... der **wegen unserer** Übertretungen dahingegeben und **wegen unserer** Rechtfertigung auferweckt worden ist.*"

Röm 5,8:"*Gott aber erweist seine Liebe **gegen uns** darin, daß Christus, als wir noch Sünder waren, **für uns** gestorben ist.*"

Röm 5,9: "*Vielmehr werden wir also, da **wir** jetzt durch sein Blut gerechtgesprochen wurden, durch ihn vom Zorn gerettet werden.*"

Röm 8,31-32: "*Was sollen wir nun hierzu sagen? Wenn Gott **für uns** ist, wer soll gegen uns sein? Er, der doch seinen eigenen Sohn nicht verschont, sondern ihn **für uns alle** hingegeben hat: wie wird er **uns** mit ihm nicht auch alles schenken?*"

Eph 5,25: "*Ihr Männer, liebt eure Frauen, wie auch Christus **die Gemeinde geliebt** und sich selbst **für sie** hingegeben hat, um sie zu heiligen, indem er **sie** durch das Wasserbad im Wort reinigte ...*"

Gal 1,3-4: "*Gnade euch und Friede von Gott, unserem Vater, und dem Herrn Jesus Christus, der sich selbst **für unsere Sünden** hingegeben hat, damit er **uns** herausreiße aus der gegenwärtigen bösen Welt nach dem Willen unseres Gottes und Vaters ...*"

Joh 10,15: "*Ich lasse mein Leben **für die Schafe** ...*"

Mt 1,21:"*Und sie wird einen Sohn gebären, und du sollst seinen Namen Jesus heißen, denn er wird **sein Volk** erretten von seinen*

Sünden."

Röm 14,15: "*Richte nicht mit deiner Speise den zugrunde, für den Christus gestorben ist.*" (Es ist ausdrücklich von Mitchristen ["***Bruder***"] die Rede.)

1Kor 8,11: "*... der Schwache ..., der **Bruder**, um dessentwillen Christus gestorben ist.*"

Gal 3,13: "*Christus hat **uns** vom Fluch des Gesetzes freigekauft, indem er **für uns** ein Fluch wurde.*"

Apg 20,28: "*... **die Gemeinde** Gottes, die er sich durch das Blut seines eigenen Sohnes erworben hat ...*"

1Kor 6,20 = **7,23**: "*Denn **ihr** seid für einen [hohen] Preis erkauft worden ...*"

1Petr 1,18-19: "*... daß **ihr** ... erlöst worden seid ... mit dem teuren Blut Christi ...*"

1Kor 11,24: (zum Abendmahl:) "*... dies ist mein Leib, der **für euch** gegeben wurde ...*"

Lk 22,19-20: (zum Abendmahl:) "*Dies ist mein Leib, der **für euch** gegeben wird ... Dieser Kelch ist der neue Bund in meinem Blut, das **für euch** vergossen wird.*"

Texte, die sich ebenso auf die Gemeinde beziehen, wenn man den Zusammenhang oder Paralleltexte betrachtet. (In manchen Stellen ist davon die Rede, daß Jesus für seine Gemeinde starb, obwohl das Wort "*alle*" oder andere Ausdrücke sich im ersten Moment auf die ganze Menschheit zu beziehen scheinen, wie die folgenden beiden Beispiele zeigen.)

2Petr 3,9: "*Der Herr verzögert die Verheißung nicht, wie es einige für eine Verzögerung halten, sondern er ist **uns gegenüber** langmütig, da er nicht will, daß irgendwelche verloren gehen, sondern daß **alle** zur Buße kommen.*" (Das "*alle*" bezieht sich auf '*alle von*' "*uns*" in V.9a, also die angesprochenen Christen, und schon in 2Petr 1,1, sind mit "*alle*" nur alle Gläubigen gemeint.)

Röm 5,6+8+10: "*... für Gottlose gestorben ... [für] Sünder ... [für] Feinde ...*" (Bezieht sich auf Christen, die vor ihrer Bekehrung Sünder und Feinde Gottes waren, denn der vollständige Text lautet:) "*Denn Christus ist, als wir noch kraftlos waren, für zur damaligen Zeit noch Gottlose gestorben. ... aber Gott erweist seine Liebe gegen uns dadurch, daß Christus, als wir noch Sünder waren, für uns gestorben ist. ... Denn wenn wir, als wir Feinde waren, mit Gott versöhnt wurden durch den Tod seines Sohnes ...*"

2Kor 5,19: "*... daß Gott in Christus war und die Welt mit sich selbst versöhnte und ihnen ihre Übertretungen nicht zurechnete ...*" ("*Welt*" bezeichnet hier wohl nicht alle Menschen, sondern die Christen in ihrem Zustand vor ihrer Errettung, denn 1. heißt es in 2Kor 5,21 gleich "*hat er **für uns** zur Sünde gemacht*" und 2. wären alle Menschen errettet, wenn "*Welt*" hier alle Menschen meint,

weil es von diesen Menschen heißt, daß Gott ihnen "*ihre Über-
tretungen nicht zurechnete*". Gott hätte also im Jüngsten Gericht
nichts mehr gegen die "*Welt*" vorzubringen. Die Botschaft der
Christen lautet auch nicht: 'Ihr seid versöhnt mit Gott', sondern
"*Laßt euch versöhnen mit Gott*"; 2Kor 5,20. Hier geht es wie in
Röm 5 um die tatsächlich erfolgte Versöhnung - deswegen ist
auch hier wohl wie dort nicht die ganze Menschheit gemeint.)
Mt 26,28 = Mk 14,24: (zum Abendmahl:) "*Dies ist mein Blut des
Bundes, das **für viele** zur Vergebung der Sünden vergossen wer-
den wird.*" ("*Viele*" bezieht sich aufgrund der Parallele in **Lk
22,19-20** [oben abgedruckt] auf die Gemeinde.)

Calvinistische Erklärung anderer Texte

1Tim 2,4: "*Gott will, daß sich alle (Arten von) Menschen retten
lassen ...*" (begründet das Gebet für die Obrigkeit, meint daher
'alle Arten von Menschen'[399] = 'Menschen aus allen Schichten
und Gruppen', selbst unter den Regierenden.)
Joh 1,29: "*Siehe, das ist das Lamm Gottes, das die Sünden der
Welt wegnimmt.*" (Im Alten Testament trug das Lamm die Sünden
Israels fort. Jesus trägt im Gegensatz dazu die Sünden der ganzen
"*Welt*" fort, also aller Völker und weltweit. Das muß sich nicht
unbedingt auf die Sünden jedes einzelnen Menschen beziehen.)
Joh 3,16: "*Denn so sehr hat Gott die Welt geliebt, daß er seinen
einziggeborenen Sohn hingab, **damit** alle, die an ihn glauben,
nicht verloren gehen, sondern ewiges Leben haben.*" ("*Welt*" wird
oft im Sinne von 'Menschen, die gegen Gott rebellieren' verstanden, zu denen ja auch Christen vor ihrer Umkehr gehören. Hier ist
außerdem nur davon die Rede, daß die, die glauben, errettet werden. Nach diesem Text starb Jesus ["*hingab*"], "*damit*" die dann
Glaubenden gerettet werden.)
1Joh 2,2: "*Und er ist die Sühnung für unsere Sünden, nicht aber
allein für unsere, sondern für die der ganzen Welt.*" (Hier könnte
Johannes nur darauf hinweisen wollen, daß Christen in aller Welt
errettet werden.)
2Petr 2,1: "*Falsche Propheten ... verleugnen den Gebieter, der
sie erkauft hat ...*" (Es ist nicht unbedingt gesagt, daß das Urteil
über die Irrlehrer zum Verlust ihres Heils führt, denn auch die Gemeindezucht kann als "*Verderben*" (1Kor 5,5) bezeichnet werden,
ohne daß die Ausgeschlossenen deswegen für immer verloren gehen.)
1Tim 4,10: "*... weil wir auf einen lebendigen Gott hoffen, der ein
Retter aller Menschen ist, besonders der Gläubigen.*" (Der Text
besagt, daß Gott der Retter aller ist, nicht, daß er allen Rettung

---

[399]So besonders Aurelius Augustinus. Schriften gegen die Semipelagianer. a.
a. O. S. 231

anbietet oder alle retten will. Wenn aber alle ewiges Leben erhalten, in welchem Sinne sind dann die Gläubigen besonders errettet? Auch wenn hier alle im Sinne von allen Arten von Menschen verstanden wird, bleibt der Sinne des *"besonders"* unklar. Also kann das Wort *"Retter"* nur im allgemeinen Sinn zu verstehen sein, wie es oft in der Bibel der Fall ist [z. B. Ri 3,9; 2Kön 13,5]. Gott 'rettete' Israel aus Ägypten und dennoch hatte er an vielen kein Wohlgefallen [1Kor 10,5][400].)

Kern der calvinistischen Auffassung ist die Überzeugung, daß es undenkbar wäre, daß Christus juristisch die Schuld eines Menschen auf sich genommen hat, für den diese Sühne[401] nie wirksam wird. Man wehrt sich also dagegen, die Wirksamkeit des Opfers Jesu in eine rein theoretische Sühne, die zwar angeboten werden kann, für die verloren Gehenden aber nie Wirklichkeit wird und eine praktisch wirksame Sühne für die, die wiedergeboren werden, aufzuteilen.

Historisch gesehen nennt man die 'calvinistische' Sicht 'begrenztes Sühneopfer' (engl. 'limited atonement'), die sog. 'arminianische' Sicht das 'universale Sühneopfer' (engl. 'universal atonement').

Auch wer sich der calvinistischen Sicht[402] nicht anschließen kann, wird einen wesentlichen Unterschied zwischen der Wirkung des Kreuzesopfers Jesu für alle Menschen und für die Gemeinde Jesu sehen müssen. Nur in der Versöhnung der Gläubigen wird Jesu Tod am Kreuz erst eigentlich wirksam. Es hat auf jeden Fall eine Verschiebung stattgefunden, die die vielen Texte, die das Opfer am Kreuz auf die Gemeinde beziehen, vernachlässigen. Grund dafür dürfte sein, daß man Ungläubigen gegenüber ungern vom Zorn Gottes spricht und die Aussage, daß Jesus die Ungläubigen liebt und für sie starb unvergleichlich viel angenehmer ist, als das, was wir in Röm 1-3 kennengelernt haben.

Ein ähnliches Problem stellt sich bei der Frage, ob Gott alle Menschen liebt oder nur die Gläubigen - auch schon bevor sie gläubig

---

[400]So William Hendriksen. I & II Timothy. New Testament Commentary. The Banner of Truth Trust: Edinburgh, 1976 (Nachdruck von 1960/1957). S. 153-156 und Gary North. 75 Bible Questions Your Instructors Pray You Won't Ask. Spurgeon Press: Tyler (TX), 1984[1]; Dominion Press: Ft. Worth (TX), 1988[2]. S. 193-194

[401]Vgl. zum Unterschied von 'Sühne' und 'Versöhnung' die ausgezeichnete Klarstellung in Rudolf Bäumer. "Eine folgenschwere Verwechslung: 'Versühnen'/'Versöhnen': Eine theologische Hilfe (auch) für Nicht-Theologen". Informationsbrief der Bekenntnisbewegung (Lüdenscheid) Nr. 149 (Dez 1991): 3-7

[402]Allgemeinverständlich dargestellt in W. J. Seaton. "Die fünf Punkte des Calvinismus." Bibel und Gemeinde 91 (1991) 2: 175-187; ansonsten David N. Steele, Curtis C. Thomas. The Five Points of Calvinism. The Presbyterian and Reformed: Philadelphia (USA), 1963. S. 16-19

werden - liebt. Tatsächlich gibt es viele Stellen, die besagen, daß Gott Gottlose usw. haßt und nur die Gottesfürchtigen liebt[403]. Außer **Joh 3,16** (vgl. dazu die Auslegung im Kasten oben) gibt es meines Wissens nur zwei Stellen, die ausdrücklich besagen, daß Gott Ungläubige liebt. In **Mk 10,21** heißt es von Jesu Verhalten gegenüber dem reichen Jüngling: "*Jesus sah ihn an und liebte ihn*". In **5Mose 33,3** heißt es von Gott: "*Ja, der du die Völker liebst ...*"[404], wobei aber anschließend von "*seinen Heiligen*" die Rede ist, also wohl die Gläubigen aus allen Völkern gemeint sind. Allerdings ist die Bedeutung der Worte für 'lieben' u. ä. zu weit gespannt, als daß man eine eindeutige Antwort auf die Frage erwarten könnte, ob Gott die Ungläubigen liebt. Auf jeden Fall kann man nicht mit der größten Selbstverständlich so tun, als Gott Ungläubige so liebe wie Gläubige und die Bibel ununterbrochen von Gottes Liebe zu den Ungläubigen spreche. Dazu gibt es zuviele Texte, die davon sprechen, daß Gott die Ungläubigen und seine Feinde 'haßt'[405], auch wenn das Wort in der Bibel nicht unseren gefühlsmäßigen Klang hat. Liebe Gottes bedeutet in der Bibel meist auch das Heil, denn wen Gott liebt, den errettet wer eben.

➡ Empfehlungen zum eigenen Weiterstudium

Mittels einer Konkordanz kann man anhand von Begriffen wie 'Trübsal', 'Drangsal', 'Bedrängnis', 'Not', 'Leid', 'leiden' usw. Beispiele dafür sammeln, daß und inwiefern das Christentum keine 'Schönwetterreligion' ist.

Zum Verständnis der calvinistischen Position empfiehlt sich das Lesen eines calvinistischen Textes, etwa von W. J. Seaton[406] oder Louis Berkhof[407].

✎ Fragen zur Selbstkontrolle

Warum ist ein 'Zwei-' oder 'Mehrstufenchristsein' nach Röm 5,1-11 abzulehnen? (Antwort: lesen Sie Abschnitt E. in dieser Lektion, besonders den mit 3. bezeichneten Absatz)

Welche Bedeutung hat der Satz 'Da wir nun gerechtgesprochen sind aus Glauben' für die Gliederung des Römerbriefes? (Antwort: lesen Sie die ersten 4 Absätze von Abschnitt A. in dieser Lektion)

---

[403]Vgl. etwa Lektion 38.1. zu den Rachepsalmen

[404]Die Revidierte Elberfelder Bibel korrigiert mit der griechischen Übersetzung [Septuaginta] kurzerhand in "*Ja, er liebt sein Volk!*", gibt damit aber den alttestamentlichen Missionsgedanken auf. Die Juden der Septuaginta hätten es gerne gesehen, daß Gott nur sein Volk Israel liebt!

[405]Vgl. Ernst Jenni. "sn' hassen". Sp. 835-837 in: Ernst Jenni, Claus Westermann (Hg.). Theologisches Handwörterbuch zum Alten Testament. Bd. 2. Chr. Kaiser: München & Theologischer Verlag: Zürich, 1979

[406]W. J. Seaton. "Die fünf Punkte des Calvinismus." Bibel und Gemeinde 91 (1991) 2: 175-187

[407]Louis Berkhof. Grundriß der biblischen Lehre. Verlag der Francke-Buchhandlung: Marburg, 1990

Wieso kann Paulus einerseits das 'Rühmen' in Röm 3,27 ablehnen, andererseits sich in Röm 5,1-2 dennoch 'rühmen'? (Antwort: lesen Sie den 3. und 4. Absatz von Abschnitt B. in dieser Lektion)

✉ Einsendeaufgaben

❶ Legen Sie Röm 5,1-2 anhand des Textes zu Beginn der Lektion aus, indem Sie jede Zeile dieses gegliederten Textes als eine Auslegungseinheit betrachten (z. B. was heißt 'in der wir stehen')? (Umfang: 2-3 DIN A4-Seiten)

❷ Erklären Sie das Verhältnis von Rechtfertigung und Heiligung des Christen. Welches von beiden ist aus Ihrer Sicht wichtiger? (Umfang: 1-3 DIN A4-Seiten)

Ⓐ Hinweise für den Gruppenleiter

Die in die Diskussion eingebrachte calvinistische Sicht wird - auch in ihrem Verhältnis zu anderen Positionen - ausführlicher in der Lektion 18 zu Röm 9,1-29 besprochen und sollte deswegen hier nicht ausdiskutiert werden.

Den Übergang von Röm 4 zu Röm 5 sollte man dazu benutzen, daß sich alle Gesprächsteilnehmer prüfen, ob sie 'Frieden mit Gott' durch die Versöhnung haben. Nach der Auslegung von Röm 1-4 ist das kein Drängen oder Überstülpen mehr. Gegebenenfalls sollte Gelegenheit zum persönlichen Gespräch oder zur Beichte gegeben werden.

✳ Fragen für das Gruppengespräch zur Auswahl

❶ <V.1> Paulus spricht ab Röm 5,1 diejenigen an, die aus Glauben gerechtgesprochen (V.1) und versöhnt (V.10) wurden.

* Zählen wir uns, zähle ich mich zu denen, die Paulus anspricht, wenn er sagt: "Da wir nun gerechtgesprochen worden sind aus Glauben" (V.1) beziehungsweise "da wir versöhnt sind" (V.10)?

* Was hält uns, was hält mich davon ab, die Rechtfertigung aus Glauben in Anspruch zu nehmen?

❷ <V.3-5> Paulus kommt gleich zu Beginn seiner Ausführungen über das Glaubensleben darauf zu sprechen, daß 'Trübsale' dem Glauben nicht widersprechen, sondern ihn fördern, weil in ihnen 'Geduld' durch 'Bewährung' zur 'Hoffnung' wächst.

* Wieso haben Angebote für ein Christsein ohne Probleme, die Reichtum, Gesundheit oder andere Erfolge versprechen, oft so großen Zulauf?

* Was ginge uns verloren, wenn wir als Christen von unserer Rechtfertigung an keinerlei Trübsale mehr hätten?

* Wäre es nicht ein wichtiger Beweis für unseren Glauben gegenüber den Ungläubigen, wenn alle Christen von der Stunde ihrer Rechtfertigung an keinerlei Probleme und Trübsale mehr hätten?

❸ <V.10> Christen wurden nicht nur durch Jesu Tod als Feinde errettet, sondern werden und bleiben fortgesetzt durch Jesu Auferstehung errettet (V.10).

* Was würde passieren, wenn wir nur durch Jesu Tod für die Vergangenheit errettet wären, dies jedoch nicht für die Zukunft unseres Christseins gelten würde?
* Wieso passiert es uns so leicht, daß wir die Frage, wie wir Christen wurden und die Frage, wie wir Christ bleiben, voneinander trennen?

10. LEKTION: RÖMER 5,12-21

✍ Arbeitsaufwand der Lektion

Regelstudienzeit insgesamt 16 Stunden (2 Stunden an 8 Werktagen), davon 8 Stunden für das Erarbeiten des Studientextes und 8 Stunden für die Selbstkontrolle und die Einsendeaufgaben

❖ Gliederung und Aufbau der Lektion

Zunächst wird anhand von V.12 besprochen, was unter 'Erbsünde' zu verstehen ist und welche abweichenden Auffassungen es dazu gibt.

Anschließend werden die drei wichtigsten Auslegungen zu V.13-14 vorgestellt.

Aus dem Vergleich von Adam und Christus in V.15-21 ergibt sich die Frage, wie es zu verstehen ist, daß durch Christus 'alle' neues Leben erhalten. Dazu wird das Wort 'alle' untersucht, werden Argumente gegen die sogenannte Allversöhnung genannt und in einer Gegenüberstellung die fünf wichtigsten Positionen zu der Frage aufgelistet, für wen Christus am Kreuz starb und wie ein Mensch errettet wird.

➤➤ Lernziele der Lektion

Nach Durcharbeiten der folgenden Lektion sind Sie in der Lage,

1. die Erbsünde zu definieren und davon abweichende Auffassungen zu skizzieren;

2. wichtige Bibeltexte für die Erbsünde und gegen die Allversöhnung im Gespräch auswendig zu zitieren;

3. drei Auslegungen zu V.13-14 einander gegenüberzustellen;

4. zu erklären, wie es zu verstehen ist, daß durch Christus 'alle' errettet werden;

5. die fünf wichtigsten Anschauungen zur Frage, für wen Christus starb und wie ein Mensch errettet wird voneinander zu unterscheiden.

❝ Bibeltext zur Lektion (Römer 5,12-21)

12 **Darum,**
　　　　wie durch einen Menschen
　　　　　　die Sünde in die Welt gekommen ist
　　　　　　und durch die Sünde der Tod
　　　　　　und der Tod so
　　　　　　　　zu allen Menschen gelangt ist,
　　　　　　weil alle gesündigt haben ... -

13   **denn**   bis zum Gesetz war Sünde in der Welt;
                       Sünde wird aber nicht angerechnet,
                       wenn kein Gesetz da ist.

14   Aber der Tod herrschte von Adam bis auf Mose
                auch über die,
                die nicht gesündigt haben
                in der Gleichheit der Übertretung
                        Adams,
                        der ein Typos des Zukünftigen ist.

15   Es ist aber   mit der **Übertretung**
        nicht so wie   mit der **Gnadengabe**.
        Denn   **wenn** durch die **Übertretung** des **einen**
                        die **vielen** gestorben sind,
                dann ist viel mehr die **Gnade** Gottes
                        und die Gabe in der Gnade
                        des **einen** Menschen Jesus Christus
                        gegen die **vielen** überströmend 6geworden.

16   Und mit der Gabe ist es nicht so,
                wie es durch den einen geschah,
                        der sündigte.
                Denn   das **Urteil** führte
                        von **einem**
                                zur **Verurteilung**,
                        die **Gnadengabe** aber
                                von **vielen** Übertretungen
                                zur **Gerechtigmachung**.

17   **Denn**   **wenn**   durch die Übertretung des einen
                        der **Tod geherrscht** hat
                        durch den einen,
                dann   werden viel mehr die,
                                die die Überfülle
                                        der Gnade und
                                        der Gabe der Gerechtigkeit
                                        empfangen,
                        im **Leben herrschen**
                        durch den einen, Jesus Christus.

18   **Wie** es nun durch eine Übertretung
                für alle Menschen
                        zur Verurteilung kam,
        so auch durch eine gerechte Tat
                für alle Menschen
                        zur Rechtfertigung des Lebens.

19   **Denn**   wie durch des einen Menschen **Ungehorsam**
                        die vielen
                        zu Sündern geworden sind,
                        so werden auch
                        durch den **Gehorsam** des einen

> die vielen
> **zu Gerechten** werden.
> 20 Das Gesetz ist aber daneben hereingekommen,
> damit die Übertretung zunahm.
> Aber   wo die **Sünde** zugenommen hat,
> ist die **Gnade** noch überschwenglicher geworden,
> 21   **damit,   wie** die Sünde geherrscht hat
> durch den Tod,
> **so** auch die Gnade herrscht
> durch Gerechtigkeit
> zu ewigem Leben
> durch Jesus Christus,
> unseren Herrn.

Der Abschnitt V.12-21 ist dadurch etwas schwer nachzuvollziehen, daß Paulus den Gedanken, den er in V.12 formuliert, erst in V.17 oder V.18 weiterführt und mit V.13-14 (die Revidierte Elberfelder Bibel kennzeichnet dies durch einen Bindestrich) und V.15ff zwei nähere Erklärungen zu V.12 einfügt, die sehr knapp sind und einige Zwischenglieder in der Argumentation auslassen.

A. V.12: Die Erbsünde[408]

Die Lehre von der Erbsünde in Röm 5,12-1 ist **eine Wasserscheide zwischen Humanismus und Christentum und auch zwischen einem humanistisch beeinflußten Christentum und dem biblischen Evangelium.** Der Humanismus schaut seit jeher auf die griechischen Philosophen. Hans-Joachim Störig hat treffend die Rolle skizziert, die etwa Sokrates bis heute spielt:

"... indem nämlich mit ihm etwas in die Geschichte der Menschheit eintrat, was von da an zu einer immer weiter wirkenden Kulturkraft wurde: die in sich selbst unerschütterlich gegründete, autonome sittliche Persönlichkeit. Dies ist das 'sokratische Evangelium' vom innerlich freien Menschen, der das Gute um seiner selbst willen tut."[409]

Ein schärferer Gegensatz zum bisherigen Römerbrief und insbesondere zu Röm 5 läßt sich nicht denken. Dort der (angeblich) freie,

---

[408]Zur Begründung der Erbsünde vgl. Aurelius Augustinus. Schriften gegen die Semipelagianer. Reihe: Sankt Augustinus, der Lehrer der Gnade: Deutsche Gesamtausgabe seiner antipelagianischen Schriften Bd. 7. Augustinus-Verlag: Würzburg, 1987[2]; Robert L. Dabney. Discussions: Evangelical and Theological. Bd. 1. The Banner of Truth Trust: Edinburgh, 1982 (Nachdruck von 1891/1967). S. 143-168; Loraine Boettner. The Reformed Doctrine of Predestination. Baker Book House: Grand Rapids (MI), 1987 (29. Nachdruck von 1932), S. 61-82

[409]Hans Joachim Störig. Kleine Weltgeschichte der Philosophie 1. Fischer: Frankfurt, 1969. S. 153

gute Mensch, hier das der Sünde verfallene Geschöpf (vgl. schon
V.12).

Für Paulus ist der Bericht vom Sündenfall ebenso historisch zuverlässig wie der Schöpfungsbericht: mit einem einzelnen Menschen
begann die Geschichte der Menschheit, und dieser eine Mensch
brachte durch die Sünde den Tod in die Welt (V.12). Für Paulus ist
der theologische Ursprung der Sünde und des Todes mit dem historischen, ja dem naturwissenschaftlichen Ursprung von Sünde und
Tod identisch.

Dies stellt die sogenannte 'theistische Evolution' (Gott steuerte die
Evolution und entwickelte so etwa den Menschen aus dem Tier) vor
große Probleme, besagen 1Mose 3 und Röm 5 doch, daß es vor dem
ersten Menschen keinen Tod in der Welt gab. Wie soll es dann trotzdem die für die Evolutionstheorie unabdingbare natürliche Selektion
gegeben haben, die den massenhaften Tod vieler Generationen zur
Voraussetzung hat?[410]

In **Röm 8,18-22**, wo Paulus das Seufzen und Harren der Schöpfung beschreibt, deren Leiden zusammen mit der Verherrlichung der
Christen ein Ende haben wird, macht Paulus deutlich, daß das
Schicksal der Menschen das Schicksal der ganzen Schöpfung mitbestimmt. Die Bibel geht davon aus, daß die Schöpfung eine Einheit
ist und daß der Tod und das Elend in der ganzen Schöpfung eine
Folgen der Sünde Adams sind.

In Röm 5 jedoch wendet sich Paulus weder der Schöpfung als
Ganzes zu, noch behandelt er den Einfluß der Menschheit auf die
Schöpfung. Stattdessen behandelt er die Frage, welche Folgen das
Handeln des ersten Menschen für alle Menschen hatte.

Paulus setzt in V.12 den Gedanken der Erbsünde (und des Erb-
todes) voraus. Es wird deutlich, daß die Aussagen,
* daß alle als Sünder und Todgeweihte geboren werden und
* daß jeder für sich selbst sündigt und den Tod verdient,
beide gleichzeitig richtig sind. **Nur ist für Paulus die konkrete
Sünde des einzelnen die Folge der seit Adam herrschenden und
ererbten Sünde der Menschen und nicht umgekehrt.** Dieser Gedanke wurde schon in Röm 1 deutlich. Die konkreten Sünden sind in
Röm 1,24+26-32 die Folge des grundsätzlichen Abweichens aller
Menschen vom Schöpfer. **Die konkreten Sünden sind also nicht**

---

[410]Diese Position wurde noch 1950 von Papst Pius XII. in seinem Rund-
schreiben 'Humani Generis' vertreten (Textauszug in Josef Neuner, Heinrich Roos. Der Glaube der Kirche in den Urkunden der Lehrverkündigung.
F. Pustet: Regensburg, 1979[10]. S. 231). Erst das 2. Vatikanische Konzil
weichte diese Sicht innerhalb der katholischen Kirche auf. Vgl. zur
Evolutionstheorie die entsprechenden Ausführungen in Lektion 2 zu Römer
1,18-32 und die dort genannte Literatur.

die Ursache unseres Abfalls von Gott, sondern bereits seine Folge. Die Verbindung zwischen unserer Sünde und der Sünde Adams zieht bereits das Alte Testament und zwar nicht nur im Bericht vom Sündenfall selbst, sondern auch später, zum Beispiel in **Hiob 31,33**: "*... wenn ich meine Verfehlungen wie Adam verhehlt hätte ...*"[411].

Man versteht am ehesten, was es mit der Lehre von der **Erbsünde** auf sich hat, die maßgeblich von dem Kirchenvater Augustinus formuliert und von den Reformatoren wieder ins Zentrum der Theologie gerückt wurde, wenn man sich **die beiden Gruppen der der Erbsünde widersprechenden Ansichten** anschaut.

1. Eine Reihe von alternativen Ansichten gehen davon aus, daß der Sündenfall tatsächlich alle Menschen zu Sündern gemacht hat, **der Sündenfall den Menschen jedoch nicht vollständig erfaßt hat**[412]. Ob es sich um den Verstand (so viele katholische Theologen), den Willen (so viele humanistische Größen), das Gewissen (so manche pietistische Väter) oder die Fähigkeit zum Gottesdienst handelt, irgendein Bestandteil des Menschen ist noch intakt und kann von Gott angesprochen werden oder aber von sich aus richtige Entscheidungen auf dem Weg zum Heil treffen. - Die Bibel lehrt demgegenüber, daß es nichts im Menschen gibt, das sich von sich aus für Gott entscheiden könnte, sondern daß nur der Heilige Geist dem Menschen die Gnade Gottes offenbaren kann.

2. Andere Ansichten gehen davon aus, daß der Mensch nicht von Anfang an Sünder ist, sondern **erst zum Sünder wird.** Jeder Mensch erlebt demnach also seinen eigenen Sündenfall, wenn er das erste Mal sündigt. Adam ist dann nur ein schlechtes Vorbild oder zeigt uns die Neigungen der Menschheit. Da diese Ansicht von Pelagius (gestorben 418 n.Chr.), dem wichtigsten Gegenspieler des Augustinus, vertreten wurde, nennt man diese Auffassung 'Pelagianismus'. (Die beiden Gruppen der alternativen Ansichten werden oft auch unterschiedlich kombiniert.) - Die Bibel lehrt demgegenüber, daß der Mensch bereits unter dem Zorn Gottes zur Welt kommt. Der

---

[411]Wenn **Jes 43,27** davon spricht, daß "*dein erster Vater gesündigt*" hat, muß sich das nicht unbedingt auf Adam beziehen, sondern könnte auch Jakob meinen (so etwa Gustav Friedrich Oehler. Theologie des Alten Testaments. J. F. Steinkopf: Stuttgart, 1891³. S. 250).

[412]Vgl. zur Sicht der katholischen Kirche die lehramtlichen Verlautbarungen durch die Jahrhunderte in Josef Neuner, Heinrich Roos. Der Glaube der Kirche in den Urkunden der Lehrverkündigung. a. a. O. S. 215-243. Eine kritische Darstellung der katholischen Position findet sich in Ernst Wolf. Sozialethik: Theologische Grundfragen. Vandenhoeck & Ruprecht: Göttingen, 1988³. S. 46-59. Wolf zeigt sehr schön, daß die katholische Lehre offiziell die Lehre von der Erbsünde festhält, sie aber im einzelnen so ausgehöhlt hat, daß der Mensch praktisch doch nicht prinzipiell böse ist.

Mensch steht nie neutral vor einer Entscheidung, sondern lebt unter
der Herrschaft Satans, bis ihn Gott daraus befreit.

**Wer meint, daß er nicht deswegen verurteilt werden kann,
weil Adam an seiner Stelle den Sündenfall beging und seinen eigenen 'Sündenfall' für seine Verurteilung für notwendig hält,
muß auch davon ausgehen, daß er nicht gerettet werden kann,
weil Christus an seiner Stelle die Gerechtigkeit am Kreuz erwirkte, sondern er seine eigene Gerechtigkeit und sein eigenes
Heil schaffen muß.** Die Rechtfertigung allein aus Gnaden durch das
stellvertretende Sühneopfer Jesu Christi ist der Hauptgrund dafür
gewesen, warum die Reformatoren im Anschluß an Augustinus die
Erbsünde zu einem der zentralen Dogmen der Reformation gemacht
haben.

Ebenso ist darauf hinzuweisen, daß für Paulus 'Erbsünde' und
'Erbtod' untrennbar zusammengehören. Wer ablehnt, daß er als Sünder geboren wird, muß erklären, wieso er als Mensch geboren wurde, der einmal *sterben* wird und wieso kein Mensch am leiblichen
Tod vorbeikommt.

Wie werden aber die Sünde und der Tod ererbt? Röm 5,12-21
macht deutlich, daß diese Vererbung der Sündhaftigkeit nicht biologisch geschieht oder sich aus dem schlechten Vorbild der Eltern
oder der Erziehung ergibt, auch wenn das schlechte Vorbild sicher
eine Rolle für die Frage spielt, welche *konkreten* Sünden das Kind
nachahmt oder erlernt. Die Erbsünde ist dagegen eine juristische
Größe. Adam ist der Erste, der Repräsentant der Menscheit, dessen
Handeln den Zustand aller anderen Menschen mitbestimmt hat.
Durch die biologische und juristische Abstammung von Adam gehören wir zur Menschheit, und die Menschheit wird als Einheit angesehen.

In V.12 kann man den Ausdruck nach "*so ist der Tod zu allen
Menschen durchgedrungen*", entweder mit "*weil sie alle gesündigt
haben*" oder mit "*woraufhin sie alle gesündigt haben*"[413] übersetzen.
Die Übersetzung "*Woraufhin ...*" würde die Lehre von der Erbsünde
am deutlichsten unterstreichen: Durch Adams Sünde kommt der Tod
in die Welt, woraufhin alle anderen Menschen auch sündigten. Heißt
es jedoch "*weil ...*", so geht es trotzdem nicht um eine Begründung
(also nicht: 'der Tod kommt, weil alle gesündigt haben'), sondern
darum, daß der Tod aller Menschen, auch wenn durch Adams Sünde
herbeigeführt, dennoch zugleich Strafe für die Sünde jedes einzelnen
ist. Auf jeden Fall nennt V.12 so oder so die Erbsünde und die persönliche, konkrete Sünde in einem Atemzug, so daß sie nie ge-

---

[413]Beide Varianten finden sich in der Rev. Elberfelder Übersetzung.

geneinander ausgespielt werden dürfen.[414] Das lutherische Augsburgische Bekenntnis formuliert die Lehre von der Erbsünde folgendermaßen:

Wichtige Belegstellen für die Erbsünde

Altes Testament

Ps 51,6-7: David sagt in seinem bekanntesten Bußpsalm: "*Gegen dich, gegen dich allein habe ich gesündigt und getan, was böse ist in deinen Augen; damit du im Recht bist mit deinem Reden und rein erfunden wirst in deinem Richten. Siehe, in Schuld bin ich geboren, und in Sünde hat mich meine Mutter empfangen.*"
Ps 58, 4: "*Abgewichen sind die Gottlosen von Mutterschoße an, die Lügenredner irren von Mutterleibe an.*"
Hiob 14,1+4: "*Der Mensch, von der Frau geboren, lebt kurze Zeit und ist mit Unruhe gesättigt. ... Wie könnte ein Reiner vom Unreinen* [abstammen]*? Nicht ein einziger!*"
1Mose 8,21: "*... denn das Sinnen des menschlichen Herzens ist böse von seiner Jugend an ...*" (vgl. 1Mose 6,5).

Neues Testament

Eph 2,1-3: "*Auch euch, die ihr tot wart in euren Vergehungen und Sünden, in denen ihr einst gemäß dem Zeitlauf dieser Welt, gemäß dem Fürsten der Macht der Luft, des Geistes, der jetzt in den Söhnen des Ungehorsams wirkt, wandeltet. Wir hatten einst auch in den Begierden unseres Fleisches unseren Verkehr unter diesen, indem wir den Willen des Fleisches und der Gedanken taten und von Natur* [oder: *von der Abstammung her*] *Kinder des Zorns waren wie auch die anderen.*"
1Kor 15,21-22: "*... denn da ja durch einen Menschen der Tod kam, so auch durch einen Menschen die Auferstehung der Toten. Denn wie in Adam alle sterben, so werden auch in Christus alle lebendig gemacht werden.*"
Röm 5,12: "*Darum, wie durch einen Menschen die Sünde in die Welt gekommen ist und durch die Sünde der Tod und auf diese Weise der Tod zu allen Menschen gekommen ist, weshalb sie alle gesündigt haben*".
Joh 3,6-7: "*Was aus dem Fleisch geboren ist, ist Fleisch, und was aus dem Geist geboren ist, ist Geist. Wundere dich* [deswegen] *nicht, daß ich dir sagte: Ihr müßt von neuem geboren werden.*"

---

[414]Weitere Auslegungen werden bei Cranfield 1/274-281 vorgestellt und diskutiert.

"Weiter wird bei uns gelehrt, daß nach Adams Fall alle Menschen, so natürlich geboren werden, in Sünden empfangen und geboren werden, das ist, daß sie alle von Mutterleibe an voll böser Lust und Neigung sind und keine wahre Gottesfurcht, keinen wahren Glauben an Gott von Natur haben können; daß auch dieselbige angeborene Seuche und Erbsünde wahrhaftiglich Sünde sei und verdamme alle die unter ewigen Gotteszorn, die nicht durch die Taufe und den heiligen Geist wiederum neu geboren werden. Hieneben werden verworfen die Pelagianer und andere, die die Erbsünde nicht für Sünde halten, damit sie die Natur fromm machen durch natürliche Kräfte, zu Schmach dem Leiden und Verdienst Christi."[415]

Wichtige Belegstellen für die Sündhaftigkeit aller Menschen

Altes Testament

Röm 3,9-19 mit 10 alttestamentlichen Zitaten: (Text und alttestamentliche Belegstellen siehe zu Beginn der Lektion)

2Chr 6,36: *"Wenn sie gegen dich sündigen - denn es gibt keinen Menschen, der nicht sündigt ..."*

Jer 17,9: *"Trügerisch ist das Herz, mehr als alles, und unheilbar ist es."*

Jer 13,23: *"Kann ein Schwarzer seine Haut ändern oder ein Leopard seine Flecken entfernen? Könnt ihr das Gute tun, die ihr an das Böse gewöhnt seid?"*

Ps 143,2: *"... denn vor dir ist kein Lebender gerecht ..."*

Spr 20,9: *"Wer darf [zu Recht] sagen: Ich habe mein Herz rein gehalten, ich bin rein von meiner Sünde?"*

Pred 7,20: *"Denn kein Mensch auf der Erde ist gerecht, so daß er nur Gutes tut und niemals sündigt."*

Jes 53,6: *"Wir gingen alle in die Irre wie Schade, jeder von uns ging auf seinem eigenen Weg."*

Jer 6,28: *"Alle sind Verderber."*

vgl. **Mi 7,2; Jes 64,4-6; Jer 10,14**

Neues Testament

1Kor 2,14: *"Ein natürlicher Mensch vernimmt aber nicht, was des Geistes Gottes ist, denn es ist ihm eine Torheit, und er kann es nicht erkennen, weil es geistlich beurteilt werden muß."*

Joh 3,19: *"Dies aber ist das Gericht, daß das Licht in die Welt gekommen ist, und die Menschen die Finsternis mehr geliebt haben als das Licht, weil ihre Werke böse waren."*

---

[415]Zitiert nach Kurt Frör. Die Augsburgische Konfession. Chr. Kaiser: München, 1955. S. 15 (vgl. den Kommentar S. 15-18)

✍ **Arbeitsanleitung**

Sie sollten wenigsten drei Bibeltexte aus jedem der beiden Kästen mit
Stellenangaben auswendig lernen und für Gespräche zur Hand haben.

Die zweite Hälfte des Gedankens in V.12, also das Gegenstück zu
"Darum, wie ..." (so ...) fehlt. Erst im folgenden wird deutlich, daß
Paulus dem *einen* Adam den *einen* Christus gegenüberstellen will,
wie er dies in **1Kor 15,21-22** auch tut: *"... denn da ja durch einen
Menschen der Tod kam, so auch durch einen Menschen die Auferstehung der Toten. Denn wie in Adam alle sterben, so werden auch
in Christus alle lebendig gemacht werden"*. Doch diese Gegenüberstellung wird erst in Röm 5,15 deutlich und erst in V.17 erneut ausdrücklich formuliert. Die eigentliche grammatische Fortsetzung von V.12 findet sich sogar erst in V.18.

B. V.13-14: Der Tod vor der Gesetzgebung am Sinai

In V.13-14 schiebt Paulus eine Erklärung zu V.12 ein. Diese
Verse sind recht unterschiedlich ausgelegt worden. Einig sind sich
die meisten Ausleger, daß es um die Zeit vor dem (schriftlichen)
Empfang des Gesetzes am Sinai geht (V.13) und daß es um Menschen geht, die nicht wie Adam ein konkretes, an sie gerichtetes Gebot übertreten haben (V.14). Einig sind sich auch alle, daß Paulus einige Gedanken überspringt, also Zwischenglieder in der Ar-
gumentationskette ausläßt. Darauf bauen **die drei wichtigsten Auslegungen** auf:

1. Auslegung[416]: V.12 löst die Frage aus, wie denn alle gesündigt
haben können, wenn es noch gar kein (schriftliches) Gesetz gab.
V.13 besagt dann, daß es vor dem (schriftlichen) Gesetz bereits
Sünde gab. Da es ohne Gesetz aber keine Sünde gibt, muß es - und
dieser Gedanke muß ergänzt werden - bereits vorher ein anderes
(ungeschriebenes) Gesetz gegeben haben, denn nach V.14 herrschte
der Tod auch schon vor dem schriftlichen Gesetz über die Menschen, was nur die Folge der Sünde gewesen sein kann. V.14 meint
dann entweder alle Menschen vor der Gesetzgebung am Sinai oder
als besonderes Beispiel diejenigen, die nicht selbst entscheiden
konnten (z. B. Kleinkinder[417]).

---

[416]Z. B. Henry 399-400

[417]Zur Frage des Heils von Kleinkindern vgl. Benjamin B. Warfield. "The De-
velopment of the Doctrine of Infant Salvation". S. 411-446 in: Benjamin B.
Warfield. Studies in Theology. Banner of Truth Trust: Edinburgh, 1988
(Nachdruck von 1932) und Loraine Boettner. The Reformed Doctrine of
Predestination. a. a. O. S. 143-148.

2. Auslegung[418]: V.12 geht davon aus, daß die persönliche Sünde erst die Folge der Erbsünde ist. Dies beweist Paulus mit dem Hinweis auf die Menschen vor der Gesetzgebung am Sinai, deren Sünde und deren Tod nicht die Folge ihrer eigenen Übertretung eines an sie gerichteten Gebotes gewesen sein konnte. Wenn Menschen ohne schriftliches Gesetz sterben, kann das nur die Folge der Erbsünde sein. V.14 meint dann wieder entweder alle Menschen vor der Gesetzgebung am Sinai oder als besonderes Beispiel diejenigen, die nicht selbst entscheiden konnten (z. B. Kleinkinder).

3. Auslegung[419]: Sie kombiniert in gewissem Sinne die beiden vorhergehenden Auslegungen. Sie entspricht völlig der 2. Auslegung, fügt aber hinzu, daß der Ausdruck *"Sünde wurde nicht zugerechnet"* nicht so zu verstehen ist, als wären die Menschen vor der Gesetzgebung am Sinai schuldlos gewesen oder als hätte es keine Gebote für sie gegeben. Stattdessen ist *"nicht zugerechnet"* relativ zum Zustand seit der Offenbarung des schriftlichen Gesetzes zu sehen: Eine solch klare, persönliche Zuordnung von Sünde und Strafe, wie sie das schriftliche Gesetz ermöglichte, war vorher nicht möglich. Man könnte also Röm 5,13 mit Sünde "wird nicht registriert"[420] übersetzen,

> "denn der nächste Vers macht deutlich, daß Paulus nicht die Absicht hat, zu leugnen, daß auch in Abwesenheit des Gesetzes Sünde bestraft wird"[421].

Meines Erachtens paßt diese dritte Auslegung besser zu V.20: obwohl die Erbsünde und der Tod bereits über alle Menschen herrschen, kommt das Gesetz am Sinai und das gesamte schriftliche Gesetz hinzu, um die Existenz der Sünde auch jedem einzelnen ganz persönlich zu offenbaren.

C. V.15-21: Die überlegene Gnadengabe

Nun stellt Paulus Adam als Haupt der alten Menschheit und Christus als Repräsentanten der neuen Menschheit einander gegenüber. Gemeinsam ist beiden, daß ihr Handeln das Schicksal sehr vieler Menschen bestimmt hat und bestimmt: Ein Mensch sorgt jeweils dafür, daß andere Menschen durch etwas *"beherrscht"* werden - hier die Sünde, da die Gerechtigkeit. Der Gegensatz zwischen dem

---

[418]Z. B. Murray 1/187-190

[419]Z. B. Cranfield 1/281-284

[420]So C. E. B. Cranfield. "St. Paul and the Law". Scottish Journal of Theology 17 (1964) 1: 43-68, hier S. 46, Anm. 1 im Anschluß an Karl Barth

[421]Ebd.

jeweiligen *Einen* und den jeweiligen *Vielen* bestimmt den ganzen Abschnitt.

Doch trotz dieser Gemeinsamkeiten gibt es einen wesentlichen Unterschied zwischen Adam und Christus (V.15). Der Weg von einer Sünde zu vielen Sünden ist nämlich viel einfacher, als der Weg von vielen Sünden zu keiner Sünde (sprich: Gerechtigkeit). **Adam mußte nur Vorhandenes zerstören, Christus dagegen mußte Nichtvorhandenes erst schaffen.** Deswegen ist die *"Gnadengabe"*[422] gewaltiger, besser, *"überströmender"* (V.20). (Manche verstehen diesen Abschnitt zusätzlich als einen Hinweis darauf, daß die Zahl der Begnadigten am Ende wesentlich größer sein wird, als die der Verurteilten.)

In unserem ganzen Abschnitt geht es nicht um die konkreten einzelnen Sünden, die Paulus etwa in Röm 6-8 behandelt, sondern um die Erbsünde, die Herrschaft der Sünde an sich. Entscheidend ist, daß es für alle Menschen nur zwei juristische Stellungen gibt, die beide nicht persönlich, sondern eben durch Adam oder Christus erwirkt wurden und werden: *"die Stellung von Sündern"* und *"die Stellung von Gerechten"* (V.19).

Das Ende der Herrschaft der Erbsünde ist überhaupt die Voraussetzung dafür, daß die konkreten Sünden überwunden werden können. Der ganze Abschnitt ist nur zu verstehen, wenn man sich bewußt macht, wie unbekannt der biblische Gedanke, daß einer für andere handelt und entscheidet, in unserer individualistischen Kultur und Gesellschaft ist. (Die Bibel benutzt dafür bisweilen den Ausdruck 'Haupt', z. B. für Jesus als *"Haupt"* der Gemeinde: Eph 1,22; 4,15; 5,23; Kol 1,18; 2,19; vgl. 2,10).

Auch Röm 5,12,-21 wurzelt im Alten Testament. So dürfte Paulus etwa an die Ankündigung des Messias durch den Propheten Jesaja gedacht haben: *"Durch seine Erkenntnis wird der Gerechte, mein Knecht, den Vielen zur Gerechtigkeit verhelfen, und ihre Sünden wird er sich selbst aufladen"* (**Jes 53,11**)[423].

D. Thema: Wer sind 'alle'?

Besondere Schwierigkeiten bereitet es, daß Paulus im Text einige Male das Handeln des Adam und des Christus nicht nur auf *"die Vielen"*, sondern auf *"**alle**"* bezieht. Man kann das Problem nicht lösen, indem man davon ausgeht, daß das Heil ja nur allen *angeboten*

---

[422]Es handelt sich um dasselbe Wort wie *"Gnadengabe"* in Röm 12,3-8 über die Geistesgaben; vgl. Lektion 23.

[423]Vgl. zur Verwendung von Jes 53,11 Murray 1/375-383 und Davidson/Martin 275

wird. **Es geht in Röm 5,12-21 nämlich nicht darum, ob das Heil allen angeboten wird**, sondern der Text spricht davon, daß durch Jesus *"alle"* **gerechtgesprochen werden und Leben erhalten**. Genauso spricht Paulus etwa in **1Kor 15,22** davon, daß in Adam *"alle gestorben"* und in Christus *"alle lebendig gemacht"* werden. Wenn sich in unserem Text *"alle"* auf alle Menschen ohne Ausnahme beziehen würde, wäre damit die sogenannte 'Allversöhnung' (auch 'Universalismus' genannt) begründet. Die Allversöhnung lehrt, daß alle Menschen einmal gerettet werden und zwar entweder direkt nach dem Tod oder nachdem sie eine Zeit des Gerichts durchgemacht haben (also ähnlich wie dies im katholischen Glauben im Fegefeuer der Fall sein soll).

Es gibt jedoch ernstzunehmende Argumente gegen diese Auslegung von *"alle"*[424]. Erstens würde dies natürlich vielen anderen Texten der Bibel, ja dem Römerbrief selbst widersprechen. Zweitens kann das Wort 'alle' im Griechischen (wie auch im Deutschen) viel mehr Bedeutungen als nur 'zahlenmäßig restlos alle' haben, wie zum Beispiel:
- alle, von denen im Zusammenhang die Rede ist
- alle Arten von
- alle mit einer selbstverständlichen oder bereits erwähnten Einschränkung.

Ein Wörterbuch nennt folgende Bedeutungen von *"alle"* (griech. 'pantes'): "jeder", "jederlei, jeder Art, mannigfach", "jeglicher, jedweder, jeder beliebige", "höchst, größt, völlig", "ganz", "all", "jeder, der; wer immer", "alle", "sämtliche", das "All"[425].

Beispiele für Verse im Neuen Testament, in denen griech. 'pant-' (*"alle"*, *"jeder"*, *"ganz"*) oder *"Welt"* (griech. 'kosmos') usw. eine andere Bedeutung als 100% aller Menschen haben

Joh 3,26: *"Jeder"* geht zur Taufe am Jordan (alle = viele oder aus allen Bevölkerungsschichten).
Mt 4,23; Lk 9,35; Mt 10,1: Jesus beziehungsweise die Jünger heilen *"alle Krankheiten und alle Gebrechen"* (natürlich nur die derjenigen, die zu ihnen kamen).
Röm 1,8: *"Als erstes danke ich meinem Gott durch Jesus Christus wegen euch allen, daß euer Glaube verkündet wird in der ganzen*

---

[424]Vgl. etwa Murray 1/203; Davidson/Martin 292 (anders erstaunlicherweise Calvin 97-98)

[425]Walter Bauer, Kurt und Barbara Aland. Griechisch-deutsches Wörterbuch zu den Schriften des Neuen Testaments ... Walter de Gruyter: Berlin, 1988. Sp. 1274-1278 (dort genauere Angaben der grammatischen Fälle und weiterer Bedeutungen)

Welt ..."

Kol 1,5-6: "*... des Evangeliums, das zu euch gekommen ist, wie es auch in der ganzen Welt ist ...*"

Apg 17,6: Die Juden in Thessalonich über Paulus usw.: "*Diese, die den Erdkreis aufgewiegelt haben, sind auch hierher gekommen ...*"

2Petr 3,9: "*Der Herr verzögert die Verheißung nicht, wie es einige für eine Verzögerung halten, sondern er ist **uns gegenüber** langmütig, da er nicht will, daß irgendwelche verloren gehen, sondern daß alle zur Umkehr gelangen.*" (Das "*alle*" bezieht sich auf "*uns*" in 2Petr 3,9a und schon in 2Petr 1,1, also auf die angesprochenen Christen, so daß mit alle nur alle Gläubigen gemeint sind.)

Joh 12,19: (Über Jesus:) "*Da sprachen die Pharisäer zueinander: Ihr seht, daß ihr gar nichts ausrichtet. Siehe, **die Welt** ist ihm nachgelaufen.*"

(Umstrittenes Beispiel:)

1Tim 2,4: "*Gott will, daß alle (Arten von) Menschen gerettet werden.*" (Begründet das Gebet für die Obrigkeit, meint daher 'alle Arten von Menschen'[426] = 'Menschen aus allen Schichten und Gruppen', selbst unter den Regierenden.)

Entsprechende Beispiele aus der deutschen Sprache

"Bei ... kauft wirklich jeder!"
"Heute machen wirklich alle Abitur!"
"Alle möglichen Leute ..."
"Jeder kann Beamter werden" (das Baby also auch?).
"Jeder muß Steuern zahlen" (und wenn er nichts verdient?).
"Da rennen wirklich alle hin."
"Ganz Bonn ist auf den Beinen."

Eine kleine, aber wichtige Einschränkung gilt sowieso dafür, daß alle unter Adam stehen, wie Hodge bemerkt: "Selbst *alle Menschen* im ersten Satz muß auf die, die von Adam 'durch ordentliche Zeugung' abstammen, eingeschränkt werden. Es meint nicht absolut alle. Der Mensch Christus Jesus muß ausgenommen werden. Die offensichtliche Bedeutung ist: alle, die mit Adam verbunden sind und alle, die mit Christus verbunden sind."[427]

---

[426]So besonders Augustinus (Aurelius Augustinus. Schriften gegen die Semipelagianer. a. a. O. S. 231)

[427]Hodge 171-172

E. Thema: Zur Allversöhnung

**Wichtige Bibeltexte, die den Gedanken der Allversöhnung
widerlegen**

Hebr 9,27: *"Und so, wie es den Menschen gesetzt ist, **einmal** zu
sterben, danach aber das Gericht ..."*
Mk 9,47b-48: *"Es ist für dich besser, mit einem Auge in das Reich
Gottes einzugehen, als mit zwei Augen in die Hölle des Feuers ge-
worfen zu werden, 'wo ihr Wurm nicht stirbt und das Feuer nicht
erlischt'"* (Zitat aus **Jes 66,24**!).
Offb 21,8: *"Aber den Feigen und Ungläubigen und mit Greueln
Befleckten und Mördern und Unzüchtigen und Zauberern und
Götzendienern und allen Lügnern ist ihr Teil in dem See, der mit
Feuer und Schwefel brennt, das ist der zweite Tod."*
Joh 5,24+28-29: *"Wahrlich, wahrlich, ich sage euch: Wer mein
Wort hört und glaubt dem, der mich gesandt hat, hat ewiges Leben und kommt nicht in das Gericht, sondern er ist aus dem Tod
in das Leben hinübergegangen ... Wundert euch nicht darüber,
denn es kommt die Stunde, in der alle, die in den Gräbern sind,
seine Stimme hören und hervorkommen werden, die das Gute getan haben, zur Auferstehung des Lebens, die aber das Böse verübt
haben, zur Auferstehung des Gerichts."*[428]

✍ Arbeitsanleitung

Lernen Sie wenigstens zwei dieser Bibeltexte mit Bibelstellenangabe für
eventuelle Gespräche auswendig.

Es wurde bewußt auf Texte verzichtet, in denen das Wort 'ewig'
vorkommt, da viele Vertreter der Allversöhnung das Wort mit
'äonisch', 'zum Zeitalter gehörig' übersetzen und nur auf ein langes
Zeitalter beziehen. Bibeltexte, die das Gericht über die Ungläubigen
als 'ewig' beschreiben, können problemlos aus der Konkordanz zu-

---

[428]Gute Literatur zur Widerlegung der Allversöhnung: W. Shedd. The
Doctrine of Eternal Punishment. Klock & Klock: Minneapolis (USA), 1980
(Nachdruck von 1880); Andreas Symank. Werden alle Menschen gerettet:
Überlegungen zur Lehre der Allversöhnung. Das Haus der Bibel: Genf,
1982; Michael Giffith. "Allversöhnung - das trojanische Pferd". Bibel und
Gemeinde 73 (1973): 302-311 (auch als Sonderdruck des Bibelbundes;
übersetzt aus dem Buch Michael Griffith. The Church and World Mission.
Zondervan: Grand Rapids [MI], 1980); Alfred Kuen. Ihr müßt von neuem
geboren werden. Brockhaus: Wuppertal, 1969. S. 25-37; J. Oswald San-
ders. Und die Menschen ohne Evangelium? Brunnen Verlag: Giessen,
1978²; W. J. Ouweneel. Ende gut - alle(s) gut? CLV: Bielefeld, 1993; Robert L. Dabney. Discussions: Evangelical and Theological. Bd. 1. The Banner of Truth Trust: Edinburgh, 1982 (Nachdruck von 1891/1967). S. 132-
142 + 654-669.

sammengetragen werden, z. B. **Jud 6-7; 2Thess 1,8-9; Offb 14,10-11; Mk 3,29; Mt 25,41.** Es gibt vor allem im Alten Testament Bibeltexte, in denen 'ewig' sicher nur einen sehr langen Zeitraum bezeichnet. Es gibt jedoch auch Texte, in denen zum 'ewigen' Gericht parallel vom 'ewigen' Leben die Rede ist (z. B. **Mt 25,41:** "*ewiges Feuer*"; **Mt 25,46:** "*ewiges Leben*"). Wenn dort das Gericht 'ewig' im Sinne von 'sehr lang' ist, wie lang ist dann unser Heil und 'ewiges' Leben bei Gott?

Es gibt ganz verschiedene Modelle der Allversöhnung. Historisch bedeutsam war die Vorstellung der Allversöhnung von Origines (185-254 n. Chr.)[429]. Verhältnismäßig jung sind Allversöhnungsvorstellungen von eher ökumenisch orientierten Theologen, die im Rahmen des Dialogs mit anderen Religionen entwickelt wurden. Eine eigene, schwer faßbare Vorstellung von der Allversöhnung ist Bestandteil der Theologie Karl Barths.

Die einflußreichste Spielart der Allversöhnung entstand jedoch im Pietismus[430] und hat von dort aus ihren Weg bis in die akademische Theologie der Gegenwart (z. B. Adolf Köberle[431], Walter Künneth[432]) gefunden. Friedhelm Groth behandelt in seiner gut lesbaren Dissertation 'Die "Wiederbringung aller Dinge" im württembergischen Pietismus'[433] den ungeheuren Einfluß, den die Allversöhnungslehre im württembergischen Pietismus hatte, wobei zugleich ihre enge Verbindung mit Endzeitvorstellungen deutlich wird, die bis heute weit verbreitet sind. Groth behandelt vor allem Bengel und Oetinger, deren Schüler Roos, Ph. M. Hahn und Preziger und schließlich M. Hahn. Es ist dabei erschütternd, was dieser Zweig des Pietismus im Namen des wahren Glaubens alles hervorgebracht hat.[434]

---

[429]Vgl. aus katholischer Sicht: Wigand Siebel. "Origenismus in der katholischen Kirche". Diakrisis 3 (1982) 1 (Febr): 8-10

[430]Als Beispiel gegenwärtige Vertreter vgl. Berthold Burgbacher. Geheimnisse Gottes: Gedanken über Allversöhnung und Gnadenwahl. Verlag Ernst Franz: Metzingen, 1981; Heinz Schumacher. Das biblische Zeugnis von der Versöhnung des Alls. Stuttgart, 1959

[431]Adolf Köberle. "Allversöhnung oder ewige Verdammnis?". in: Adolf Köberle. Universalismus der christlichen Botschaft. Wissenschaftliche Buchgesellschaft: Darmstadt, 1978

[432]Walter Künneth. Theologie der Auferstehung. Brunnen: Giessen, 1982[6]. S. 295-297

[433]Friedhelm Groth. Die "Wiederbringung aller Dinge" im württembergischen Pietismus. Arbeiten zur Geschichte des Pietismus 21. Vandenhoeck & Ruprecht: Göttingen, 1984.

[434]Die Einstellung des Autors ist allerdings auch nicht immer biblisch. Der Glaube der Bibel und der Kirche wird vom ihm als Lehre vom "doppelten Ausgang der Geschichte" (also ewiges Heil und ewiges Unheil) bezeichnet und für ebenso unverständlich angesehen wie die Lehre von der Allversöhnung. Ob der Autor ganz zur Lehraussage der lutherischen Confessio Augustana steht, die er häufiger in den Mittelpunkt stellt, oder sie nur vergeistigt, ist aus dem Text des Buches selbst nicht ganz zu klären. Das

Eine abgeschwächte Form der Allversöhnung ist die Lehre, daß es auch nach dem Tod noch eine Möglichkeit der Umkehr zu Gott gibt, die ebenfalls über den Pietismus auch in die akademische Theologie Eingang gefunden hat (z. B. Adolf Schlatter[435]). Im Regelfall wird diese Auslegung mit der sog. 'Höllenfahrt Jesu' in 1Petr 3,18-20 begründet. Jürgen Kuberski hat die verschiedenen Auslegungen zu diesem Text übersichtlich zusammengestellt[436]. Er schließt sich der Auslegung an, daß Jesus im Geist zur Zeit des Noah den Zeitgenossen Noahs Gericht und Gnade verkündigt hat[437]. Wesentliche Bedeutung hat dabei das parallel dazu stehende Bild der Taufe, durch die ja auch nicht alle Menschen gerettet werden, so wie von den Zeitgenossen Noahs nur diejenigen gerettet wurden, die sich in der Arche befanden.

F. Thema: Für wen starb Christus? Eine Gegenüberstellung

Im Zusammenhang mit der Frage, wer mit *"alle"* gemeint ist, wenn es um das Wirken Jesu geht, soll hier in Kürze der Unterschied zwischen den wichtigsten Positionen bezüglich des Heils tabellarisch dargestellt werden.

Die Terminologie der Positionen hat sich in drei großen Auseinandersetzungen der Kirchengeschichte herausgebildet, nämlich der Auseinandersetzung von Augustinus mit den Anhängern von Pelagius (deswegen 'Pelagianer' und die Vertreter der abgeschwächten Form 'Semipelagianer'[438]), der Auseinandersetzung zwischen Luther und E-rasmus über den freien Willen[439] und der Auseinandersetzung der

---

historische Material wird jedoch weitgehend unabhängig von der Sicht des Autors ausgebreitet und beweist, wie weit sich der Pietismus oft trotz aller Lippenbekenntnisse von den altkirchlichen und reformatorischen Glaubensbekenntnissen entfernt hat.

[435] Adolf Schlatter. Das christliche Dogma. Calwer Verlag: Stuttgart, 1977[3]. S. 542-545; vgl. Schlatters Auslegungen zu Mt 25 in seinen Kommentaren zum Matthäusevangelium

[436] Jürgen Kuberski. "Eine 'Höllenfahrt Jesu'?". Bibel und Gemeinde 88 (1988) 2: 181-197

[437] So neben Kuberski auch Alexander Schweizer. Hinabgefahren zur Hölle als Mythus ohne biblische Begründung durch Auslegung der Stelle 1.Petr. 3,17-22 nachgewiesen. Friedrich Schultheß: Zürich, 1868 unter Berufung auf Aurelius Augustinus, Johannes Calvin, Theodor Beza und Johann Gerhard.

[438] Griech. 'semi' = halb. Vgl. Aurelius Augustinus. Schriften gegen die Semipelagianer. Reihe: Sankt Augustinus, der Lehrer der Gnade: Deutsche Gesamtausgabe seiner antipelagianischen Schriften Bd. 7. Augustinus-Verlag: Würzburg, 1987[2]

[439] Erasmus vertrat als Humanist den Semipelagianismus. Luthers Position sind die meisten späteren Lutheraner nicht gefolgt, vor allem seit Melanchthon eine Position zwischen Luther und Erasmus bezog; so etwa Bernhard Lohse. "Dogma und Bekenntnis in der Reformation: Von Luther bis zum Konkordienbuch". in: Bernhard Lohse u. a. (Hg.). Die Lehrentwicklung im Rahmen der Konfessionalität. Handbuch der Dogmen-

calvinistischen Kirche in Holland im 16. Jahrhundert (deswegen 'Calvinismus') mit Anhängern des aus ihren Reihen stammenden Arminius (deswegen 'Arminianer'). Es wird dabei auch deutlich, daß die Bezeichnungen der einzelnen Schulen nur der Unterscheidung dienen können, in sich jedoch wenig Sinn machen, da alle Positionen bereits seit dem 1. Jh., spätestens aber seit der Zeit des Augustinus existieren.

In der Gegenüberstellung[440] gehen wir davon aus, daß ein Ringen um die biblische Position nur zwischen den ersten beiden Positionen sinnvoll ist, da beide Seiten sich auf zahlreiche Bibeltexte berufen können. Dabei dürfte allerdings im Bereich der Evangelikalen der Augustinianismus[441] die unbekanntere Größe gegenüber dem Arminianismus[442] sein. In der Gliederung folgen wir für Calvinismus und Arminianismus den fünf Punkten der Dordrechter Artikel von 1619, mit denen die holländische Kirche die Lehren von Arminius zu

und Kirchengeschichte 2. Vandenhoeck & Ruprecht: Göttingen, 1989 (Nachdruck von 1980). S. 80-81.

[440]Vgl. die Darstellung bei Otto Thelemann. Handreichung zum Heidelberger Katechismus. Verlag C. Schenk: Detmold, 1892². S. 179-180

[441]Die augustinianisch-calvinistische Position wird gut dargestellt in: James I. Packer. Prädestination und Verantwortung. Neue Studienreihe 5. Brockhaus: Wuppertal, 1964; James I. Packer. "Prädestination". S. 1217-1219 in: Helmut Burkhardt u. a. (Hg.). Das Große Bibellexikon. Bd. 3. Brockhaus: Wuppertal, 1989; James I. Packer. "Erwählung". Helmut Burkhardt u. a. (Hg.). Das Große Bibellexikon. Bd. 1. Brockhaus: Wuppertal, 1987. S. 340-342; Charles Haddon Spurgeon. Alles zur Ehre Gottes. Oncken Verlag: Wuppertal/Kassel, 1985. S. 95-103 (Kap. 'Plädoyer für den Calvinismus'); W. J. Seaton. "Die fünf Punkte des Calvinismus." Bibel und Gemeinde 91 (1991) 2: 175-187; Duane Edward Spencer. TULIP: The Five Points of Calvinism in the Light of Scripture. Baker Book House: Grand Rapids (MI), 1979 (mit ausgezeichneten Tabellen); Steele/Thomas (bes. die Tabelle S. 144-147; abgedruckt in: Loraine Boettner. The Reformed Doctrine of Predestination. a. a. O. S. 433-436); David N. Steele, Curtis C. Thomas. The Five Points of Calvinism. The Presbyterian and Reformed: Philadelphia (USA), 1963. S. 16-19; John Murray. Redemption: Accomplished and Applied. The Banner of Truth Trust: Edinburgh, 1979 (Nachdruck von 1955); John Owen. The Death of Death in the Death of Christ. Banner of Truth Trsut: Edinburgh, 1989 (Nachdruck von 1959/1852/17. Jh.); darin bes.: James I. Packer. "Introductory Essay". S. 1-31; John Owen. A Display of Arminianism. Calvin Classics 2. Still Waters Revival Books: Edmonton (CAN), 1989 (1642); John L. Girardeau. Calvinism and Evangelical Arminianism. Sprinkle Publ.: Harrisonburg (USA), 1984 (Nachdruck von 1890)

[442]Eine gute Darstellung der Theologie des Arminianismus findet sich in Matthias Schneckenburger. Vorlesungen über die Lehrbegriffe der kleineren protestantischen Kirchenparteien. H. L. Brönner: Frankfurt, 1863. S. 5-26.

	Für wen erwarb Christus
Calvinismus bzw. Augustinianismus	**Arminianismus bzw. Semipelagianismus**
1. Völlige Sündhaftigkeit: Der Mensch ist durch und seit dem Sündenfall so restlos von der Sünde verdorben, daß er sich bezüglich des Heils nicht mehr für das Gute entscheiden kann. Seine Entscheidung für Gott ist daher bereits das Ergebnis der Wiedergeburt durch den Geist.	**1. Freier Wille:** Auch wenn der Sündenfall die menschliche Natur weitgehend verdorben hat, kann der Mensch aufgrund von Gottes Gnade frei entscheiden, ob er errettet werden will oder nicht. Er ist in der Lage, sich für Gott zu entscheiden.
2. Bedingungslose Erwählung: Gottes Erwählung ist ausschließlich in Gottes souveränem, unerforschlichen Willen begründet. Auf Seiten des Menschen gibt es nicht die geringste Bedingung zu erfüllen, noch nicht einmal eine Entscheidung für Gott. Diese Entscheidung ist nämlich bereits die Frucht der Entscheidung Gottes für einen Menschen.	**2. Bedingte Erwählung:** Gottes Erwählung beruht auf seiner Vorkenntnis, wer sich für ihn entscheiden wird und wer nicht. Die Erwählung hat also den Wunsch zur Errettung zur Voraussetzung. Dieser Wunsch wird vom Heiligen Geist unterstützt und von Gott auch ohne weitere Werke gnädig angenommen.
3. Begrenztes Sühnopfer bzw. beschränkte Erlösung: Jesus Christus ist am Kreuz nur für seine Gemeinde gestorben, also nur für die, für die Erlösung auch tatsächlich wirksam wird, nicht jedoch für die, denen die Erlösung vergeblich angeboten wird. Es ist undenkbar, daß Jesu Opfer für jemanden gilt und dennoch wirkungslos bleibt. Da Christen jedoch nicht wissen, wer erwählt ist und wer nicht, müssen sie das Heilsangebot jedem machen.	**3. Universale Erlösung bzw. Allgemeines Sühnopfer:** Jesus Christus ist am Kreuz für alle gestorben. Dieses Opfer wird deswegen allen angeboten, wird jedoch erst wirksam und für den einzelnen gültig, wenn er es annimmt. Es gibt deswegen viele Menschen, für die das Opfer Jesu zwar gilt, aber unwirksam bleibt.

das Heil am Kreuz?

Pelagianismus	Universalismus bzw. All-versöhnung
1. Völlig freier Wille: Der Mensch ist zum Guten fähig und kann sich frei entscheiden, ob er Gott dienen will oder nicht.	**1. Freier Wille:** Im Regelfall wie Arminianismus
2. Keine Erwählung: Es gibt keine Erwählung. Gott richtet sich ausschließlich nach der Entscheidung der Menschen. Einige Vertreter sagen, daß Gott diese Entscheidung im voraus weiß, andere verneinen auch dies.	**2. Erwählung aller:** Alle Menschen sind erwählt, ganz gleich, ob sie sich auf der Erde für Gott entscheiden oder nach einer Zeit des 'äonischen' Gerichtes in der Hölle errettet werden.
3. Erlösung durch Werke: Der Mensch wird aufgrund seines Lebens und Handelns das Heil erlangen oder verwirken. Jesus Christus hat mit seinem Tod am Kreuz dazu jedoch die Voraussetzungen geschaffen, daß der Mensch durch seine Werke zu Gott gelangen kann.	**3. Universale Erlösung bzw. allgemeines Sühnopfer:** Jesus Christus starb für alle Menschen am Kreuz. Deswegen gibt es keinen Menschen, dem die Erlösung angeboten wird, für den sie aber am Ende nicht wirksam würde.

	Für wen erwarb Christus
Calvinismus bzw. Augustinianismus	Arminianismus bzw. Semipelagianismus
4. Wirksame Berufung bzw. unwiderstehbare Gnade: Wenn Gott einen Menschen erwählt und ihm seine Gnade zuwendet, wird dieser Mensch auf alle Fälle gerettet. Ob ein Mensch gläubig wird oder nicht, hängt deswegen am Willen Gottes, nicht am Willen des Menschen. Wer nicht erwählt und begnadigt ist, wird jedoch nie ernstlich den Wunsch äußern, errettet zu werden.	**4. Unwirksame Berufung bzw. widerstehbare Gnade:** Es ist deswegen möglich, daß Gott einen Menschen zwar berufen hat, dieser die Berufung jedoch ausschlägt. Man kann die persönlich zugedachte Gnade Gottes ausschlagen. Es entscheidet demnach nicht Gottes Wille in dieser Frage, sondern der menschliche Wille.
5. Beständigkeit der Heiligen bzw. Unverlierbarkeit des Heils: Von Gott erwählte Gläubige werden bis zum Ende im Glauben bewahrt und auf jeden Fall errettet. Auch wenn sie durchaus in schwere Sünde fallen können, wird Gott sie immer rechtzeitig zurecht bringen.	**5. Verlierbarkeit des Heils:** Ein Gläubiger kann durch ständiges Verharren in schwerer Sünde oder durch eine bewußte Entscheidung gegen Gott seines Heils wieder verlustig gehen.

rückwies[443]. Daneben werden der Pelagianismus und der Universalismus (Allversöhnungslehre) entsprechend dargestellt, obwohl beide Positionen nirgends in dieser Fünfteilung niedergelegt wurden.

G. Thema: Bekehrung und Wiedergeburt

Man kann die ganze Problematik auch auf die Frage zuspitzen, wie das Verhältnis der Wiedergeburt zur Bekehrung aussieht. Die Wiedergeburt soll dabei für Gottes Handeln am Menschen, die Be

---

[443]Lateinischer Text: E. F. K. Müller. Die Bekenntnisschriften der reformierten Kirche. Theologische Buchhandlung: Zürich, 1987 (Nachdruck von 1903). S. 843-861; Text der Arminianer ebd. S. LIX-LXIII

das Heil am Kreuz?	
Pelagianismus	**Universalismus bzw. Allversöhnung**
4. Allgemeine und widerstehbare Gnade: Gott richtet sich immer nach der Entscheidung des Menschen und kann den Menschen nicht zu etwas bringen, was dieser nicht will.	**4. Wirksame Berufung bzw. unwiderstehbare Gnade:** Alle Menschen werden am Ende gerettet sein, ob sie wollen oder nicht und unabhängig von ihrer Entscheidung hier auf der Erde, die nur für eine gewisse Zeit, nicht für die Ewigkeit von Bedeutung ist.
5. Verlierbarkeit des Heils: Ob der Mensch das Heil erlangt, hängt von seinem jeweiligen, momentanen Leben ab. Der Christ kann deswegen durchaus das Heil verwirken und verlieren und danach auch wieder zurückgewinnen.	**5. Unverlierbarkeit des Heils:** Die Frage der Verlierbarkeit oder Unverlierbarkeit des Heils ist zweitrangig, weil am Ende sowieso alle Menschen errettet werden.

kehrung soll für das Handeln des Menschen stehen. Beide gehören aufs engste zusammen, und dennoch dürfte die Frage, welches von beiden Vorrang hat, nicht unwesentlich sein.

Die augustinisch-calvinistische Position[444] besagt, daß die Wiedergeburt der Bekehrung vorangeht. Der von Gott auserwählte Mensch wird von Gott wiedergeboren, indem der Geist Gottes ihm die Augen öffnet, wer Jesus Christus ist. Das erste Zeichen der Wie-

---

[444]Vgl. dazu die ausgezeichneten Darstellungen: W. E. Best. Regeneration and Conversion. South Belt Grace Church (P.O.Box 34904, Houston, TX 77234, USA: dort kostenlos zu bestellen): Houston, 1975; John Murray: Redemption: Accomplished and Applied. a. a. O.

dergeburt ist, daß der Mensch Gott anruft und umkehrt. Eine Umkehr ohne Gottes vorhergehendes Eingreifen ist hier undenkbar.

Von Augustinus her befinden sich unter den lehramtlichen
Äußerungen der katholischen Kirche noch viele Texte, die diese Position lehren, obwohl sie zugleich andernorts als Ketzerei verurteilt
wird. So verkündigte die 2. Lehrversammlung zu Orange 529:

"3. Wer sagt, die Gnade Gottes könne auf menschliches Flehen hin
verliehen werden, nicht aber die Gnade selbst bewirke es, daß sie von
uns erfleht werde, so widerspricht er dem Propheten Isaias oder dem
Apostel Paulus, der dasselbe sagt: 'Ich ließ mich finden von denen, die
mich nicht gesucht; ich wurde offenbar denen, die nach mir nicht
fragten' (Röm 10,20; Is 65,1).
4. Wer dafür eintritt, Gott müsse auf unseren Willen warten, damit wir
von Sünde gereinigt werden, nicht aber bekennt, es geschehe in uns
durch die Mitteilung und Wirkung des Heiligen Geistes, daß wir von
Sünde gereinigt werden wollen, der widersteht dem Heiligen Geiste
selbst, der durch Salomon spricht: 'Es wird der Wille vom Herrn bereitet' (Spr 8,35) und (*der widersteht auch*) der Heilspredigt des Apostels: 'Gott ist es ja, der in euch das Wollen und das Vollbringen wirkt,
wie es ihm gefällt' (Phil 2,13)."[445]

Die semipelagianisch-arminianische Position besagt, daß die
Bekehrung der Wiedergeburt vorangeht. Wenn ein Mensch umkehrt
und Gott anruft, öffnet ihm der Heilige Geist die Augen, wer Jesus
Christus ist, und der Mensch wird wiedergeboren. Ein Eingreifen
Gottes ist hier ohne den vorhergehenden Wunsch des Menschen un-
denkbar.

"Semipelagianismus ist der Widerspruch gegen die augustinische
Gnaden- und Prädestinationslehre, der zwar die Erbsünde zugibt
(gegen Pelagius), aber die Freiheit der Glaubensentscheidung und die
Möglichkeit des Heils für alle Menschen festhalten will."[446]

Diese semipelagianisch-arminianische Position Ansicht dürfte
heute vor allem von der Mehrheit der Evangelikalen vertreten werden. Gleichzeitig stellt sie auch die Position des tridentinischen Katholizismus dar, der versucht, "einen Weg zwischen Pelagianismus
und Prädestinatianismus zu finden"[447]!

---

[445]Josef Neuner, Heinrich Roos. Der Glaube der Kirche in den Urkunden der
Lehrverkündigung. a. a. O. S. 493 (vgl. die Ablehnung der doppelten Prädestination ebd. S. 495)

[446]R. Lorenz. "Semipelagianismus". Sp. 1690 in: Kurt Galling (Hg.). Die Religion in Geschichte und Gegenwart. Bd. 5. J. C. B. Mohr: Tübingen 1986³
(Nachdruck von 1961³) (Hinweise in Klammern wurden ausgelassen)

[447]Jürgen Moltmann. Prädestination und Perseveranz: Geschichte und Bedeutung der reformierten Lehre 'de perseverantia sanctorum'. Beiträge zur Geschichte und Lehre der Reformierten Kirche 12. Neukirchener Verlag:
Neukirchen, 1961. S. 23

Die Entwicklung verlief in der reformierten und der lutherischen Theologie unterschiedlich. Während Luther selbst - vor allem in seiner bedeutenden Schrift 'Vom unfreien Willen'[448] - wie die reformierten Theologen[449] die augustinisch-calvinistische Auffassung vertrat, wechselte die lutherische Theologie von Melanchton an zur arminianischen Position über oder nahm eine Zwischenposition ein[450]. Seitdem gehört diese Frage zu den großen Unterschieden den zwischen beiden Konfessionen[451].

Eine Zwischenstellung nimmt der *Dispensationalismus* ein. Zusammen mit dem Arminianismus lehnt er meist entschieden die Prädestination und damit den Calvinismus ab. Gleichzeitig vertritt er aber entschieden gegen den Arminianismus die calvinistische Sicht der Unverlierbarkeit des Heils. (Da der Calvinismus dem Moralgesetz jedoch eine entscheidende Rolle im Leben des Christen zumißt, der Dispensationalismus dagegen das Gesetz für völlig aufgehoben hält, ergeben sich dennoch auch an diesem Punkt weitreichende Unterschiede.)

➡ Empfehlungen zum eigenen Weiterstudium

Zum Verständnis der calvinistischen Position empfiehlt sich das Lesen eines calvinistischen Textes, etwa von W. J. Seaton[452] oder Louis Berkhof[453]. Außerdem empfiehlt sich an dieser Stelle das Lesen der klassischen Texte von Aurelius Augustinus[454], Martin Luther[455] und Johannes Calvin[456] zum Thema.

---

[448]Martin Luther. Vom unfreien Willen. Chr. Kaiser: München, 1986 (Nachdruck von 1954)

[449]Jürgen Moltmann. Prädestination und Preserveranz: Geschichte und Bedeutung der reformierten Lehre 'de perseverantia sanctorum'. Neukirchener Verlag: Neukirchen, 1961

[450]Vgl. zur geschichtlichen Entwicklung innerhalb der lutherischen Kirche ebd. S. 59-71+78-88+103-105+110-126

[451]Der Lutheraner Matthias Schneckenburger beschrieb 1855 den Unterschied sehr genau: Matthias Schneckenburger. Vergleichende Darstellung des lutherischen und reformierten Lehrbegriffs. 2 Bde. J. B. Metzler: Stuttgart, 1855. Bd. 2, S. 92-134 (vgl. zur Frage der Aneignung des Heils insgesamt S. 1-184).

[452]W. J. Seaton. "Die fünf Punkte des Calvinismus." Bibel und Gemeinde 91 (1991) 2: 175-187

[453]Louis Berkhof. Grundriß der biblischen Lehre. Verlag der Francke-Buchhandlung: Marburg, 1990

[454]Aurelius Augustinus. Schriften gegen die Semipelagianer. Reihe: Sankt Augustinus, der Lehrer der Gnade: Deutsche Gesamtausgabe seiner antipelagianischen Schriften Bd. 7. Augustinus-Verlag: Würzburg, 1987²

[455]Martin Luther. Vom unfreien Willen. Chr. Kaiser: München, 1986 (Nachdruck von 1954)

[456]Johannes Calvin. Unterricht in der christlichen Religion: Institutio Christianae Religionis. Neukirchener Verlag: Neukirchen, 1988⁵

✍ Fragen zur Selbstkontrolle

Welches sind inhaltlich die beiden wichtigen Gruppen von Auffassungen, die der Erbsünde widersprechen und ohne Einbeziehung der Erbsünde beschreiben, welche Funktion der Sündenfall hat? (Antwort: lesen Sie die mit "1." und "2." beginnenden Absätze in Abschnitt A. in dieser Lektion)

Welche drei Auslegungen gibt es zu Röm 5,13-14 (der Text darf gelesen werden)? (Antwort: lesen Sie Abschnitt B. in dieser Lektion)

Wieso lehrt Röm 5,15-21 nicht die 'Allversöhnung', wenn dort davon die Rede ist, daß 'alle' durch Jesus Christus Vergebung und neues Leben erhalten? (Antwort: lesen Sie Abschnitt D. in dieser Lektion; eventuell auch den Abschnitt E. zur Allversöhnung)

Ist man zur Widerlegung der Allversöhnung aus dem Neuen Testament nur auf Texte angewiesen, in denen das Gericht mit dem Wort 'ewig' bezeichnet wird? (Antwort: lesen Sie den 1. Absatz und die Übersicht davor in Abschnitt E. in dieser Lektion)

✉ Einsendeaufgaben

❶ Definieren Sie in Kürze den Begriff Erbsünde und begründen Sie diese aus mindestens 3 Bibeltexten. (Umfang: ca. 1 DIN A4-Seite)

❷ Nehmen Sie sich die obige Übersicht 'Für wen erwarb Christus das Heil am Kreuz?' vor und begründen Sie in Stichworten zu jedem der fünf Punkte nacheinander, welche Position Sie vertreten oder zumindest vorziehen und aus welchen Gründen Sie jede der anderen drei Positionen ablehnen (also etwa zu 1.: Ich vertrete Pelagianismus (Gründe ...) und lehne ab Universalismus (Gründe ...), Calvinismus (Gründe ...) und Arminianismus (Gründe ...), zu 2.: ...). (Umfang: mindestens 2 DIN A4-Seiten, nach oben offen)

Ⓐ Hinweise für den Gruppenleiter

Erfahrungsgemäß kommen im Zusammenhang von Röm 5,12-21 viele unterschwellige Ansichten und Lehrfragen an die Oberfläche, die sonst selten angesprochen werden. Das Gespräch sollte so geführt werden, daß abweichende, auch falsche Auffassungen, wirklich zur Sprache kommen und nicht von vornherein abgetan werden. Der Gruppenleiter sollte aber auf die Lehrfragen gut vorbereitet sein, zum Beispiel an Hand der Kurzdogmatik von Louis Berkhof[457].

✳ Fragen für das Gruppengespräch zur Auswahl

❶ <V.12> Für Paulus herrscht die Sünde seit dem Sündenfall über alle Menschen. Deren konkrete Sünden sind die Folge dieser Erbsünde.

* Ist es nicht ungerecht, daß alle Menschen unter dem Fehler eines einzelnen Menschen zu leiden haben?

---

[457]Louis Berkhof. Grundriß der biblischen Lehre. Verlag der Francke-Buchhandlung: Marburg, 1990

* Kann man in unserem heutigen individualistischen Zeitalter die Erbsünde noch ernsthaft ins Gespräch bringen? Ist der Römerbrief nicht auch ohne unseren Abschnitt zu verstehen?

❷ <V.12-21> Paulus vergleicht in diesem Abschnitt die Bedeutung von Adam und von Christus miteinander.

* Was haben beide gemeinsam, worin unterscheiden sie sich, worin übertrifft Christus Adam?

* Ist dieser Vergleich nicht unzulässig, da Adam doch nur ein Mensch, Jesus dagegen zugleich Gott ist?

❸ <V.12+14-19> Für Paulus war Adams Sünde die Sünde des ersten Menschen überhaupt. Adam ist das Haupt der Menschheit, Christus ist das Haupt der neuen Menschheit.

* Ist es für die Ausführungen von Paulus von Bedeutung, ob Adam historisch gesehen wirklich der erste Mensch war und ob alle Menschen tatsächlich von ihm abstammen?

* Gründet Paulus damit nicht unnötigerweise theologische Wahrheiten auf historisch und naturwissenschaftlich hinterfragbaren Ansichten?

11. LEKTION: RÖMER 6,1-14

✍ Arbeitsaufwand der Lektion

Regelstudienzeit insgesamt 8 Stunden (2 Stunden an 4 Werktagen), davon 4 Stunden für das Erarbeiten des Studientextes und 4 Stunden für die Selbstkontrolle und die Einsendeaufgaben

❖ Gliederung und Aufbau der Lektion

Zunächst wird behandelt, welche grundlegende Frage in V.1-2 angesprochen wird, die dann in den folgenden Kapiteln ausführlich beantwortet wird.

Daraus ergibt sich die Darstellung, wie Paulus in V.3-11 die Verbindung zwischen Christen und Christus sieht.

Aus der dabei gemachten Aussage, daß Christen 'mitgetauft' sind, ergibt sich eine Darstellung der wichtigsten Taufauffassungen, die den größten Teil der Lektion einnimmt.

➤➤ Lernziele der Lektion

Nach Durcharbeiten der folgenden Lektion sind Sie in der Lage,

1. zu definieren, welche grundlegende Frage Paulus mit Röm 6 beginnend aufgreift;
2. zu erklären, in welchem Verhältnis die großen Stationen des Lebens Jesu zum Glauben des einzelnen Christen stehen;
3. die fünf wichtigsten Taufauffassungen und jeweils zwei Positionen zum Taufritus und zur Frage der Kinder- beziehungsweise Erwachsenentaufe einander gegenüberzustellen.

❝ Bibeltext zur Lektion (Römer 6,1-14)

1 Was sollen wir **nun** sagen?
       Sollen wir in der Sünde verharren,
          damit die Gnade zunimmt?
2 **Das sei ferne!**
       Die wir der Sünde gestorben sind,
          wie sollten wir noch in ihr leben?
3 Oder wißt ihr nicht,
       daß alle, die wir auf Christus Jesus getauft sind,
          auf seinen Tod getauft worden sind?
4 So sind wir nun
       mit ihm begraben worden durch die Taufe in den Tod,

damit,   **wie** Christus aus den Toten auferweckt wurde
durch die Herrlichkeit des Vaters,
so auch wir in Neuheit des Lebens wandeln.

5   **Denn**   **wenn** wir
mit der Gleichheit
seines **Todes** verwachsen sind,
so werden wir es auch
mit der seiner **Auferstehung** sein,

6   **da** wir wissen,
daß unser alter Mensch
mitgekreuzigt wurde,
damit der Leib der Sünde abgetan ist,
damit wir der Sünde nicht mehr dienen.

7   **Denn** wer gestorben ist,
ist von der Sünde freigesprochen.

8   Wenn wir aber **mit** Christus **gestorben** sind,
so glauben wir,
daß wir auch **mit** ihm **leben** werden,

9   da wir wissen,
daß Christus,
aus den Toten auferweckt,
nicht mehr stirbt;
der Tod herrscht nicht mehr über ihn.

10   **Denn**   was er **gestorben** ist,
ist er ein für allemal
der Sünde gestorben,
was er aber **lebt**,
lebt er Gott.

11 So auch ihr:
Haltet euch der Sünde für **tot**,
aber **lebend** für Gott in Christus Jesus.

12   So herrsche nun nicht die Sünde
in eurem sterblichen Leib,
so daß er seinen Begierden gehorcht;

13   stellt auch nicht
eure Glieder
der **Sünde** zur Verfügung
als Waffen der **Ungerechtigkeit**,
sondern stellt
euch selbst
Gott zur Verfügung
gleichsam als Lebende aus den Toten
und eure Glieder Gott
als Waffen der **Gerechtigkeit**.

14   **Denn** die Sünde wird nicht über euch herrschen,
denn ihr seid nicht unter dem **Gesetz**,
sondern unter der **Gnade**.

A. V.1-2: Sollen wir weiter sündigen?

Nachdem Paulus in Röm 5 von **der Sünde allgemein, also der Erbsünde**, gesprochen und deutlich gezeigt hat, daß der Christ vom Tod zum Leben gelangt ist, springt er in Röm 6,1 förmlich in die Thematik hinein, die ihn in Röm 6-8 beschäftigen wird, nämlich das Verhältnis des Christen **zur konkreten einzelnen Sünde**. Gleich die erste Frage führt mitten in die ganze Problematik hinein. Wenn die Sünde durch das Gesetz *"überströmend"* und die Gnade dadurch *"noch überströmender"* (Röm 5,20) geworden ist, bietet die Sünde der Gnade dann nicht erst die Gelegenheit, Gnade zu sein?

Wie kommt Paulus zu der Frage in V.1? Daß Paulus im Römerbrief die möglichen Einwände seiner Gegner selbst zur Sprache bringt, ist uns schon mehrfach begegnet.

Dies ist zugleich eine Anfrage an uns, ob wir Rückfragen an unseren Glauben nicht lieber selbst stellen und beantworten sollten, anstatt zu warten, bis sie ein anderer stellt oder zu hoffen, daß ihm diese Bedenken gar nicht von sich aus kommen. Wir haben es nicht nötig, irgendetwas zu verbergen.

Doch von wem könnte dieser Einwand stammen? Nun hat es in der Kirchengeschichte immer wieder Bewegungen gegeben, die mit dem Hinweis auf die Gnade das Sündigen verharmlost haben. Solche Auffassungen fanden sich schon zur Zeit des Alten Testamentes und erst recht zur Zeit des Neuen Testamentes[458]. Daneben begegnen wir in der Kirchengeschichte ähnlichen Fragen als Einwänden bei Gegnern der Rechtfertigung allein aus Gnaden. So wurde etwa den Reformatoren vorgeworfen, daß ihre Gnadentheologie geradezu zum Sündigen auffordere und nur eine Rechtfertigung durch Werke der Sünde Einhalt gebieten könne. Wahrscheinlich greift Paulus hier in ähnlicher Weise von sich aus das auf, was seine Gegner als logische Konsequenz seines Evangeliums ansahen. Man könnte die Frage auch positiv formulieren: **Kann die Gnade eine Ethik begründen? Kann die Gnade zu einem Leben in Gerechtigkeit führen?** Kann ein aus Glauben Gerechter wirklich *"leben"* (Röm 1,17) und zwar im Sinne der Gerechtigkeit und der Gebote Gottes leben? Paulus benötigt drei Kapitel, nämlich Röm 6-8, um diese Frage gründlich zu beantworten.

Zunächst einmal weist Paulus aufs Schärfste den Gedanken zurück, daß die Befreiung vom Todesurteil und die Begnadigung des Sünders die Sünde im Leben des Christen in irgendeiner Weise rechtfertigt, zuläßt oder verharmlost. *"Wir, die wir der Sünde gestorben sind, wie sollten wir noch in ihr leben?"* (V.2). Sterben und Le-

---

[458]Vgl. zum Beispiel Röm 2,4 und die Ausführungen und alttestamentlichen Beispiele in Lektion 4

ben sind die beiden Stichworte, die Paulus aus Röm 5 übernimmt.
Im ganzen Kapitel Röm 6 wird er deutlich machen, daß die Sünde
zum Tod, die Gerechtigkeit und das Nichtsündigen jedoch zum Le-
ben gehören. **Die Rechtfertigung befreit uns nicht nur von der
Sünde der Vergangenheit, sondern auch von der Sünde der
Gegenwart und Zukunft.**

B. V.3-11: Mitgetauft heißt mit Christus mitgestorben

Gleich zu Beginn des Teils über das Verhältnis des Christen zur
Sünde (Röm 6,1-8,16) leitet Paulus die Stellung des Christen daraus
ab, daß er mit den Rechten und Taten Jesu Christi verbunden wird
und mit Christus eine juristische Einheit bildet. Christen sind mit Jesus Christus *"mitgekreuzigt"* (V.6), *"mitbegraben"* (V.4), *"mitgestorben"* (V.8), mitauferweckt (V.4). Aus **Eph 2,6** können wir den Mit-
vollzug der Auferstehung, der Himmelfahrt und des Herrschaftsan-
tritts (*"mitsitzen lassen"*) Jesu ergänzen. In **Röm 8,17** fügt Paulus
den Höhepunkt hinzu: Christen werden mit Christus *"miterben"*,
"mitleiden" und *"mitverherrlicht werden"*.

Manche Ausleger halten den in der letzten Lektion besprochenen
Text Röm 5,12-21 über das Verhältnis von Adam und Christus für
einen Exkurs, der nicht ganz in den logischen Aufbau des Römerbriefes zu passen scheint. Davon kann jedoch nicht die Rede sein,
denn die vielen *"mit-"* und der ganze erste Teil von Röm 6 sind ja
gerade darin begründet, daß das Handeln Christi für alle Christen
ebenso gilt, wie das Handeln Adams für seine Nachkommen. Wenn
Christus nicht das Haupt der neuen Menschheit, der Gemeinde ist,
gilt sein Handeln juristisch auch nicht für uns. Doch Christus hat an
unserer Stelle gehandelt. Der Gedanke der Erbsünde in Röm 5 und
der Gedanke des 'ererbten' Heils in Röm 6-8 gehören untrennbar zusammen. Wir können nicht die stellvertretende Erlösung durch Jesus
Christus annehmen, ohne zu akzeptieren, daß wir mit und seit Adam
unter dem Zorn Gottes stehen.

Dies macht Paulus nun am Beispiel der Bedeutung der Taufe
deutlich. Es gibt zwei neutestamentliche Sakramente, die Christus
selbst eingesetzt hat, die Taufe und das Abendmahl. Die Taufe steht
für den Beginn des Lebens mit Gott, das Abendmahl für das fortwährend Leben mit Gott selbst. Deswegen findet die Taufe nur
einmal im Leben statt, das Abendmahl dagegen regelmäßig und häufig (sonntäglich). Beide Sakramente stehen gleichermaßen sowohl
für das Handeln Jesu Christi an unserer Stelle als auch für die
Zusammengehörigkeit des Gerichtes und des neuen Lebens. Im
Abendmahl feiern wir, daß Jesus durch seinen Tod, also durch die
Opferung seines Lebens, für uns das Leben und die Gemeinschaft

mit Gott und untereinander geschaffen hat. Das Blut, das in der Bibel Leben bedeutet (z. B. 1Mose 9,4; 3Mose 17,11+14; 5Mose
12,23), ist das Blut Jesu, das er ließ (Tod für Jesus) und nun uns zu
essen gibt (Leben für uns). **Die Sakramente stehen für Gericht
und Gnade, Tod und Leben gleichermaßen**[459]. Sie sind Bundeszeichen, in denen der Christ sich an Gott bindet, ja sich ihm einma-
lig in der Taufe und immer wieder neu im Abendmahl durch Schwur
verpflichtet. (Das 'Amen' beim Abendmahl ist die biblische Bestätigung eines Schwurs[460]. 'Sakrament' meint ursprünglich den Fahnen-
eid des Soldaten.) Nur wer das Gericht annimmt und verkündigt,
kann auch das Leben annehmen und verkündigen.

Das ist übrigens auch das Dilemma der Teilnahme von Ungläubigen an den Sakramenten. Sie verkündigen sich damit das Gericht, denn sie stimmen Gottes Urteil durch den Vollzug des Bun-
deszeichens zu, ohne sich jedoch auf Jesus als Fürsprecher berufen zu
können. Es ist daher nur zum Guten des Ungläubigen, wenn wir ihn
darauf hinweisen, daß er an den Sakramenten besser nicht teilnimmt
oder wenn wir ihn davon abhalten. Auch für Christen ist das Wissen
von Bedeutung, daß in den Sakramenten auch das Gericht anerkannt
wird, dem wir nur in Christus entflohen sind, wie Paulus in **1Kor
11,26-32** deutlich macht: "*Denn sooft ihr dieses Brot eßt und den
Kelch trinkt, verkündigt ihr den Tod des Herrn, bis er kommt. Wer
also unwürdig das Brot ißt oder den Kelch des Herrn trinkt, wird des
Leibes und Blutes des Herrn schuldig sein. Der Mensch aber prüfe
sich selbst, und so esse er von dem Brot und trinke von dem Kelch.
Denn wer ißt und trinkt, ißt und trinkt sich selbst zum Gericht, wenn
er den Leib nicht richtig beurteilt. ... Wenn wir uns aber selbst beurteilen, so würden wir nicht gerichtet. Wenn wir aber vom Herrn gerichtet werden, so werden wir gezüchtigt, damit wir nicht mit der Welt
verurteilt werden.*" Wer sich selbst urteilt und damit dem Urteil über
sich recht gibt, erspart sich das Gericht im großen Weltgericht am
Ende der Zeit.

Gerade das Sakrament, das für den Beginn des Glaubenslebens
steht, nämlich die Taufe, macht deutlich, daß Kreuz und Auferstehung, Ende des alten Lebens und Beginn des neuen Lebens, Vergangenheitsbewältigung und Zukunftsbewältigung untrennbar zusammengehören.

So wie der Tod nicht mehr über Christus herrscht (Röm 6,9), so
herrscht er auch nicht mehr über uns Christen (V.9). So wie Christus
mit der Auferstehung nicht ein zweites, wieder vorübergehendes,

---

[459]Daß die beiden Sakramente eine ständige Erinnerung an das nötige, aber
abgewendete Gericht sind, hat C. F. D. Moule. "The Judgement Theme in
the Sacraments". S. 464-481 in: W. D. Davies, D. Daube. The Background
of the New Testament and its Eschatology. FS Charles Harold Dodd. University Press: Cambridge (GB), 1956 gezeugt.

[460]Vgl. dazu Abschnitt E. in Lektion 29

sondern ein ewiges Leben erlangt hat (V.9), werden auch wir ewig leben. Und so wie für Christus die Herrschaft der Sünde und des Todes beendet wurde, gilt dies auch für uns. Wir leben jetzt nicht mehr wie vorher für die Sünde, sondern was wir leben, leben wir für Gott (V.10). Was juristisch gilt, muß jedoch auch in Anspruch genommen werden. Das Wort für "*haltet euch*" oder "*rechnet damit*" (V.11) stammt aus der Sprache des Buchhalters. Es bedeutet, daß man unter etwas einen Strich setzt und mit der errechneten Größe weiterarbeitet. Es kommt eben alles darauf an, daß wir ernst nehmen, daß wir mit Christus völlig verbunden sind und deswegen von Christus repräsentiert werden: "*Denn ihr alle seid durch den Glauben an Christus Jesus Söhne Gottes. Denn ihr alle, die ihr auf Christus getauft worden seid, habt Christus angezogen*" (**Gal 3,26-27**).

C. Thema: Die Hauptunterschiede zwischen einigen Taufriten und Taufauffassungen

a. Die Geistestaufe

Es muß zunächst zwischen der **Geistestaufe** und der **Wassertaufe** unterschieden werden (vgl. z. B. Mk 1,8; Joh 1,31-33; Apg 1,5).

Die Taufe mit dem Heiligen Geist ist untrennbar mit der Wiedergeburt verbunden. Wiedergeburt meint den Empfang des neuen Lebens aus Gott. Dieses neue Leben wird durch den Heiligen Geist geschaffen. Der Empfang des Geistes Gottes macht Menschen zu Kindern Gottes[461]. Wichtige Texte zur Geistestaufe sind die Ankündigung von Pfingsten: "*Denn Johannes hat mit Wasser getauft, ihr aber werdet nach nicht mehr vielen Tagen mit Heiligem Geist getauft werden*" (**Apg 1,5**; zitiert in Apg 11,16; vgl. auch Mk 1,8; Joh 1,31-33) und die Beschreibung der neutestamentlichen Gemeinde: "*Denn in einem Geist sind wir alle zu einem Leib getauft worden, es seien Juden oder Griechen, es seien Sklaven oder Freie, und sind alle mit einem Geist getränkt worden*" (**1Kor 12,13**).

Daneben werden im Neuen Testament noch weitere 'Taufen' erwähnt, wie die "*Taufe mit Feuer*" (Mt 3,11-12; Lk 3,16-17, s. jeweils den 2. Vers), die im Gegensatz zu der dort ebenfalls erwähnten, lebenspendenden Geistestaufe wohl ein Bild für das Gericht und die Vernichtung ist.

b. Die Wassertaufe als Bundeszeichen

Die Wassertaufe dagegen ist ein äußerliches Bundeszeichen, das zwar der Umkehr zum lebendigen Gott in kurzem Abstand folgen

---

[461]Vgl. dazu im einzelnen Lektion 15 zu Röm 8,1-17

sollte, nicht jedoch mit dieser identisch ist. In vielen Texten zur Taufe kommt zum Ausdruck, daß die Taufe zwar selbst nicht die Errettung bewirkt, aber auch nicht einfach als rein äußere Handlung abgetan werden kann, sondern als Besiegelung des Bundes mit Gott eine zentrale Bedeutung hat.

Als Beispiel mag etwa **1Petr 3,21** dienen: *Das Gegenbild errettet jetzt auch euch, nämlich die Taufe - nicht ein Ablegen der Unreinheit des Fleisches, sondern der Bund*[462] *mit Gott eines guten Gewissens - durch die Auferstehung Jesu Christi"*[463]. Im ersten Moment könnte man meinen, daß hier die Taufe errettet. Der Nachsatz macht aber deutlich, wie die Errettung geschieht: *"durch die Auferstehung Jesu Christi"*. Obwohl die Taufe also selbst nicht rettet, ist sie untrennbar mit der Auferstehung Jesu Christi verbunden, hier ebenso wie in Röm 6,2-11. Gleichzeitig macht Petrus deutlich, daß das Taufwasser keine magische Wirkung hat, denn es wäscht die Unreinheit nicht ab. Dennoch ist die Taufe mehr als ein Symbol. Sie besiegelt einen Bund.

So wie die Ehe einen Bund besiegelt, obwohl die Beziehung und die Liebe der Partner längst vorhanden ist und in der Verlobung bezeugt wurde, soll die Taufe einen Bund besiegeln, der längst durch das Eingreifen Gottes entstanden ist. Das Bundeszeichen der Taufe ist weder ein rein äußeres Symbol, bei dem eigentlich zur Beziehung zu Gott nichts hinzugefügt wird oder nichts passiert, noch eine magische Handlung, deren Vollzug automatisch die Beziehung zu Gott herstellt. **Die Taufe bewirkt nicht das Heil und ist trotzdem unverzichtbar.** Deswegen halten auch alle christlichen Kirchen trotz der unterschiedlichsten Taufauffassungen daran fest, daß nur Getaufte Gemeindemitglieder werden können.

---

[462]Alexander Schweizer. Hinabgefahren zur Hölle als Mythus ohne biblische Begründung durch Auslegung der Stelle 1.Petr. 3,17-22 nachgewiesen. Friedrich Schultheß: Zürich, 1868. S. 36 übersetzt diesen in seiner Bedeutung umstrittenen Ausdruck mit "als Angelobung eines guten Gewissens".

[463]Dieser Text ist die Fortsetzung des umstrittenen Textes 1Petr 3,18-20 über die sog. Höllenfahrt Jesu. Eine übersichtliche Darstellung der Auslegungen und eine Zusammenstellung der Argumente gegen eine Verkündigung des Evangeliums durch Jesus im Totenreich oder gar einer Bekehrungsmöglichkeit nach dem Tod findet sich in Jürgen Kuberski. Eine "Höllenfahrt Jesu?". Bibel und Gemeinde 88 (1988) 2: 181-196; auch als Sonderdruck des Bibelbundes B-74, Waldbronn 1988 und in Alexander Schweizer. Hinabgefahren zur Hölle als Mythus ohne biblische Begründung durch Auslegung der Stelle 1.Petr. 3,17-22 nachgewiesen. Friedrich Schultheß: Zürich, 1868

c. Die fünf wichtigsten Taufauffassungen

Es gibt im wesentlichen **fünf Taufauffassungen**, die man in eine logische Reihenfolge stellen kann.

1. Die katholische Taufwiedergeburtslehre, die die Säuglinge aller katholischen Eltern (sowie die Kinder von Heiden, die in einem Missionshospital auch ohne Zustimmung der Eltern notgetauft werden) mit einschließt;

2. die abgeschwächte lutherische Form der Taufwiedergeburt, die die Säuglinge aller christlichen Eltern - gelegentlich auch anderer - mit einschließt (z. B. Martin Luther);

3. die reformierte Sicht der Taufe als heiliges Bundeszeichen, die die Säuglinge solcher Eltern einschließt, die ihren Glauben bekennen, ausleben und nicht unter Gemeindezucht stehen (z. B. Johannes Calvin), wobei den Säuglingen dadurch jedoch nicht das Heil vermittelt wird;

4. die reformiert-baptistische Sicht der Taufe als heiliges Bundeszeichen, die die Säuglinge ausschließt und nur an solchen vollzogen wird, die ihren Glauben bekennen, ausleben und nicht unter Gemeindezucht stehen (z. B. Charles H. Spurgeon);

5. die symbolisch-baptistische Sicht der Taufe als reine Symbolhandlung von Erwachsenen, die im Regelfall den Eintritt in die Gemeinde bildet.

Stellt man alle neutestamentlichen Tauftexte zusammen, so fällt die Spannung auf, daß - wie wir in dem bereits zitierten Text 1Petr 3,21 und in Röm 6,3-4 gesehen haben - **die Taufe einerseits nicht selbst der errettende Faktor ist, sondern Christus, die Auferstehung, das Wort usw., andererseits die Taufe aufs engste mit der Errettung verbunden wird**. Ich werde zur anschließenden Taufdiskussion nur kurz die Diskussion zwischen den beiden Positionen 3) und 4) darstellen, wobei sicher genügend Argumente angeführt werden, die auch Licht auf die Positionen 1), 2) und 5) werfen.

Um Verwechslungen vorzubeugen, muß angemerkt werden, daß die Bezeichnungen 'katholisch', 'lutherisch', 'reformiert' usw. die klassischen Positionen kennzeichnen, nicht jedoch einfach mit gleichnamigen Kirchen und Theologien gleichgesetzt werden dürfen. So kann ein Angehöriger einer 'lutherischen' Kirche oder Theologie durchaus eine 'katholische' oder eine 'reformierte' Taufauffassung haben.

d. Zur Taufdiskussion

In der Diskussion um die Taufe sollten **zwei Fragen strikt auseinandergehalten werden**, nämlich:
- **die Frage des Taufritus (Untertauchen oder Besprengen?) und**

- die Frage, ob Säuglinge christlicher Eltern ebenfalls getauft werden sollten oder nicht (Kinder- oder Erwachsenentaufe?).

So werden etwa in manchen orthodoxen Kirchen Säuglinge durch Untertauchen getauft, während das Besprengen etwa in lutherischen und reformierten Kirchen ja nicht nur an Kindern, sondern auch an Erwachsenen vollzogen wird.

e. Zum Taufritus: Untertauchen oder Besprengen?

Die Frage des Taufritus wird dadurch erschwert, daß das Wort für 'taufen' (griech. 'baptizo') selbst keinen Taufritus beschreibt. Das Wort bedeutet in seiner wörtlichen Grundbedeutung 'färben'. Dieses Färben geschah in der Regel durch Untertauchen, konnte aber auch anders erreicht werden, etwa beim Bleichen (= weiß 'färben') durch die Sonne. Im weiteren Sinne bedeutet es jedoch soviel wie **'durch (die Verbindung mit) etwas in seinem Wesen völlig verändert werden'**, wie Beispiele aus der klassischen griechischen Literatur zeigen[464]. Der Schüler eines Philosophen wurde durch dessen Frage 'getauft', d. h. die Frage veränderte sein Leben völlig. Man konnte durch das Trinken eines Giftes 'getauft' werden.

Sowohl die Vertreter des Besprengens, als auch die Vertreter des Untertauchens müssen also damit leben, daß weder das Wort 'taufen' noch irgendein Bibeltext den Taufritus direkt beschreibt. Der Taufritus muß also, wenn dies überhaupt möglich ist, indirekt aus dem biblischen Befund abgeleitet werden.

Die reformierten Vertreter des Besprengens[465] berufen sich nun darauf, daß die Worte 'taufen', 'Taufe' in der griechischen Übersetzung des Alten Testamentes (sog. Septuaginta) regelmäßig für Akte des Besprengens, Begießens, Salbens usw. verwendet werden. Bei den "*Taufen*" (in Hebr 6,2, oft mit "*Waschungen*" übersetzt) im Alten Testament handelte es sich tatsächlich praktisch nie um ein Untertauchen, sondern um ein Besprengen mit Blut, Öl, Wasser usw. Für die Vertreter dieser Position spiegelt das Besprengen mit Wasser den Empfang des Heiligen Geistes wider, so wie im Alten Testament König, Prophet und Hoherpiester durch die 'Taufe', also

---

[464]Die gründlichste Durchsicht der Belege für 'taufen' in der außerbiblischen Literatur findet sich bei James W. Dale. Classic Baptism. Presbyterian and Reformed: Phillipsburg (USA), 1989 (Nachdruck von 1867); James W. Dale. Judaic Baptism. Presbyterian and Reformed: Phillipsburg (USA), 1991 (Nachdruck von 1869)

[465]Z. B. Duane E. Spencer, Word Keys which Unlock the Covenant, Geneva Ministries, Tyler (TX), 1984; John Murray. Christian Baptism. Presbyterian and Reformed: Phillipsburg (USA), 1980; C. G. Kirby. Signs and Seals of the Covenant. Selbstverlag: Worcester, 1988[2]; James W. Dale, Classic Baptism. a. a. O.

durch die 'Salbung' ('der Gesalbte' = 'Messias' = 'Christus'), den Heiligen Geist für ihr Amt empfingen[466]. Für sie ist die Taufe deswegen vor allem ein Abbild der Geistestaufe. Zu **Röm 6** und **Kol 2,12** wird darauf verwiesen, daß das *"Begraben"* zu neutestamentlicher Zeit oberirdisch in Steinkammern geschah (vgl. das Grab Jesu), der Mensch also nicht 'unter die Erde' kam. Daher könne sich die Reihenfolge gestorben-begraben-auferstehen nicht auf ein Untertauchen beziehen, da sonst ja das unter Wasser sein als Begraben verstanden würde. Daneben wird darauf verwiesen, daß bei den meisten neutestamentlichen Taufen gar nicht genug Wasser zum Untertauchen vorhanden war, etwa in der Wüste, mitten in der Nacht und insbesondere bei den Massentaufen in Jerusalem in einer Verfolgungszeit, da die einzigen Untertauchgelegenheiten für Tausende die Teiche der öffentlichen Wasserversorgung gewesen wären. (Die Verheißung auf Jesus in Jes 52,15: *"er wird viele Nationen besprengen"* wird dabei oft auf die neutestamentliche Taufe bezogen.)

Die reformierten Vertreter des Untertauchens[467] verweisen dagegen einerseits darauf, daß sich 'baptizo', 'taufen', als Wort von 'bapto', 'tauchen', ableitet und deswegen selbst zwar keinen Taufritus beschreibt, diesen aber nahelegt. Im Alten Testament verweisen sie auf zahlreiche Riten, in denen das Untertauchen in Wasser oder Blut vollzogen wurde[468]. Daneben wird auf die jüdische Proselytentaufe verwiesen, die bei Übertritten von Heiden zum Judentum wahrscheinlich durch Untertauchen vollzogen wurde, die allerdings nicht im Alten Testament verankert ist. (Es ist umstritten, seit wann diese jüdische Taufe existierte.) Daneben verweisen die Vertreter dieser Auffassung vor allem auf **Röm 6** (und *"begraben"* in **Kol 2,12**) als Beschreibung eines Taufritus, wobei das Untertauchen als Sterben,

---

[466]Otto Thelemann. Handreichung zum Heidelberger Katechismus. Verlag C. Schenk: Detmold, 1892². S. 292 nennt folgende alttestamentlichen Beispiele für Besprengungen: Wasser für Aaron: 2Mose 29,4; Blut für Aaron: 2Mose 29,21; Wasser für die rote Kuh: 4Mose 19; Blut für Aussätzige: 3Mose 14,7; Wasser und Blut allgemein: Hebr 9,19-22; Bild für die Reinigung im Neuen Bund beziehungsweise die Besprengung Israels: Hes 36,25-27; Besprengung der Heiden: Jes 52,15 (vgl. Hebr 12,24). Daneben treten die Beispiele für das 'Salben'.

[467]Vgl. die monumentale, exegetische Untersuchung des Nachfolgers von Charles Haddon Spurgeon als Leiter des Spurgeons College G. R. Beasley-Murray. Baptism in the New Testament. Wm. B. Eerdmans: Grand Rapids (MI), 1977 (Nachdruck von 1962); vergriffene deutsche Ausgabe: G. R. Beasley-Murray. Die christliche Taufe. J. Oncken: Kassel, 1968; außerdem Johannes Warns. Die Taufe. W. Wiegand: Bad Homburg, 1913¹, 1922². Beide Werke dürften zugleich die ausführlichsten Verteidigungen der Erwachsenentaufe in deutscher Sprache sein.

[468]So vor allem ebd. S. 211-213

der Moment unter Wasser als Begraben und das Auftauchen als
Auferstehen verstanden werden.

Man muß meines Erachtens beachten, daß im Neuen Testament
kein bestimmter Taufritus geboten wird, auch wenn einige Bestandteile des Taufaktes unumstritten sind (etwa das Wasser, die Taufe
durch einen anderen, die Taufformel unter Berufung auf Jesus und
die Dreieinigkeit, eventuell auch die anschließende Handauflegung).
Deswegen hat Herman Witsius etwa 1677 in seinem Plädoyer für
das Untertauchen darauf hingewiesen, daß daraus dennoch nicht der
Schluß gezogen werden dürfe, daß das Besprengen unmöglich sei,
weil es auch dafür immerhin Argumente gebe und das Neue Testament hier keinen eindeutigen Ritus vorschreibe[469]. Benjamin Warfield hat in einem ausgezeichneten Aufsatz zur Archäologie der
Taufe gezeigt, daß der früheste, aus Kunst und Archäologie bekannte Taufritus wahrscheinlich eine Kombination der beiden diskutierten Taufriten war: *der Täufling stand mit den Füßen im Wasser
und wurde mit Wasser übergossen*[470]. Daneben finden sich jedoch
von Anfang an die beiden 'Ableger' dieses Ritus, nämlich Besprengen und Untertauchen, die wiederum in mannigfaltigen Formen durchgeführt wurden. Das spricht ebenfalls dafür, daß es von
Anfang an keinen einheitlichen, von der Bibel gebotenen Taufritus
gab.

f. Zur Frage des Täuflings: Kinder- oder Erwachsenentaufe?

Die Bezeichnungen 'Erwachsenentaufe' und 'Kindertaufe' sind
unglücklich. Den Vertretern der Erwachsenentaufe geht es um die
Taufe von Menschen, die für sich selbst bereits entscheiden können.
Die Taufe eines Kindes von 12 Jahren wäre demnach für sie keine
'Kindertaufe', sondern eine 'Erwachsenentaufe'. (Allerdings gibt es
auch Vertreter der Erwachsenentaufe, die auch gegen eine Taufe von
6 oder 12 Jahre alten Kindern sind.) Die treffenderen Bezeichnungen
'Glaubenstaufe' und 'Säuglingstaufe' werden aber vermieden, weil sie
oft polemisch gebraucht werden.

In der Frage der Kinder- und Erwachsenentaufe sind sich die 3.
und die 4. Position in folgenden Punkten einig:

---

[469]Herman Witsius. The Economy of the Covenants between God and Men:
Comprehending A Complete Body of Divinity. 2 Bde. The den Dulk Christian Foundation: Escondido (CA) & Presbyterian and Reformed: Phillipsburg (NJ), 1990 (Original von 1677), hier Bd. 2. S. 426-428, bes. S. 427

[470]Benjamin B. Warfield. "The Archaeology of the Mode of Baptism". Bibliotheca Sacra 53 (1896): 601-644, nachgedruckt in Benjamin B. Warfield. S. 345-386: Studies in Theology. Banner of Truth Trust: Edinburgh,
1988 (Nachdruck von 1932)

1. Ungetaufte Erwachsene, die zum Glauben an Jesus kommen, lassen sich auf jeden Fall im Gehorsam taufen. Die Taufe ist nicht in das Belieben des einzelnen Christen gestellt, sondern göttliche Ordnung.

2. Die Gemeinde hat das Recht und die Pflicht, Ungläubigen die Taufe zu verweigern: hier ungläubigen Erwachsenen, dort zusätzlich Kindern ungläubiger Eltern. Dies **schließt also für beide Seiten auch die Massenkindertaufe von Kindern ungläubiger Eltern aus**, wie sie in unseren Landeskirchen üblich geworden ist.

3. Kinder gläubiger Eltern haben einen besonderen Status gegenüber Kindern ungläubiger Eltern (bes. **1Kor 7,14**), der hier durch die Kindertaufe, dort durch die '**Darbringung**' oder 'Kindersegnung' zum Ausdruck gebracht wird.

4. Die Taufe alleine errettet niemanden, wenn sie sich nicht mit Glauben verbindet, ist aber trotzdem unabdingbar, da sie als Gehorsamsakt geboten ist, weswegen Ungetaufte auch nicht in die Kirche aufgenommen werden können. Die Taufe ist aber nicht unabdingbar heilsnotwendig, wie der Schächer am Kreuz neben Jesus beweist, der auch ohne Taufe in das himmlische Paradies einging (Lk 23,43).

Die Vertreter der reformierten Erwachsenentaufe[471] gehen davon aus, daß im Neuen Testament die Zugehörigkeit zu einem Volk oder einer Familie im Gegensatz zum alttestamentlichen Israel keine Rolle für die Gemeindezugehörigkeit mehr spielt. Jeder muß sich selbst entscheiden und seine Bekehrung bezeugen können, wenn er getauft werden will. Der bezeugte Glaube ist die Voraussetzung für die Taufe. Der Reihenfolge in dem Vers "*Wer glaubt und getauft ist, wird errettet werden*" (**Mk 16,16**) wird hier entscheidende Bedeutung beigemessen. Deswegen kann ein Säugling ebensowenig getauft werden, wie Menschen, die nicht Herr ihrer Sinne sind (geistig Behinderte usw.). Es gibt keinen stellvertretenden Glauben der Heidenchristen und deswegen auch keine Taufe aufgrund des Glaubens eines anderen. 'Gott hat keine Enkelkinder'. Die Taufe hat für diese Sicht nach **Kol 2,11-12** das einzige auf Kinder bezogene Sakrament - nämlich die Beschneidung - völlig abgelöst.

Die Vertreter der reformierten Kindertaufe halten dem entgegen, daß zwar die **Volkszugehörigkeit** zu einem rassischen Volk, wie sie sich für Israel im Alten Testament findet, keine Bedeutung

---

[471]Siehe die angeführten Vertreter zum Untertauchen, sowie das Plädoyer für die Groß- und Wiedertaufe von Lutz von Padberg. "Vorwort". S. 9-16 in: Franz Stuhlhofer. Symbol oder Realität - Taufe und Abendmahl. Schwengeler: Berneck, 1988 (Stuhlhofer selbst vertritt eine rein symbolische Sicht der Taufe).

mehr für den neutestamentlichen Glauben hat, wohl aber die
Familienzugehörigkeit[472]. Die Familie ist ein gemeinsamer Bund
mit und vor Gott, weswegen in **1Kor 7,14** selbst ungläubige Ehepartner durch ihren gläubigen Ehepartner ebenso wie die Kinder
gläubiger Eltern eine andere Stellung gegenüber Gott haben ("*sie
sind geheiligt*"), als andere Menschen. Im Alten Testament wurde
das Kind durch die Eltern beschnitten und wuchs in dem Glauben
der Eltern auf. Es konnte sich durchaus noch gegen Gott entscheiden, konnte aber auch lebenslang in dem durch die Beschneidung bezeugten Bund mit Gott leben. Hier wird mit Hinweis auf **Kol
2,11-12** die Taufe als Ablösung der Beschneidung verstanden, so
wie das Abendmahl das Passa abgelöst hat: "*In ihm* [= Jesus] *seid
ihr auch mit einer Beschneidung beschnitten worden, die nicht mit
Händen geschieht, als ihr nämlich euer fleischliches Wesen in der
Beschneidung durch Christus abgelegt habt, ihr mit ihm durch die
Taufe begraben worden und ihr mit ihm auch durch den Glauben
aus der Kraft Gottes, der ihn auferweckt hat von den Toten aufer-
standen seid*" - wobei die Taufe als Zeichen für die in Christus geschehene innere Beschneidung der Wiedergeburt verstanden wird.
Dementsprechend werden auch die sogenannten 'Haustaufen'
("*wurde getauft mit seinem/ihrem ganzen Haus*", **Apg 16,15**; **1Kor
1,16**; vgl. **Apg 16,33**; **11,14+16**) als Beispiel dafür genommen, daß
ganze Familien getauft wurden. Wesentlich ist dabei, daß mit der
Möglichkeit gerechnet wird, daß ein Kind ohne ausdrückliches Be-
kehrungserlebnis in den Glauben seiner Eltern hineinwächst. Demnach hätte Gott in gewissen Sinn doch Enkelkinder. So werden
etwa alle christlichen Eltern für ihre Kinder beten, ja sogar um
Vergebung der Sünden beten lassen, bevor diese sich 'bekehrt' haben
oder ihre Zustimmung zum Ausdruck bringen können. Wären die
Kinder jedoch ungläubig, müßte man dies bis zu ihrer Bekehrung
verhindern. Als neutestamentliches Beispiel wird meist Timotheus

---

[472]Siehe die angeführten Vertreter zur Besprengung, sowie: Jay E. Adams.
The Meaning and Mode of Baptism. Presbyterian & Reformed: Phillipsburgh (NJ), 1975; Francis A. Schaeffer. Baptism. Trimark Publ.: Wil-
mington (DE), 1976. Vgl. auch Werner Neuer. "Die Kindertaufe: ihr Recht,
ihre Gabe und ihre Verpflichtung". Diakrisis (Tübingen) 11 (1990) 4 (Dez):
19-32, ergänzt durch Werner Neuer. "Nochmals: Das biblische Recht der
Kindertaufe". Diakrisis 12 (1991) 2 (Mai): 78-81. Johannes Warns. Die
Taufe. a. a. O. S. 259-261 stellt die refomierte Sicht der Kindertaufe kurz
dar und gibt wohl die Sicht der meisten Erwachsenentäufer wieder, wenn er
schreibt: "Diese reformierte Lehre von der Taufe widerspricht der Heiligen
Schrift nicht so gröblich wie die Behauptung, die Taufe *bewirke* die Wiedergeburt. Auch ist die reformierte Begründung der Kindertaufe ein-
leuchtender als die Behauptung ... des stellvertretenden Glaubens der Kirche oder der Paten oder gar eines eigenen Glaubens der Säuglinge. Aber
auch die reformierte Begründung der Kindertaufe ist schriftwidrig" (ebd. S.
260).

angeführt, bei dem sogar nur die Mutter (und die Großmutter) gläubig waren (2Tim 1,5) und von dem es in **2Tim 3,14-15** heißt: *"Du aber bleibe in dem, was du gelernt hast und wovon du völlig überzeugt bist, da du weißt, von wem du es gelernt hast, und weil du von Kind auf die heiligen Schriften kennst, die Kraft haben, dich weise zu machen zur Errettung durch den Glauben, der in Christus Jesus ist"* (vgl. **Ps 71,17**: *"Du hast mich von Jugend an unterwiesen ..."*). Den Vertretern der Erwachsenentaufe wirft man vor, daß man sich auch dort dieser Wahrheiten bewußt sei und man dafür mit der **'Darbringung'** beziehungsweise 'Kindersegnung' ein drittes Sakrament als Ersatz für die Beschneidung geschaffen habe, das in der Bibel nirgends erwähnt wird, wenn man nicht den altestamentlichen väterlichen Segen für die Kinder oder die alttestamentliche 'Darbringung' in der Beschneidung zum Vorbild nehmen will.

Die Entscheidung zwischen der reformierten Sicht einer Kinder- und einer Erwachsenentaufe wird an der Frage des Verhältnisses von Taufe und Beschneidung fallen. Dabei sind zwei Fragen entscheidend: 1. Löst die Taufe die Beschneidung ab oder tritt sie (wie es ja bei gläubiggewordenen Juden der Fall war) neben die Beschneidung 2. Bezieht sich die Beschneidung auf das Hineingeborenwerden in das Volk Israel, oder bedeutete sie auch das Hingeborenwerden in eine gläubige Familie? Vom alttestamentlichen Volk führt nämlich nur ein Weg in das neutestamentliche Volk, das durch Wiedergeburt begründet wird. Von der alttestamentlichen Familie könnte jedoch ein direkter Weg zur neutestamentlichen Familie führen, in die man dann auch ohne Bezug zum Volk Israel hineingeboren werden könnte.

➡ Empfehlungen zum eigenen Weiterstudium

Interessant ist auch das Studium der Lieder zur Taufe (meist eine eigene Rubrik) im Kirchengesangbuch Ihrer jeweiligen Denomination. Welche Auffassungen kommen darin zum Ausdruck?

Mittels einer Konkordanz kann man unter 'Taufe', 'taufen' und 'Waschungen' sehr schnell alle wichtigen Tauftexte ermitteln. Zum Problemkreis Beschneidung-Kindertaufe-Darbringung empfiehlt sich zusätzlich die Untersuchung der Begriffe 'Beschneidung', 'beschnitten', 'unbeschnitten' im Alten und Neuen Testament, zum Taufritus die Untersuchung der Begriffe 'Besprengen', 'Tauchen' mit Ableitungen, 'Salben' usw.

✍ Fragen zur Selbstkontrolle

Listen Sie möglichst viele oder alle Tätigkeitsworte in Röm 6,3-11, Röm 8,17 und Eph 2,6 auf, die mit 'mit-' beginnen. (Antwort: lesen Sie den ersten Absatz des Abschnittes B. in dieser Lektion)

Welche beiden Problemkreise zur Taufe sollten in der Diskussion auseinandergehalten werden und warum? (Antwort: lesen Sie den Abschnitt C. d. in dieser Lektion)

Wie begründen die Vertreter des Besprengens als Taufritus ihre Auffassung, wie die Vertreter des Untertauchens? (Antwort: lesen Sie den Abschnitt C. e. in dieser Lektion)

In Röm 6-8 beantwortet Paulus eine Grundfrage, die er zu Beginn in V.1-2 nennt. Wie könnte man diese Frage beziehungsweise dieses Problem auch wiedergeben? (Antwort: lesen Sie Abschnitt A. in dieser Lektion)

Wie begründen die reformierten Vertreter der sog. Kinder- und der sog. Erwachsenentaufe ihre Auffassung? (Antwort: lesen Sie den Abschnitt C. f. in dieser Lektion)

✉ Einsendeaufgaben

Die Einsendeaufgaben finden sich am Ende der Lektion 12. Sie können zwar bereits an dieser Stelle bearbeitet werden, sollten aber erst zusammen mit den Einsendeaufgaben von Lektion 12 eingesandt werden.

Ⓐ Hinweise für den Gruppenleiter

An dieser Stelle werden Sie sicher die Position Ihrer Denomination stärker zum Tragen bringen. Es ist jedoch wichtig, daß man zwischen einer allgemeinen Ablehnung einer anderen Taufpraxis und einer Auseinandersetzung mit einer biblisch begründeten Alternative unterscheidet. In der Ablehnung der gegenwärtigen Massentaufen unserer Großkirchen sind sich etwa viele Vertreter der Kinder- und Erwachsenentaufe ebenso einig, wie darin, daß in baptistischen Freikirchen Kinder nicht mehr oder weniger automatisch mit 14 oder 16 Jahren getauft werden sollten. Mißbrauch alleine widerlegt dabei jedoch noch keine der genannten Auffassungen.

✳ Fragen für das Gruppengespräch zur Auswahl

❶ <V.3-11> Christen sind für Paulus sowohl mit dem Tod und Begräbnis, als auch mit der Auferstehung Jesu "verwachsen" (V.5).

* Ist der Gedanke, daß wir mit dem Handeln und Erleben Jesu verwachsen sind und es für uns gilt, heute noch nachvollziehbar?

* Kann denn überhaupt das Handeln eines Menschen für andere gelten?

* Haben Begriffe wie "mitgestorben", "mitbegraben", "mitauferstanden" im Text und überhaupt eine praktische Bedeutung für unser alltägliches Leben?

❷ <V.11> "Haltet euch der Sünde für tot" oder: "Rechnet damit, daß ihr für die Sünde tot seid".

* 'Riecht' diese Aufforderung nicht förmlich danach, daß wir nur so tun sollen, als wären wir für die Sünde gestorben?

* Wenn wir wirklich gestorben sind, wieso ist es dann noch wichtig, damit ausdrücklich zu rechnen?

❸ <V.12-13> Christen sollen sich "selbst" und ihre "Glieder" ganz "Gott zur Verfügung" stellen (V.13) und die Sünde "soll nicht" in ihrem Leben "herrschen" (V.12).

* Paulus erklärt doch gerade, daß wir nicht mehr unter dem Gesetz stehen. Wie kann er da überhaupt noch solche Forderungen stellen?
* Bedeutet "unter der Gnade" sein (V.14) nicht, daß es gleichgültig ist, was wir tun, da Gott uns doch gnädig sein wird?

12. LEKTION: RÖMER 6,15-23

✍ Arbeitsaufwand der Lektion

Regelstudienzeit insgesamt 4 Stunden (2 Stunden an 2 Werktagen), davon
2 Stunden für das Erarbeiten des Studientextes und 2 Stunden für die
Selbstkontrolle und die Einsendeaufgaben

❖ Gliederung und Aufbau der Lektion

Zunächst werden die Gründe dargestellt, die Paulus in V.15-23 gegen die
Auffassung anführt, daß begnadigte Christen ruhig weiter sündigen können.

Anschließend folgt dazu eine Übersicht über alle Vorkommen des Wortes
'Gesetzlosigkeit' im Neuen Testament.

➤➤ Lernziele der Lektion

Nach Durcharbeiten der folgenden Lektion sind Sie in der Lage,

1. die Gründe zusammenzufassen, die Paulus gegen die Auffassung anführt, daß begnadigte Christen ruhig weiter sündigen können;
2. die Verwendung des Begriffes 'Gesetzlosigkeit' ('gesetzlos') im Neuen
Testament darzustellen.

❝ Bibeltext zur Lektion (Römer 6,15-23)

15 Was denn?
       Sollen wir sündigen,
            weil wir nicht unter **Gesetz**,
                 sondern unter **Gnade** sind?
    Das sei ferne!
16   Wißt ihr nicht,
       daß, wem ihr euch zur Verfügung stellt
            als Sklaven zum Gehorsam,
            ihr dessen Sklaven seid,
       dem ihr gehorcht,
            entweder der **Sünde** zum **Tod**
            oder des **Gehorsams** zur **Gerechtigkeit**?
17   Gott aber sei Dank dafür,
       daß ihr Sklaven der Sünde gewesen seid,
       aber von Herzen gehorsam geworden seid
            dem Vorbild der Lehre,
            dem ihr übergeben worden seid!

18	**Frei** gemacht aber von der Sünde,
	seid ihr der Gerechtigkeit **dienstbar** geworden.
19	- Ich rede menschlich,
	wegen der Schwachheit eures Fleisches. -
	Denn **wie** ihr eure Glieder
	als Sklaven der Unreinheit und
	der **Gesetzlosigkeit**
	zur **Gesetzlosigkeit**
	zur Verfügung gestellt habt,
	so stellt jetzt eure Glieder
	zur Verfügung
	als Sklaven der **Gerechtigkeit**
	zur **Heiligkeit**[473].
20	**Denn** als ihr **Sklaven** der Sünde gewesen seid,
	wart ihr **Freie** gegenüber der Gerechtigkeit.
21	Welche **Frucht** hattet ihr denn damals?
	Solche, deren ihr euch heute schämt,
	denn das **Ende** davon ist der Tod.
22	Jetzt aber, von der Sünde **frei** gemacht
	und Gottes **Sklaven** geworden,
	habt ihr eure **Frucht** zur Heiligkeit[474],
	aber als das **Ende** ewiges Leben.
23	**Denn** der **Lohn** der Sünde ist der **Tod**,
	die **Gnadengabe** Gottes aber ewiges **Leben**
	in Christus Jesus, unserem Herrn.

A. V.15-23: Der Glaubensgehorsam

Wenn wir nicht mehr unter der Verurteilung des Gesetzes stehen, sondern begnadigt sind (V.15), **können wir dann nicht unbesehen sündigen?** V.15 verschärft diese Frage sogar: "*sollten wir*" dann nicht "*sündigen*"? Wie schon zur Frage in Röm 6,1 ausgeführt wurde[475], dürfte die von Paulus in Röm 6,15 aufgegriffene Frage sowohl von Vertretern eines im falschen Sinne freien, gesetzlosen Christentums gekommen sein, als auch ein ironischer Vorwurf der Gegner des Paulus gewesen sein, die aus der paulinischen Verkündigung der Gnade diesen Schluß zogen.

Paulus wehrt die Frage und die darin enthaltene Aussage radikal mit der Schwurformel "*Das sei ferne!*" ab. Der Gedanke allein, daß Gott uns begnadigt, damit wir eifriger sündigen können, ist irrig und absurd. **Gesetzlosigkeit ist nie eine Antwort auf Gesetzlichkeit!**

---

[473]Oder: Heiligung
[474]Oder: Heiligung
[475]Siehe Abschnitt A. der Lektion 11

Beide verachten gleichermaßen Gott, sein Gesetz und den Sinn dieses Gesetzes!

Um diese falsche Frage zu widerlegen, geht Paulus auf die zwei einzigen Arten des Sklaveseins des Menschen ein, die es gibt. Der Mensch ist entweder Sklave Gottes oder Sklave des Teufels. Im Hebräischen und Griechischen steht für 'Sklave', 'Knecht' und 'Diener' normalerweise dasselbe Wort. Wenn es um den Teufel geht, wird das Wort gerne mit 'Sklave' übersetzt, wenn es um Gott geht, lieber mit 'Knecht' oder sogar mit 'Diener'. Das ist im Deutschen natürlich zulässig, aber wir dürfen dabei nicht vergessen, daß der Charakter der Abhängigkeit immer vom jeweiligen 'Dienstherren' abhängt. Der 'Dienst' für den Teufel ist eine Tyrannei, weil der Teufel ein Tyrann ist. Die 'Sklaverei' für Gott ist wohltuend, weil Gott Liebe und Gerechtigkeit ist. (Ich habe in den letzten beiden Sätzen die übliche Übersetzung des Wortes bewußt einmal ausgetauscht.)

Der Mensch ist immer ein Gehorsamer. Er kann nicht wählen, ob er gehorchen will oder nicht, sondern nur, wem er gehorchen will. Schon beim Sündenfall hatte Eva nicht die Wahl, ob sie Gott gehorchen oder ganz auf Gehorsam verzichten wollte, sondern nur, ob sie Gott oder der Schlange gehorchen wollte. Sie konnte nur Gott ungehorsam werden, indem sie der Schlange gehorchte, wie wir bereits in der Darstellung zum Sündefall gesehen haben[476]. Der Mensch ist nicht frei und unabhängig, wie er sich oft einbildet, sondern immer von irgendjemandem abhängig.

Worin unterscheiden sich die beiden Arten der Sklaverei, des Dienstes, des Gehorsams?

1. Sie unterscheiden sich in dem, was die Herren befehlen und in den Auswirkungen dieser Anordnungen:
- hier *"Sünde"* (V.16+17+23), *"Unreinheit"* (V.19), *"Gesetzlosigkeit"* (V.19) und Dinge, derer man sich schämen muß (V.21);
- dort *"Gerechtigkeit"* (V.16+18), die wahre *"Lehre"* (V.17) und *"Heiligkeit"* (V.19+22).

2. Sie unterscheiden sich in der *"Frucht"* (V.21+22), also in dem Endergebnis:
- hier *"Tod"* (V.16+21+23);
- dort das *"ewige Leben"* (V.23).

Sünde und Gesetzlosigkeit führen in letzter Konsequenz in den ewigen Tod, aber sowohl der sichtbare, als auch der geistliche Tod sind auch schon hier auf der Erde prinzipiell die Folge der Sünde (vgl. etwa Röm 1,18). Allzuoft ist der sichtbare Tod auch das Ergebnis der einzelnen konkreten Sünde (z. B. bei Mord oder Fahrläs-

---

[476]"Gedanken zum Sündenfall", Abschnitt F. von Lektion 3

sigkeit), während die Gebote Gottes stattdessen dem Leben dienen (z. B. Hungernde speisen, Arbeiter entlohnen).

Wer sich darüber im Klaren ist, daß er nur der Sünde oder der Gerechtigkeit dienen kann, und weiß, daß er nicht nur vom Urteil des Gesetzes, sondern auch von der Sünde befreit wurde, kann sein Leben nur als Sklave der Gerechtigkeit *"zur Verfügung stellen"* (V.19). Kann es etwas Besseres, ja Gerechteres geben, als sich der Gerechtigkeit zur Verfügung zu stellen, die im schriftlichen Wort Gottes (*"Bild der Lehre"*, V.17) und Jesus als dem Wort Gottes verkörpert wird? Dieser Gehorsam ist *"Glaubensgehorsam"* (Röm 1,5; 16,26), der die beiden folgenden Punkte beinhaltet:

1. Man kann sich nicht aus eigener Kraft und Entscheidung der Gerechtigkeit zur Verfügung stellen, sondern nur durch den Glauben. **Der Gehorsam ist eine logische Konsequenz aus dem Glauben, aber nicht umgekehrt.**

2. Der Gehorsam aus Glauben geschieht nicht unfreiwillig, wie dies der Sünde und dem Teufel gegenüber der Fall ist, sondern *"von Herzen"* (V.17), das heißt **mit voller Überzeugung und aus freien Stücken.**

Der *"Glaubensgehorsam"* ist dabei das eigentliche Anliegen des Wirkens des Paulus und des Römerbriefes, wie Paulus am Anfang und am Ende des Römerbriefes deutlich macht (**Röm 1,5; 16,26**).

B. Thema: Gesetzlosigkeit im Neuen Testament

Daß Sünde nur nach dem Gesetz definiert werden kann, umgekehrt jedoch alles, was das Gesetz verbietet, Sünde ist, wird besonders deutlich, wenn man sich die neutestamentlichen Worte für 'Gesetzlosigkeit' und 'gesetzlos' anschaut[477].

✍ Arbeitsanleitung

Notieren Sie zu jedem in der Übersicht auf den folgenden Seiten zitierten Text in Stichworten, was dieser Text über die Gesetzlosigkeit aussagt beziehungsweise was dieser Text zum Gesamtbild eines neutestamentlichen Verständnisses von Gesetzlosigkeit beiträgt. Versuchen Sie anschließend die Texte thematisch zu gruppieren.

---

[477]Vgl. dazu Francis Turretin. Institutes of Elenctic Theology. hg. von James T. Dennison. Bd. 1. Presbyterian & Reformed: Phillipsburg (NJ), 1992 (Nachdruck aus dem 17. Jh.). S. 591-593

"*Gesetzlosigkeit*" und "*gesetzlos*" im Neuen Testament

Alle Belege für "*Gesetzlosigkeit*" (griech. 'anomia')

Mt 7,23 (21-23): "*Nicht jeder, der zu mir 'Herr, Herr!' sagt, wird in das Reich der Himmel eingehen, sondern wer den Willen meines Vaters tut, der in den Himmeln ist. Viele werden an jenem Tage zu mir sagen: 'Herr, Herr! Haben wir nicht durch deinen Namen geweissagt und durch deinen Namen Dämonen ausgetrieben und durch deinen Namen viele Wunderwerke getan?' Und dann werde ich ihnen bekennen: 'Ich habe euch niemals gekannt. Weicht von mir, ihr Täter der Gesetzlosigkeit!'*"

Mt 13,41: (Gleichnis vom Unkraut und dem Weizen:) "*Der Sohn des Menschen wird seine Engel aussenden, und sie werden aus seinem Reich alle Ärgernisse zusammenlesen und die, die Gesetzlosigkeit tun, und sie werden sie in den Feuerofen werfen. Dort wird Weinen und Zähneknirschen sein.*"

Mt 23,28 (27-28): "*Wehe euch, Schriftgelehrte und Pharisäer, Heuchler! Denn ihr gleicht übertünchten Gräbern, die von außen zwar schön zu sein scheinen, inwendig aber voll von Totengebeinen und aller Unreinigkeit sind. So scheint auch ihr von außen zwar vor den Menschen gerecht zu sein, von innen aber seid ihr voller Heuchelei und Gesetzlosigkeit.*"

Mt 24,12: "*... weil die Gesetzlosigkeit überhand nimmt, wird die Liebe der meisten erkalten.*" (Gesetzlosigkeit und die Liebe als Erfüllung des Gesetzes sind Gegensätze[478].)

Röm 4,7 (6-7): "*... so, wie auch David die Seligpreisung des Menschen ausspricht, dem Gott die Gerechtigkeit ohne Werke zurechnet: 'Selig sind die, deren Gesetzlosigkeiten vergeben und deren Sünden bedeckt sind!'*"

Röm 6,19 (2 mal): "*Denn wie ihr eure Glieder als Sklaven der Unreinheit und der Gesetzlosigkeit zur Gesetzlosigkeit zur Verfügung gestellt habt, so stellt jetzt eure Glieder zur Verfügung als Sklaven der Gerechtigkeit zur Heiligkeit.*"

2Kor 6,14: "*Geht nicht unter ein fremdes Joch mit Ungläubigen! Denn welche Verbindung haben Gerechtigkeit und Gesetzlosigkeit? Oder welche Gemeinschaft Licht mit Finsternis?*"

2Thess 2,3+7: (Über den Antichristen:) "*Laßt euch von niemand auf irgendeine Weise verführen, denn dieser Tag kommt nicht, es sei denn, daß zuerst der Abfall gekommen und der Mensch der Gesetzlosigkeit geoffenbart worden ist, der Sohn des Verderbens ... Denn das Geheimnis der Gesetzlosigkeit ist schon wirksam, nur offenbart es sich nicht, bis der, der jetzt noch zurückhält, aus dem Weg ist. Und dann wird der Gesetzlose geoffenbart werden, den der Herr Jesus beseitigen wird durch den Hauch seines Mundes*

---

[478]Vgl. dazu die Abschnitte A. und B. in Lektion 26

und vernichten durch die Erscheinung seiner Ankunft."
Tit 2,14: (Jesus Christus:) *"Der hat sich selbst für uns hinge-
geben, damit er uns von aller Gesetzlosigkeit loskaufte und sich
selbst ein Eigentumsvolk reinigte, das eifrig in guten Werken ist."*
Hebr 1,9: (Das Alte Testament über Jesus:) *"Du hast Gerechtigkeit geliebt und Gesetzlosigkeit gehaßt; darum hat Gott, dein
Gott, dich gesalbt mit Freudenöl vor deinen Gefährten."*
Hebr 10,17 (16-17): (Ankündigung des Neuen Bundes im Alten
Testament:) *"'Dies ist der Bund, den ich ihnen nach diesen Tagen
aufrichten werde, spricht der Herr: Ich werde meine Gesetze in
ihre Herzen geben und sie auch in ihre Sinne schreiben'; und:
'Ihrer Sünden und ihrer Gesetzlosigkeiten werde ich nicht mehr
gedenken ...'"*
1Joh 3,4 (2 mal): *"Jeder, der die Sünde tut, tut auch die Gesetzlosigkeit, und die Sünde ist die Gesetzlosigkeit."* (Sünde und Gesetzlosigkeit sind identisch. Es gibt keine Sünde, ohne daß das
Gesetz gebrochen wird.)

Alle Belege für "*gesetzlos*"[479] (griech. 'anomos')

Lk 22,37: (Jesus über sich selbst und das Alte Testament:) *"Denn
ich sage euch, daß noch dieses, was geschrieben steht, an mir erfüllt werden muß: 'Und er ist unter die Gesetzlosen gerechnet
worden'* [Jes 53,12], *denn auch das, was mich betrifft, hat eine
Vollendung."*
Apg 2,23: (Petrus über Jesus:) *"Diesen, der nach dem bestimmten
Ratschluß und nach Vorkenntnis Gottes hingegeben worden ist,
habt ihr* [= die Juden] *durch die Hand von Gesetzlosen* [nämlich
die Römer] *ans Kreuz geschlagen und umgebracht."*
1Kor 9,21 (20-21): *"Und ich bin den Juden wie ein Jude geworden, damit ich die Juden gewinne; denen, die unter dem Gesetz
sind, wie einer unter dem Gesetz, obwohl ich selbst nicht unter
dem Gesetz stehe, damit ich die, die unter dem Gesetz sind, gewinne; denen, die ohne Gesetz* [oder: *gesetzlos*] *sind, wie einer
ohne Gesetz, obwohl ich nicht ohne Gesetz vor Gott bin, sondern
unter dem Gesetz Christi stehe, damit ich die, die ohne Gesetz
sind, gewinne."*
2Thess 2,8: siehe oben unter 2Thess 2,3+7+8
1Tim 1,9: *"... indem er dies weiß, daß für einen Gerechten das
Gesetz nicht bestimmt ist, sondern für Gesetzlose und Wider-
spenstige, für Gottlose und Sünder, für Heillose und Unheilige ..."*
2Petr 2,8: (Lot und die Einwohner von Sodom und Gomorra:) *"...
denn der unter ihnen wohnende Gerechte* [= Lot] *quälte Tag für*

---

[479]Der Begriff wird in den Belegstellen unterschiedlich mit 'Gesetzloser', 'ohne
Gesetz' usw. übersetzt.

> *Tag durch das, was er sah und hörte, seine gerechte Seele mit de-*
> *ren gesetzlosen Werken ..."*

➡ Empfehlungen zum eigenen Weiterstudium (zur ganzen Lektion)

Die erwähnte Darstellung zum Sündenfall[480] stellt Röm 6,15-23 in den größeren Zusammenhang der Frage nach dem Verhältnis des Wesens
Gottes, der Unfehlbarkeit des Wortes Gottes und den Grundlagen der
christlichen Ethik. Außerdem ist der Kurs zur Ethik als Ergänzung zu
empfehlen[481].

✐ Fragen zur Selbstkontrolle

Was beinhaltet für Sie der Begriff 'Glaubensgehorsam' (Röm 1,5; 16,26)?
(Antwort: lesen Sie die letzten 4 Absätze von Abschnitt A. in dieser Lektion)

Welches ist die richtige Übersetzung des entsprechenden Ausdruckes in
Röm 6,15-23: 'Sklaverei', 'Knechtschaft' oder 'Dienst'? (Antwort: lesen
Sie den 3. Absatz von Abschnitt A. in dieser Lektion)

Wie oft kommen die Worte 'Gesetzlosigkeit' und 'gesetzlos' im Neuen Testament etwa vor (ungefähr 10 mal, 20 mal, 30 mal, 40 mal, 50 mal, genau 6 mal, 13 mal, 19 mal, 24 mal, 32 mal, 39 mal, 52 mal)? (Antwort:
zählen Sie selbst die entsprechende Übersicht in Abschnitt B. in dieser
Lektion nach oder lesen Sie die folgende Anmerkung[482].)

✉ Einsendeaufgaben

Zur Lektion 11:

❶ Welche der genannten Auffassungen vertreten Sie persönlich 1) zur
Taufe überhaupt, 2) zum Taufritus, 3) zur Frage der Kinder- und Erwachsenentaufe? Skizzieren Sie Ihre biblische Begründung (Umfang: eine
halbe DIN A4-Seite)

❷ Nennen Sie die biblische Begründung für die Ihrer Auffassung jeweils
entgegenstehenden Auffassungen 1) zum Taufritus, 2) zur Frage der
Kinder- und Erwachsenentaufe. Sollten Sie keine eigene Auffassung vertreten, nennen Sie die Begründung 1) für das Untertauchen und 2) für die
reformierte Sicht der Kindertaufe. (Umfang: 2-3 DIN A4-Seiten)

Zur Lektion 12:

❶ Diskutieren Sie, inwieweit die in der Übersicht 'Der Begriff 'Gesetzlosigkeit' im Neuen Testament' zitierten Texte und die Ergebnisse Ihrer selbst
erarbeiteten Auswertung dieser Texte das Anliegen von Paulus in Röm

---

[480]"Gedanken zum Sündenfall", Abschnitt F. von Lektion 3

[481]Thomas Schirrmacher. Ethik. 2 Bde. Hänssler: Neuhausen, 1994 (im Erscheinen begriffen)

[482]Richtig sind die Antworten 'etwa 20 mal' oder 'genau 19 mal', nämlich 13
mal 'Gesetzlosigkeit' (beachte je 2 mal in Röm 6,19 und 1Joh 3,4) und 6
mal 'gesetzlos'.

6,15-23 unterstützen. In der Diskussion sollte eine eigenständige Definition von 'Gesetzlosigkeit' enthalten sein. (Umfang: 2-4 DIN A4-Seiten)

Ⓐ Hinweise für den Gruppenleiter

Es sollte darauf geachtet werden, daß im Gespräch auch konkrete Beispiele und Sünden zur Sprache kommen und den Teilnehmern die Möglichkeit zur Einzelseelsorge und zur Beichte gegeben wird.

❊ Fragen für das Gruppengespräch zur Auswahl

❶ <V.16> Gehorsam kann etwas sehr Schönes und Gutes sei. Selbst Jesus war seinem Vater gehorsam und lernte als Mensch Gehorsam. Gehorsam kann auch etwas sehr Häßliches und Unangenehmes sein.

* Wieso hat Gehorsam für uns meist einen negativen Klang?
* Was ist der Unterschied zwischen dem Gehorsam Gott gegenüber und dem Gehorsam dem Teufel gegenüber?

❷ <V.18-19> Christen sind von jeder Gesetzlichkeit (= 1. Erlangen des Heils durch Halten des Gesetzes oder 2. Erfinden zusätzlicher menschlicher Gebote oder 3. Halten der alttestamentlichen Zeremonialvorschriften) aber auch von jeder Gesetzlosigkeit (= 1. Übertreten der Gebote Gottes oder 2. Erfinden eigener Gebote) befreit. Stattdessen stellen sie sich "der Gerechtigkeit zur Heiligkeit zur Verfügung" (V.19) und halten die Gebote Gottes durch die Kraft des Geistes.

* Was unterscheidet den richtigen Dienst für Gott des Christen von Gesetzlichkeit und Gesetzlosigkeit?
* Kann man denn 'Sklave der Gerechtigkeit' sein und trotzdem nicht der Gesetzlichkeit verfallen?

❸ <V.15-23> Paulus verwendet dasselbe Wort 'Sklaverei/Knechtschaft/Dienst' für den Gehorsam gegenüber dem Teufel und der Sünde und dem Gehorsam gegenüber Gott.

* Was unterscheidet die beiden voneinander?
* Wie macht sich der Unterschied zwischen beiden im alltäglichen Leben bemerkbar?
* Sind 'Freiheit' und 'Gehorsam' nicht zwei sich widersprechende Lebensweisen?

13. LEKTION: RÖMER 7,1-13

✍ Arbeitsaufwand der Lektion

Regelstudienzeit insgesamt 4 Stunden (2 Stunden an 2 Werktagen), davon 2 Stunden für das Erarbeiten des Studientextes und 2 Stunden für die Selbstkontrolle und die Einsendeaufgaben

❖ Gliederung und Aufbau der Lektion

Nach einem kurzen Blick auf ein Beispiel von Paulus in V.1-3, das illustriert, daß die Gültigkeit des Gesetzes mit dem Tod endet, werden Altes und Neues Testament daraufhin befragt, was unter der Gegenüberstellung von 'Geist' und 'Buchstabe' in V.4-6 zu verstehen ist.

Zu V.7-13 wird dann gegenübergestellt, wie positiv Paulus das Gesetz beschreibt und wie wirkungslos er es dennoch für die Veränderung des eigenen Lebensstiles hält.

➤➤ Lernziele der Lektion

Nach Durcharbeiten der folgenden Lektion sind Sie in der Lage,

1. zu formulieren, was mit der Gegenüberstellung von 'Geist' und 'Buchstabe' bei Paulus gemeint ist;
2. positive Aussagen von Paulus über das Gesetz aufzuzählen;
3. wiederzugeben, weshalb Paulus das ausgezeichnete Gesetz Gottes dennoch als wirkungslos ansieht.

❝ Bibeltext zur Lektion (Römer 7,1-13)

---

1 Oder   wißt ihr nicht,Geschwister,
                          denn ich rede zu denen,
                          die das Gesetz kennen,
                   daß das Gesetz über den Menschen herrscht,
                          solange er lebt?
2 **Denn** die verheiratete Frau ist durch das Gesetz
            an den lebenden Mann **gebunden**,
                   wenn aber der Mann stirbt ist,
                   dann ist sie **freigemacht**
                          von dem Gesetz des Mannes.
3   Folglich wird sie nun,
                   während der Mann lebt,
                          eine Ehebrecherin genannt,
                          wenn sie eines anderen Mannes wird;

wenn aber der Mann gestorben ist,
ist sie frei von dem Gesetz,
so daß sie keine Ehebrecherin ist,
wenn sie eines anderen Mannes wird.

4 Also seid auch ihr, meine Geschwister,
für das Gesetz getötet worden
durch den Leib des Christus,
damit ihr einem anderen gehört,
dem, der aus den Toten auferweckt wurde,
damit wir Gott Frucht bringen.

5 **Denn** als wir im Fleisch waren,
wirkten die durch das Gesetz ausgelösten
Leidenschaften der Sünden
in unseren Gliedern,
damit wir dem Tod Frucht brachten.

6 Jetzt aber sind wir
von dem Gesetz freigemacht,
da wir dem gestorben sind,
worin wir festgehalten wurden,
so daß wir
in dem **Neuen** des Geistes und
nicht in dem **Alten** des Buchstabens dienen.

7 Was sollen wir nun sagen?
Ist das Gesetz Sünde?
Das sei ferne!
Aber die Sünde hätte ich nicht erkannt
als nur durch das Gesetz.
Denn auch von der Begierde hätte ich nichts gewußt,
wenn nicht das Gesetz gesagt hätte *[2Mose 20,17]*:
"Du sollst nicht begehren!".

8 Die Sünde   nutzte aber
die Angriffsgelegenheit
durch das Gebot
und bewirkte
jede Begierde in mir;
denn ohne Gesetz ist die Sünde tot.

9 Ich aber lebte einst ohne Gesetz;
als aber das Gebot kam,
lebte die Sünde auf;

10   ich aber starb.
und das Gebot,
das zum **Leben** [dient],
gerade dieses erwies sich mir zum **Tod**.

11 **Denn** die Sünde nutzte die Angriffsgelegenheit
durch das Gebot,

betrog[483] mich und
tötete mich
durch dieses.
12 **Also** ist das Gesetz   heilig und
das Gebot   heilig,
gerecht und
gut.
13 Ist also das Gute mir zum Tod geworden?
Das sei ferne!
Sondern die Sünde,
damit sie sich als Sünde erweise,
indem sie durch das Gute
mir den Tod bewirkte,
damit die Sünde im Übermaß sündig würde
durch das Gebot.

A. V.1-3: Tod und Gesetz

Auch bei uns endet eine Gerichtsverhandlung automatisch, wenn der Angeklagte stirbt, wie es Paulus allgemein in V.1 aussagt. Das Gesetz bleibt an sich gültig, aber es betrifft den Angeklagten nicht mehr.

Das Beispiel von der Ehe, das Paulus in V.2-3 verwendet, scheint für uns im ersten Moment kein Beweis für V.1 zu sein, weil hier ja nicht der vom Gesetz Betroffene, nämlich die Frau, sondern ein anderer, eben der Mann stirbt. Doch für viele biblische Vergleiche, etwa auch für die meisten Gleichnisse Jesu, ist es typisch, daß es nur auf einen einzigen Vergleichspunkt ankommt. Hier ist der eine Vergleichspunkt, daß der Tod das Ende des Gesetzesanspruches bedeutet. Wenn der Tod des Mannes bereits solche Folgen für die Frau hat, wieviel mehr gilt dann die Aussage des Paulus für einen Verstorbenen selbst.

Paulus spielt hier auf die biblischen Gebote zur Ehe, zur Scheidung und zur Wiederheirat an (dazu vor allem Mt 19,9; Lk 16,18; 5Mose 24,1ff; 1Kor 7,10-16). Aus diesen Texten wird ersichtlich, daß Scheidung nur bei Unzucht (also neben Ehebruch etwa auch bei Homosexualität oder Kindesmißbrauch; vielleicht auch bei weiteren Kapitalverbrechen) oder aber auf Antrag oder durch mutwilliges Brechen des Ehebundes durch den ungläubigen Ehepartner möglich ist. Im Falle einer Scheidung kann der unschuldige Teil wieder heiraten, der Schuldige jedoch nicht, wobei sich Schuld und Unschuld nur auf die genannten schweren Sünden, insbesondere Ehebruch, bezieht.

---

[483]Oder: täuschte

(Leider ist die entscheidende Schuldfrage aus dem bundesdeutschen Scheidungsgesetz weitgehend gestrichen worden.)[484]

B. V.4-6: Geist und Buchstabe

Mit V.4 greift Paulus auf seine Ausführungen zur Taufe in Röm 6,3-11 zurück: Der Christ ist mit Christus gestorben. Während er vorher dem Urteil des Gesetzes unterstand, ist er nun Christus allein verpflichtet. Das Sterben mit Christus verpflichtet den Christen allein dem Auferstehungsleben Christi (V.4). Die allgemeine und anhaltende Gültigkeit des Gesetzes wird damit nicht in Frage gestellt, aber das Gesetz verurteilt den mit Christus Gestorbenen (Verstorbenen) nicht mehr.

Auch in V.4-6 wird wieder deutlich, daß Jesus nicht ausschließlich deswegen für unsere Sünden gestorben ist, um uns von Zorn, Sünde und Gesetz, also von der Vergangenheit, zu befreien. An die Stelle der alten Verpflichtungen tritt nämlich eine neue auf die Zukunft bezogene: *"damit wir Gott Frucht bringen"* (V.4). Wir dienen nicht *"dem Alten des Buchstabens"*, sondern *"dem Neuen des Geistes"* (V.6). Das ist die Erfüllung der alttestamentlichen Verheißungen für den Neuen Bund, wie sie sich in ähnlicher Form häufiger im Alten Testament findet:*"Sondern das ist der Bund, den ich mit dem Haus Israel nach jenen Tagen schließen werde, spricht der HERR: Ich werde mein Gesetz in ihr Inneres legen und werde es auf ihr Herz schreiben. Und ich werde ihr Gott sein, und sie werden mein Volk sein"* (**Jer 31,33**); *"Und ich werde ihnen ein Herz geben und werde einen neuen Geist in ihr Inneres geben, und ich werde das steinerne Herz aus ihrem Fleisch entfernen und ihnen ein fleischernes Herz geben, damit sie in meinen Ordnungen leben und meine Rechtsbestimmungen bewahren und sie befolgen. Und sie werden mir zum Volk, und ich werde ihnen zum Gott sein."* (**Hes 11,19-20**; ähnlich in **Jes 51,7**; **Ps 40,9**)[485].

Es wird dabei deutlich, daß es bei der Gegenüberstellung von altem Buchstaben und neuem Geist **nicht darum geht, daß man sich einerseits an das Gesetz und das Wort Gottes, andererseits gegen das Gesetz und das Wort Gottes an den Geist hält**, der tut, was er will. *"Buchstabe"* meint hier nicht das Gesetz selbst, sondern die Erfüllung des Gesetzes aus eigener Kraft. **Nicht das Gesetz wird geändert, sondern wir werden so geändert, daß wir die Ge-**

---

[484]Vgl. zur Begründung der Aussagen dieses Abschnittes im einzelnen die Lektion 31 "Ehe und Scheidung" in Thomas Schirrmacher. Ethik. 2 Bde. Hänssler: Neuhausen, 1994 (im Erscheinen begriffen), Bd. 2

[485]In Lektion 15 zu Röm 8,1-17 findet sich ein weiteres Beispiel für solche Weissagungen.

bote Gottes nicht mehr unter dem Druck der Verurteilung
durch das Gesetz halten (beziehungsweise eben nicht halten),
sondern durch die Kraft des Geistes gerne ausleben. Das Gesetz
selbst ist und bleibt "*geistlich*" (V.14), aber ist gerade deswegen nur
durch den Geist Gottes zu erfüllen.[486] C. E. B. Cranfield schreibt
dazu sehr treffend: Paulus

> "benutzt 'Buchstabe' nicht als Entsprechung zu 'das Gesetz'.
> 'Buchstabe' ist stattdesssen das, was für den Gesetzlichen als Ergebnis
> seines Mißverständnisses und Mißbrauches zurückbleibt. Es ist der
> Buchstabe des Gesetzes getrennt vom Geist. Da aber 'das Gesetz geist-
> lich ist' (V.14), ist der Buchstabe des Gesetzes, der vom Geist isoliert
> wird, nicht das Gesetz nach seinem wahren Charakter, sondern das Ge-
> setz, wenn es seiner Natur entfremdet wird."[487]

Gottlob Schrenk hat im Theologischen Wörterbuch auf den Unterschied der Bedeutung von 'Buchstabe' ('gramma'[488]) und 'Schrift'
('graphe'[489]) im Neuen Testament und besonders bei Paulus hingewiesen[490]. Im Römerbrief zeigt sich der Unterschied daran, daß Paulus den Buchstaben verwirft, sich aber zugleich ständig auf die
Schrift beruft, ja den Buchstaben unter Berufung auf die Schrift bekämpft. Ohne Christus und den Geist Gottes ist nach Schrenk für
Paulus alles Geschriebene toter Buchstabe. Mit dem Geist Gottes jedoch wird der Buchstabe zum Leben spendenden Wort Gottes (vgl.
2Tim 3,14-17).

2Kor 3,6-11 macht in anderer Weise deutlich, daß Paulus das Alte
Testament nicht einfach verwirft, auch wenn der Neue Bund viel
herrlicher ist: "*Gott, der uns auch tüchtig gemacht hat zu Dienern
des neuen Bundes, nicht des Buchstabens, sondern des Geistes.
Denn der Buchstabe tötet, der Geist aber macht lebendig. Wenn
aber schon der Dienst des Todes, mit Buchstaben in Steine
eingegraben, in Herrlichkeit geschah, so daß die Söhne Israels nicht
fest in das Angesicht Moses schauen konnten wegen der Herrlichkeit
seines Angesichts, die verging, wird nicht vielmehr der Dienst des
Geistes in Herrlichkeit bestehen? Denn wenn der Dienst der Verdammnis Herrlichkeit ist, so ist der Dienst der Gerechtigkeit noch
viel reicher an Herrlichkeit. ... Denn wenn das Vergehende in
Herrlichkeit war, wieviel mehr ist das Bleibende in Herrlichkeit!*"

---

[486]Dies Thema wird ausführlich in Lektion 15 zu Röm 8,1-17 besprochen.

[487]Cranfield 1/339-340

[488]Von 'gramma' leitet sich etwa 'Grammatik' ab.

[489]Von 'graphe' leiten sich etwa 'Graphologie', 'Graphik' ab.

[490]Gottlob Schrenk. "*grapho* ...". S. 742-773 in: Gerhard Kittel (Hg.).
Theologisches Wörterbuch zum Neuen Testament. Bd. 1. W. Kohlhammer:
Stuttgart, 1990 (Nachdruck von 1933), hier S. 764-769. Morris 275 schließt
sich Schrenk ausdrücklich an.

Auch wenn wir uns mit der Frage des Verhältnisses von Gesetz und Geist im Zusammenhang mit Röm 8 noch ausführlicher beschäftigen müssen, soll uns schon hier ein Zitat als vorläufige Zusammenfassung dienen:

"Sowie wir aber aus dem alten Wesen heraus sind: so kommt der lebendigmachende Geist (durch die Auferstehungskraft Christi) in uns, und dieser schreibt das Gesetz Gottes auf die fleischernen Tafeln unseres Herzens, in unser Herz und in unseren Sinn: er läßt uns das Gesetz, das geistlich ist, auch geistlich fassen; er gießt die Liebe aus, die da ist des Gesetzes Erfüllung, er erleuchtet uns über den wahren, tiefen, geistlichen Sinn jedes Gebotes, er lehrt uns die Anbetung im Geist und in der Wahrheit, den Dienst im wahren Wesen des Geistes, wie wir ihn an Christo selbst sehen."[491]

C. V.7-13: Das Gesetz ist und bleibt gut, wird aber durch die Sünde wirkungslos

Daß der Geist uns die Kraft gibt, die Rechtsforderung des Gesetzes zu erfüllen, wird Paulus ausführlich in Röm 8 (bes. 8,4) behandeln. Doch zunächst muß Paulus darauf eingehen, daß es bei dem "*Neuen des Buchstabens*" nicht einfach um eine innere Zustimmung zum Gesetz geht, so erfreulich diese Zustimmung auch sein mag.

Schon in V.5 hatte Paulus gesagt, daß das Gesetz die "*Leidenschaften der Sünde*" nicht etwa dämpft, sondern erst recht "*erregte*". Fördert das Gesetz damit aber nicht die Sünde? Oder kurz gesagt: "*Ist das Gesetz Sünde?*" (V.7). Den Gedanken kann Paulus nur aufs Schärfste zurückweisen, denn das Gesetz ist Gottes Wort.

Überhaupt ist Paulus in unserem Abschnitt eindringlich bemüht, deutlich zu machen, daß trotz der bitteren Erfahrung des Menschen mit dem Gesetz die Schuld nicht beim Gesetz liegt. **Das Gesetz ist nämlich in Röm 7**:
* "*zum Leben gegeben*" (V.10),
* "*heilig, gerecht und gut*" (V.12),
* "*geistlich*" (V.14),
* zustimmungswürdig und "*gut*" (V.16);
* definiert außerem "*das Gute*" und "*das Böse*" (V.19+21) und
* löst "*Wohlgefallen*" aus (V.22).

Das Gesetz teilt somit das Wesen Gottes, denn Gott ist "*heilig*" (3Mose 19,2), "*gerecht*" (5Mose 32,4) und "*gut*" (Mt 19,17).

Adolf Schlatter schreibt zu Recht in aller Deutlichkeit:

"Die Befreiung vom Gesetz entstand nicht dadurch, daß das Gesetz entrechtet und beseitigt wurde. Das war nicht nur für den Rabbi, son-

---

[491]Dächsel 66

dern auch für Paulus ein unmöglicher, ein lästerlicher Gedanke. Nicht das Gesetz wird verwandelt, sondern der Mensch neu gemacht."[492]

Doch gerade das ist die Tragödie: Das Gesetz, das unzweifelhaft gut ist, bessert den Menschen nicht, der es kennenlernt, sondern treibt ihn nur tiefer in die Sünde! Nicht das Gesetz *"täuscht"* (beziehungsweise *"betrügt"*) mich, sondern die *"Sünde"* (V.11), die das Gesetz dazu benutzt. Dazu noch einmal Adolf Schlatter:

> "Das Gebot ist nicht die Ursache dafür, daß die Sünde vorhanden ist, wohl aber, daß sie entschlossen und tatkräftig wird."[493]

Von welcher Zeit spricht Paulus in V.9? Wenn das *"Ich"* Paulus persönlich meint, könnte er darauf anspielen, daß jüdische Söhne mit 13 Jahren in das Gesetz eingeführt wurden[494]. Vielleicht meint er auch das Kennenlernen der einzelnen Gebote nach und nach. Das *"Ich"* muß aber nicht nur Paulus allein meinen. Es ist nach biblischem Sprachgebrauch durchaus möglich, daß eine Person in Ich-Form spricht und sich trotzdem nur als Beispiel für andere oder sogar alle Menschen nimmt. Paulus spricht dann hier allgemein von dem Zeitpunkt, wo ein Mensch die Gebote Gottes kennenlernt.

C. E. B. Cranfield hat jedoch im Anschluß an einige Kirchenväter die Auffassung vertreten, daß Paulus hier allgemein im Namen der Menschheit beziehungsweise im Namen Adams spricht[495]. Dies schließt er aus dem Sündenfallbericht, der den Hintergrund des Verses darstellt. Daß Paulus in Röm 7,11 davon spricht, daß die Sünde ihn *"getäuscht"* oder *"betrogen"* hat, ist nämlich wie in **2Kor 11,3** und **1Tim 2,14** eine bewußte Anspielung auf den Sündenfall, da die griechische Übersetzung des Alten Testamentes (Septuaginta) in **1Mose 3,13** dasselbe Wort in bezug auf Eva benutzt[496]. Paulus spräche dann von dem Zeitpunkt, wo das erste Mal das zum Leben gegebene Gebot Gottes durch den Betrug der Sünde den Tod bewirkte, nicht jedoch von einem bestimmten Zeitpunkt im Leben des einzelnen Menschen. Auch im Sündenfall benutzte der Teufel bereits das Gesetz, um Evas Begierde zu entfachen. Gottes Gesetz war gut und sinnvoll, aber die Sünde kehrte den Sinn des Gesetzes ins Gegenteil. Nur der Geist Gottes kann neues Leben schenken und damit das Gesetz wieder seiner ursprünglichen Bestimmung, Maßstab des Lebens zu sein, zuführen.

---

[492]Schlatter, Gerechtigkeit 229-230

[493]Schlatter, Gerechtigkeit 235

[494]Vgl. Michel 227-228. Michel sieht hier zugleich einen Hinweis auf den Sündenfall, bei dem das Gebot zur Begierde und die Begierde zum Tod führte.

[495]Cranfield 1/343-344

[496]Vgl. Cranfield 1/343 und Davidson/Martin 279

In der nächsten Lektion wird die Frage behandelt, wen Paulus mit *"Ich"* in Röm 7,14-25 meint.

➡ Empfehlungen zum eigenen Weiterstudium

Anhand der Konkordanz kann man nachzählen, wie oft Paulus oder Jesus oder alle Autoren des Neuen Testamentes Begriffe 'Gesetz', 'Gebot' usw. im 'positiven' und wie oft im 'negativen' Sinne benutzen.

✍ Fragen zur Selbstkontrolle

Woran erinnert der Ausdruck 'getäuscht' beziehungsweise 'betrogen' in Röm 7,11? (Antwort: lesen Sie den mit "C. E. B. Cranfield ..." beginnenden vorletzten Absatz von Abschnitt C. in dieser Lektion)

Welche positiven Eigenschaften des Gesetzes zählt Paulus in Röm 7 auf? (Antwort: lesen Sie den 3. Absatz von Abschnitt C. in dieser Lektion)

Wofür ist der Tod eines Ehepartners in bezug auf das Gesetz ein Beispiel? (Antwort: lesen Sie Abschnitt A. in dieser Lektion)

Wie ist der Unterschied zwischen 'Geist' und 'Buchstabe' zu verstehen? (Antwort: lesen Sie den Abschnitt B. in dieser Lektion)

✉ Einsendeaufgaben

Die Einsendeaufgaben finden sich am Ende der Lektion 14. Sie können zwar bereits an dieser Stelle bearbeitet werden, sollten aber erst zusammen mit den Einsendeaufgaben von Lektion 14 eingesandt werden.

☺ Hinweise für den Gruppenleiter

Es empfiehlt sich, deutlich darauf hinzuweisen, daß die Frage nach dem Verhältnis des Christen zum Gesetz in Röm 7,14-8,17 weiter behandelt wird und deswegen nicht alle Fragen schon hier geklärt werden müssen.

Der Lehrer sollte sich gegebenenfalls auf Rückfragen zum biblischen Eherecht vorbereiten und zu Scheidung und Wiederheirat die unter Abschnitt A. in dieser Lektion angegebenen Bibeltexte bearbeitet haben[497], da eine Diskussion über diese Thematik erfahrungsgemäß weit vom Text abführen kann, die Fragen jedoch auch nicht offen im Raum stehen bleiben können.

✻ Fragen für das Gruppengespräch zur Auswahl

❶ <V.5+7-11> Die Kenntnis des Gesetzes verbessert den Zustand des Menschen nicht, sondern verschlechtert ihn sogar.

* Entspricht es unserer persönlichen Erfahrung, daß die Kenntnis eines Gebotes die "Begierde" in uns weckt, es zu übertreten?

* Wäre es dann nicht besser, es gäbe einfach gar kein Gesetz?

---

[497]Z. B. anhand von Lektion 31 "Ehe und Scheidung" in Thomas Schirrmacher. Ethik. 2 Bde. Hänssler: Neuhausen, 1994 (im Erscheinen begriffen), Bd. 2

❷ <V.10> "Und das Gebot, das zum Leben bestimmt war, gerade das erwies sich mir zum Tod".

* Inwiefern ist das Gebot beziehungsweise das ganze Gesetz zum Leben bestimmt?

* Widerspricht nicht trotz aller Argumente des Paulus unsere persönliche Erfahrung mit dem Moralgesetz dem guten Charakter des Gesetzes?

❸ <V.5-12> Paulus geht wie selbstverständlich davon aus, daß der Mensch das Gesetz unmöglich halten kann.

* Sieht er damit den Menschen nicht viel zu negativ?

* Wieso setzt Paulus das hier als selbstverständlich voraus? Hat er darüber im Römerbrief bereits gesprochen?

14. LEKTION: RÖMER 7,14-25

✍ Arbeitsaufwand der Lektion

Regelstudienzeit insgesamt 8 Stunden (2 Stunden an 4 Werktagen), davon 4 Stunden für das Erarbeiten des Studientextes und 4 Stunden für die Selbstkontrolle und die Einsendeaufgaben

❖ Gliederung und Aufbau der Lektion

Nach einem kurzen Überblick über die Auslegungsgeschichte wird anhand von drei Fragen dem Problem nachgegangen, von wem Paulus in Röm 7,14-25 spricht. Zur zweiten Frage werden besonders Gründe dafür genannt, warum Paulus hier von gläubigen Christen spricht. Zur dritten Frage wird der Unterschied zwischen der lutherischen und reformierten Auffassung beschrieben, der sich aus der unterschiedlichen Betonung des Verhältnisses von Röm 7 und Röm 8 ergibt.

Zum Schluß werden einige Formulierungen des Textes eigens erklärt.

➸ Lernziele der Lektion

Nach Durcharbeiten der folgenden Lektion sind Sie in der Lage,

1. die wichtigsten Auffassungen darüber aufzulisten, von wem Paulus in Röm 7,14-25 spricht;
2. die fünf wichtigsten Gründe zu nennen, die dafür angeführt werden, daß Paulus in Röm 7,14-25 von gläubigen Christen spricht;
3. die Bedeutung der Auseinandersetzung um Röm 7,14-25 zusammenzufassen.

❝ Bibeltext zur Lektion (Römer 7,14-25)

14 **Denn** wir wissen,
      daß das Gesetz **geistlich** ist,
      ich aber bin **fleischlich**,
            unter die Sünde verkauft;
15   **denn** was ich vollbringe,
            erkenne ich nicht;
    denn nicht, was ich will,
      das führe ich aus,
            sondern was ich hasse,
      das tue ich.
16   Wenn ich aber das tue,
            was ich nicht will,

so stimme ich dem Gesetz bei,
daß es gut ist.
17 Nun aber vollbringe nicht mehr ich es,
sondern die in mir wohnende Sünde.
18 **Denn** ich weiß,
  daß   in mir,
          das ist in meinem Fleisch,
          nichts Gutes wohnt;
  denn   das **Wollen** ist bei mir vorhanden,
          aber das **Vollbringen** des Guten nicht.
19 **Denn**   ich tue nicht
          das **Gute**,   das ich will,
          sondern das **Böse**, das ich nicht will,
          führe ich aus.
20   **Wenn** ich aber das tue,
          was ich nicht will,
          so vollbringe nicht mehr ich es,
          sondern die in mir wohnende Sünde.
21 Ich finde also das Gesetz,
          daß bei mir,
              der ich das **Gute** tun will,
              das **Böse** vorhanden ist.
22   **Denn** ich habe
          nach dem inneren Menschen
          Wohlgefallen am Gesetz Gottes;
23   aber ich sehe
          ein anderes Gesetz in meinen Gliedern,
          das dem Gesetz meiner Vernunft widerstreitet
              und mich in Gefangenschaft bringt
              unter das Gesetz der Sünde,
              das in meinen Gliedern ist.
24 Ich elender Mensch!
          Wer wird mich retten von diesem Leibe des Todes? -
25 Ich danke Gott durch Jesus Christus, unseren Herrn!
  Also diene ich nun selbst
          mit der Vernunft Gottes Gesetz,
          mit dem Fleisch aber dem Gesetz der Sünde.

A. V.14-25: Von wem spricht Paulus?

"Der nun folgende Teil, Kap. 7,14-25, ist vielleicht die am häufigsten genannte und umstrittenste Stelle des Römerbriefes und enthält eines der schwersten Probleme, die das Neue Testament aufzuweisen hat. Schon während der ersten Jahrhunderte des Christentums kannte man dieses Problem, und seitdem ist es niemals zur Ruhe gekommen. In allen Jahrhunderten sind die Geister aneinander geraten, wenn es das zu deuten galt, was Paulus mit diesem eigentümlichen Abschnitt gemeint hat. Die Frage, um die der Streit ging, kann folgendermaßen formuliert werden: Wer ist das *Ich*, das Paulus hier einführt ... Ist es der bekehrte oder der unbekehrte Mensch, der so spricht? Oder - da Paulus ja hier in der Ich-Form und somit mehr oder weniger in seinem eigenen Namen spricht - ist es sein vorchristliches oder sein christliches Leben, von dem Paulus so sprechen kann? Während die griechischen Kirchenväter im allgemeinen Kap. 7,14-25 als auf den vorchristlichen Menschen sich beziehend deuteten, kam Augustin, zum Teil im Anschluß an seinen Streit mit Pelagius, zu der Überzeugung, daß es sich hier um den Christen handele. Dieser Auffassung schlossen sich die Kirche des Mittelalters und - obgleich mit einer anderen Bedeutung der Worte - Luther und die übrigen Reformatoren an. Erst der Pietismus brach mit dieser Deutung und erklärte, daß es sich hier nur um den unbekehrten, den nicht wiedergeborenen Menschen handeln könne. Für den Pietismus mit seiner Auffassung vom Wesen des christlichen Lebens und von der Bedeutung der Heiligung war es einfach undenkbar, daß Paulus auf diese Weise von seinem neuen christlichen Leben sprechen könnte ..."[498]

Die Frage nach dem "*ich*" ist genau genommen eine dreifache (a.-c.):

a. Für wen spricht Paulus?

Die erste Frage lautet, ob Paulus hier 1) seine eigenen Erfahrungen schildert oder 2) stellvertretend für andere spricht oder 3) beides miteinander verbindet. Wie es oft bei Paulus der Fall ist, dürfte das letztere zutreffen. Paulus schildert an seinem persönlichen Beispiel das Schicksal aller. Es ist sehr unwahrscheinlich, daß Paulus sich selbst von dem Gesagten ausnimmt und nur andere meint und trotzdem von "*ich*" spricht. Ebenso unwahrscheinlich ist aber auch, daß Paulus hier etwas so Allgemeines schildert, ohne andere darin mit einzuschließen. Dann hätte der ganze Abschnitt auch für sein Thema in Röm 5-8, wie denn der aus Glauben Gerechte leben kann und soll, keine Funktion. Wenn Paulus jedoch beides miteinander verbindet und seinen eigenen Zwiespalt schildert, um den Zustand aller darzulegen, hat der Abschnitt eine unübertroffene Funktion im Gesamtzusammenhang.

b. Gläubiger oder Ungläubiger?

Die zweite Frage lautet, ob Paulus hier 1) den Zustand des Ungläubigen allgemein oder 2) den Zustand des überzeugten, ungläubigen Juden oder 3) den Zustand des Juden, wie er ihn

---

[498]Nygren 208; vgl. zur Geschichte der Auslegung Michel 240-242; Sanday/Headlam 184-185

jedoch erst aus dem Rückblick als Christ erkennen kann oder 4) den Zustand des Christen beschreibt[499].

Die erste Aufassung scheidet meines Erachtens völlig aus, weil es um jemanden geht, der das Gesetz kennt und Wohlgefallen an ihm hat. Daß dies auch für die Juden nicht allgemein gelten kann, hat Paulus in Röm 2-3 ausführlich begründet, weswegen die zweite Aufasung ausscheidet. Auch dort beurteilt er das pharisäische Judentum bereits aus christlicher Sicht, weswegen die dritte Auffassung ausscheidet.

Es gibt eine Reihe meines Erachtens überzeugender Argumente dafür, daß Paulus in Röm 7,14-25 als Christ spricht und den Zustand des Christen beschreibt[500], Argumente, die die Reformatoren intensiv behandelt haben[501] und die heute zumeist von bibeltreuen, lutherischen oder reformierten Vertretern vorgebracht werden[502].

1. Paulus geht von der Vergangenheitsform in Röm 7,7-13 zur Gegenwartsform in Röm 7,14-25 über. Hätte Paulus von Anfang an die Gegenwartsform benutzt, könnte er sich nach biblischen Sprachgepflogenheiten auch auf die Vergangenheit beziehen. Der Wechsel der Zeitform spricht aber stark dafür, daß er nun sein gegenwärtiges Leben meint, wenn der Wechsel allein auch keine letzte Beweiskraft hätte.

2. Paulus behandelt in Röm 5-8 das Leben des Glaubenden. Eine ausführliche Darstellung, wie er vor seiner Rechtfertigung gelebt hat, paßt nicht in den Zusammenhang. In Röm 7,1 beginnt Paulus eine Begründung und Erläuterung zu Röm 6. In Röm 6 geht es jedoch ausschließlich um die Sünde im Leben des Wiedergeborenen. Die Frage nach dem Zustand des Ungläubigen hat Paulus längst und gründlich in Röm 1-5 abgehandelt. Ab Röm 5,1 (*"Da wir nun*

---

[499]Weitere Positionen bespricht Cranfield 2/344ff; vgl. auch 342 mit Positionen zu V.7-13

[500]Ausgezeichnete Zusammenstellungen weiterer Argumente finden sich bei Nygren 208-222 und Cranfield 1/340-370 (zu Cranfields Sicht von Röm 7 vgl. Tom Wright. "Godliness and Good Learning: Cranfield's Romans". Themelios 6 [1980] 9: 18-24). Vgl. außerdem neben den in den nächsten beiden Anmerkungen genannten Autoren folgende weitere Vertreter dieser Sicht: Richard Schmitz. Fleisch und Geist. Bundes-Verlag: Witten, 1962; das ganze Heft Wahrheit für Heute 6 (1978) 1: unter anderem mit Beiträgen von Charles H. Spurgeon, Arthur W. Pink, Robert D. Brinsmead, James D. G. Dunn; James D. G. Dunn. Romans 7,14-25 in the Theology of Paul. Diss.: Cambridge (GB), 1974.

[501]Vgl. Calvin; Luther, Epistel; Luther, Vorlesung (alle zur Stelle)

[502]Z. B. Murray; Hendriksen; Hodge; Brown; Cranfield; Nygren (alle zur Stelle)

aus Glauben gerechtgesprochen worden sind ...") geht es nur noch
um das Leben der Christen[503].

**3. Paulus beschreibt in Röm 7,14-25 seine Einstellung so, wie
sie nie ein Ungläubiger und auch nicht Paulus als überzeugter
Pharisäer gehabt haben kann**: er 'billigt' sein Handeln nicht
(V.15), sondern er 'haßt' es (V.15), denn er tut, was er "*nicht will*"
(V.16+20). Er 'will' "*das Gute*" (V.18+21) und hat "*nach dem inneren Menschen Wohlgefallen an dem Gesetz Gottes*" (V.22). Nicht er
sündigt, sondern die "*in ihm wohnende Sünde*" (V.17+20; vgl. zu
diesen Versen die Ausführungen unten), eine Aussage, die für einen
Christen sinnvoll ist, auf einen Ungläubigen bezogen jedoch als Entschuldigung zu verstehen wäre. Gerade die letzten beiden Aussagen
können unmöglich für einen nicht wiedergeborenen Menschen gelten. Paulus hat auch sein eigenes Leben vor der Bekehrung sonst
nicht so geschildert (vgl. z. B. **Phil 3,5-6**). Daß der Ungläubige gerade nicht das Gute will, setzt Paulus bereits in den ersten Kapiteln
des Römerbriefes voraus.

**4. Paulus dankt in V.25a Jesus Christus, wie es nur ein Christ
kann, ist aber in V.25b noch bei der Beschreibung des Zustan-
des von Röm 7,14-25:**

Das Vor und Zurück zwischen Röm 7 und 8
Röm 7,24 [Klage:] "*Ich elender Mensch! Wer wird mich retten von diesem Leibe des Todes?*"   Röm 7,25a [Dank:] "*Ich danke Gott durch Jesus Christus, unseren Herrn!*"   Röm 7,25b [Klage:]"*Also diene ich nun selbst mit der Vernunft Gottes Gesetz, mit dem Fleisch aber dem Gesetz der Sünde.*"   Röm 8,1 [Dank:] "*Also gibt es jetzt keine Verurteilung mehr für die, die in Christus Jesus sind.*"

"Ein weiterer Einwand ... ist die Reihenfolge der Sätze in V.24-25.
Vers 25b ist eine Verlegenheit für alle, die in V.24 den Schrei des unbekehrten Menschen oder eines Christen, der auf einer niedrigen Stufe
des Christseins lebt, sehen, sowie in V.25a den Hinweis, daß die er-
wünschte Befreiung tatsächlich gekommen ist, da er nach dem Dank
kommt und nahezulegen scheint, daß der Zustand des Sprechers nach
der Befreiung genau derselbe ist, wie vorher. Alle Versuche, diese
Schwierigkeit zu umgehen, haben den Geruch der Verlegenheitslösung
an sich."[504]

**5. Auch in Röm 6 und Röm 8 stellt Paulus Fleisch und Geist
und Dienst für die Sünde und Dienst für die Gerechtigkeit im**

---

[503]Vgl. die Argumente in Abschnitt A. von Lektion 9
[504]Cranfield 1/345

Leben des Christen gegenüber. Alle seine Aufforderungen in beiden Kapiteln sind nur verständlich, wenn es die in Röm 7 geschil-
derte Situation im Leben des Christen gibt. Das Argument, daß
Paulus sein Leben als erretteter Christ niemals wie in Röm 7 hätte
schildern können, scheitert daran, daß er dies in Röm 6 und 8 ganz
ähnlich tut.

Einige Beispiele mögen dies belegen. Nach Röm 6,12 kann man
auch als Christ die Sünde im Leib "*herrschen*" lassen und den
"*Begierden*" gehorchen. Nach Röm 6,13 kann auch ein Christ "*der
Sünde*" seine "*Glieder als Waffen der Ungerechtigkeit*" geben. Nach
Röm 8,4-8 muß auch der Christ davor gewarnt werden "*fleischlich*"
gesinnt zu sein. Deswegen sollen sich Christen nicht "*dem Fleisch
schuldig*" fühlen und "*nach dem Fleisch leben*" (Röm 8,12). "*Die
Taten des Fleisches*" soll der Christ "*töten*" (8,13).

Der schwedische Theologe Anders Nygren hat die Parallelität der
Kap. 6-8 in ihrer Darstellung der Unvollkommenheit und des
Kampfes der gläubigen Christen gut eingefangen:

> "Kap. 6: Wir sind *frei von der Sünde* - und doch müssen wir gegen
> sie kämpfen;
> Kap. 7: Wir sind *frei vom Gesetz* - und doch können wir nicht durch
> das Gesetz, nach seinem Maßstab gerecht werden;
> Kap. 8: Wir sind *frei vom Tode* - und doch seufzen wir nach der Erlö-
> sung unseres Leibes."[505]

> Wenn Paulus hier als Christ spricht, schließt das natürlich nicht
> aus, daß wir seine Erfahrungen auf den von Paulus nicht angespro-
> chenen, seltenen Fall *übertragen* können, daß ein nicht wiedergebo-
> rener Mensch Wohlgefallen am Gesetz Gottes findet. Wenn schon der
> Christ nicht in der Lage ist, das Gesetz Gottes einfach in die Tat
> umzusetzen, wenn er es nur kennenlernt, gilt dies für andere natürlich
> erst recht. Ich betone allerdings nochmals, daß das hier überhaupt
> nicht mehr das Thema von Paulus ist. Seit Röm 5,1 geht es um das
> Leben des Gerechtgesprochenen.

c. Normal- oder Ausnahmezustand?

**Die dritte Frage stellt sich augenblicklich, wenn man erst
einmal davon ausgeht, daß Paulus hier als Christ spricht: Meint
Paulus hier 1) den Normalzustand des Christen, an dem nichts
zu ändern ist, oder 2) den Normalzustand des Christen, an dem
etwas zu ändern ist, oder 3) einen Ausnahmezustand, der nur ab
und zu eintritt?**

C. E. B. Cranfield teilt die Ansichten anders auf. Er stellt die
Frage, ob Paulus hier entweder einen 'niedrigeren' Zustand des

---

[505]Nygren 216

Christseins beschreibt, den man hinter sich lassen kann oder eine allgemeine Erfahrung aller Christen charakterisiert, die gerade die ernsten und reifen Christen verstärkt machen[506]. Er setzt sich zurecht dafür ein, daß dieser tiefgreifende Zwiespalt eben gerade von solchen Christen empfunden wird, die Röm 6 und die Konsequenzen daraus ganz verstanden haben und tiefes Wohlgefallen am Gesetz Gottes haben. Schließlich ist Paulus im "ich" trotz allem mit inbegriffen. Der 'oberflächliche' Christ dagegen wird, so Cranfield, eher die Augen vor seinen eigenen Sünden verschließen und den Kampf zwischen dem Wollen und dem Nichtkönnen oder Scheitern weniger empfinden.

Vor diesem Hintergrund weist er auch den Einwand ab, daß ein Christ unmöglich von sich sagen könne, daß er "*unter die Sünde verkauft*" (V.14) sei:

"... wir sollten uns fragen, ob unsere Unfähigkeit, diesen Ausdruck als Beschreibung eines Christen anzunehmen, vielleicht das Ergebnis des Versagens ist, den völligen Ernst der ethischen Gebote des Gesetzes Gottes (oder des Evangeliums) zu realisieren."[507]

Auch wenn ihm beide reformatorischen Konfessionen darin zustimmen würden, liegt hier doch auch zum Teil ein Unterschied zwischen der lutherischen und der reformierten Sicht, obwohl diese Aufteilung nicht auf jeden Vertreter dieser beiden Konfessionen zutrifft[508]. Beide Sichtweisen wenden sich gegen pietistische und schwärmerische Versuche, sich Vollkommenheit einzubilden und die Sünde im Leben des Christen zu verharmlosen. Dabei betont die lutherische Sicht jedoch Röm 7 stärker als Röm 8, während die reformierte Sicht beide Kapitel gleich stark betonen will.

Für die lutherische Sicht ist das Leben aus dem Geist nach Röm 8 eher eine juristische Größe, während Röm 7 die alltägliche Erfahrung des Christen beschreibt. Für die reformierte Sicht ist Röm 7 die Beschreibung dessen, was passiert, wenn der Christ versucht, die Gebote Gottes aus eigener Kraft zu halten. Röm 8 dagegen ist für die reformierte Seite die befreiende Antwort, die ebenso unsere alltägliche Erfahrung beschreibt. Röm 7 und Röm 8 gelten deswegen immer gleichzeitig. Der Christ mag noch so viel aus dem Geist leben, die Kenntnis des Willens Gottes allein wird ihn auch weiterhin aus eigener Kraft nie verändern. Den Versuch, dies zu tun, wird er jedoch leider bis zu seinem Tod nie aufgeben. In **Jak 3,2** sagt Jako-

---

[506]Cranfield 1/344-346

[507]Cranfield 1/346-347

[508]Vgl. zu diesem Unterschied die Darstellung des Lutheraners Matthias Schneckenburger. Vergleichende Darstellung des lutherischen und reformierten Lehrbegriffs. 2 Bde. J. B. Metzler: Stuttgart, 1855. S. 66-224

bus entsprechend von Christen: "*wir alle straucheln oft*". Und dennoch ist das für ihn keine Entschuldigung, sondern eine Warnung, vorschnell Lehrer zu werden (Jak 3,1) und eine Ermunterung, das "*Wort*" Gottes besser kennenzulernen (Jak 3,2).

Auch wenn ich mich dieser letzten Sicht anschließe und sie der Erklärung von Röm 8 zugrundelegen werde, wollen wir doch nicht vorschnell zu Röm 8 übergehen. Nur wer Röm 7 zutiefst verstanden und nachvollzogen hat, wird die befreiende Botschaft von Röm 8 verstehen können. Nur wenn ich weiß, daß "*ich auf mich selbst gestellt*", wie man das "*ich selbst*" (griech. 'autos ego') in Röm 7,25 frei wiedergeben kann, nicht in der Lage bin, Gottes Willen zu tun, wird man verstehen, was Röm 8 eigentlich bedeutet.

Viele Ausleger, die davon ausgehen, daß sich Röm 7,14-25 auf den Ungläubigen bezieht, sehen dann in Röm 8, insbesondere in V.3-5, nur eine erneute Bestätigung, daß der Christ durch den Kreuzestod Jesu gerechtgesprochen wird[509]. Sieht man jedoch in Röm 7 die Unfähigkeit des Christen beschrieben, aus eigener Kraft das Gesetz zu halten, legt sich für Röm 8, besonders für V.3-5, die Auslegung nahe, daß Paulus nun beschreibt, daß der Christ durch den Kreuzestod Jesu die Kraft erhält, das Gesetz trotzdem auszuleben.

d. Wasserscheide zwischen Reformation und Humanismus

Die Auslegung von Röm 7 ist ebenso wie die Frage der Erbsünde und der Prädestination eine **Wasserscheide zwischen einem reformatorischen Christentum und einem humanistischen Christentum**, das zwar die 'Werte' des Christentums übernehmen will, die völlige Sündhaftigkeit des Menschen und die Tatsache, daß selbst der Christ ohne den Geist Gottes das Gute bestenfalls will, nicht jedoch vollbringen kann, nicht wahrhaben will[510].

Es gibt wohl keinen größeren Gegensatz zwischen der paulinischen Aussage, wie es selbst um den glaubenden Christen steht, und der Beschreibung der Bedeutung des griechischen Philosophen Sokrates durch Hans Joachim Störig, die wir bereits im Zusammenhang mit der Erbsünde zitiert haben:

"... indem nämlich mit ihm etwas in die Geschichte der Menschheit eintrat, was von da an zu einer immer weiter wirkenden Kulturkraft

---

[509]Das beste Beispiel für jemand, der deswegen in Röm 8 eigentlich nur eine Wiederholung von Röm 5-6, jedoch keinen Fortschritt sieht, ist Emil Brunner; vgl. Nygren 211.

[510]Dies betont besonders Georg Huntemann. Der verlorene Maßstab: Gottes Gebot im Chaos dieser Zeit. VLM: Bad Liebenzell, 1983. S. 74-78+140-152 in Anschluß an Barth 240-254 und an Friedrich-Hermann Kohlbrügge.

wurde: die in sich selbst unerschütterlich gegründete, autonome sittliche Persönlichkeit. Dies ist das 'sokratische Evangelium' vom innerlich freien Menschen, der das Gute um seiner selbst willen tut."[511]

So gut und unübertroffen die Gebote Gottes auch sein mögen, muß doch jeder Christ an sich beobachten und feststellen, daß die Kenntnis dieser Gebote allein nicht genügt, um sich und die Welt zu verändern. *Dies gilt selbst dann, wenn er Wohlgefallen an den Geboten hat, was ja allerdings heute leider auch unter Christen oft nicht mehr die Regel ist.* Wenn Gott nicht selbst durch seinen Geist Abhilfe schafft und die Gebote in uns erfüllt, sind auch wir Christen weiterhin zum Schlimmsten fähig. Die Kenntnis des Gesetzes allein ändert keinen Menschen. Das ist nicht eine neutestamentliche Kritik des Paulus am Gesetz, sondern galt immer schon: "*Darum ist das Gesetz ohnmächtig*" (**Hab 1,4**). Das Gesetz, so wunderbar es ist, hat eben nicht die Kraft, für seine Einhaltung zu sorgen. Dies war auch nie seine Aufgabe.

Einige Vertreter des Pietismus und der Heiligungsbewegung haben abweichend von der Mehrheit der Anhänger dieser Bewegungen Röm 7,14-25 auf den Christen bezogen. Meist wird dann aber Röm 8 so stark betont, daß Röm 7 kaum zum Tragen kommt[512]. Für Johann Albrecht Bengel war Röm 7 zum Beispiel ein "vorübergehender, zwischengeschalteter Zustand"[513]. Ähnlich sah es die Keswick-Bewegung[514] und die von ihr ausgehende Heiligungsbewegung. Dies war jedoch letztlich genauso ein Abweichen von den Lehren der Reformation, wie die Position, daß sich Röm 7,14-25 auf den Ungläubigen bezieht. Die Gefahr des Vollkommenheitsdenkens, also des sogenannten Perfektionismus, lauert bei beiden Sichtweisen gleichermaßen vor der Tür. Allerdings war es für den Perfektionismus, der bei uns vor allem über die Heiligungsbewegung in Teilen der Gemeinschaftsbewegung[515] und in der Pfingstbewegung Fuß faßte, einfacher, zu argumentieren, wenn Röm 7,14-25 sich von vornherein nicht auf den Christen bezog.

---

[511]Hans Joachim Störig. Kleine Weltgeschichte der Philosophie 1. Fischer: Frankfurt, 1969. S. 153

[512]Z. B. Fritz Hubmer. Die dreifache Freiheit der Erlösten. Telos. Verlag der St.-Johannis-Druckerei: Lahr, 1975. bes. S. 43ff

[513]So faßt Richard Schmitz. Fleisch und Geist. a. a. O. S. 16 Bengels Auffassung zusammen. Dort auch Zitat von Bengel und Widerlegung.

[514]Vgl. dazu beziehungsweise dagegen John Murray. Collected Writings. Bd. 4. Banner of Truth Trust: Edinburgh, 1982. S. 285-286

[515]Vgl. die ausgezeichnete Untersuchung von E. Cremer. Das vollkommene gegenwärtige Heil in Christo: Eine Untersuchung zum Dogma der Gemeinschaftsbewegung. Beiträge zur Förderung christlicher Theologie 19 (1915). C. Bertelsmann: Gütersloh, 1915. Cremer zeigt sehr deutlich, wie die reformatorische Rechtfertigungslehre in der Theorie stehengelassen wurde, in Lehre und Praxis jedoch durch den höheren Zustand der Heiligung aufgehoben wurde (bes. S. 11-14).

Die neueren historisch-kritischen Forscher, beispielsweise die radi-
kaleren Kritiker Rudolf Bultmann[516], Werner Georg Kümmel[517],
Ernst Käsemann[518] und Karl Barth oder die gemäßigteren Vertreter
Otto Michel[519], Adolf Schlatter[520] und Peter Stuhlmacher[521] gehen
in seltener Einmütigkeit[522] mit Pietismus und Teilen des Fundamen-
talismus davon aus, daß sich Röm 7,14-25 auf den ungläubigen Menschen bezieht, wobei es jedoch bedeutende Ausnahmen wie Anders
Nygren[523] und C. E. B. Cranfield[524] gibt. Allerdings vertreten die
neueren historisch-kritischen Forscher ebenso wie die Pietisten der
Gegenwart meist eine variierte Form der alten pietistischen Sicht:
Paulus spricht zwar vom ungläubigen Menschen, aber so, wie nur ein
Christ über seine Vergangenheit sprechen kann[525]. **Kann der Christ
aber wirklich im Nachhinein sagen, daß er Wohlgefallen am Gesetz Gottes hatte, nur, daß ihm das seinerzeit nicht bewußt war?**
Kann er im Nachhinein feststellen, daß er ja eigentlich immer schon
das Gute wollte und es eben nur nicht tat? Wird hier dann nicht ein
positives Bild vom Ungläubigen gezeichnet, wie es Paulus im Rückblick auf seine eigene Vergangenheit nie gezeichnet hat und wie es
seinem Urteil in Röm 1-3 nicht im entferntesten entspricht?

Ein krasses Beispiel historisch-kritischer Theologie bietet Paul Althaus in seinem Buch 'Paulus und Luther über den Menschen'. Althaus
geht davon aus, daß die moderne Sicht die paulinische Auffassung
richtig wiedergibt: Röm 7,14-25 spricht vom nichtwiedergeborenen
Menschen aus der späteren Sicht des Wiedergeborenen. Deswegen
hat aber Martin Luther für ihn nicht unrecht. Im Gegenteil, Luther
kommt zu seiner Auffassung, weil er ein tieferes Sündenverständnis
als Paulus hatte[526]. Althaus schreibt über Luther: "Der Blick in die
Seele ist eindringlicher [als bei Paulus], die Reflexion schärfer, und
damit die Beurteilung strenger geworden. Luthers Sündenbegriff
reicht bis in die Tiefe der unwillkürlichen Regungen. Insofern hat
seine Umdeutung und Anwendung von Römer 7 auf den Christen
Sinn. Sie ist exegetisch unmöglich, sie widerspricht den Gedanken

---

[516]Literatur bei Michel 246

[517]Werner Georg Kümmel. Römer 7 und das Bild des Menschen im Neuen
Testament: Zwei Studien. Chr. Kaiser: München, 1974

[518]Käsemann 178-204

[519]Michel 245-247

[520]Schlatter, Gerechtigkeit 231-252

[521]Stuhlmacher 105-107

[522]Darauf weist ausdrücklich Nygren 210 hin.

[523]Nygren 208-222

[524]Cranfield 1/340-370

[525]Kurz dargestellt und vertreten bei Ernst Otto. Der alte und der neue Mensch
nach Römer 7 und 8. Christliche Verlagsanstalt: Konstanz, o. J. S. 2-4;
dargestellt, aber abgelehnt bei Nygren 209-211.

[526]Paul Althaus. Paulus und Luther über den Menschen. C. Bertelsmann: Gütersloh, 1951[2] (1938[1]). S. 31-67, bes. S. 91-95

des Paulus, aber sie ist Ausdruck einer Selbstbeurteilung des Christen, der wir sachlich recht geben müssen. Obgleich sie Paulus Gewalt antut, hat sie theologisches Recht. Es gibt keinen anderen Text des Neuen Testamentes, in dem die Erkenntnis Luthers von der bis zum Tode bleibenden Sündigkeit des Christen sich so wiederfinden konnte wie in Röm. 7, wenn auch nur auf dem Wege unbewußter Umdeutung."[527] Ein deutlicheres Beispiel, wie die historisch-kritische Theologie biblische Exegese, biblische Theologie, Dogmatik und Theologiegeschichte auseinanderreißt, dürfte kaum zu finden sein. Luther hat für Althaus Recht, obwohl seine Argumente angeblich exegetisch unhaltbar sind. Was Luther wohl über solche Lutheraner sagen würde? Und was er empfinden würde, wenn man seine immer wieder ausführlich zusammengetragenen exegetischen Argumente einfach so vom Tisch wischt? Und kann ein Mensch wirklich ein tieferes Sündenverständnis als Paulus und die ganze Bibel haben?

Die Sicht des Pietismus und der Heiligungsbewegung ist selten von bibeltreuen Autoren gründlich exegetisch begründet worden. Eine rühmliche Ausnahme[528] ist der aus der Tradition der Heiligungsbewegung in den Freikirchen kommende **Erich Mauerhofer**, der seine Dissertation diesem Thema widmete[529]. Auch die Freikirchen haben sich selten zu dem Problem geäußert, zumal sie in ihrem Urteil sehr uneinheitlich waren und neben der Tradition der pietistischen Sicht von Röm 7 auch deutliche Stimmen für die Sicht der Reformatoren veröffentlichten[530].

Paulus hat in seiner Überschrift Röm 1,16-17 das Evangelium als *"Kraft Gottes zum Heil"* gerühmt. Diese Kraft ist jedoch nicht nur zur Rechtfertigung notwendig, sondern auch, um als Gerechtgesprochener leben zu können. In Röm 1-3 hat Paulus gezeigt, daß dem Ungläubigen die Kraft fehlt, sich selbst zu rechtfertigen. In Röm 7 macht er deutlich, daß dem Gläubigen die Kraft fehlt, aus sich selbst das Heil auszuleben. **Nur wer akzeptiert, daß er als Christ weiterhin *"durch das Fleisch kraftlos"* (Röm 8,3) ist, wird den steilen Anstieg von Röm 1,16 bis zu Röm 8 in seiner ganzen Großartigkeit nachvollziehen können.**

Nachdem die Diskussion um das *"Ich"* soviel Raum in Anspruch genommen hat, sollen nur noch zu vier Versen einige kurze Anmerkungen folgen.

---

[527]Ebd. S. 94

[528]So auch Georg Huntemann. Der verlorene Maßstab. a. a. O. 140

[529]Erich Mauerhofer. Der Kampf zwischen Fleisch und Geist bei Paulus. Telos. Frutigen (CH), 1981[2]; Ernst Otto. Der alte und der neue Mensch nach Römer 7 und 8. Christliche Verlagsanstalt: Konstanz, o.J., 20 S.

[530]So etwa die Freien Evangelischen Gemeinden mit Richard Schmitz. Fleisch und Geist. a. a. O.

B. V.14+20 und 17+20: Zu einigen Ausdrücken

Die Sprache des ganzen Abschnittes ist auch vom Alten Testament mitgeprägt. So entstammt der Ausdruck in V.14 *"unter die Sünde verkauft"* wohl aus **1Kön 21,25** wo Ahab sich *"zum Sündigen verkauft"*. V.22 ist anhand von **Ps 40,9** (*"Dein Wohlgefallen zu tun, mein Gott, liebe ich und dein Gesetz ist tief in meinem Inneren"*) formuliert worden.

Die Aussage in **V.17 und 20,** daß nicht der Christ, sondern die Sünde in ihm sündigt, wird häufig nicht oder falsch verstanden. Drei Zitate aus Kommentaren bringen hier die nötige Aufklärung:

> "Dieser Vers ist nicht als Entschuldigung gedacht, sondern vielmehr als Anerkenntnis des Ausmaßes, mit der die im Christen wohnende Sünde die Kontrolle über sein Leben an sich reißt. Aber während ... dies keine Entschuldigung ist, ist die Tatsache, daß es einen wirklichen Konflikt und Spannung gibt, ein Zeichen der Hoffnung."[531]

Sünde und Christ sind also nicht eins, sondern Gegner.

> "Er ist nicht einmal Herr im eigenen Haus; er stößt darin auf einen Tyrannen, der ihn gegen sein besseres Wissen und Gewissen zu handeln zwingt. Welche Demütigung! Welches Elend!"[532]

> "Zum Täter meiner Handlungen kann die Sünde deshalb werden, weil sie in mir heimisch ist. Damit ist erkannt, daß das Ich nicht die Sünde ist; wäre es die Sünde, so könnte es sich nicht von ihr trennen und sie nicht hassen. Es ist aber zugleich erkannt, daß die Sünde mächtiger ist als das Ich und vom Wollen des Ichs nicht überwunden und beseitigt werden kann."[533]

Rückblickend ist auf einen wesentlichen Unterschied zwischen der Ethik des Römerbriefes und der Ethik der meisten Philosophien hinzuweisen. Jan Rohls hat die Ethik der griechischen Philosophen treffend mit "Der moralische Intellektualismus"[534] überschrieben, wobei diese Charakterisierung auf viele philosophische Systeme, ja, auch auf viele christliche Ansichten zutrifft. Die Fehler, Probleme und Sünden des Menschen sind angeblich ausschließlich auf einen Fehler in seinem Denken zurückzuführen. Denkt der Mensch richtig, handelt er auch richtig, denn Unmoral wird als Unkenntnis verstanden.

Demgegenüber macht Röm 7 deutlich, daß es zwar ungeheuer wichtig ist, richtig zu denken und die Wahrheit zu erkennen, weswegen das Gesetz Gottes unabdingbar ist, ein intellektuelles Er-

---

[531]Cranfield 1/360; ähnlich O. Michel 232; Murray 1/263; Krimmer 190
[532]Godet 2/64
[533]Schlatter, Gerechtigkeit 243
[534]Jan Rohls. Geschichte der Ethik. J. C. B. Mohr: Tübingen, 1991. S. 48

fassen des Richtigen jedoch keinen Menschen verändert. Wer richtig denkt, handelt nach biblischem Verständnis noch lange nicht richtig. **Unmoral ist nicht Unkenntnis, sondern Ungehorsam!** Nur durch die Gnade Gottes kann der Mensch, der das Richtige einsieht, auch dazu gelangen, das Richtige zu tun.

➡ Empfehlungen zum eigenen Weiterstudium

Lesen Sie den Kommentar von Nygren zum angegebenen Text[535]. Vergleichen Sie diesen Kommentar gegebenenfalls mit der Gegenposition im Kommentar von Adolf Schlatter[536].

Eine gut begründete Gegenposition zu diesen Ausführungen findet sich in der Dissertation von Erich Mauerhofer[537].

✍ Fragen zur Selbstkontrolle

Welche fünf Gründe werden vor allen Dingen als Beleg dafür angeführt, daß Paulus hier seinen unvollkommenen Zustand als gläubiger Christ beschreibt? (Antwort: lesen Sie Abschnitt A. b. in dieser Lektion)

Wie stellte sich der Pietismus zu Röm 7,14-25? (Antwort: lesen Sie das erste Zitat im Abschnitt A. und eventuell zur Vertiefung die kleingedruckten Absätze in Abschnitt A. d.)

Wie ist die Aussage in Röm 7,17+20 zu verstehen, daß nicht der Mensch (der Christ?), sondern, die in ihm wohnende Sünde sündigt? (Antwort: lesen Sie den Abschnitt B. in dieser Lektion)

✉ Einsendeaufgaben

Zur Lektion 13:

❶ Was ist in Röm 7,4-6 unter 'Geist', was unter 'Buchstabe' zu verstehen? Umfang: ca. 1 DIN A4-Seite)

❷ Wie verstehen Sie die folgenden Aussagen des Paulus über das Gesetz? Das Gesetz ist
* "zum Leben gegeben" (Röm 7,10),
* "heilig, gerecht und gut" (V.12),
* "geistlich" (V.14),
* zustimmungswürdig und "gut" (V.16),
* definiert "das Gute" und "das Böse" (V.19+21) und
* löst "Wohlgefallen" aus (V.22). (Umfang: 1-3 DIN A4-Seiten)

Zur Lektion 14:

❶ Stellen Sie in Stichworten in einer Tabelle die Argumente dafür einander gegenüber, daß Paulus hier a) seine Zeit vor seiner Bekehrung zu Chri-

---

[535]Nygren 208-221. Auf Englisch empfiehlt sich auch Murray 1/256-273 oder Cranfield 1/354-370.

[536]Schlatter, Gerechtigkeit 236-252

[537]Erich Mauerhofer. Der Kampf zwischen Fleisch und Geist bei Paulus. Telos. Frutigen (CH), 1981²

stus; b) einen Aspekt seines Lebens als Christ beschreibt. (Umfang: 2-3 DIN A4-Seiten)

❷ Inwiefern läßt sich an den Auslegungen von Röm 7,14-25 der Unterschied zwischen einem 'reformatorischen' und einem 'humanistischen' Christentum zeigen? Beantworten Sie die Frage bitte unabhängig von der Frage, wie Röm 7,14-25 Ihrer persönlichen Sicht nach richtig zu verstehen ist und welche Sicht des Christseins Ihnen persönlich eher zusagt.

⊛ Hinweise für den Gruppenleiter

Sollten Sie Vertreter der hier abgelehnten Auslegungen in Ihrer Gruppe haben, bitten Sie diese am besten zu Beginn um die Darstellung Ihrer Sicht. Sie vermeiden so, daß die Diskussion sich in Details verliert und die grundsätzliche Gegenüberstellung für andere Gruppenmitglieder nicht mehr erkennbar wird.

✻ Fragen für das Gruppengespräch zur Auswahl

❶ <V.14-24> Paulus beschreibt in diesem Abschnitt den Zwiespalt des Christen, der einerseits das Gute tun will, wie es ihm das Gesetz Gottes sagt, andererseits doch immer wieder das Gegenteil tut.

* Ist uns dieser Zwiespalt persönlich bekannt?

* Würden wir ihn ebenso dramatisch beschreiben wie Paulus?

❷ <V.15> "Denn nicht, was ich will, tue ich, sondern was ich hasse, das übe ich aus".

* Gibt es dafür konkrete Beispiele in unserem Leben?

* Woran könnte es liegen, wenn wir die falschen Dinge, die wir tun, als Christen noch nicht einmal wie Paulus hassen?

❸ <V.22> "Denn ich habe nach dem inneren Menschen Wohlgefallen am Gesetz Gottes".

* Vielen Christen fehlt dieses Wohlgefallen am Gesetz Gottes, durch das erst das Elend und der Zwiespalt, die hier beschrieben werden, offenbar werden. Woran liegt das?

* Kann man überhaupt noch Wohlgefallen am Gesetz haben, wenn das Gesetz solche Folgen hat?

☛ Hinweis

Die Fortsetzung dieses Kurses zum Studium von Röm 8-16 findet sich in Band 2.

HÄUFIGER VERWENDETE LITERATUR

Die Kommentare der ersten beiden Rubriken werden nur mit Nachname und Seitenzahl (gegebenenfalls auch Bandzahl, z. B. Cranfield 1/12 = Bd. 1, S. 12) zitiert. Hat ein Autor zwei Kommentare verfaßt, tritt zur Unterscheidung ein Hauptwort aus dem Titel hinzu (z. B. Schlatter, Gerechtigkeit 17).

Die Zahlenangaben zu Zeitschriftenartikeln beginnen mit der Jahrgangszahl, gefolgt von dem Jahr in Klammern, gefolgt - sofern vorhanden - von der Heftzahl nach der Klammer und immer nach dem Doppelpunkt von der Seitenzahl - z. B. 42 (1993) 3: 44-55 oder 42 (1993): 44-55. Fehlt die Jahrgangszahl, wird die Heftzahl vor das Jahr gerückt und auf Klammern verzichtet - z. B. 3/1993: 44-55.

A. Häufiger zitierte oder empfehlenswerte Kommentare zum Römerbrief

Karl Barth. Der Römerbrief. Evangelischer Verlag: Zollikon (CH), 1947

David Brown. Romans. in: Robert Jamieson, A. R. Fausset, David Brown. A Commentary, Critical, Experimental, and Practical, on the Old and New Testament. 3 Bde. Wm. B. Eerdmans: Grand Rapids (MI), 1990 (Nachdruck aus dem 19. Jh.). Bd. 2. Teil 2

Johannes Calvin. Auslegung der Heiligen Schrift in deutscher Übersetzung XII: Römer und 1. und 2. Korintherbrief. Neukirchener Verlag: Neukirchen, o. J. (besprochen in John Murray. Collected Writings. Bd. 3. The Banner of Truth Trust: Edinburgh, 1982. S. 337-339)

C. E. B. Cranfield. A Critical and Exegetical Commentary on the Epistle to the Romans. 2 Bd. The International Critical Commentary 11. T & T Clark: Edinburgh, 1989 (Überarb. Nachdruck von 1979) (vgl. darin 1/30-44 die Einschätzung bedeutender Römerbriefkommentare: Kirchenväter, Luther, Calvin, Sanday/Headlam, Barth, Schlatter, Michel u. a.) (besprochen in Tom Wright. "Godliness and Good Learning: Cranfield's Romans". Themelios 6 (1980) 9: 18-24)

Robert Haldane. Auslegung des Briefes an die Römer. 3 Bde. J. G. Oncken: Hamburg Bd. 1+2: 1839, Bd. 3: 1843

Robert Haldane. Commentary on Romans. Kregel: Grand Rapids (MI), 1988 (Original 1853)

William Hendriksen. Romans. New Testament Commentary. The Banner of Truth Trust: Edinburgh, 1980

Matthew Henry's Commentary on the Whole Bible. Bd. 6. World Bible Publ.: Iowa Falls (USA), ca. 1990 (Original ca. 1700)

Charles Hodge. Romans. The Geneva Series of Commentaries. The Ban-
    ner of Truth Trust: Edinburgh, 1983 (Original 1835/1864)
Martin Luther. Römerbrief-Vorlesung 1515-16. Übersetzt von Eduard
    Ellwein. Martin Luther: Ausgewählte Werke 2. Chr. Kaiser:
    München, 1965[5] (Nachdruck von 1927)
Martin Luther. Vorlesungen über den Römerbrief: Lateinisch-Deutsch.
    Wissenschaftliche Buchgesellschaft: Darmstadt, 1960 *(in der
    sog. Weimarer Ausgabe Bd. 56)*
Martin Luther. Luthers Epistel-Auslegung. Bd. 1: Römerbrief. Vanden-
    hoeck & Ruprecht: Göttingen, 1963
Martin Luther. Vorrede zum Römerbrief. Übersetzt von Winfried Kütt-
    ner. Zahrenholzer Reihe 15. Verlag der Lutherischen Buch-
    handlung: Groß Oesingen, 1990
Leon Morris. The Epistle to the Romans. Wm. B. Eerdmans: Grand Ra-
    pids (MI), 1988
John Murray. The Epistle to the Romans. The New International Com-
    mentary on the New Testament. Wm. B. Eerdmans: Grand Ra-
    pids, 1984
Anders Nygren. Der Römerbrief. Vandenhoeck & Ruprecht: Göttingen,
    1965 (besprochen in John Murray. Collected Writings. Bd. 3.
    The Banner of Truth Trust: Edinburgh, 1982. S. 350-355)
Stephen C. Perks. "Romans". Commentary 1 (1988) 1 (May) und fortlau-
    fend jedes Heft bis heute (kostenlos bei Foundation for Chri-
    stian Reconstruction, P.O.Box 1, Whitby, North Yorkshire
    YO21 1HP, England)
Hermann Ridderbos. Aan de Romeinen. Commentaar Op Het Nieuwe
    Testament. Kok: Kampen, 1959
William Sanday, Arthur C. Headlam. A Critical and Exegetical Com-
    mentary on The Epistle to the Romans. The International Cri-
    tical Commentary 11. T & T Clark: Edinburgh, 1920
    (Nachdruck von 1902[5])
Adolf Schlatter. Der Brief an die Römer. Erläuterungen zum Neuen Te-
    stament 5. Calwer Verlag: Stuttgart, 1987
Adolf Schlatter. Gottes Gerechtigkeit: Ein Kommentar zum Römerbrief.
    Calwer Verlag: Stuttgart, 1975[5]
Peter Stuhlmacher. Der Brief an die Römer. Neues Testament Deutsch 6.
    Vandenhoeck & Ruprecht: Göttingen, 1989
Theodor Zahn. Der Brief des Paulus an die Römer. A. Deichert: Leipzig,
    1925[3]

Kommentare zu guten Römerbriefauslegungen finden sich in:
Charles H. Spurgeon. Commenting and Commentaries. The Banner of
Truth Trust, London 1969 (erw. Nachdruck von London, 1876). S.
170-174; vgl. meine eigenen Besprechungen in: Querschnitte (Bonn)
3 (1990) 3: 19-20 (zu Hendriksen); Querschnitte 2 (1989) 4: 17 (zu
Michel); Querschnitte 4 (1991) 4: (zu Cranfield); Bibel und Gemeinde 90 (1990) 2: 218-219 (zu Hendriksen).

B. Weitere verwendete Kommentare zum Römerbrief

Paul Althaus. Römer. Neues Testament Deutsch 6. Vandenhoeck & Ruprecht: Göttingen, 1966[10]

Karl Barth. Der Römerbrief 1919. Karl Barth Gesamtausgabe: Theologischer Verlag: Zürich, 1985 (unter 'Barth' wird nur die oben angegebene 2. Ausgabe zitiert)

Johann Tobias Beck. Erklärung des Briefes an die Römer. 2 Bde. Bertelsmann: Gütersloh, 1884

Werner de Boor. Der Brief des Paulus an die Römer. Wuppertaler Studienbibel. R. Brockhaus: Wuppertal, 1977[6]

F. F. Bruce. The Epistle of Paul to the Romans. Tyndale New Testament Commentaries 6. Wm. B. Eerdmans: Grand Rapids (MI), 1963

August Dächsel. Das Neue Testament mit in den Text eingeschalteter Auslegung. Die Bibel mit in den Text eingeschalteter Auslegung. Bd. 7. Justus Naumann: Leipzig, 1881

F. Davidson, Ralph Martin. "Der Brief an die Römer". S. 257-303 in: Donald Guthrie, J. Alec Motyer (Hg.). Brockhaus Kommentar zur Bibel. Bd. 4. Brockhaus: Wuppertal & Brunnen: Giessen, 1985

C. H. Dodd. The Epistle of Paul to the Romans. Fontana Books: London, 1959

Friedrich Godet. Kommentar zu dem Brief an die Römer. 2 Bde. Verlag C. Meyer: Hannover, 1892 und 1893 (Nachdruck von 1881/1882)

Ernst Käsemann. An die Römer. Handbuch zum Neuen Testament 8a. Tübingen, 1980[4]

Heiko Krimmer. Römerbrief. Bibel-Kommentar 10. Hänssler: Neuhausen, 1983

Otto Michel. Der Brief an die Römer. Kritisch-Exegetischer Kommentar über das Neue Testament 4[14]. Vandenhoeck & Ruprecht: Göttingen, 1978[5]

Rudolf Pesch. Römerbrief. Neue Echter Bibel 6. Echter Verlag: Würzburg, 1987[2]

Archibald Thomas Robertson. Word Pictures in the New Testament. Bd. 4: The Epistles of Paul. Baker Book House: Grand Rapids (MI), 1931. S. 320-430

Carl Olaf Rosenius. Der Brief an die Römer. 2 Bde. Missionsverlag der Evangelisch-Lutherischen Gebetsgemeinschaften: Bielefeld, 1986

Heinrich Schlier. Der Römerbrief. Herders Theologischer Kommentar. Herder: Freiburg, 1987[3]

Walter Schmithals. Der Römerbrief. Gütersloher Verlagshaus: Gütersloh, 1988

Ulrich Wilckens. Der Brief an die Römer. Evangelisch-Katholischer Kommentar 6.2.+6.3. 2 Bde. Neukirchener Verlag: Neukirchen, 1987[2]

C. Weitere häufiger zitierte oder empfehlenswerte Literatur

Nils Alstrup. "The Missionary Theology in the Epistle to the Romans". S. 70-94 in: Nils Alstrup. Studies in Paul: Theology for the Early Christian Mission. Augsburg Publ.: Minneapolis (USA), 1977

Aurelius Augustinus. Schriften gegen die Semipelagianer. Reihe: Sankt Augustinus, der Lehrer der Gnade: Deutsche Gesamtausgabe seiner antipelagianischen Schriften Bd. 7. Augustinus-Verlag: Würzburg, 1987[2]

Louis Berkhof. Grundriß der biblischen Lehre. Verlag der Francke-Buchhandlung: Marburg, 1990

W. E. Best. The Most Neglected Chapter in the Bible (Romans 9). South Belt Assembly of Christ (P.O.Box 34904, Houston, TX 77234, USA; dort kostenlos zu bestellen), 1990

Ragnar Bring. Christus und das Gesetz: Die Bedeutung des Gesetzes des Alten Testamentes nach Paulus und sein Glauben an Christus. E. J. Brill: Leiden, 1969

David Brown. Christ's Second Coming: Will it Be Premillennial? Still Waters Revival Books: St. Edmonton (CAN), 1990 (Original 1827)

David Brown. The Restoration of the Jews. (Original 1847). in: Steve Schlissel, David Brown. Hal Lindsey and the Restoration of the Jews. Still Waters Revival Books: St. Edmonton (CAN), 1990

Johannes Calvin. Unterricht in der christlichen Religion: Institutio Christianae Religionis. Neukirchener Verlag: Neukirchen, 1988[5]

Robert G. Clouse (Hg.). Das Tausendjährige Reich: 4 Standpunkte. Verlag der Francke-Buchhandlung: Marburg, 1983

C. E. B. Cranfield. "St. Paul and the Law". Scottish Journal of Theology 17 (1964) 1: 43-68

Glenn N. Davies. Faith and Obedience in Romans: A Study in Romans 1-4. Journal for the Study of the New Testament Supplement Series 39. Almond Press: Sheffield (GB), 1991

Felix Flückiger. "Christus, des Gesetzes telos". Theologische Zeitschrift (Basel) 11 (1955): 153-157

Gerhard Friedrich. "Das Gesetz des Glaubens Röm 3,27". Theologische Zeitschrift (Basel) 10 (1954): 401-417

Daniel P. Fuller. Gospel and Law: Contrast or Continuum? Wm. B. Eerdmans: Grand Rapids (MI), 1980

John L. Girardeau. Calvinism and Evangelical Arminianism. Sprinkle Publ.: Harrisonburg (USA), 1984 (Nachdruck von 1890)

Christoph Haufe. Die sittliche Rechtfertigung des Paulus. Max Niemeyer: Halle, 1957

J. Gresham Machen. The Christian View of Man. The Banner of Truth Trust: Edinburgh, 1984 (Nachdruck von 1965/1937)

Paul S. Minear. The Obedience of Faith: The Purpose of Paul in the Epistle to the Romans. Studies in Biblical Theology 2/19. SCM Press: London, 1971

Leon Morris. "The Theme of Romans". S. 249-263 in: W. Ward Gasque, Ralph P. Martin (Hg.). Apostolic History and the Gospel: Biblical and Historical Essays presented to F. F. Bruce on his 60th Birthday. Wm. B. Eerdmans: Grand Rapids (MI) 1970

Walter B. Russell III. "An Alternative Suggestion for the Purpose of Romans". Bibliotheca Sacra 145 (1988): 174-184

Thomas Schirrmacher. Marxismus - Opium für das Volk? Berneck 1990 *(bes. zu Röm 1 und zur Definiton von 'Religion')*

Matthias Schneckenburger. Vergleichende Darstellung des lutherischen und reformierten Lehrbegriffs. 2 Bde. J. B. Metzler: Stuttgart, 1855

Ray R. Sutton. That you may prosper: Dominion by Covenant. Institute for Christian Economics: Tyler (TX), 1987[1]; 1992[2]

Ray R. Sutton. "Does Israel have a Future?". Covenant Renewal (Tyler/TX) 2 (1988) 12 (Dez): 1-4

Otto Thelemann. Handreichung zum Heidelberger Katechismus. Verlag C. Schenk: Detmold, 1892[2]

Cornelis Vanderwaal. Search the Scriptures, Bd. 8: John - Romans. Paideia Press: St. Catharines (CAN), 1978. S. 81-102

A. F. Walls. "The First Chapter of the Epistle to the Romans and the Modern Missionary Movement". S. 346-357: in: W. Ward Gasque, Ralph P. Martin (Hg.). Apostolic History and the Gospel: Biblical and Historical Essays presented to F. F. Bruce on his 60th Birthday. Wm. B. Eerdmans: Grand Rapids (MI) 1970

Emil Weber. Die Beziehungen von Röm. 1-3 zur Missionspraxis des Paulus. Beiträge zur Förderung christlicher Theologie 9 (1905) Heft 4, Gütersloh: C. Bertelsmann, 1905

D. Weitere verwendete Literatur

Christus Central Studienhefte zur Bibel. Heft 3: Der Römerbrief 1. Hänssler-Verlag: Neuhausen 1979

Christus Central Studienhefte zur Bibel. Heft 4: Der Römerbrief 2 & Galaterbrief. Hänssler-Verlag: Neuhausen 1979

Werner Eschner. Der Römerbrief: An die Juden der Synagoge in Rom? Ein exegetischer Versuch und die Bestimmung des Bedeutungsinhaltes von dikaioun im Neuen Testament. 2 Bde. und eine Kurzdarstellung. Selbstverlag: Hannover, 1981

L. Ann Jervis. The Purpose of Romans. Journal for the Study of the New Testament Supplement Series 55. Sheffield Academic Press: Sheffield (GB), 1991

Erich Mauerhofer. Der Kampf zwischen Fleisch und Geist bei Paulus. Telos. Frutigen (CH), 1981[2]

L. Grant McClung. "An Urban Cross-cultural Role Model: Paul's Self-image in Romans". Global Church Growth (Corunna/USA) 26 (1989) 1: 5-8

Ernst Otto. Der alte und der neue Mensch nach Römer 7 und 8. Christliche Verlagsanstalt: Konstanz, o. J.

Thomas Schirrmacher. "Werner Eschner. Der Römerbrief". Querschnitte 2 (1989) 2: 14

Krister Stendahl. Der Jude Paulus und wir Heiden: Anfragen an das abendländische Christentum. Chr. Kaiser: München, 1978

ANHANG: EINFÜHRUNG IN DEN THEOLOGISCHEN FERNUNTERRICHT

Wer nur am Belegen des vorliegenden Kurses interessiert ist, findet die nötigen Informationen im letzten Abschnitt (G.).

Nach einem Jahrzehnt der Vorbereitung ist es nun endlich so weit, daß die ersten Bände (Römerbrief und Hebräisch - in Kürze folgen 'Ethik', 'Griechisch' und 'Islam') des Theologischen Fernunterrichts von der Staatlichen Zentralstelle für Fernunterricht zugelassen wurden und deswegen der Öffentlichkeit vorgelegt werden können. Sie stehen damit nicht nur für den Fernunterricht, sondern auch für das Selbststudium, das Gruppenstudium in der Gemeinde, als Unterrichtsmaterial für Bibelschulen, zur Fortbildung von Missionaren und Mitarbeitern und manch anderen Einsatzmöglichkeiten zur Verfügung stehen. Zur kurzen Orientierung sollen zunächst die Einsatzmöglichkeiten der Unterrichtsbände vorgestellt werden. Daran schließt sich eine Darstellung des Theologischen Fernunterrichts selbst an.

A. Einsatzmöglichkeiten der Kurse

Für folgende Verwendungsmöglichkeiten muß kein Kontakt mit dem Theologischen Fernunterricht selbst aufgenommen werden:

a. Bibliothek

Jeder Band ist zunächst einmal ein theologisches Fachbuch, das in das entsprechende Fachgebiet einführt. Im Laufe der Zeit entsteht so eine Bibliothek, die fast alle Bereiche der Theologie und des Christseins aus bibeltreuer Sicht abdecken soll. Die Fragen und Studienmaterialien sind so abgefaßt, daß man sie einfach überspringen kann, wenn man ausschließlich den eigentlichen Text lesen oder nachschlagen möchte.

b. Selbststudium

Jeder Band kann auch ohne fremde Hilfe im Selbststudium studiert werden. Er enthält Fragen, die auch zur Selbstprüfung verwendet werden können, und verweist auf weitere Literatur. Die meisten der angegebenen Aufgaben können auch ohne Kontrolle durch einen Lehrer gelöst werden. So kann sich jeder die Themen aneignen, die ihm noch nicht vertraut sind. (Eine Anerkennung solcher Studienleistungen ist natürlich nicht möglich. Allerdings kann man den Band nachträglich als Fernkurs belegen und dann erheblich schneller absolvieren, da der Schüler das Tempo ja selbst festlegt.)

c. Gruppenstudium

Dasselbe gilt für das gemeinsame Gruppenstudium im Hauskreis, in Gemeinden oder Studentengruppen, wenn die Leiter selbst ebenfalls noch nicht über das notwendige Wissen verfügen.

Wenn die Gruppe von einem Leiter betreut wird, der die Bände als Unterrichtsmaterial für seine Gruppe einsetzt, findet er zahlreiche Hinweise für das Gruppenstudium (mit Ausnahme der Sprachenbände). Es empfiehlt sich, daß der Leiter das Material selbst auch dann jeweils vorher studiert, wenn ihm die Thematik bereits vertraut ist. Der Leiter kann darüberhinaus den Gruppenmitgliedern weiteres Material zur Verfügung stellen, etwa wenn er die spezielle Position seiner Denomination stärker deutlich machen will.

Es ist allerdings in diesem Fall zu überlegen, ob sich der Leiter, falls er die nötigen Voraussetzungen erfüllt, nicht lieber beim Theologischen Fernunterricht als Kursbetreuer registrieren läßt und die Schüler entweder ohne Fernunterricht unterrichtet oder aber die Schüler parallel den Fernunterricht belegen und er die Lektionen korrigiert, so daß den Schülern die Absolvierung des Kurses bescheinigt werden kann.

d. Gruppenstudium in Auswahl in Hauskreisen und Bibelstunden

Wer in der Gruppe nicht den gesamten Stoff eines Bandes mit biblischen Themen bearbeiten will, die jeweilige Thematik aber doch gerne im Gruppenstudium behandeln möchte, kann im Hauskreis oder in der Bibelstunde die Lektionen auszugsweise als Grundlage für das Bibelgespräch verwenden.

e. Als Unterrichtsmaterial an Bibelschulen und Seminaren

Lehrer an Bibelschulen und Seminaren können die Bände nicht nur zur Unterrichtsvorbereitung verwenden, sondern allen Schülern an die Hand geben, ganz gleich, ob sie sich direkt an den Ablauf des Materials halten oder aber auf das Material verweisen und es etwa als Prüfungsgrundlage verwenden. Die Bände enthalten jedenfalls viele Aufgabenstellungen, die auch im Direktunterricht von Interesse sind. Auch hier können die Bände leicht durch weiteres Material, etwa aus der denominationellen Sicht der jeweiligen Schule, ergänzt werden.

Welchem Niveau das Material entspricht, hängt davon ab, wie intensiv es ausgeschöpft wird. Wenn das Material voll ausgeschöpft wird und alle Aufgaben einschließlich der möglichen Seminararbeiten gelöst werden, entspricht das Material akademischem Niveau. Dieses Niveau kann jedoch im Fernunterricht nicht anerkannt werden, weil dazu der Aufbau einer Fernuniversität nötig wäre. Was die Anerkennung betrifft, so enstpricht sie der eines Predigerseminars. Durch den Aufbau des Materials ist es leicht möglich, durch Abstriche auf das jeweils gewünschte Niveau oder den vorgegebenen Zeitrahmen zu gelangen.

Für folgende Verwendungsmöglichkeiten müssen die Kurse entweder beim Theologischen Fernunterricht belegt werden oder sind Absprachen der Veranstalter mit dem Theologischen Fernunterricht nötig:

f. Persönlicher Fernunterricht einzelner Kurse zur Fortbildung - siehe ausführlicher Abschnitt G. unten

Jeder Band beziehungsweise Kurs kann im eigentlichen Fernunterricht einzeln belegt werden. Der Schüler erhält bei erfolgreichem Abschluß des Kurses eine Bescheinigung. Wie schnell der Schüler den jeweiligen Band durcharbeitet, ist in sein Belieben gestellt. Dies ist insbesondere für die Fortbildung von Interesse, wenn etwa Missionare, Pastoren oder deren Ehefrauen Ausbildungslücken schließen oder von einem bestimmten Thema Betroffene dies einmal gründlich bearbeiten wollen.

Die jeweils gültigen Konditionen für den eigentlichen Fernunterricht müssen in Deutschland zum Schutz der Schüler von der Staatlichen Zentralstelle für Fernunterricht (Köln) zugelassen werden. Sie können daher hier nicht wiedergegeben werden, sind aber beim Veranstalter kostenlos erhältlich.

Für die persönliche Planung sind jedoch folgende Prinzipien wichtig (Einschränkungen siehe im jeweils gültigen Text des Unterrichtsvertrages):

1. Der Schüler legt das Tempo seines Studiums selbst fest. Auch über längere Pausen muß er keine Rechenschaft ablegen, obwohl wir natürlich darum bitten, freundlicherweise den Tutor auf dem Laufenden zu halten. Bei jedem Band wird angegeben, wie lange man für sein Studium benötigt. Diese Zahlen und Zeiten sind für die inhaltliche Gestaltung der Bände von Bedeutung und werden von der Staatlichen Zentralstelle für Fernunterricht überprüft. Sie sind je-

doch für den Schüler nur als Hilfe, nicht als verbindliche Vorgabe gedacht.

2. Wer zunächst einzelne Kurse belegt, sich später, wenn bereits etliche Kurse vorliegen, jedoch entschließt, alle für eine gesamte Ausbildung nötigen Kurse zu absolvieren, muß keine Kurse wiederholen. Die Kurse werden selbstverständlich anerkannt. Es empfiehlt sich allerdings, darauf zu achten, daß man keinen Kurs zuerst belegt, der auf einem anderen aufbaut, weil man sonst eventuell einen vorangehenden Kurs nachbelegen muß.

g. Persönlicher Fernunterricht vieler Kurse zur Ausbildung - siehe ausführlicher Abschnitt G. unten

Das vorrangige Anliegen des Theologischen Fernunterrichts ist es, Christen eine Fort- und Ausbildung zu ermöglichen, die aus den verschiedensten Gründen eine vollzeitliche Ausbildung in einer Schule nicht absolvieren können oder eine Ausbildung abgeschlossen haben und sich in neuen Situationen in bestimmten Bereichen fortbilden wollen.

Zu einer abgerundeten theologischen Ausbildung müssen zum Fernunterricht folgende Dinge hinzukommen:
- die praktische Erfahrung in einer Gemeinde vor Ort,
- die Begegnung mit engagierten Lehrern von Zeit zu Zeit und
- die persönliche Seelsorge.

Der Theologische Fernunterricht wird im Laufe der Zeit einen vollständigen Plan mit Pflicht- und Wahlfächern erstellen. Dieser Plan kann jedoch nur formal festlegen, welche Kurse belegt werden müssen. Alle anderen Angebote, wie etwa regelmäßige Kurzseminare in Altenkirchen oder die Absprache mit Bibelschulen oder mit den Missionswerken, bei denen ein Schüler später mitarbeiten möchte, sind freiwillig und von den einzelnen Kursen unabhängig. Sie werden jedoch dringend empfohlen, um sicherzustellen, daß ein Abschluß nicht nur anerkannt ist, sondern auch in der Praxis akzeptiert wird.

Solang noch nicht alle Kurse für eine vollständige Ausbildung fertiggestellt sind, stellen wir eine unverbindliche Übersicht zur Verfügung. Kein Kurs, der gegenwärtig belegt wird, ist für den Gesamtplan verloren. Dennoch können im Moment keine Garantien für eine abgeschlossene Ausbildung abgegeben werden.

h. Fernunterricht in Gruppen mit Betreuung vor Ort

Wenn zum Beispiel in einer Gemeinde mehrere Älteste oder Mitarbeiter unter Anleitung ihres Pastors studieren oder andere Gruppen unter Anleitung sich gemeinsam fortbilden wollen, gibt es zwei Möglichkeiten.

1. Jeder Schüler belegt für sich die Kurse, und daneben treffen sich alle Schüler mit ihrem Lehrer regelmäßig zum Austausch oder zum zusätzlichen Unterricht.

2. Der Lehrer kann, wenn er die dafür notwendigen Qualifikationen besitzt, von uns als Tutor anerkannt werden und dann die Kurse mit oder ohne Fernunterricht unter unserer Anleitung korrigieren und betreuen.

i. Andere Veranstalter von Fernunterricht

Wenn andere Schulen die Kurse des Theologischen Fernunterrichts selbst als Fernunterricht anbieten wollen, können Absprachen getroffen werden, um die Zulassung der Staatlichen Zentralstelle für Fernunterricht zu erleichtern. Voraussetzung ist, daß die gedruckten Bücher vom Schüler verwendet werden.

B. Fernunterricht in Deutschland

Fernunterricht auf allen Ebenen erfreut sich auch im deutschsprachigen Bereich immer größerer Beliebtheit, wie die wachsende Zahl der im zweiten Bildungsweg durch Fernunterricht auf das Abitur vorbereiteten Schüler und der Erfolg der staatlichen Fernuniversität Hagen und ihrer Abschlüsse bis hin zur Promotion zeigen. Dennoch liegt die Entwicklung des Fernunterrichtes in Deutschland noch weit hinter anderen Ländern zurück und muß sich noch mit einer weitverbreiteten Skepsis auseinandersetzen, daß es sich dabei lediglich um eine billige Art handele, Titel zu erwerben. Natürlich gibt es im Bereich des Fernunterrichts ebenso 'schwarze Schafe', wie im Bereich der normalen Privatschulen, wobei es allerdings gerade die Aufgabe der Staatlichen Zentralstelle für Fernunterricht ist, solche 'schwarzen Schafe' gar nicht erst auf den Markt zu lassen. Natürlich hat der Fernunterricht gewisse Nachteile, wie der termingebundene Unterricht vor Ort auch. Doch stehen diesen Nachteilen ebensolche Vorteile gegenüber. Der kontrollierte Fernunterricht zwingt bisweilen zu intensiverem Lernen. So muß der Schüler an vielen Universitäten zwar in den Vorlesungen meist anwesend sein, ob er den Stoff jedoch verfolgt, wird nicht oder erst am Ende allgemein kontrolliert. An der Fernuniversität Hagen dagegen ist es zum Beispiel wegen der fortlaufenden Einsendeaufgaben fast unmöglich, eine Lektion einfach auszulassen oder nicht zu verstehen.

C. Fernunterricht und theologischer Fernunterricht

Was für den Fernunterricht allgemein gilt, gilt erst recht für den Theologischen Fernunterricht, insbesondere im evangelikalen Bereich. Auf der einen Seite erfreut er sich, überall wo er überhaupt angeboten wird, großen Zuspruches. Der 'Bibelfernunterricht' der Bibelschule Bergstrasse kann dies aus der Erfahrung von zwei Jahrzehnten bestätigen. Viele deutsche Theologen sind auf den Missionsfeldern an der Erarbeitung von Fernkursprogrammen beteiligt[538] oder lehren im Rahmen von 'Theological Education by Extension' (TEE)[539], einer weltweit verbreiteten Ausbildungsart, bei der 'die Schule zum Schüler kommt'. TEE wurde Anfang der 60er Jahre in Guatemala 'erfunden' und bildet heute in Asien, Afrika und Lateinamerika bereits insgesamt mehr Evangelikale aus, als die wahrhaftig nicht kleine Zahl der evangelikalen Ausbildungsstätten in der Dritten Welt zusammen.

D. Zur Vorgeschichte des Theologischen Fernunterrichts; Mitarbeiter und Dank

Die Vorbereitungen für den Theologischen Fernunterricht begannen 1979 im Rahmen der Arbeitsgemeinschaft für Weltmission und Gemeindebau (Lörrach). Seit 1980 wurde zunächst im Rahmen der Stadtmission Lörrach, ab 1982 im Rahmen der Stadtmissionen Bonn und Erftstadt probeweise Unterricht, jedoch ohne Verwendung des Postweges, erteilt. Außerdem wurde der Kontakt zu ähnlichen Einrichtungen im Ausland gesucht. Mit der Gründung des Instituts für Weltmission und Gemeindebau wurde dieser Probelauf unter dem Namen Theologisches Fern- und Gemeindeseminar ausgeweitet. 1988 wurde die Vorbereitung der Buchveröffentlichungen und der Anerkennungsverfahren bei der Zentralstelle für Fernunterricht an den Verlag für Kultur und Wissenschaft (Bonn) übergeben, der unter dem Namen Theologischer Fernunterricht den Fernunterricht erarbeitet, während der Hänssler Verlag (Neuhausen) die verlegerische Betreuung des Projektes wahrnimmt und das Neues Leben-Seminar (Altenkirchen) den Unterricht durchführt.

Ursprünglich ging es dem Institut für Weltmission und Gemeindebau um die Fortbildung von Missionaren und anderen Mitar-

---

[538]Für die Kinder evangelikaler Missionare wurde die 'Deutsche Fernschule e. V.' gegründet, durch die inzwischen auch Kinder von deutschen Diplomaten usw. durch Fernunterricht und durch den elterlichen Unterricht vor Ort ihre Bildung erhalten. (Dies ist m. W. die einzige organisierte Form des in den angelsächsischen Ländern weitverbreiteten 'home-schooling', bei dem der häusliche Unterricht mit vorbereitetem Material der Schule ersetzt.)

[539]Hier tritt neben den Fernunterricht und das Selbststudium der regelmäßige Besuch eines Lehrers bei einer Gruppe von Schülern, die er dann - meist für einen Tag - vor Ort unterrichtete.

beitern, denen der Besuch einer Schule vor Ort nicht möglich ist. Bald zeigte sich der Vorteil, durch Kursmaterial die Ausbildung von unabkömmlichen Ältesten und Mitarbeitern innerhalb einer örtlichen Gemeinde zu ermöglichen. Diese Anliegen sind bis heute nicht vergessen. Das große Interesse und die Frage der Finanzierung führten jedoch schließlich zu der Überlegung, daß ein für jedermann zugänglicher Fernunterricht überhaupt erst die Möglichkeiten zu solchen speziellen Verwendungen schafft, ist es doch die hohe Flexibilität des Fernunterrichts, die ihn für die verschiedensten Situationen interessant macht. Deswegen hat bis heute neben dem allgemeinen Fernunterricht und der Verwendung der Kurse als Unterrichtsmaterialien in ortsgebundenen Schulen das Ausarbeiten örtlicher und persönlicher Unterrichtskonzepte in Zusammenarbeit mit Gemeinden, Bibelschulen und Missionswerken eine hohe Priorität.

Die **theologische Leitung** des Theologischen Fernunterrichts hat **Dr. theol** (NL) **Thomas Schirrmacher.** Nach einem Theologiestudium an der FETA Basel hat er in Kampen/Niederlande in Missionswissenschaft promoviert und als Missionswissenschaftler aus den Kontakten zu zahlreichen evangelikalen Fernlehrinstituten im Ausland profitiert. (So betreut er etwa Doktoranden im Fernunterricht der William Carey International University, Pasadena, im Fach Internationale Entwicklung und Kulturanthropologie.) Nach einem Studium der Völkerkunde und Vergleichenden Religionswissenschaft hat er in den USA im Fernunterricht im Fach Kulturanthropologie promoviert. Daneben bringt er Erfahrungen als Pastor und als Dozent an Bibelschulen und an bibeltreuen Akademien ein. Derzeit lehrt er an der Freien Evangelisch-Theologischen Akademie Basel, einer schweizerischen Privathochschule, und am Philadelphia Theological Seminary in Philadelphia (USA) und ist halbtags Zweitpastor der Freien Evangelische Gemeinde Bonn und Leiter ihrer 'Christlichen Volkshochschule'. Außerdem hat er bei verschiedenen Fernlehrinstituten Kurse belegt, um Erfahrungen zu sammeln. Thomas Schirrmacher ist für den inhaltlichen Aufbau der gesamten Ausbildung, für die Auswahl der Autoren, die theologische Ausrichtung der Bände und die Zulassungsverfahren bei der Staatlichen Zentralstelle für Fernunterricht zuständig.

Die **pädagogische Leitung** des Theologischen Fernunterrichts hat **Drs. Hans-Georg Wünch.** Er war nach seinem Theologiestudium an der FETA in Basel zunächst Pastor der Evangelischen Gesellschaft für Deutschland in Essen und unterrichtet seitdem am Neues Leben-Seminar in Altenkirchen. Pädagogische Erfahrungen in Theorie und Praxis sammelte er durch seine Mitarbeit bei der Kinderevangelisationsbewegung (KEB), an verschiedenen evangelikalen Bekenntnisschulen, durch langjährigen Katechetikunterricht und durch sein Promotionsstudium in Religionspädagogik, das er mit einer Dissertation über die Religionspädagogik christlicher Privatschulen abschließen will. Hans-Georg Wünch ist für die pädagogische Gestaltung der Ausbildung und der Bände zuständig.

Hinzu kommen die Verantwortlichen der mitwirkenden Institutionen, nämlich (bis 1993) **Dr. Bernd Steinebrunner** (Religionssoziologe) im Hänssler Verlag und **Peter Schulte** und **Klaus Schmidt** (beide Theologen) als Leiter des Neues Leben-Seminar, dessen Zweig der Theologische Fernunterricht ist.

Die Entwicklung des Theologischen Fernunterrichts war nur durch die Mitwirkung zahlreicher evangelikaler Persönlichkeiten, Ausbildungsstätten und Missionswerke möglich. Natürlich kann hier nicht allen Mitwirkenden gedankt werden, zumal dies für jeden Band einzeln geschehen müßte. Dennoch sollen hier stellvertretend einige Personen und Werke genannt werden, da sie zugleich deutlich machen, in welchem Bereich wir uns bewegen und dem Leser einen Blick hinter die Kulissen gestatten.

Zunächst einmal danken wir dem **Hänssler Verlag**, besonders Herrn **Friedrich Hänssler**, der sich von Anfang an mit großem persönlichen Engagement dafür eingesetzt hat, das evangelikale Ausbildungsangebot in Deutschland zu ergänzen.

Daneben war uns von Anfang an daran gelegen, daß keine Spannungen zwischen bestehenden evangelikalen Ausbildungsstätten und dem Theologischen Fernunterricht aufkommen. Alle Autoren unterrichten deswegen an Ausbildungsstätten vor Ort, ja viele der Kurse sind im konkreten Unterricht an Ausbildungsstätten entstanden oder erprobt worden, wofür wir diesen Ausbildungsstätten zu danken haben.

Besonderen Dank schulden wir dabei dem **Neues Leben-Seminar** in Altenkirchen, das in vielen Einzelfragen große Flexibilität bewiesen hat. Dort wurden ganze Fächer mit dem TFU-Material unterrichtet. Der Griechischkurs etwa ist das Ergebnis der Zusammenarbeit mehrerer dortiger Lehrer. Auch der **Freien Evangelisch-Theologischen Akademie** in Basel unter der Leitung von **Prof. Dr. Samuel Külling** schulden wir Dank für die Mitarbeit von Dozenten bei der Erarbeitung von Kursen und dem Überprüfen der Verwendbarkeit der Materialien, insbesondere des Hebräischkurses. Für manche Erfahrungen und Anregungen sind wir Herrn **Hans-Peter Kuhlmann**, Leiter des Bibelfernunterrichts der Bibelschule Bergstrasse, dankbar. Wenn der 'Bibelfernunterricht' auch eine etwas andere Ausrichtung hat, verfügt er doch über zwei Jahrzehnte Erfahrungen im Einsatz von Fernunterricht. Der Bibelfernunterricht zeigt auch, daß Bibelschule vor Ort und Fernunterricht keine Gegensätze sind, sondern sich gut ergänzen. Der Griechischkurs wurde etwa in Zusammenarbeit mit dem 'Bibelfernunterricht' entwickelt. Auch im Bereich des tatsächlichen Unterrichtes wird die Zusammenarbeit fortgesetzt werden. Besonderen Dank schulden wir auch der **Freien Evangelischen Gemeinde Bonn** und ihrem Pastor **Rudolf Diezel**, zugleich Vorsitzender des deutschen Bibellesebundes. Die Einbindung von Unterrichtsmaterial in eine missionarisch orientierte, wachsende Gemeinde, das Testen des Kursmaterials zum Römerbrief über ein Jahr in vielen Hauskreisen mit über 300 Teilnehmern und die wohlwollende Unterstützung durch eine Gemeinde haben uns nicht nur viele Hinweise und Impulse gegeben, sondern uns auch das eigentliche Ziel des Unterrichts, nämlich die Stärkung der örtlichen Gemeinde und ihrer Mitarbeiter zum missionarischen Dienst, immer wieder eindrücklich vor Augen gestellt.

E. Zur Anerkennung

a. Zur staatlichen Anerkennung

In Deutschland unterliegt der Fernunterricht dem Fernunterrichtsschutzgesetz vom 24.8.1976. Die zur Kontrolle des Fernunterrichts geschaffene Staatliche Zentralstelle für Fernunterricht in Köln überwacht vor allem den Unterrichtsvertrag mit den Zahlungsmodalitäten, ob in den Kursen inhaltlich das gehalten wird, was im Werbematerial versprochen wird, und ob das Material für den Fernunterricht pädagogisch geeignet ist. Unsere jeweiligen Konditionen und alle unsere Kurse werden bei der Zentralstelle zur Anerkennung eingereicht. Außerdem führt die Zentralstelle eine Kartei über unsere Angebote und die Vorbildung unserer Autoren, Lehrer und Tutoren. Die jeweilige staatliche Zulassung unserer Kurse ist nach der jeweiligen Zulassung am Siegel der Zentralstelle und der Zulassungnummer zu erkennen.

b. Zur sonstigen Anerkennung

Über die staatliche Anerkennung hinaus ist es derzeit schwer, etwas zur Anerkennungsfrage zu sagen. Das Neues Leben-Seminar, das die Prüfungen abnimmt und die Zeugnisse ausstellt, ist eine anerkannte evangelikale Ausbildungsstätte. Die beiden letzten Studienjahre des Neuen Leben-Seminars werden von staatlicher Seite als 'Höhere Fachschule für Theologie' eingestuft.

Wie jedoch im Fernunterricht erworbenes Wissen von Missionswerken und Gemeinden eingeschätzt wird, bleibt abzuwarten. Im evangelikalen Bereich erweist sich die Anerkennung meist daran, daß Werke und Gemeinden Absolventen anstellen oder Missionsgesellschaften die Ausbildung als einer Bibelschulausbildung entsprechend einschätzen. Dazu verfügen wir natürlich noch über keinerlei Erfahrungen. Wie bereits oben gesagt, empfehlen wir im Falle von Missionswerken und Kirchen eine Absprache zwischen dem Missionswerk und uns. Inwieweit eine Kombination mit Praktika oder anderen Ausbildungsmöglichkeiten und -stätten möglich und nötig ist, kann nur im Einzelfall geklärt werden.

F. Theologische Ausrichtung

Die Mitarbeiter und Autoren des Theologischen Fernunterrichts kommen aus den verschiedensten Denominationen und Werken. Solch eine Zusammenarbeit verschiedener Christen wird oft dadurch möglich gemacht, daß man strittige Fragen einfach ausklammert und sich auf wesentliche Glaubensgrundlagen einigt. Diese Lösung ist für den Theologischen Fernunterricht nicht möglich, da er den ganzen Bereich der Theologie abdecken will und sich somit auch zu den 'strittigen Fragen' äußern muß. Wie jedoch soll man erreichen, daß einerseits eindeutige Positionen bezogen werden, also nicht alle strittigen Themen vernachlässigt werden, um die Schüler nicht zu 'verärgern', andererseits nicht die Theologie der Autoren oder der Leiter als einzige deutlich formuliert wird, so daß Andersdenkende die Kurse lieber gar nicht erst verwenden?

Wir haben versucht das Problem zu lösen, indem wir die Autoren gebeten haben, jeweils wichtige Positionen fair darzustellen und zu diskutieren, zugleich aber ihre eigene Position unmißverständlich zum Ausdruck zu bringen. Natürlich ist das nur bis zu einem gewissen Grad möglich. Im Kurs zur Ethik werden etwa verschiedene Ansätze diskutiert, diese Ansätze jedoch nicht auf jedes einzelne ethische Problem angewandt, da sonst ein geschlossener Entwurf nicht mehr möglich gewesen wäre. Dennoch haben wir im Zweifelsfall dem Ziel, dem Schüler zur Selbständigkeit zu verhelfen, den Vorrang gegeben. So sehr sich einzelne Autoren für ihre Position einsetzen, möchte doch keiner, daß ihm der Schüler nur folgt, weil er keine andere Position zu hören bekommen hat. Wir hoffen, daß auch diejenigen, die die Bände einsetzen, so denken, und wenn sie anderer Meinung sind, dies nicht dadurch zum Ausdruck bringen, daß sie die Bände unbenutzt lassen, sondern ihre biblisch begründeten Argumente über den Band hinaus vorbringen oder in schriftlicher Form hinzufügen.

Als evangelikale Christen sind für uns bestimmte Wahrheiten jedoch unantastbar, so etwa die Dreieinigkeit, die Gottessohnschaft Jesu, die Historizität der Auferstehung oder die Irrtumslosigkeit des lebendigen Wortes Gottes (im Sinne der 'Chicagoerklärung zur Irrtumslosigkeit der Schrift'), um nur einige Beispiele zu nennen. Daß dies nichts mit Wissenschaftsfeindlichkeit oder Denkfaulheit zu tun hat, weil "*die Furcht des Herrn der Weisheit Anfang*" (Spr 1,9) ist, müssen die Bände selbst zeigen.

Der Theologische Fernunterricht hat deswegen die drei Chicago-Erklärungen, die für seine Autoren und Lehrer verbindlich sind, eigens veröffentlicht[540].

G. Der konkrete Fernunterricht oder: Wie belege ich einen Kurs?

Der Träger des Fernunterrichts: Veranstalter und Verantwortliche

Veranstalter ist der Theologische Fernunterricht des Neues Leben-Seminar, der theologischen Ausbildungsstätte des Missionswerkes Neues Leben e.V.

Das Missionswerk Neues Leben e.V. (Kölnerstr. 23, D-5230 Altenkirchen, Tel.: 02681-4063/4/5/6) als *Inhaber* ist als Verein unter Nr. 256 beim Vereinsregister Neuwied eingetragen. 1. Vorsitzender ist *Peter Schulte*, kaufmännischer Leiter *Karl-Heinz Failing*.

Das *Studienzentrum* befindet sich im *Neues Leben-Seminar, Raiffeisenstr. 2, D-57635 Wölmersen, Tel.: 02681-2395*.

Der *Seminarleiter* des Neues Leben-Seminars ist *Peter Schulte*, der *Studienleiter* des Seminars *Klaus Schmidt* (beide via Neues Leben-Seminar).

Der *Wissenschaftliche Leiter und Studienleiter des Theologischen Fernunterrichts* ist *Dr. Thomas Schirrmacher*, Breite Str. 16, D-53111 Bonn 1, Tel.: 0228-638784. Der *Pädagogische Leiter des Theologischen Fernunterrichts* ist *Drs. theol. Hans-Georg Wünch* (via Neues Leben-Seminar).

Schutz des Fernunterrichtes

Wir halten uns strikt an das deutsche Fernunterrichtsschutzgesetz vom 24.8.1976 und gehen teilweise zugunsten des Schülers noch weit darüber hinaus. Daraus ergeben sich folgende wichtigen Schutzbedingungen für den Interessenten:

* Wer sich zum Fernunterricht anmeldet, kann seine Anmeldung bis zu *14 Tagen* nach Erhalt der Bestätigung des Unterrichtsvertrages und der Aufforderung zur Bearbeitung der ersten Lektion *widerrufen*. Da Sie das Lehrmaterial sowieso andernorts erwerben, ist lediglich eine kurze, formlose, schriftliche Mitteilung notwendig, je-

---

[540]Thomas Schirrmacher (Hg.). Bibeltreue in der Offensive: Die drei Chicagoerklärungen zur biblischen Unfehlbarkeit, Hermeneutik und Anwendung. Biblia et symbiotica 2. Verlag für Kultur und Wissenschaft: Bonn, 1993 (Auslieferung: Hänssler Verlag)

doch kein Material zurückzusenden. Damit sichergestellt ist, daß das Widerrufsrecht zur Kenntnis genommen wurde, wird nicht nur die Anmeldung, sondern mit einer zweiten Unterschrift auch die Kenntnisnahme des Widerrufsrechts unterschrieben.

* Bei der Unterzeichnung der Anmeldung *darf kein Mitarbeiter* des Theologischen Fernunterrichts, des Neues Leben-Seminar oder des Missionswerkes Neues Leben e.V. *anwesend sein.* Andernfalls können Sie den Vertrag jederzeit kündigen.

* *Vertreterbesuche sind ausgeschlossen.* Beratung erfolgt ausschließlich durch das Informationsmaterial, fernmündlich oder persönlich bei den Verantwortlichen oder im Neues Leben-Seminar.

* Lassen sich Interessenten im Neues Leben-Zentrum in Wölmersen beraten, ist eine sofortige Anmeldung nicht zulässig. Der Interessent muß die Anmeldung zu Hause vornehmen und anschließend zusenden.

* Sie zahlen den Kurs nicht auf einmal, sondern in *Raten zu je drei Monaten.* Wenn Sie bis zu zwei Wochen vor Fälligkeit der nächsten Rate kündigen, müssen Sie den Kurs nicht fortsetzen und nicht weiterbezahlen. Bei der Anmeldung gehen Sie also immer nur das 'Risiko' der ersten Rate ein.

Informationen zu den derzeit belegbaren Kursen

Für alle Kurse gilt:

Vorbildungsvoraussetzungen: Abgeschlossene Berufsausbildung oder Mittlere Reife.
* Interessenten, die diese Voraussetzungen nicht mitbringen, können dennoch den Fernlehrgang belegen, erhalten jedoch lediglich eine Teilnahmebescheinigung.
* Teilnehmer mit Hochschulreife (Abitur oder Fachabitur) können sich einer erschwerten Prüfung unterziehen, die entsprechend im Leistungsnachweis vermerkt wird.

Anfangstermine: Jeder Kurs kann zu jeder Zeit begonnen und abgeschlossen werden. Der Schüler teilt sich seine Zeit selbst ein und legt selbst fest, ob er den Kurs in dem jeweils vorgeschlagenen Zeitrahmen absolviert oder aber schneller oder langsamer fortschreitet.

Korrektur der Einsendeaufgaben: Die Korrekturen mit individuellen Kommentaren werden 10 bis 14 Tage nach Eingang der Einsendeaufgaben zugesandt. Die jeweilige Benotung wird vom Tutor ebenso wie vom Theologischen Fernunterricht selbst - also doppelt - registriert.

Leistungsnachweis: Sie erhalten für jeden abgeschlossenen und bestandenen Kurs einen "Leistungsnachweis" mit genauen Angaben über Art und Umfang des Kurses sowie die Benotung.

Beratung während des Kurses: Die Beratung ist möglich sowohl mündlich im Neues Leben-Seminar, als auch fernmündlich oder schriftlich - in Form der Einzelberatung,
- durch die korrigierenden Lehrkraft
- durch den Wissenschaftlichen Leiter/Studienleiter
- durch den Pädagogischen Leiter.

Begleitender Unterricht: Der begleitende Unterricht ist ein freiwilliges Zusatzangebot, über das Sie regelmäßig informiert werden. Es ist für den erfolgreichen Abschluß des jeweiligen Kurses nicht notwendig und bezieht sich nicht speziell auf einen bestimmten Kurs. Der begleitende Unterricht hat das Ziel der Vertiefung und Beratung bei persönlichen und fachlichen Fragen zum Lehrgang und soll den persönlichen Kontakt zwischen Lernenden und Lehrenden fördern.
* Der begleitende Unterricht im Neues Leben-Seminar ist für Schüler des Theologischen Fernunterrichts kostenlos. Fahrtkosten, sowie Übernachtungs- und Verpflegungskosten im Neues Leben-Zentrum oder andernorts gehen zu Lasten des Schülers. Übernachtung und Verpflegung können auch selbst andernorts besorgt werden.
* Eingeschriebene Schüler des Theologischen Fernunterrichts haben außerdem grundsätzlich die Möglichkeit, den Unterricht des Neues Leben-Seminars kostenlos als Gasthörer zu besuchen. Den aktuellen Stundenplan und die besonderen Termine der Gastvorlesungen erhalten Schüler jederzeit auf Anfrage. Um vorherige Anmeldung wird gebeten.
* Darüberhinaus werden im Neues Leben-Seminar in unregelmäßigen Abständen bestimmte Wochenendseminare und Kurse zu verschiedenen Themen angeboten. Auch hier können eingeschriebene Schüler des Theologischen Fernunterrichts teilnehmen.
* Außerdem werden Betreuungstage und -wochenenden in unregelmäßigen Abständen für die Teilnehmer des Theologischen Fernunterrichts angeboten. Dabei haben die Schüler Gelegenheit, mit einer Lehrkraft, die mit ihrem Kurs vertraut ist (Pädagogischer Leiter, Studienleiter, Tutoren) über Fragen ihres Kurses zu sprechen.
* Für den begleitenden Unterricht stehen im Neues Leben-Zentrum 5 Unterrichtsräume (Größe: zwischen 10 und 100 Arbeitsplätzen) ausgestattet mit Overhead-Projektoren, Leinwand, Tafeln, Video-Großprojektor und (im großen Saal) Lautsprecher-Anlage zur Verfügung. Im Hause befindet sich eine eigene Cafeteria für alle Mahlzeiten, Übernachtungsmöglichkeiten usw. (Fordern Sie gegebenenfalls einen Farbprospekt an.)

Die derzeit belegbaren Kurse im einzelnen

Kurs: Der Römerbrief (zugleich Einführungskurs in den Theologischen Fernunterricht)

Bitte lesen Sie zugleich die für alle Kurse gültigen Informationen.

Lehrgangsziel: Der Kurs will einen Überblick über die Theologie des Römerbriefes vermitteln und gleichzeitig aufzeigen, wie neutestamentliche Exegese im Rahmen einer verantwortlichen evangelikalen Hermeneutik vorgehen kann. Der Kurs vermittelt eher Positionen der Kirchenväter, Reformatoren und heutiger evangelikaler Autoren, als historisch-kritische Positionen, auch wenn diese gelegentlich (meist kritisch) zur Sprache kommen.

* Um Mißverständnissen vorzubeugen und um falschen Erwartungen des Schülers über den Kurs zu begegnen, muß festgestellt werden: Der vorliegende Kurs bietet keine Einführung in die sog. historisch-kritische Exegese des Römerbriefes. Der Kurs verarbeitet zwar häufiger Ergebnisse der historisch-kritischen Methoden oder setzt sich mit ihnen auseinander, hält jedoch an dem Anspruch des Römerbriefes, unfehlbar Gottes Wort zu sein, fest und hat seinen Schwerpunkte sowohl in der evangelikalen als auch in der kirchengeschichtlichen (z. B. Einbeziehung von Augustin, Luther, Calvin) Auslegung. Er widmet sich Themen, die in der evangelikalen, der älteren lutherischen und der reformierten Theologie eine Rolle spielen.

Teilnehmerkreis: Der Kurs richtet sich vorwiegend an aktive Mitarbeiter christlicher Gemeinden und Werke, die entweder Interesse am Inhalt des Römerbriefes haben, oder generell Informationen über die Grundlagen des christlichen Glaubens suchen. Eine gewisse Kenntnis und Wertschätzung christlicher Positionen wird vorausgesetzt.

Gesamtkosten: 600.- DM in zwei Dreimonatsraten zu je 300.- DM. Die erste Rate ist nach Abschluß des Unterrichtsvertrages, die zweite Rate nach 3 Monaten fällig, falls nicht vorher gekündigt wurde.

Zusätzlich benötigen Sie die beiden Bände *Thomas Schirrmacher. Der Römerbrief. 2 Bände. Hänssler Verlag: Neuhausen, 1994.* derzeit je 39.95 DM (zus. 79.90 DM), die Sie im Buchhandel oder direkt beim Verlag erwerben können. Die Bände müssen vor Unterrichtsbeginn angeschafft werden.

Sie können somit das gesamte Lehrmaterial vorab erwerben und sich so einen detaillierten Eindruck verschaffen, was Sie erwartet, bevor Sie sich anmelden. Die Bücher enthalten alle notwendigen Anleitungen.

An Kosten entstehen dem Schüler außerdem 1. Portokosten für die Einsendeaufgaben, 2. eventuell Telefonkosten, falls fernmündliche Beratung gewünscht wird, 3. Reise- und Übernachtungskosten bei Teilnahme am begleitenden Unterricht im Neues Leben-Seminar, der jedoch *freiwillig* und nicht Voraussetzung zum erfolgreichen Abschließen des Kurses ist.

(Der Besitz einer Bibel wird als gegeben angenommen, ist aber nicht zwingend. Im Lehrmaterial ist nämlich der gesamte Text des Römerbriefes - graphisch gegliedert - sowie der Text aller wichtigen Bibeltexte, die angesprochen werden, abgedruckt.)

Dauer des Fernlehrgangs/Arbeitsaufwand: Der Kurs ist auf ca. 24 Wochen mit je 10 Stunden wöchentlicher Arbeitszeit (also zwei Stunden pro Werktag) angelegt. Der Schüler bestimmt jedoch sein Arbeitstempo selbst. Bei längerer Dauer zwischen zwei Einsendeaufgabe wird lediglich darum gebeten, den Korrektur kurz zu informieren. (Vor jeder Lektion wird der veranschlagte Zeitaufwand angegeben.)

Die Regelstudienzeit unterteilt sich in:

118	Stunden Studium der Lektionen
104	Stunden Selbstprüfung und Erarbeiten der Einsendeaufgaben
10	Stunden Abschlußklausur
8	Stunden freiwilliges Zusatzstudium (Lektion 22.)
240	*Stunden Gesamtstudienzeit.*

Kontrolle: Der Kurs enthält Kontrollfragen zur Selbstkontrolle mit Lösungsanleitungen, Übungsaufgaben, Korrekturaufgaben zur Einsendung und Benotung, Aufgaben für eine Heimprüfung als Abschlußklausur sowie Hinweise zum Weiterstudium.

Abschlußprüfung: Die Einsendeaufgabe der letzten Lektion ist zugleich eine schriftliche Abschlußprüfung des gesamten Fernlehrgangs.

* Teilnehmer mit Hochschulreife (Abitur oder Fachabitur) können sich einer erschwerten Prüfung unterziehen, die entsprechend im Zertifikat vermerkt wird. Diese besteht in einer schriftlichen Hausarbeit von ca. 20 S. über ein individuell vereinbartes Thema.

Voraussetzungen zur Teilnahme an der Abschlußprüfung: Bearbeitung aller Pflicht-Lektionen, wobei der Durchschnitt der erreichten Noten aller Einsendeaufgaben nicht schlechter als 4,3 sein darf.

Kurs: Einführung ins Bibelhebräische

Bitte lesen Sie zugleich die für alle Kurse gültigen Informationen.

Gesamtkosten: 770.- DM in vier Dreimonatsraten zu je 192.50 DM. Die erste Rate ist nach Abschluß des Unterrichtsvertrages, die folgenden Raten nach 3, 6 und 9 Monaten fällig, falls nicht vorher gekündigt wurde.

Zusätzlich benötigen Sie folgende drei Bände für derzeit *83.75 DM*:

* *Jan P. Lettinga. Grammatik des biblischen Hebräisch. Immanuel-Verlag: Basel, 1992* und
* *Jan P. Lettinga. Hilfsbuch zur Grammatik des biblischen Hebräisch. Immanuel-Verlag: Basel, 1992* (Auslieferung: Hänssler Verlag) - diese zusammen 58.80 DM
* *Hans-Georg Wünch. Einführung ins Bibelhebräisch. Hänssler Verlag: Neuhausen, 1994*. 24.95 DM.

Die Bände können Sie im Buchhandel oder direkt beim Verlag erwerben. Die Bände müssen vor Unterrichtsbeginn, möglichst schon vor der Anmeldung, angeschafft werden.

Sie können somit das gesamte Lehrmaterial vorab erwerben und sich so einen detaillierten Eindruck verschaffen, was Sie erwartet, bevor Sie sich anmelden. Die Bücher enthalten alle notwendigen Anleitungen.

An Kosten entstehen dem Schüler außerdem 1. Portokosten für die Einsendeaufgaben, 2. eventuell Telefonkosten, falls fernmündliche Beratung gewünscht wird, 3. Fahrkosten zur Abschlußprüfung im Neues Leben-Seminar (Sonderabsprachen über Prüfung vor Ort bei zu großer Entfernung können getroffen werden), 4. Reise- und Übernachtungskosten bei Teilnahme am begleitenden Unterricht im Neues Leben-Seminar, der jedoch *freiwillig* und nicht Voraussetzung zum erfolgreichen Abschließen des Kurses ist.

(Die Anschaffung einer hebräischen Bibel und eines hebräischen Wörterbuches [Kosten zusammen ca. 200.- DM] wird zwar empfohlen, ist aber nicht verpflichtend und nicht Vorraussetzung für einen erfolgreichen Abschluß des Kurses.)

Lehrgangsziels: Es soll eine Einführung in das biblische Hebräisch gegeben werden. Ziel ist es, daß der Kursteilnehmer nach erfolgreichem Abschluß in der Lage ist, mit den dazu notwendigen Hilfsmitteln (Grammatik und Vokabular) Übersetzungsprobleme leichter bis mittelschwerer alttestamentlicher Texte selbständig zu erfassen, grammatische Probleme in diesen Texten eigenständig zu lösen und zu einer eigenen Übersetzung zu gelangen. (Die hebräische Syntax wird dabei nur einführend behandelt.)

Eingangsvoraussetzungen: Hochschulreife oder mittlere Reife, wenn mindestens eine Fremdsprache auf grammatischem Wege (nicht induktiv) erlernt wurde. Teilnehmer, die diese Voraussetzungen nicht erfüllen, können den Kurs ebenfalls belegen, müssen jedoch damit rechnen, sich Schwierigkeiten gegenüberzusehen, die durch die mangelhafte Kenntnisse grammatischer Grundbegriffe hervorgerufen werden.

Teilnehmerkreis: Der Kurs richtet sich vorwiegend an aktive Mitarbeiter christlicher Gemeinden und Werke, die entweder schon eine grundlegende theologische Vorbildung besitzen, oder sich eine solche erarbeiten möchten.

Dauer des Fernlehrgangs/Arbeitsaufwand: Der Kurs ist auf ca. 50 bis 51 Wochen mit je 10 Stunden wöchentlicher Arbeitszeit (also zwei Stunden pro Werktag) angelegt. Der Schüler bestimmt jedoch sein Arbeitstempo selbst. Bei längerer Dauer zwischen zwei Einsendeaufgabe wird lediglich darum gebeten, den Korrektur kurz zu informieren. (Vor jeder Lektion wird der veranschlagte Zeitaufwand angegeben.)

Die Regelstudienzeit unterteilt sich in:

330	Stunden Studium der Lektionen (einschließlich Vokabeln),
150	Stunden Selbstprüfung und Erarbeiten der Einsendeaufgaben,
20	Stunden Vorbereitung auf die Prüfung,
4	Stunden schriftliche Abschlußprüfung
504	*Stunden Gesamtstudienzeit.*

Kontrolle: Der Kurs enthält Übungsaufgaben zur Selbstkontrolle mit Lösungsanleitungen sowie Korrekturaufgaben zur Einsendung und Benotung.

Abschlußprüfung: Der Abschluß dieses Fernlehrganges besteht in einer institutsinternen, *vierstündigen* (4 Zeitstunden), schriftlichen Prüfung im Neues Leben-Seminar. Diese Prüfung wird vom Neues Leben-Seminar als ihrer Hebräisch-Prüfung gleichwertig anerkannt.

In Vorbereitung befindliche Kurse

Folgende Kurse befinden sich in Vorbereitung:
* Neutestamentliches Griechisch (Autor: Klaus Schmidt)
* Ethik I und II (Autor: Thomas Schirrmacher)
* Alttestamentliche Bibelkunde (Autor: Hans-Georg Wünch)
* Biblische Hermeneutik (Autor: Hans-Georg Wünch)
* Einführung in den Islam (Autor: Christine Schirrmacher)
* Dogmatik (Autor: Eduard Böhl und andere)
* Neutestamentliche Einleitung (Autor: Erich Mauerhofer)
* Katechetik/Kinder- und Jugendarbeit (Autor: Hans-Georg Wünch)
* Missionswissenschaft (Autoren: Jürgen Kuberski und andere)

Zum Verfasser: Dr. Thomas Schirrmacher lehrt Missions- und Religions-wissenschaft an der Freien Evangelisch-Theologischen Akademie Basel (FETA) und am Philadelphia Theological Seminary (USA) und ist halb-tags Zweitpastor der Freien evangelischen Gemeinde in Bonn. Er stu-dierte von 1978 bis 1982 Theologie an der FETA in Basel und promovier-te 1985 in Missionswissenschaft in Kampen (Niederlande) über Theodor Christlieb. Ab 1983 studierte er Vergleichende Religionswissenschaft, Ethnologie und Volkskunde an der Universität Bonn. 1989 promovierte er in Kulturwissenschaft über Kulturtheorien im Nationalsozialismus an der Pacific Western University in Los Angeles (USA). Schirrmacher war 1982-1986 Pastor der Evangelischen Gesellschaft für Deutschland in Bonn und Erftstadt. Seit 1986 leitet er das Institut für Weltmission und Gemeindebau in Bonn, den wissenschaftlichen Verlag 'Verlag für Kultur und Wissenschaft' und den Theologischen Fernunterricht des Neues Le-ben-Seminar, Altenkirchen. Daneben ist er Leitender Redakteur der Zeit-schrift 'Bibel und Gemeinde', Mitherausgeber der Zeitschriften 'Contra Mundum: A Reformed Cultural Review' und 'Reflection: An International Reformed Review of Missiology' und betätigt sich in der Ausländerarbeit. Er ist seit 1985 mit der Islamwissenschaftlerin Dr. Christine Schirrmacher verheiratet und ist Vater eines Sohnes.

Buchveröffentlichungen als Autor:

* Das Mißverständnis des Emil Brunner (1982)
* Mohammed (1984[1], 1986[2], 1990[3]) (mit Christine Schirrmacher)
* Theodor Christlieb und seine Missionstheologie (1985)
* Marxismus - Opium für das Volk? (1990)
* Zur marxistischen Sagen- und Märchenforschung (1991)
* "Das göttliche Volkstum" und der "Glaube an Deutschlands Größe und heilige Sendung": Hans Naumann im Nationalsozialismus" (1992)
* War Paulus wirklich auf Malta? (Hänssler, 1992) (mit Heinz Warnecke)
* Psychotherapie - der fatale Irrtum (1993) (mit Rudolf Antholzer)
* Paulus im Kampf gegen den Schleier: Eine alternative Auslegung von 1. Korinther 11,2-16 (1993)
* Der Römerbrief (2 Bände, Hänssler, 1994)
* Ethik (2 Bände, Hänssler, 1994 - im Druck)

Buchveröffentlichungen als Herausgeber oder Mitverfasser:

* Patrick Johnstone. Gebet für die Welt: Handbuch für Weltmission (1987[2] bis 1989[5], im Druck 1993[6]) (zusammen mit Christine Schirrmacher)
* Gospel Recordings Language List: Liste der Sprachaufnahmen in 4273 Sprachen (1992)
* "Die Zeit für die Bekehrung der Welt ist reif": Rufus Anderson (1993)
* William Carey, Eine Untersuchung über die Verpflichtung der Christen [1792] (1993) (zusammen mit Klaus Fiedler)
* Bibeltreue in der Offensive: Die drei Chicagoerklärungen (1993)
* Im Kampf um die Bibel - 100 Jahre Bibelbund (1994 - im Druck) (zusam-men mit Stephan Holthaus)